# Sozial-religiöse Rituale

## Thing, Beleidigungs-Wettstreit und Zweikampf

*Band 73 der Reihe  „Die Götter der Germanen"*

**Bücher von Harry Eilenstein:**

- Astrologie (496 S.)
- Photo-Astrologie (428 S.)
- Horoskop und Seele (120 S.)
- Tarot (104 S.)
- Handbuch für Zauberlehrlinge (408 S.)
- Physik und Magie (184 S.)
- Der Lebenskraftkörper (230 S.)
- Die Chakren (100 S.)
- Das Chakren-System mit den Nebenchakren (296 S.)
- Meditation (140 S.)
- Reinkarnation (156 S.)
- Drachenfeuer (124 S.)
- Krafttiere – Tiergöttinnen – Tiertänze (112 S.)
- Schwitzhütten (524 S.)
- Totempfähle (440 S.)
- Muttergöttin und Schamanen (168 S.)
- Göbekli Tepe (472 S.)
- Hathor und Re 1:  Götter und Mythen im Alten Ägypten (432 S.)
- Hathor und Re 2:  Die altägyptische Religion – Ursprünge, Kult und Magie (396 S.)
- Isis (508 S.)
- Die Entwicklung der indogermanischen Religionen (700 S.)
- Wurzeln und Zweige der indogermanischen Religion (224 S.)
- Der Kessel von Gundestrup (220 S.)
- Der Chiemsee-Kessel (76 S.)
- Cernunnos (690 S.)
- Christus (60 S.)
- Odin (300 S.)
- Die Götter der Germanen (Band 1 – 80)
- Dakini (80 S.)
- Kursus der praktischen Kabbala (150 S.)
- Eltern der Erde (450 S.)
- Blüten des Lebensbaumes 1:  Die Struktur des kabbalistischen Lebensbaumes (370 S.)
- Blüten des Lebensbaumes 2:  Der kabbalistische Lebensbaum als Forschungshilfsmittel (580 S.)
- Blüten des Lebensbaumes 3:  Der kabbalistische Lebensbaum als spirituelle Landkarte (520 S.)
- Über die Freude (100 S.)
- Das Geheimnis des inneren Friedens (252 S.)
- Von innerer Fülle zu äußerem Gedeihen (52 S.)
- Das Beziehungsmandala (52 S.)
- Die Symbolik der Krankheiten (76 S.)

- König Athelstan (104 S.)
- Herz des Tanzes – Tanz des Herzens (160 S.)

**Kontakt:** www.HarryEilenstein.de  /  Harry.Eilenstein@web.de

**Impressum:**   Copyright: 2011 by Harry Eilenstein – Alle Rechte, insbesondere auch das der Überset-zung, vorbehalten. Kein Teil des Buches darf ohne schriftliche Genehmigung des Autors und des Verla-ges (nicht als Fotokopie, Mikrofilm, auf elektronischen Datenträgern oder im Internet) reproduziert, übersetzt, gespeichert oder verbreitet werden.

**Herstellung und Verlag:** BoD - Books on Demand, Norderstedt    **ISBN:** 9783746061900

# Die Themen der einzelnen Bände der Reihe „Die Götter der Germanen"

# Inhaltsverzeichnis

# I  Thing

Das Thing ist eine Versammlung bei den Germanen gewesen, auf der alle rechtlichen Angelegenheiten der Gemeinschaft besprochen und entschieden wurden.

## 1.  Rechtliche Fachbegriffe

Der Wortschatz zu dem Thing gibt einen recht guten Überblick über den Ablauf eines Things:

### Thing-Zulassung

Nicht jeder war zum Thing zugelassen:

*eiga thing-fört*     - zum Thing zugelassen sein
*eiga thing-gengt*  - zum Thing zugelassen sein
*thing-förr*          - Thing-Zulassung einer Person
*thingfarar-kaup*   - „Thing-Fahrer-Kauf" = Gebühr für die Zulassung zum Thing

### Ladung zum Thing

Die zum Thing zugelassenen Personen waren auch verpflichtet, auf dem Thing zu erscheinen:

*thing-stefna*    - Aufforderung zum Thing zu kommen
*thing-stöd*      - Aufforderung zum Thing zu kommen
*thing-logi*      - jemand, der seiner Verpflichtung, zum Thing zu kommen, nicht
                   nachkommt
*thing-viti*      - Strafgeld für Nichterscheinen auf dem Thing
*eiga thing-värt* - Erlaubnis für einen Verbannten, zu einem Thing zu kommen

### Thing-Teilnehmer

*thingu-naudr*  - Thing-Teilnehmer
*thing-madr*    - Thing-Teilnehmer

## Thing-Fahrt

*thingmanna-reid* - Weg zum Thing
*thing-ferd*     - Fahrt zum Thing
*thing-reid*     - Ritt zum Thing
*thing-nest*     - Vorräte für die Fahrt zum Thing

## Unterkunft auf dem Thing

*thing-festi*     - Unterkunft/Hütte auf einem Thing
*thing-vist*     - Unterkunft/Hütte auf einem Thing

## Thing

Das Thing ist im Wesentlichen eine Beratung mit anschließenden Beschlüssen:

*thing*     - Versammlung (germanisch: „thing" für „Versammlung, Zeit, Rat")
*al-thingi*     - allgemeine, jährliche Versammlung der Isländer im Juni; dies war die oberste Thing-Versammlung
*thing-heimr*     - Thing-Versammlung
*thing-mot*     - Thing-Versammlung
*thingan*     - besprechen, beraten
*thing-stadr*     - Ort, an dem das Thing stattfindet
*thing-völlr*     - „Thing-Feld" = Versammlungsort
*thing-brekka*     - Hang bei einem Thingplatz
*thing-vika*     - „Thing-Woche" = Zeit der Thing-Versammlung
*tylftar-kvöd*     - „Zwölfer-Versammlung" = Versammlung von zwölf Nachbarn; dieses Gremium stand unterhalb des Things

## Heiligkeit des Things

Das Thing war heilig und auf ihm war Gewalt verboten.

*thing-mark*     - Grenze des Thing-Ortes; Verwaltungsbezirk
*thing-helgr*     - geweihter Bereich des Things
*baugs-helgr*     - „Hügelgrab-Heiligkeit" = persönliche Heiligkeit (Schutz des Lebens), deren Verletzung die Zahlung eines Wergelds erfordert

| *thing-helgr* | - Weihung der Thing-Versammlung |
|---|---|
| *allthingis-helgun* | - Einsetzung („Heiligung") des Allthing-Gerichts |
| *helga* | - die Heiligkeit (Unverletzlichkeit) eines Things oder einer Person |
| *thing-ha(r)* | - Thing-Bereich (Verwaltungsbezirk) |
| *thing-sokn* | - Thing-Bereich (Verwaltungsbezirk) |

<u>Thing-Wächter</u>

Auf den größeren Versammlungen gab es Wächter, die den Thing-Frieden aufrechterhalten sollten:

| *dom-varzla* | - Gerichts-Bewachung (durch Wächter) |
|---|---|
| *dom-vörzlumadr* | - Gerichts-Wächter |

<u>Thing-Regeln</u>

Das Vorgehen auf dem Thing war durch Gesetze geregelt:

| *allthingis-mal* | - Versammlungsregeln oder Vorgänge beim Allthing, Thing-Regeln, Thing-Beschlüsse |
|---|---|
| *thing-sköp* | - Gesetze über die Durchführung eines Things |
| *thingskapa-balkr* | - der Teil der Gesetze, der die Durchführung eines Things regelt |
| *thingskapa-thattr* | - der Teil der Gesetze, der die Durchführung eines Things regelt |

<u>Ruf zum Thing</u>

Die Versammelten wurden auf dem Thing-Platz durch ein Hornsignal zum Beginn des Things gerufen:

| *mot-horn* | - Versammlungs-Horn (Signal-Horn) |
|---|---|
| *thing(s)-bod* | - „Versammlungs-Gebot" = Stab, Kreuz oder Axt (der herumgesandt wird) |

<u>Gesetze vortragen</u>

Auf dem Thing wurden alle bestehenden Gesetze vorgetragen, damit sie allen

Anwesenden bekannt waren bzw. ihnen in Erinnerung gerufen wurden. Der „Gesetzeshügel", auf dem sie vorgetragen wurden, erinnert an die Anrufungen von Toten aus ihren Hügelgräbern und auch an den auf seinem Hügelgrab stehenden wiedergeborenen Tyr (siehe „Sigdrifa-Lied" in Band 31 oder „Sigdrifa" in Band 38). Dieser Hügel sollte die Versammlung und die auf ihm vorgetragenen Gesetze vermutlich unter den Schutz der Ahnen und Götter und insbesondere des ehemaligen Sonnengott-Göttervaters Tyr stellen.

*Lögsberg-ganga*   - Prozession der Goden zum Gesetzeshügel
*Lög-berg(i)*      - Gesetzeshügel auf dem Allthing, von dem aus allen die
                      Gesamtheit der Gesetze vorgetragen wurde
*lög-saga*         - „Gesetz-Sprechen" = Vortragen der Gesetz, Amt des Gesetz-
                      Vortragenden
*lög-sögu-madr*    - Gesetz-Vortragender
*lög-madr*         - Gesetz-Vortragender


### Personen mit juristischer Funktion

*gode*             - Anführer mit juristischer und priesterlicher Funktion
*thing-heyjandi*   - „Thing-Durchführer" = Person, die beauftragt wird, eine Funktion
                      auf dem Thing auszuüben


### Richter, Gericht

*doms-madr*        - Richter
*dömi-stol*        - Richter-Stuhl
*domr*             - Gerichtshof (die Gemeinschaft der Richter)
*allthingis-domr*  - Gericht auf dem Allthing
*a thingadomum*    - bei den Thinggerichten


### Ernennung der Richter

*sykn, sökn*       - zur Prozeßführung zugelassen
*allthingis-nefna* - Bestimmung der Richter auf dem Thing
*nefna dom*        - die Richter ernennen

## Thing-Plattform

Eine solche Plattform wird auch in der Magie und beim Hellsehen benutzt, was vermuten läßt, daß diese Plattform die Richter auf ihnen in einen „heiligen Bereich", d.h. in Kontakt mit den Ahnen und Göttern bringen sollte – so wie der Gesetzeshügel, auf dem die Gesetze verkündet wurden.

| | |
|---|---|
| *mot-fjalar* | - Plattform, auf der Versammlungen abgehalten wurden |
| *mot-fjalir* | - Plattform, auf der Versammlungen abgehalten wurden |

## Einberufung der Richter

| | |
|---|---|
| *setja dom* | - Aufforderung an die Richter, ihre Plätze einzunehmen |
| *ganga i dom* | - ins Gericht gehen, den eigenen Platz einnehmen |

## Beschluß von Gesetzen

| | |
|---|---|
| *thing-lag* | - auf dem Thing festgelegtes Gesetz |
| *thing-tak* | - Verabschiedung eines Gesetzes auf dem Thing |
| *lands-lög* | - Landesgesetz, öffentliches Recht |
| *edlis-lög* | - Gesetz der Natur |
| *hand-sal* | - Verabredung/Vereinbarung/Vertrag per Handschlag |

## Anklage

Jede Verhandlung begann mit einer Anklage:

| | |
|---|---|
| *sagdir fram sakir* | - die Anklagen öffentlich erheben |
| *vigsakar-adili* | - Ankläger in einem Mord-Prozeß |
| *drap* | - Mord |

## Ablehnung einer Anklage

| | |
|---|---|
| *setja syn fyrir* | - eine Anklage ablehnen |

## Verteidigung

Der Gegenpol zur Anklage ist die auf sie folgende Verteidigung:

*bjoda til varna* - „den sich-Verteidigenden aufrufen", den Anklagten
aufrufen, mit seiner Verteidigung zu beginnen

*sök-vörn* - „Verteidigungs-Suche" = Verteidigung vor Gericht

*vörn* - Verteidigung vor Gericht; Fehler in dem juristischen
Vorgehen

*til varnar* - zur Verteidigung vor Gericht

*föra vörn fram fyrir mal* - vor Gericht für den sich-Verteidigenden handeln/sprechen
(„Verteidiger")


## Zeugen

Ein wesentliches Element der Wahrheitsfindung waren die Zeugenaussagen:

*satt-nefna* - „die Zeugen nennen" = die Zeugen benennen/aufrufen

*kvidir bornir* - die Zeugenaussagen werden vorgebracht

*vatt-bärr* - als Zeuge zulässig

*vatta* - als Zeuge sprechen, bestätigen

*vättis-burdr* - eine Zeugenaussage machen

*vattr* - bezeugen

*vatt-visi* - Bezeugung

*vatt-mämdr* - durch Zeugen bestätigt

*vatt-ord* - „Zeugen-Wort" = Zeugenaussage, Bestätigung, Beweis

*vatta-laust* - ohne Zeugen

*vatt-lauss* - nicht durch Zeugen bestätigt

*fasti* - „Festiger" = Zeuge bei einem Kauf


## Eid

Der Eid konnte eine Aussage bekräftigen:

*eidr* - Eid

*tylftar-eidr* - „Zwölf-Eid" = ein Eid, der von zwölf Männern geschworen wurde
und der daher als besonders sicher angesehen wurde

## Verhandlung

*mal ferr i dom* — ein Fall wird vor Gericht gebracht
*sökja mal i dom* — einen Fall vor Gericht betreiben
*thing-borinn* — etwas, das auf einem Thing vorgebracht wird
*mal-ender* — Partei in einem Rechtsstreit, Verhandelnder, Redner
*mal-eigendr* — Partei in einem Rechtsstreit, Verhandelnder, Redner
*threyta* — „streiten" = auf dem Thing hart für eine Sache kämpfen
*thing-riki* — „Thing-König" = 'auf dem Thing einflußreich sein' oder 'jemand, der auf dem Thing einflußreich ist'
*at öllum malum* — bei der ganzen Verhandlung

## Strafprozeß

*atfarar-thing* — „Angriffs-Gericht" = in etwa: Strafgericht
*drapu-mal* — Gerichtsverhandlung, die sich auf einen Mord bezieht

## Bestechung

Man half auch schon damals bisweilen der erwünschten Urteilsfindung der Richter ein wenig nach:

*bera fe i dom* — „Geld zum Gericht tragen" = das Gericht bestechen

## Streit unter den Richtern

*va-fang* — „Abstand-gefangen" = Meinungsverschiedenheit unter den Richtern
*ve-fangja* — „eine Abstand-Gefangenschaft herbeiführen" = das Gericht spalten

## Urteil

*dom-spekt* — Genauigkeit des Urteils, weise Unterscheidungsfähigkeit
*domr* — Meinung, Urteil, Erlaß
*sitja i domr* — im Gericht sitzen; das Urteil fällen
*doms-ord* — Urteil, Richterspruch
*afellis-domr* — Verurteilung

| | |
|---|---|
| *sykn* | - unschuldig, schuldfrei, straffrei; für schuldfrei erklären; Unschuld |
| *sykna* | - Unschuld |
| *syknu-leyfi* | - Berechtigung des Allthings, die Unschuld einer Person zu deklarieren |
| *syknu-lof* | - Berechtigung des Allthings, die Unschuld einer Person zu deklarieren |
| *tylftar-kvidr* | - „Beschluß von zwölf Nachbarn" = den Thing-Beschlüssen untergeordnet |

## Strafe

| | |
|---|---|
| *afalls-domr* | - Festlegung der Strafe oder einer Verurteilung |
| *atfarar-domr* | - „Angriffs-Urteil" = in etwa: „Strafprozeß-Urteil" = Festlegung einer Buß-Zahlung |
| *baug-gildi* | - „Hügelgrab-Geld" = Wergeld (Strafzahlung für einen Mord) |
| *nef-gildi* | - Wergeld, das an die Freunde gezahlt wird |
| *baug-gildr* | - als Wergeld geeignet |
| *utlegd* | - Verbannung |
| *ualandi* | - „der, der nicht gespeist werden darf" = Ausgestoßener, Verbannter |
| *mal-dagi* | - festgesetzter Termin |

## Anfechtung, Einspruch

Ein Urteil konnte auch angefochten werden – bis hin zur schlichten Mißachtung:

| | |
|---|---|
| *syn* | - Ablehnung, Entgegnung, Weigerung, Einspruch |
| *rydja dom* | - „Urteils-Rodung" = das Urteil anfechten |
| *things-afglöpun* | - Mißachtung des Things |

## Streit auf dem Thing

Auf dem Thing trafen sich zerstrittene Parteien, was nicht selten zu heftigen Auseinandersetzungen und auch Gewalttätigkeiten auf dem Thing führte:

| | |
|---|---|
| *thing-deila* | - Streit auf einem Thing |
| *thing-deild* | - Streit auf einem Thing |
| *hleypa upp domi* | - das Gericht mit Gewalt beenden |

## Belustigungen

Bei so vielen Verhandlungen über Streitigkeiten war ein wenig Abwechslung zwischendurch natürlich ganz angenehm …

*thing-veizla*    - Unterhaltung/Aufführung auf einer Versammlung
*thing-kostr*    - Unterhaltung/Aufführung auf einer Versammlung

## Ende des Things

*thing-lok*    - Ende des Things
*thing-lausnir*    - Auflösung des Things
*thing-rof*    - Auflösung des Things

---

Das Thing ist die Versammlung einer Gemeinschaft, auf der beraten und Recht gesprochen wurde.

Um am Thing teilnehmen zu dürfen, mußte man dazu zugelassen sein. Wer der Ladung zum Thing nicht folgte, mußte eine Buße zahlen.

Man ritt zum Thing und blieb dann mehrere Tage dort. In dieser Zeit wohnte man in kleinen Hütten.

Das Thing war heilig, d.h. geweiht, und auf ihm war Gewalt verboten. Auf den größeren Versammlungen gab es Wächter, die den Thing-Frieden aufrechterhalten sollten. Das Vorgehen auf dem Thing war durch Gesetze geregelt. Das Thing wurde von einer damit beauftragten Person geleitet.

Die Versammelten wurden durch ein Hornsignal zu dem Beginn des Things gerufen.

Auf dem Thing wurden alle bestehenden Gesetze vorgetragen, damit sie allen Anwesenden bekannt waren bzw. ihnen in Erinnerung gerufen wurden. Der Hügel, auf dem dies geschah, erinnert an die Anrufungen von Toten aus ihren Hügelgräbern und auch an den auf seinem Hügelgrab stehenden wiedergeborenen Tyr. Dieser Hügel sollte die Versammlung und die auf ihm vorgetragenen Gesetze vermutlich unter den Schutz der Ahnen und Götter und bis 500 n.Chr. vor allem unter den Schutz des damaligen Sonnengott-Göttervaters Tyr stellen. Vor dem Vortragen der Gesetze zogen die Goden in einer Prozession zu diesem Hügel.

Auf dem Thing wurden mehrere Richter bestimmt (meistens 12). Sie saßen auf Richterstühlen auf einer Plattform. Eine solche Plattform wurde auch in der Magie und beim Hellsehen benutzt, was vermuten läßt, daß diese Plattform die Richter auf ihnen in einen „heiligen Bereich", d.h. in Kontakt mit den Ahnen und Göttern bringen sollte – so wie der Gesetzeshügel (Tyrs Hügelgrab), auf dem die Gesetze verkündet wurden.

Auch bei den Asen gibt es solche Versammlungen von 12 Göttern – die daher entweder das Vorbild des Things oder eine Nachbildung des Things sein werden.

Auf dem Thing wurden auch neue Gesetze beschlossen bzw. alte Gesetze geändert. Den Hauptteil der Beratungen machten jedoch die Verhandlungen über Streitfälle aus.

Nachdem die Richter ihre Plätze eingenommen hatten, wurde die Anklage vorgetragen und dann von dem Gericht entweder angenommen oder abgelehnt. Darauf folgte dann die Verteidigung. Beide Streitparteien konnten während der Verhandlungen Zeugen aufrufen, die evtl. unter Eid aussagten. Manchmal half man auch mit der Bestechung der Richter nach.

Wenn die Richter sich einig geworden waren, wurde das Urteil verkündet und evtl. eine Strafe festgesetzt. Dieses Urteil konnte angefochten werden.

Im Verlauf des Things kam es immer wieder zu Streitigkeiten und auch zu Gewalttätigkeiten. Zur Auflockerung fanden manchmal auch Belustigungen statt.

Schließlich wurde das Thing beendet.

## 2.  Ortsnamen

Die drei mit „thing" gebildeten Ortsnamen im Landnahmebuch geben keine weiteren Auskünfte über das Thing, außer daß ein Thing auch auf einer Insel oder einer Landzunge stattfinden konnte. Es ist zwar eine Verbindung mit der Jenseitsinsel und mit der Zweikampf-Insel denkbar, aber nur aus den beiden Ortsnamen heraus nicht nachweisbar.

*Thingeyrar*      - Thing-Insel
*Thingnes*        - Thing-Landzunge
*Thingvöllr*      - Thing-Feld

> Das Thing fand möglicherweise bevorzugt auf Inseln und Landzungen statt.

## 3.  Personennamen

Mit „Thing" wurden lediglich Männernamen gebildet. Diese Namen sind allesamt „Kriegernamen", woraus man schließen kann, daß zum Thing im Wesentlichen nur Krieger zugelassen waren.

| mit „Thing" gebildete Personennamen | | |
|---|---|---|
| *Namen* | | *Bedeutung* |
| *Männer* | *Frauen* | |
| Thingbiorn, Thingbiörn | | Thing-Bär |
| Thingfastr, Thingfast | | Thing-Standfester |
| Thingvar | | Thing-Krieger |
| Thingger | | Thing-Speer |
| Thingulf | | Thing-Wolf |

> Zum Thing scheinen vorwiegend Krieger zugelassen worden zu sein.

# 4. Die Gründung eines Thingplatzes

## 4. a)  Die vier Runensteine an der Brücke von Täby Tä

Diese Brücke ist in der Nähe des früheren Arkel-Thingplatzes gelegen, auf den sich die Inschriften teilweise beziehen.

*Ulfkel und Arkil und Gue*
*haben diesen Thingplatz erschaffen.*
*Es wird kein Denkmal gefunden werden,*
*das größer ist als das,*
*das Ulfs Söhne*
*nach seinem Tod errichtet haben –*
*die klugen Söhne*
*für ihren Vater.*
*Sie errichteten die Steine*
*und schnitzten den Stab,*
*den mächtigen,*
*als Zeichen seiner Ehrung.*
*Und Gyrid*
*liebte ihren Mann,*
*sie gedenkt seiner*
*in ihrer Trauer.*
*Gunnar hat den Stein geritzt.*

Der Brauch der Aufrichtung eines Pfahles wird auch in einigen anderen Inschriften wie der auf dem Vreta-Runenstein bestätigt.

---

Die Errichtung eines Thingplatzes wurde als eine ruhmreiche Tat angesehen.
Der gelegentlich erwähnte Thingplatz-Pfahl wird dem Weltenbaum und der Irminsul entsprechen und wie der Gesetzeshügel (Tyrs Hügelgrab) und die Empore der Richter, Seherinnen und Magier eine Verbindung zu den Göttern und insbesondere zu dem ehemaligen Göttervater Tyr sein.

---

# 5.  Altersbeschränkung beim Thing

## 5. a)  Die Lachstal-Saga

*Olaf wuchs bei Thord auf und wurde ein großer und starker Mann. Er war so statt-lich, daß seinesgleichen nicht zu finden war, und als er zwölf Jahre alt war, ritt er zum Thing.*

Man konnte ab 12 Jahren, also ab der Volljährigkeit bei den Germanen, zum Thing zugelassen werden (siehe auch „12" in Band 47).

# 6.  Auf dem Weg zum Thing-Platz

## 6. a)  Die Egil-Saga

*Am nächsten Tag ging Egil Skallagrimson zu dem Thing-Rand und mit ihm Thor-stein und alle ihre Gefährten.*

## 6. b)  Die Nials-Saga

*Als der Sommer nahte und die Zeit da war, wo man zum Allthing ritt, sagte Gunnar zu Halgjerde, daß er zum Thing reiten wolle.*

# 7.   Einberufung und Dauer des Thing

## 7. a)   Die Nials-Saga

*Eines Tages waren beide Brüder auf dem Allthing. Dieses wurde nämlich jährlich im Juni auf dem Thingfeld am Thingvallesee im südwestlichen Teil des Landes abgehalten und es versammelten sich dann dort von allen Seiten Häuptlinge und Bauern, um Gesetze anzunehmen und ihre Zwistigkeiten durch Urteilsspruch beilegen zu lassen.*

*... ... ...*

*Die Bauern, welche zum Thing kamen, hatten Hütten, in welchen sie während der vierzehntägigen Dauer des Things wohnten.*

> Das isländische Allthing fand im Juni statt und dauerte zwei Wochen.

## 7. b)   Die ältere Version der Huldar-Saga

*Da berief Huld alle Riesen und Unholde in den Nordlanden auf 12 Monate hinaus zu einer Versammlung nach den Hallmundarheidir in Jötunheim, und an diesem Alljahres-Thing wollte sie ihren Spruch tun.*

> Manchmal wurde ein Thing auch 12 Monate im voraus festgelegt – vermutlich vor allen die alljährlichen Versammlungen.

# 8.   Der Gesetzeshügel

## 8. a)   Die Nials-Saga

*Die Erzählung nimmt den unterbrochenen Faden wieder auf und wendet sich Gunnar zu, als er auf dem Allthing war kurz nach seiner Heimkehr von der Wikingerfahrt. Eines Tages ging er von dem Gesetzeshügel hinab heimwärts.*

... ... ...

*Danach wurde das Zeichen zur allgemeinen Versammlung gegeben und jedermann ging zum Gesetzeshügel.*

... ... ...

*Thorhald Asgrimsohn konnte nicht mit auf den Gesetzeshügel hinaufgehen, da sein Fuß noch nicht geheilt war.*

... ... ...

*Am Tage nach dem Kampfe ging man zum Gesetzeshügel.*

... ... ...

*Das Thing nahm nun seinen Anfang. Beide Teile gingen beständig gerüstet einher und fanden sich stets bewaffnet bei dem Gesetzeshügel ein.*

... ... ...

*Da erhob sich ein großes Geschrei und gewaltiger Lärm auf dem Gesetzeshügel, und Mörd hatte wenig Ehre davon.*

---

Der Gesetzeshügel ist der markanteste Ort auf dem Thingplatz.
Vermutlich ist er ursprünglich das Hügelgrab des ehemaligen Göttervaters Tyr gewesen, der auch als Opferplatz diente und daher auch „Arhaug", d.h. „Adlerhügel" genannt wurde (Adler = Seelenvogel des Tyr).

---

## 8 b)  Isländer-Buch

*Der Grund dafür war, daß er an dem Gesetzeshügel die folgenden Verse gesungen hatte: ...*

*... ... ...*

*Am nächsten Tag gingen Gizurr und Hjalti zu dem Gesetzeshügel und trugen ihre Absicht vor.*

*... ... ...*

*Am nächsten Morgen stand er auf und rief die Leute zu dem Gesetzeshügel.*


## 8 c)  Die Saga über Hrafnkell Freyr-Gode

*Nun warteten beide ab, bis die richterlichen Entscheidungen begannen. Da rief Samr seine Männer auf und ging zum Gesetzeshügel. Dort war der Sitz des Gerichtes. Samr ging kühn zu dem Hügel hin.*

*... ... ...*

Vermutlich ist der in diesem Text beschriebene Hinrichtungshügel in symbolischer Hinsicht mit dem Gesetzeshügel identisch:

*Da sprach Thorgeirr: „So bist Du nun, Hrafnkell, in die Lage gekommen, die Du verdient hast, und es wird Dir wohl unwahrscheinlich geschienen haben, daß Du solche Schmach von einem Manne erleiden würdest, wie sie Dir jetzt zuteil geworden ist. Aber was willst Du, Thorkell, jetzt tun? Hier bei Hrafnkell sitzen und ihn und die Seinigen bewachen, oder Dich mit Samr auf Pfeilschußweite vom Hofe entfernen und auf einem steinigen Hügel, wo weder Acker noch Wiese ist, das Exekutionsgericht vollziehen?“*

# 9.   Der Gesetzessprecher

## 9. a)   Die Saga über Grim Struppig-Wange

*Danach ging Ketil nach Island und nahm dort das Land zwischen Thjorsa und Markarfljot in Besitz und lebte in Hof. Sein Sohn war Hrafn, der erste Gesetzessprecher in Island.*

> Beim Thing wurden die Gesetze von dem Gesetzessprecher (vom Gesetzeshügel aus) vorgetragen.

## 9. b)   Landnahme-Buch

*Die Tochter von Odd war Asbjorg, die die Frau von Thorstein dem Goden war, dem Vater von Bjarni dem Weisen, dem Vater des Skeggi, dem Vater von Markus Gesetzes-Sprecher.*

> Der Gesetzessprecher war ein angesehenes Amt.

# 10.  Auf dem Thing-Platz

## 10. a)  Die Geschichte über Hühner-Thorir

*Da sagten sich friedliebende Männer, wenn jetzt die ganze Landsgemeinde aneinander geriete, so würden daraus Übelstände erwachsen, deren Ende nicht abzusehen wäre. Sie legten sich ins Mittel und die Streitenden wurden getrennt – Odd mußte nachgeben, denn man fand, daß zum einen in dem ganzen Streit auf seiner Seite das schwächere Recht sei, und daß er zum anderen mit seinen Streitkräften den Kürzeren ziehen würde.*

*Es wurde angeordnet, daß Odd außerhalb des geheiligten Thingbezirkes seine Zelte aufschlagen solle, daß er aber zu den Gerichtssitzungen kommen und seinen Geschäften nachgehen dürfe; nur sollten er und seine Leute sich gesittet verhalten und keine Widerspenstigkeit an den Tag legen.*

---

Auf dem Thing mußte die Streitparteien bisweilen von den übrigen Thing-Teilnehmern getrennt werden.

Bei einem Rechtsstreit spielte es manchmal auch eine Rolle, wer die größere Streitmacht auf seiner Seite hatte.

Der Thingbezirk selber ist geheiligt.

---

# 11.  Der Haselkreis

## 11. a)  Egil-Saga

Man kann sich fragen, warum man gerade Haselzweige zum Markieren von Bereichen benutzte. Haselzweige waren zunächst einmal recht praktisch: Sie wuchsen fast
überall, sie hatten eine praktische Größe, sie ließen sich leicht schneiden und sie
wuchsen in einer Höhe am Baum, in der sie leicht erreichbar waren – im Gegensatz
z.B. zu Eschen- oder Pappel-Ästen. Die Weltenbaum-Kenning „Haselstrauch der
Erde" läßt jedoch vermuten, daß der Hasel auch eine mythologische Bedeutung gehabt hat.

Man benutzte Haselzweige nicht nur zum Markieren eines Zweikampfplatzes
(„Holmgang") oder eines Schlachtfeldes, sondern auch zum Markieren bestimmter
Bereiche beim Thing. Diese Parallele zeigt, daß der Thingplatz, die hölzerne Plattform der Richter, Seherinnen und Magier, der Gesetzes-Hügel und der Zweikampf-
platz allesamt auf die Jenseitsinsel, d.h. auf den „Ort der Ahnen und Götter" zurückgehen und daß diese „heiligen Orte" daher mit den Göttern verbunden war. Diese
„heiligen Plätze" entsprachen somit in symbolischer Hinsicht einem Tempel.

Interessanterweise kann sich Idun in eine Haselnuß verwandeln. Da sie die Göttin
ist, die den Göttern die Äpfel der Unsterblichkeit gibt, wird ihr Apfelbaum der Weltenbaum sein. Es ist anzunehmen, daß auch der Hasel eine Variante des Weltenbaumes gewesen ist. Der mit Haselzweigen markierte Platz wäre dann ein „Ort der
Idun am Fuße des Weltenbaumes" und somit wiederum ein „Heiliger Ort", weil er
über den Weltenbaum mit den Göttern verbunden ist.

Die Haselzweige sind somit wie der Thingplatz-Pfahl und wie die Irminsul eine
Variante des Weltenbaumes.

*Als nun das Treffen begann, an dem die Streitigkeiten zwischen den Männern ver-
handelt und entschieden werden sollten, gingen beide Parteien zu dem Platz, an dem
die Verhandlung stattfinden sollte, um dort ihre Beweise vorzubringen. Dort redete
Onund mit vielen großen Worten.*

*Dort, wo die Versammlung saß, war ein ebener Platz, der von einem Ring aus Ha-
selstäben umgeben war und außerhalb von ihnen waren gezwirnte Seile ringsherum.
Dies wurde „der Bezirk" genannt.*

*Innerhalb des Ringes saßen zwölf Richter der Firth-Leute, zwölf der Sogn-Leute
und zwölf der Horda-Leute. Diese drei Dutzend entschieden gemeinsam über alle
Streitfälle.*

Der Ort, an dem die Richter saßen, war von Haselstäben, die mit einem Seil verbunden waren, umgeben. Auf diese Weise wurde auch ein Zweikampfplatz als „heiliger Ort" markiert, der wahrscheinlich der Jenseitsinsel entsprach und die Ereignisse in diesem Kreis unter den Einfluß und den Schutz der Ahnen und Götter gestellt
hat.

Der Hasel selber wird als Weltenbaum angesehen worden sein.

# 12.   Die zwölf Richter

## 12. a)   Die Nialssaga

Auf dem Thing wurde das Urteil von 12 Männern gemeinsam gefunden und gesprochen:

*Nial aber rief zwölf Männer auf, um das Urteil zu sprechen.*

... ... ...

*Es wurden zwölf Schiedsmänner, sechs von Flose und sechs von Nial gewählt, und darauf reichten sich Nial, Flose und alle Sigfussöhne die Hand, und Nial gelobte für seine Söhne Unterordnung unter die Entscheidung, welche die Schiedsmänner treffen würden.*

... ... ...

*So kam der Vergleich zustande, und man gelobte sich durch Handschlag, man wolle zwölf Männer das Urteil fällen lassen und der Gode Snorre solle den Vorsitz führen.*

... ... ...

*Im nächsten Jahre herrschte deshalb großes Mißvergnügen auf dem Allthing und viele äußerten, es nütze wenig, die Sachen dort vorzubringen, sie wollten lieber mit Schwert und Speer ihr Recht heischen.*

*Da trat Nial auf und sagte: „So darf es nicht sein, und es frommt nicht, Gesetz im Lande zu vermissen." Es sei jetzt erwiesen, meinte er, daß die alte Einrichtung der vier Viertelsgerichte auf dem Allthing nicht hinreiche, um dem Rechte seinen Lauf zu lassen. Er schlug darum vor, ein Fünftesgericht zu errichten; demselben sollen alle besonders wichtige Sachen unterworfen sein, und das Urteil solle dort unter schwereren Eiden und strengeren Formeln gefällt werden.*

*Dieser Vorschlag fand den Beifall des Gesetznenners Skapte Thorodsohn und wurde angenommen von dem Gesetzgericht.*

*Hiernach bedurfte man aber für das Fünftegericht viermal zwölf Richter, und da nun jeder Gode bisher einen Richter bestellte und bisher im ganzen nur dreimal zwölf Richter vorhanden gewesen waren, so war es also nötig, zwölf neue Goden einzusetzen. Nial schlug daher vor, daß dies geschehen möge, und es solle jedem Mann freistehen, sich von seinem Gerichtskreis, zu dem er bisher gehört habe, loszusagen und sich unter denjenigen der neuen Goden zu stellen, der ihm am meisten zusagte. Als dieser Vorschlag ebenfalls angenommen wurde, bat Nial um die Erlaubnis, für Höskuld Thraensohn auf Hvidenes im Südlande eine Godenstelle errichten zu dürfen.*

## 12. b)   Egil-Saga

*Innerhalb des Ringes saßen zwölf Richter der Firth-Leute, zwölf der Sogn-Leute und zwölf der Horda-Leute. Diese drei Dutzend entschieden gemeinsam über alle Streitfälle.*

## 12. c)   Die Saga über Hervor und König Heidrek den Weisen

*König Heidrek schwor dies: ... ... ... daß, jeder, gleich welch große Untat er begangen haben mochte, eine gerechte Gerichtsverhandlung von seinen zwölf Richtern erhalten sollte.*

## 12. d)   Gesta danorum

Hier stehen anstelle der „12 Richter" des Things die „12 Ältesten":

*Ragnar bestimmte, daß jeder Rechtstreit von zwölf gewählten Ältesten entscheiden werden sollte.*

## 12. e)   Die Saga über die Bewohner von Eyre

*Eine Gruppe von zwölf Männern sollte das Urteil beschließen.*
*... ... ...*
*Helgi, der Priester von Tempel-Garth sollte den Beschluß der zwölf Männer verkünden.*

In der Regel wird das Urteil gemeinsam von der zwölf Männern gefällt und von einem von ihnem, der zu ihrem Sprecher bestimmt worden war, verkündet.

# 13. Der Zwölf-Männer-Eid

## 13. a) Egil-Saga

*Da brachte Arinbjorn 12 Zeugen – und alle waren gut ausgewählt.*

## 13. b) Egil-Saga

*Egil begründete seinen Anspruch auf das Geld, aber Atli bot gegen ihn zu seiner Verteidigung den Eid von 12 Männern auf, daß er, Atli, kein Geld in Verwahrung hatte, daß Egil gehörte.*

## 13. c) Die Saga über die Siedler von Eyre

*Das Folgende geschah zur Zeit der Tage der Einberufung zum Thing.*

*Thorbjörn ritt nach Mewlithe und rief Geirrid wegen der Anklage, daß sie eine Nachtreiterin (Zauberin) sei und Gunnlaugs Ärger verursacht habe.*

*Der Fall kam auf das Thorsness-Thing und Snorri der Priester übernahm den Fall für seinen Schwager Thorbiörn und Arnkel der Priester verteidigte in diesem Fall seine Schwester Geirrid und eine Gruppe von zwölf Richtern sollte das Urteil darüber fällen. Doch keiner der beiden, Snorri oder Arnkel, wurden als Zeugen zugelassen, da sie mit dem Kläger und der Angeklagten verwandt waren.*

*Dann wurde Helgi der Priester von Tempelgarth, der Vater des Björn, der Vater des Gest, der Vater des Skalden-Ref, dazu berufen, das Urteil der zwölf Männer zu verkünden.*

*Arnkel der Priester trat vor das Gericht und legte einen Eid auf den Altar-Ring ab, daß Geirrid nicht das Leid des Gunnlaug verursacht habe. Thorarinn legte diesen Eid zusammen mit ihm ab und dazu noch zehn weitere Männer. Da Sprach Helgi das Urteil zugunsten von Geirrid.*

*Da war die Anklage des Thorbiörn und des Snorri gescheitert und das war eine große Schande für sie.*

> Zwölf Richter, von denen einer der Sprecher der Gruppe war, waren eine weitverbreitete Einrichtung auf dem Thing.

Verwandte waren nicht als Zeugen zugelassen.

Gegen den Eid von zwölf Männern auf einen Tempel-Ring gab es kaum ein Gegenmittel.

## 13. d)   Die Saga über Kampf-Glum

*Als die Männer zum Thing kamen, wurde dieser Fall vorgebracht und Glum mußte mit seinen 12 Männern das eine oder das andere beschwören.*

Auch die Männer, die zum Thing kamen, brachten manchmal 12 Begleiter mit.

# 14. Berichte über Gerichtsverhandlungen auf dem Thing

## 14. a) Die Nials-Saga

*Der Thingstreit verlief übrigens, wie Nial verkündet hatte. Diejenigen, welche die nächsten daran waren, wegen Otkel's Tod die gerichtliche Klage zu erheben, waren Gissur Hvide und Gejr Gode; aber beiden fehlte der Mut zur Übernahme der Sache. Sie ließen daher das Los unter sich entscheiden, wer die Klage anhängig machen solle und es entschied für Gejr. Dieser traf nun alle Vorbereitungen, die das Gesetz gebot; über alle Gauen verbreitete sich die Kunde davon und man erwartete, es werde große Aufregung auf diesem Thing geben.*

*Aber alle Bauern in dem Flußtal des Markarflusses und in Rangauvalle vereinigten sich dahin, daß sie Gunnar folgen wollten, denn er war sehr beliebt. Das Thing war deshalb stark besucht; Gejr erhob die Klage und die Sache wurde auf beiden Seiten mit Eifer betrieben.*

*Da trat Nial dazwischen. Er sagte, daß Gunnar dem nicht entgehen könne, für einige der Erschlagenen zu büßen; er erinnerte aber auch Gejr daran, daß er selbst eine Sache gegen ihn habe, die wohl aufgeschoben, aber nicht aufgehoben sei und er könne durch das Gericht die Acht über ihn verhängen lassen und ihn zum Waldgänger, wie man es nannte, machen.*

*Andere rieten nun Gejr zum Vergleich, Gissur selbst redete diesem das Wort und so wurde denn das Ende der ganzen Verhandlung, daß man sich dahin einigte, es sollten sechs Männer den Schiedsspruch tun.*

*Diese entschieden, daß Gunnar für Skamkel keine Buße zahlen sollte, Otkel's Tötung und der Spornhieb sollten einander aufwiegen, für die übrigen Erschlagenen aber wurden die entsprechenden Bußen festgelegt. Gunnar empfing Geld von seinen Freunden, so daß er alle Bußen sogleich auf dem Thing erlegte und zuletzt kamen Gissur und Gejr zu ihm und sagten ihm Frieden und Sicherheit zu.*

*Danach ritt Gunnar heim; er dankte seinen Mannen für ihre Hilfe und teilte Gaben aus an viele, so daß er die größte Ehre dadurch gewann und seitdem in noch höherem Ansehen auf seinem Hofe saß.*

---

Zur Erhebung einer Anklage war Mut notwendig.
Manchmal wurde das Urteil auch von sechs statt von zwölf Männern gefällt.
Nach einem Urteil mußten die Parteien manchmal Frieden schwören.
Ein „Waldgänger" ist ein Verbannter.

---

# 14. b)   Die Nials-Saga

*Sie verabredeten nun, daß Mörd die Sache in die Hand nehmen und alle Vorberei-tungen für das gerichtliche Verfahren auf dem Thing treffen solle. Daraufhin säumte Mörd nicht. Er ritt sogleich mit zehn Männern nach Vorsaböj. Er versammelte die Männer, die der Unglücksstätte am nächsten wohnten, neun an der Zahl, zeigte ihnen die Wunden, die Höskuld erhalten hatte und rief sie zu Zeugen auf. Denn so wollte es das Gesetz auf Island, wenn eine gerichtliche Klage wegen eines Totschlages einge-leitet werden sollte und keine Männer zur Stelle waren, die als Zeugen der Tat selbst auftreten konnten. Dann mußte der, welcher den Urheber desselben vor Gericht belangen wollte, Zeugen stellen, die da bezeugten, daß sie die Wunden an der Leiche gesehen hätten. Mörd nannte nun den neun Nachbarn den Urheber einer jeden Wunde Höskuld's mit Ausnahme einer einzigen; was diese betraf, so gab er vor, er wisse nicht, wer sie geschlagen habe; es war nämlich die, welche er selbst ihm zuge-fügt hatte.*

*Er sagte, Skarphedin sei der Totschläger, seine Brüder aber und Kaare hätten Hös-kuld alle verwundet. Schließlich lud er die neun Nachbarn zum Erscheinen vor dem Gericht als Blutzeugen oder Nenner, wie sie genannt wurden. Danach ritt er heim. Während der nächstfolgenden Zeit kam er fast niemals zu den Nialsöhnen, und wenn sie zusammentrafen, schienen sie sich gram zu sein. So war es unter ihnen zuvor ver-abredet.*

*Damals als er von der Unglücksstätte forteilte, hatte er selbst Skarphedin mitge-teilt, er wolle die Klage vor Gericht übernehmen, sofern Thorgjerde ihn darum ersuche, und Skarphedin hatte es gebilligt. Denn es gab ein Gesetz, daß jemand, der selbst bei einem Totschlag beteiligt war, die übrigen Beteiligten deshalb nicht belan-gen konnte, und falls es dennoch geschehe und vor dem Gericht erwiesen werde, daß der Kläger selbst schuldig sei, dann sei die erhobene Klage nichtig.*

*Darum glaubte Skarphedin, es sei die leichteste Weise, wie man der Sache entgehen könne, wenn Höskuld's Sippe Mörd zum Kläger annehme. Mörd selbst aber wünschte nur, daß die ihm übertragene Sache vor Gericht verloren würde; denn alsdann konnte er darauf rechnen, daß die vielen kampflustigen Verwandten Höskuld's Blutrache an Nial und seinen Söhnen nähmen, und dann würde es so kommen, wie Valgard es vor-ausgesagt hatte, so daß er selbst seine frühere Goden- und Häuptlingsstelle zurück-empfinge.*

---

Eine Person, die an einem Todschlag teilgenommen hat, konnte in dem betreffen-den Fall keine Anklage erheben.

---

## 14. c)  Die Saga über Hovard von Eisfjord-Leuten

*Im Sommer aber ritt Thorbjörn zum Thing mit seinen Männern am Isfjord. Eines Tages trat jedoch Bjargey wieder vor Hovard.*

*Er frug, was sie wollte.*

*„Nun meine ich, Du solltest auch zum Thing reiten," sagte sie, „und einmal versuchen, ob es mit Deiner Sache jetzt nicht anders steht als früher."*

*„Das ist durchaus nicht nach meinem Sinn," antwortete Hovard, „glaubst Du denn, ich bin noch nicht genug verhöhnt von Thorbjörn, dem Mörder meines Sohnes, und daß er mich nun noch mehr verhöhnen soll, wo sämtliche Häuptlinge zusammenkommen?"*

*„So wird es Dir nicht ergehen," sagte sie, „denn ich meine, daß gerade dort jemand ist, der Dir bei Deiner Sache helfen wird, und das wird Gest Oddleifsson tun. Geht es nun so, wie ich meine, nämlich, daß er einen Vergleich zwischen Dir und Thorbjörn zustande bringt, so daß er Dir viel Geld bezahlen muß, dann mein' ich, er soll noch mehr Männer dazu rufen lassen, um einen Kreis um euch zu schließen, wenn Thorbjörn sein Bußgeld bezahlt. Geschieht es hingegen, bevor das Geld noch bezahlt ist, dass Thorbjörn etwas tut, was gegen Dich ist oder was Dich kränkt, dann nimm den Weg zwischen die Füsse, so schnell Du nur kannst, und fühlst Du Dich dann wohler und kräftiger als jetzt, dann darfst Du in dieser Sache schlechterdings auf keinen gütlichen Vergleich mehr eingehen, denn dann ist Hoffnung vorhanden, daß unser Sohn noch gerächt wird, so wenig es auch jetzt danach aussieht; aber wenn nicht, dann darfst Du auch nicht ohne einen gütlichen Vergleich vom Thing weggehen, denn dann wird ohnedies nichts aus der Rache."*

*Er sagte darauf, daß er nicht recht einsähe, wozu das gut wäre, „aber wüßte ich nur, dass Olaf endlich gerächt werden konnte, so läge mir auch nichts daran, und wenn ich auch, wer weiß was, dafür tun müsste."*

*Darauf rüstete sie ihn gut zur Thingfahrt aus und er ritt seiner Wege. Er war sehr niedergeschlagen, als er zum Thing hinkam. Sämtliche Buden waren bereits aufgeschlagen und die Männer waren allzumal schon gekommen. Er ritt hin zu einer großen Bude, die dem Steinthor auf Eyre gehörte, der ein mächtiger Mann und hoch angesehener Häuptling, ein mutiger und mordlicher Recke war. Er stieg vom Pferd ab und ging in die Bude hinein. Steinthor und seine Mannen saßen darin.*

*Hovard trat vor ihn hin und grüßte ihn freundlich; er erwiderte seinen Gruß und frug ihn, wer er wäre.*

*Hovard sagte es.*

*„Bist Du es, der den ruchtbaren Sohn gehabt hat," frug Steinthor, „den Thorbjörn erschlug und von dem es heißt, daß er sich so mannhaft gewehrt hat?"*

*Er sagte, er wäre derselbe, „und bitt' ich Dich darum, Bauer," setzte er hinzu, „hier in Deiner Bude bleiben zu dürfen, so lange das Thing dauert."*

„Das will ich Dir gerne erlauben," antwortete Steinthor, „nur rede mir nichts und mische Dich in nichts drein; die jüngern Kämpen da lieben es gar sehr, allerlei Torheit zu treiben, und Du hast Kummer auf dem Herzen und bist nicht mehr Manns genug, Dich dagegen zu wehren, alt und gebrechlich wie Du bist und unfähig zu jedem kräftigen Tun und Handeln."

Hovard wählte sich nun den nächstbesten Platz aus in der Bude, ließ sich da nieder und verließ ihn nie und sprach auch mit keinem Menschen von seiner Sache, und so ging die Thingzeit nahezu zu Ende.

Eines Morgens ging Steinthor hin zu Hovard und sagte: „Wozu bist Du denn hierhergefahren, wenn Du da liegen willst wie einer, der gichtbrüchig ist und kein Glied mehr regen kann?"

„Ich habe im Sinn gehabt, Buße für meinen Sohn Olaf zu fordern," antwortete Hovard, „allein ich bin zu schwach dazu; Thorbjörn läßt nicht nach mit bösen Worten und andern Bosheiten."

„Nun, so will ich Dir einen Rat geben," sagte Steinthor, „gehe zu Thorbjörn und stelle ihn zur Rede wegen Deiner Sache; ich meine, wenn Gest Dir hilft, dann kommst Du schon noch zu deinem Rechte."

Da stand denn Hovard auf und ging hinaus, und er schritt ganz krumm und gebückt daher; er begab sich zu Gest's und Thorbjörn's Bude hin und ging hinein; Thorbjörn war darin, aber Gest nicht. Thorbjörn grüßte Hovard und frug ihn, wozu er käme.

Er antwortete: „Der Totschlag meines Sohnes steht noch in so frischem Andenken bei mir, daß es mir ist, als wäre die Tat erst gestern geschehen, und das ist hier mein Geschäft, Buße von Dir dafür zu fordern."

Thorbjörn antwortete: „Dafür weiß ich Dir einen guten Rat; komm einmal daheim, wohin Du zuständig bist, zu mir und bringe da Deine Sache vor, da will ich dann vielleicht etwas für Dich tun, jetzt habe ich andere Sachen auf mir; und jetzt will ich auch nichts weiter davon hören."

„Wenn Du jetzt der Sache kein Ende machen willst," sagte Hovard, „dann weiß ich aus Erfahrung, daß Du es daheim auch nicht tust; ich habe geglaubt, hier vielleicht jemanden zu finden, der sich meiner Sache annähme."

„Jetzt werden wir etwas Neues zu hören bekommen," sagte Thorbjörn, „und nicht jeden Tag kann man dergleichen hören – jetzt will der da andere gegen mich hetzen. Pack Dich fort und gehe Deiner Wege; komme nicht mehr daher mit dieser Geschichte, wenn ich Dir nicht Deine Glieder krumm und klein schlagen soll!"

Hovard geriet hierüber in keinen kleinen Zorn, und indem er zur Bude hinausging, sagte er: „Ich bin jetzt schon zu alt, aber ich habe Tage gesehen, wo ich Dir solchen Übermut nicht ungestraft hätte hingehen lassen."

Beim Weggehen kamen ihm einige Männer entgegen, es waren das Gest Oddleifsson und sein Gefolge; aber Hovard war so in Wut, daß er kaum sah, wo er ging, und er wollte auch gar nicht mit den Männern sprechen, sondern ging geraden Weges in seine Bude hinein. Gest sah ihn an, während er vorbeiging. Als Hovard nun zur Bude hereinkam, ging er zu seinem Platz hin und stieß einen tiefen Seufzer aus.

Steinthor frug, wie es ihm ergangen wäre, und er erzählte es ihm dann, „Das ist ein unerhörter Übermut!" sagte Steinthor, „und er soll schon noch sehen, welche Demütigungen er erlebt, wenn sein Maß einmal voll ist."

Als Gest in seine Bude hineinkam, grüßte ihn Thorbjörn freundlich. „Wer war denn der Mann, der soeben aus der Bude herauskam?" frug Gest.

„Wie kannst Du, der Du doch ein so gescheiter Mann bist, so wunderlich fragen?" sagte Thorbjörn, „Es gehen ja da bei uns eine solche Unzahl von Menschen aus und ein, daß ich unmöglich über jeden Einzelnen Rede stehen kann."

Darauf antwortete Gest: „Der Mann, den ich meine, war den andern durchaus nicht ähnlich, er war hoch von Wuchs und schon ziemlich bei Jahren. Er hinkte auf einem Fuße, aber er sah doch aus wie ein rechter Recke, und er sah mir aus, als wäre er voll Gram und Sorgen; auch war er dabei so zornig, daß er gar nicht acht darauf gab, wo er ging. Ich glaube, daß das Glück mit ihm sein wird, und daß es nicht gerade für jeden geraten sein dürfte, mit ihm zu tun zu haben."

„Das wird wohl mein Thingmann, der alte Hovard gewesen sein," sagte Thorbjörn.

„War es nicht ein Sohn von ihm, den Du so ohne Grund und Ursache erschlagen hast?" frug Gest.

„Ja, das war ein Sohn von ihm," antwortete Thorbjörn.

„Wie dünkt Dir nun, daß Du Dein Versprechen gehalten hast, das Du mir gabst," frug Gest, „als ich Dir meine Schwester zur Ehe gab?"

Es war da auch ein Mann, welcher Thorgils hieß, mit dem Zunamen Hallasson nach seiner Mutter, ein berühmter und ein sehr mutiger Mann; er befand sich dazumal bei seinem Verwandten Gest und sein Ansehen nahm beständig zu; diesen bat Gest, einmal zu Hovards Bude hinzugehen und ihn zu ersuchen, herüberzukommen.

Das tat Thorgils, aber Hovard antwortete: „Ich habe keine Lust, noch einmal da hinüber zu gehen, um abermals Thorbjörns Übermut und schamlose Reden zu ertragen."

Thorgils bat ihn, dennoch mitzugehen: „Gest wird sich Deiner Sache annehmen."

So gingen sie denn zusammen hin, wiewohl sich Hovard nur mit Unlust dazu entschloß.

Als sie zu Gest kamen, stand dieser auf und ging dem Hovard entgegen, hieß ihn willkommen und bot ihm einen Platz neben sich bei Tisch an. „Nun mußt Du, Hovard," sagte er zu ihm, „mir Deine und Thorbjörns Streitsache von Anfang an erzählen."

Das tat er, und als er zu Ende war damit, frug Gest Thorbjörn, ob es so gewesen Ware, und dieser sagte, daß keine Lüge in all dem gewesen sei, was Hovard erzählt habe.

„Das ist denn doch ein unerhörter Übermut!" sagte Gest, „ich lasse Dir jetzt die

*Wahl zwischen zwei Dingen: Entweder soll unser ganzes Übereinkommen* (Thorbjörns Heirat mit Gests Schwester) *wieder rückgängig werden, oder Du gestehst mir das Recht zu, einzig nach meinem Gutdünken in eurer Sache das Urteil zu sprechen."*

Thorbjörn wählte dann das letztere, und so gingen sie hinaus aus der Bude. Gest rief noch mehrere andere Männer herzu, die schlossen einen Kreis um sie und mitten in diesem standen einige und besprachen die Sache.

Gest sagte sodann: „Ich will Dich nicht verurteilen, Thorbjörn, soviel zu bezahlen, wie Du im Grunde schuldig bist, denn soviel hast Du in deinem ganzen Vermögen nicht; für Olafs Totschlag bestimme ich, soll eine dreidoppelte Mannsbuße bezahlt werden; für die übrigen Gewalttätigkeiten, welche dem Hovard angetan worden sind, will ich Dir, Hovard, hiermit anbieten, jedes Frühjahr und jeden Herbst als Gast zu mir zu kommen, da will ich Dich dann, mit Geschenken ehren und verspreche Dir auch, Dich nie im Stiche zu lassen, so lange wir zwei am Leben bleiben."

Thorbjörn sagte: „Darauf will ich eingehen, und das Geld will ich ihm daheim bezahlen, wo er wohnt, und zwar, wenn's mir gerade gelegen ist."

„Nein, jetzt, hier auf dem Thing mußt Du es bezahlen," erwiderte Gest, „und zwar bar und richtig mußt Du es begleichen; eine Mannsbuße will ich erlegen."

Die bezahlte er denn auch auf der Stelle, und das Geld war richtig und vollzählig. Hovard setzte sich nieder und schüttete das Geld in den Schoß seines Mantels hinein; Thorbjörn ging dann zu ihm und zählte ihm langsam und nach und nach soviel Geld hin, bis es eine Mannsbuße ausmachte, darauf sagte er, daß er im Augenblick nicht mehr bei sich habe.

Gest bestand jedoch darauf, daß der Betrag vollständig bezahlt werden müsse, und da nahm denn Thorbjörn ein zusammengebundenes Tuch, knüpfte es auf und sagte: „Er wird sich jedenfalls zufrieden geben, wenn ich ihm Das dazu gebe, was ich da habe," und damit schlug er es dem Hovard so ins Gesicht hinein, daß ihm das Blut von den Wangen niederrann: „Da, Hovard, das sind die Zähne Deines Sohnes," sagte er zu ihm.

Als Hovard die Zähne Olafs in den Schoß seines Mantels fallen sah, geriet er in eine furchtbare Wut und sprang auf, so daß das Geld nach allen Seiten herumflog; er hatte einen Stab in der Hand, mit dem stieß er einen Mann so vor die Brust, daß er auf der Stelle rücklings zu Boden stürzte und geraume Zeit bewußtlos da liegen blieb; hierauf sprang er in einem großen Bogen schnurstracks über den ganzen Kreis hinüber, ohne dabei auch nur einen Mann mit dem Fuß zu berühren, und erst ein gutes Stück außerhalb desselben kam er auf den Boden. Darauf lief er in die Bude heim, als wäre er ein ganz junger und rüstiger Mann. Sowie er aber da ankam, brachte er kein Wort mehr heraus, er warf sich nieder und blieb liegen wie ein Totkranker.

Gest sagte darauf zu Thorbjörn: „Kein Mensch ist Dir an Übermut und Bosheit zu vergleichen, und ich verstehe die Welt und die Menschen nicht, wenn nicht Du oder

*Deine Verwandten es einmal zu bereuen haben. Gest war so zornig und so in Wut,*
*daß er auf der Stelle vom Thing nach dem Isfjord heimfuhr, und die Scheidung zwi-*
*schen Thorbjörn und Thorgerd vornahm. Letzteres däuchte dem Thorbjörn und allen*
*seinen Verwandten die größte Schmach; indes ließ sich dagegen nichts machen, und*
*Gest sagte zu Thorbjörn, er habe jetzt schon noch andere und größere Demütigungen*
*zu erwarten, und die habe er ehrlich verdient. Darauf ritt Gest zurück zum Barda-*
*strand mit seiner Schwester und mit vielem Hab und Gut.*

*Nach dem Thing rüstete sich Hovard gleichfalls zur Heimfahrt; er war da ganz*
*lahm am ganzen Körper und unfähig ein Glied zu rühren.*

*Steinthor sagte zu ihm: „Wenn ich Dir irgendwie helfen und beistehen kann, Ho-*
*vard, so komm nur gleich zu mir."*

*Er dankte ihm dafür, ritt dann heim und legte sich in's Bett und blieb zum dritten-*
*mal zwölf Monate liegen, und litt sehr an der Gicht in allen Gliedern.*

---

Manchmal schlossen die Männer einen Kreis um den Schwächeren in einem
Rechtstreit, um ihn zu schützen.

Es ist oft notwendig, einen starken oder einflußreichen Mann als Fürsprecher für
die eigene Sache zu finden.

Auf dem Thing werden manche Rechtsstreitigkeiten auch in einem kleinen, inoffiziellen Kreis gelöst.

Je nach Art eines Mordes konnte die einfache, doppelte, dreifache oder sechsfache
(„dreidoppelte") Mannsbuße („Wergeld") bestimmt werden.

---

## 14. d)   Die Nials-Saga

*Gissur meinte, Kaare müsse umhergehen und Hilfe suchen, und Asgrim gab ihm*
*recht. So gingen denn die einsichtsvollsten Männer, die auf dieser Seite standen, auf*
*dem Thing herum.*

---

Das Suchen nach Verbündeten für den eigenen Fall war eine wichtige Vorbereitung
für die eigentliche Verhandlung auf dem Thing.

---

## 14. e)   Die Nials-Saga

*Helge Nialsohn's Schwiegervater Asgrim Ellidagrimsohn auf Tunge war unter den*

Bauern gewesen, die auf Otkel's Seite standen in seinem Rechtsstreit mit Gunnar. Im Sommer nach dem Pferdekampf, von dem eben erzählt ist, hatte er eine Thingsache mit einem Bauer namens Ulf Uggesohn.

Asgrim war sonst gesetzeskundig, aber diesmal machte er einen Fehler in der Führung der Sache, so daß Ulf einen Einwand machen konnte, wodurch er die Sache gewann.

Da forderte Gunnar Ulf zum Holmgang, falls er sich des erlangten Vorteils bedienen wolle und so endete die Sache damit, daß Ulf an Asgrim das Geld auszahlte, welches dieser forderte.

Dafür gelobte Asgrim, er wolle hinfort in allen Rechtssachen Gunnar beistehen und lud ihn während desselben Sommers zu sich ein.

---

Verfahrensfehler konnten auch schon auf einem Thing zur Niederlage in einem Rechtsstreit führen.

Das letzte Argument in einem Rechtsstreit war die Aufforderung zum Zweikampf.

Manchmal schworen sich zwei oder mehr Männer gegenseitige Unterstützung bei allen Rechtsstreitigkeiten.

---

## 14. f)  Die Nials-Saga

Es war zu erwarten, daß es eine schwierige Sache für Gunnar werden würde, falls all die Männer Klage gegen ihn erheben würden, deren Anverwandte er und seine Brüder bei Knafahole erschlagen hatten.

Deshalb ritt er auch bald nach Bergthorshvol und suchte Rat bei Nial.

Dieser sagte: „Wohl hat Dich die harte Not gezwungen, das zu tun, aber dennoch kann die Sache schwierig genug werden und Du mußt mir Zeit lassen, sie zu bedenken."

Damit ging er abseits und bedachte den Ratschlag. Als er zurückkam, sagte er Gunnar, wie er die Sache anfassen solle; besonders zeigte er ihm, wie er Gegenklage erheben könne gegen die verschiedenen Verkläger, denn wenn dann das Urteil gefällt wurde, konnten nach dem isländischen Gesetz die beiderseitigen Bußen einander aufwiegen.

Nach dieser Unterredung ritt Gunnar heim und nach einigen Nächten begann er das ins Werk zu setzen, was Nial ihm geraten hatte. Geleitet von den Nialsöhnen, ritt er nach dem Orte des Kampfes, grub dort die Leichen auf, berief seine Begleiter zu Zeugen ihrer Wunden und erklärte alle die Gefallenen für unheilig und rechtlos, so daß keine Klage um ihretwillen anhängig gemacht und keine Buße für sie gefordert werden könnte, da sie mit der Absicht herbeigekommen seien, ihm und seinen Brüdern Wunden und schnellen Tod zu bereiten.

Inzwischen ruhten seine Widersacher auch nicht. Kläger um Egil's und seiner Söhne willen war sein Bruder Önund vom Teufelswald, und Egil's Witwe Stenvör wollte auch den Ostmann Thorgrim veranlassen, seine Hilfe zuzusagen. Er war nämlich Gast auf Sandgil und mit jenem Thore von Norwegen gekommen, der, nachdem er Hjort erschlagen hatte, von Gunnar niedergestreckt worden war.

Als aber Thore mit Egil auszog, um Gunnar zu überfallen, hatte er selbst vorausgesagt, daß es sein Tod sein werde und zugleich Thorgrim geraten, gleich nach seinem Tod nach Norwegen zurückzufahren, da auch er getötet werden würde, wenn er auf Island bleibe und sich auf einen Kampf mit Gunnar einlasse. Darum wollte auch Thorgrim anfangs nicht auf Stenvör's Bitten hören, allein sie überwand seinen Widerstand, indem sie ihm ihre Tochter zur Ehe und eine große Mitgift verhieß.

Thorgejr Starkadsohn gewann auch Gunnar's Feind und Neider Mörd Valgardsohn für sich durch das Versprechen einer großen Geldsumme, und auf Thorgejr's Rat warb Mörd um Gissur Hvide's Tochter Thorkatle und erhielt sie zum Weibe, so daß Gunnar's Feinde nun auch von Gissur Hvide und Gejr Gode Hilfe erwarten konnten.

Zu Gunnar standen aber alle Nialsöhne und alle Sigfussöhne und sie gingen um ihn geschart so kühn und stolz einher, daß jeder, der ihnen in den Weg kam, sich in acht nehmen mußte, daß sie ihn nicht umstießen.

Höskuld Dalekolsohn war gestorben, aber Gunnar hatte zu seinen Söhnen gesandt, sie möchten zum Thing kommen und viele Männer mit sich führen. Unter ihnen war Olaf Pfau auf Hjardaholt am Hvamsfjord, der ein gar mächtiger Häuptling war. Er war zum Thing gekommen mit seinen Brüdern und vielen Mannen, so daß Gunnar's Schar die seiner Feinde an Größe und Trefflichkeit übertraf.

Nach Nial's Rat machte Gunnar nun die Sachen, die er gegen Thorgejr und Önund vom Teufelswalde auf sich genommen hatte, anhängig und als seine eigne Sache vor das Gericht gebracht wurde, wies Nial Mörd gegenüber nach, wie Gunnar die Gefallenen für rechtlos erklärt und in jeglicher Weise so gehandelt habe, daß das Gesetz auf seiner Seite stand.

Da aber trat Hjalte Skjeggesohn vor und sprach: „Ich habe nicht teilgenommen an Eurem Rechtshandel, jedoch möchte ich gern wissen, wieviel Du, Gunnar, um meiner Bitte und meiner Freundschaft willen zu tun bereit bist."

„Was erbittest Du Dir?" frug Gunnar.

„Ich bitte," versetzte Hjalte, „daß Ihr alle diese Sachen dem Urteil Gleichstehender vorlegen und sie braven Männern zur Entscheidung überlassen wollt."

„Ja," sagte Gunnar, „darauf will ich eingehen, falls Du mir versprichst, niemals mir gegenüber zu stehen, mit wem ich auch immer verfeindet werde."

Das versprach Hjalte und beredete sich auch mit Gunnar's Widersachern, und es kam darauf hinaus, daß beide Teile sich über den Vergleich einigten und sich gegen-

*seitig Sicherheit zusagten.*

*Außer Hjalte selbst wurden nun Asgrim Ellidagrimsohn und Nial zu Richtern erwählt.*

*Für die Wunden, die Gunnar Starkad und dessen Sohn Thorgejr geschlagen hatte, sollte er keine Buße zahlen und auch nicht für Egil's Tötung, denn diese Taten wogen die Klagen auf, die Gunnar anhängig gemacht hatte. Des Ostmanns Thore und Kol Egilsohn's Tod sollte Hjort's Tod aufwiegen. Für die übrigen erschlagenen Männer aber sollte Gunnar Buße zahlen, freilich nur die halbe Mannbuße, weil er der überfallene Teil war. Nial hatte sowohl bei Starkad als auch auf Sandgil eine Summe zu fordern und diese überließ er an Gunnar, um die Bußen zu erlegen, und was noch an dem Gelde fehlte, wurde sogleich herbeigeschafft, denn Gunnar hatte viele Freunde auf dem Ting.*

*Darauf verteilte er an die Häuptlinge, die ihm Beistand geleistet hatten, gute Gaben, so daß er mit vieler Ehre aus dem Rechtsstreit hervorging und alle darüber einig waren, daß niemand ihm gleichkomme im Südlande. Er ritt vom Ting heimwärts und wohnte in Frieden auf seinem Hofe, seine Gegner aber beneideten ihn gewaltig ob seiner Ehre und seines Ansehens.*

---

Ein Angeklagter konnte unter Umständen eine Gegenklage erheben, sodaß eine Chance bestand, daß sich die Strafen für die beiden Parteien schließlich gegenseitig aufhoben.

Auch damals war es schon üblich, Verbündete mit Geld und der Verheiratung mit den eigenen Töchtern zu gewinnen.

Auch ein Angegriffener mußte Wergeld für einen getöteten Angreifer zahlen, aber nur die Hälfte.

Auf dem Thing gab es auch schon wie in heutigen Rechtstreitigkeiten außergerichtliche Verhandlungen und außergerichtliche Vergleiche.

---

## 14. g)  Die Nials-Saga

*Einst führten Asgrim und Nial lange eine leise Unterredung.*

*Darauf sprang Asgrim auf und sprach zu den Nialsöhnen: „Jetzt müssen wir herumgehen und uns Freunde werben, damit wir nicht der Übermacht erliegen, denn unsre Feinde werden diese Sache mit großem Nachdruck betreiben."*

*Er ging nun hinaus und ihm folgten die übrigen, zuerst Helge Nialsohn, dann Kaare Sölmundsohn, Grim Nialsohn und nach ihm als der fünfte in der Reihe Skarphedin; nach ihm kam Thorhald Asgrimsohn, darauf Thorgrim der Große und endlich Thorleif Kraak.*

41

Sie gingen zuerst nach Gissur Hvide's Hütte und traten ein.

Gissur erhob sich, empfing sie und bat, sich niederzulassen und einen Trunk zu tun.

„Wir haben ein andres Anliegen als das," versetzte Asgrim, „wir möchten wissen, welche Hilfe wir von Dir erwarten dürfen, Oheim."

Asgrim's Mutter Jörund war nämlich Gissur's Schwester.

Gissur antwortete: „Meine Schwester Jörund wird der Ansicht sein, ich dürfe Dir keine Hilfe verweigern; und so soll es denn auch sein jetzt und fürderhin, daß wir zwei miteinander dasselbe Los teilen."

Asgrim dankte ihm und ging fort.

„Wohin sollen wir uns jetzt wenden?" frug Skarphedin, als sie draußen waren.

„Zu Skapte Thorodsohn," erwiderte Asgrim.

Skapte saß auf der Bank, als sie kamen, bot Asgrim willkommen und hieß ihn sich niederlassen.

Asgrim aber brachte sein Anliegen vor. „Ich hätte nicht geglaubt, daß Euer Unheil sich in meine vier Pfähle verirren sollte," entgegnete Skapte.

Asgrim versetzte: „Das ist eine arge Ausrede, Männern am wenigsten Hilfe gewähren zu wollen, wenn sie am meisten derselben bedürfen."

Skapte hatte unterdessen seine Augen fortwährend auf Skarphedin gerichtet, wie er dastand im blauen Gewand, blaugestreiften Beinkleidern, schwarzen Schuhe mit hohen Absätzen an den Füßen und einen silbernen Gürtel um die Hüften gegürtet; in der Hand hielt er seine Axt Rimegyge, an dem Arm hatte er einen leichten Schild, um den Kopf trug er eine seidene Binde und hatte das Haar hinter die Ohren zurückgestrichen; er sah sehr kampffertig aus, so daß er allen auffallen mußte.

„Was ist das für ein Mann," frug Skapte, „der fünfte in Eurer Reihe, der große, bleiche, finstere Mann, der einem Jötun gleicht und das Unglück zum Begleiter zu haben scheint?"

Skarphedin antwortete: „Skarphedin heiße ich, und Du hast mich oft auf dem Thing gesehen. Aber ich bin soviel klüger als Du, daß ich nicht nach Deinem Namen zu fragen brauche. Du heißt Skapte Thorodsohn. Früher aber nanntest Du Dich Börstekuld, damals als Du Ketil von Elda getötet hattest. Da strichst Du Dich selbst schwarz an und salbtest Dein Haupt mit Teer ein, ferner verbargst Du Dich in einem Erdloch und als Du das Land verlassen wolltest, ließt Du Dich in einem Mehlsack an Bord tragen."

Darauf entfernten sich Asgrim und Skarphedin mit den anderen.

„Wohin gehen wir nun?" frug Skarphedin.

„Zum Goden Snorre," versetzte Asgrim. Snorre war ein großer Häuptling am Hvamsfjord und mit Asgrim befreundet; er war der klügste Mann auf Island unter denen, die nicht in die Zukunft schauten; er war liebreich gegen seine Freunde, aber schonungslos gegen seine Feinde.

Snorre empfing Asgrim und sein Gefolge freundlich, wollte ihnen aber keine Hilfe versprechen, nur sagte er, er wolle ihnen nicht entgegen sein. „Aber wer ist dieser Mann, der fünfte in Eurer Reihe, der bleiche Mann dort mit den scharfen Zügen, welcher spöttisch lächelt und seine Axt so hoch trägt?" frug Snorre.

„Ich heiße Hedin," war die Antwort, „manche aber nennen mich Skarphedin mit vollem Namen. Was hast Du mir mehr zu sagen?"

„Du siehst mutig aus," versetzte jener, „und gewaltig, aber ich glaube, die längste Zeit Deines Glückes ist dahin und Deine Tage sind gezählt."

„Das ist eine Schuld, die wir alle zu bezahlen haben," erwiderte Skarphedin, „Du aber solltest lieber Deinen Vater rächen als mir Böses weiszusagen."

„Dasselbe haben viele vor Dir gesagt," antwortete Snorre, „darum will ich Dir nicht zürnen."

Bei ihm fanden sie also auch keinen Beistand und gingen fort. Sie wandten sich an Haf den Reichen.

Als Asgrim ihn um Hilfe bat, antwortete er, er wolle keinen Teil an ihrem Unglück haben.

„Wer aber ist der fünfte in Eurer Reihe, der bleiche Mann, der so grimmig dreinschaut, als wäre er ein Jötun von den Klippen des Meeres?" frug er.

Skarphedin sprach: „Was kümmert es Dich, Du Milchfratze, wer ich bin? Ich wage frei einherzugehen, wo Du im Hinterhalt liegst und auf mich lauerst. Suche lieber Deine Schwester, die aus Deinem Hause entführt wurde, ohne daß Du einen Finger zu rühren wagtest."

„Laßt uns gehen," fiel Asgrim ihm ins Wort, „hier dürfen wir keine Hilfe erwarten."

Sie gingen zur Hütte Gudmund's des Mächtigen. Gudmund wohnte auf Madrevalle am Öffjord im Nordlande, war ein reicher und großer Häuptling und hatte ein Gesinde von hundert Personen in seinem Hause. Er hatte allen Häuptlingen in dem Nordlande ihre Macht genommen, so daß manche um seinetwillen ihre Wohnung oder ihre Godenstelle aufgeben und manche gar das Leben lassen mußten. Er war Asgrim Ellidagrimsohn's Freund, und kam ihnen darum auch bereitwillig entgegen.

„Ich will Dir nicht entgegen sein," antwortete er, als Asgrim seine Bitte vorbrachte, „finde ich es aber für gut, Dir zu helfen, dann können wir immer darüber reden."

Asgrim dankte ihm.

„Es ist ein Mann unter Deiner Schar," sagte Gudmund, „den ich eine Weile angeblickt habe und der mir schrecklicher vorkommt, als die meisten Männer, die ich je gesehen habe."

„Wen meinst Du?" frug Asgrim.

„Ich meine den fünften Mann in Eurer Reihe," versetzte Gudmund, „mit dem braunen Haar und dem bleichen Angesicht; hoch gewachsen ist er und mutig sieht er aus und so bereit zu kühner Tat, daß ich ihn lieber hätte in meiner Schar als zehn andre; und doch sieht er aus wie einer, der das Unglück mit sich bringt."

Skarphedin antwortete: „Ich bin es, den Du meinst; jeder von uns hat sein Unglück. Mich schmäht man, weil ich Höskuld den Goden von Hvidenes erschlug, über Dich aber dichtete Thorkel Haak ein Spottlied, und das ist Dein Kummer."

Damit verließen sie das Haus.

„Wohin gehen wir jetzt?" frug Skarphedin.

„Zur Hütte des Ljosavetninger," war Asgrim's Antwort.

Diese Hütte gehörte Thorkel Haak aus Ljosavatn im Nordlande östlich vom Öfjord. Er hatte Fahrten ins Ausland, nach Norwegen, nach dem Süden und den Ostseeküsten gemacht und viele Kämpfe gegen Räuber sowie auch Drachen und andre Ungeheuer bestanden und nach seiner Heimkehr hatte er alle diese Heldentaten auf der Bretterwand über seinem Wandbett und auf dem Stuhl vor seinem Hochsitz ausschnitzen lassen.

Auf dem Gauting der Ljosavetninger waren er und sein Bruder einst mit Gudmund dem Mächtigen im Kampf gewesen und nach dem Sieg hatte er ein Spottlied über Gudmund gedichtet. Er pflegte zu sagen, es sei kein Mann auf Island, mit welchem er einen Einzelkampf aufnehmen, aber auch keiner, dem er jemals den Rücken zuwenden werde. Mit wem er aber zu tun hatte, den schonte er weder in Wort noch Tat, wovon er denn auch den Beinamen 'Haak' („Gieriger, Unverschämter") erhalten hatte, der seinen Übermut in Wort und Tat anzeigte. Ihn wollte Asgrim nun um Hilfe ansprechen.

„Diese Hütte gehört einem gewaltigen Streiter," sagte er, als sie unterwegs waren, „und wenn wir ihn für uns gewinnen könnten, würde es uns großen Vorteil bringen. Er ist aber eigensinnig und sonderbar, weshalb wir in jeder Weise vorsichtig sein müssen. Darum will ich Dich auch bitten, Skarphedin, daß Du Dich nicht in unsre Unterredung hineinmischest."

Skarphedin lächelte. So traten sie denn in die Hütte ein. Thorkel saß auf der Mitte der Bank und seine Mannen zu beiden Seiten. Asgrim begrüßte ihn und Thorkel erwiderte den Gruß freundlich.

„Wir sind hierhergekommen," nahm Asgrim das Wort, „um Dich zu bitten, mit uns zum Gericht zu gehen und uns beizustehen."

Thorkel versetzte: „Ihr seid ja schon bei Gudmund gewesen, und er hat Euch doch wohl Hilfe versprochen, was bedürft Ihr dann meiner?"

„Gudmund wollte uns keine Hilfe leisten," antwortete Asgrim.

„Dann hat Gudmund Eure Sache für eine unsaubere angesehen," sagte Thorkel, „und das ist sie auch, denn es ist die ärgste Tat, die je verübt wurde. Es ist mir daher auch unverständlich, wie es Euch einfallen kann, zu mir zu kommen. Wie konntet Ihr glauben, Ihr würdet mich leichter dazu bewegen, eine schlechte Sache zu unterstützen, als Gudmund?"

Asgrim sagte kein Wort; es schienen ihm hier keine guten Aussichten für sein Anliegen zu sein.

Thorkel aber fuhr fort: „Wer ist dieser Mann, der fünfte in Eurer Reihe, der große, häßliche Mann mit den bleichen, scharfen Zügen, der so unselig und schrecklich dreinschaut?"

Da nahm Skarphedin das Wort: „Ich heiße Skarphedin, Du aber solltest Dich hüten, mich zu verhöhnen. Ich habe niemals meinen eignen Vater bedroht oder mit ihm gezankt, wie Du es dem Deinigen gegenüber tatest. Nur selten bist Du auf dem Thing gewesen und hast nur wenig teil genommen an Thingsachen, darum magst Du auch nur lieber daheim bleiben und Deine Kühe hüten. Wenigstens hättest Du, ehe Du hierher kamst, Deine Zähne reinigen sollen von dem Pferdefleisch, welches Du nach heidnischem Brauch aßest, bevor Du zum Thing rittest, sodaß sogar Deine Sklaven daran Ärgernis nahmen."

Thorkel sprang auf, zog sein Schwert und rief: „Dieses hat schon vieler Helden Blut gekostet und es soll das Deinige kosten, sobald wir wieder zusammentreffen; solchen Lohn sollst Du empfangen für Dein loses Maul."

Skarphedin lachte, hob Rimegygge hoch und erwiderte: „Mit dieser Axt in der Hand sprang ich zwölf Ellen weit über den Markarfluß und erschlug Thraen Sigfussohn; acht Männer standen mir gegenüber, aber keiner vermochte mich zu treffen, jedesmal aber, wo ich sie schwang, hat sie ihren Mann niedergestreckt."

Darauf schob er seine Brüder und seinen Schwager Kaare zur Seite, sprang auf Thorkel zu und rief: „Jetzt tust Du eins von beiden, Thorkel Haak, stecke Dein Schwert ein und setze Dich nieder, oder ich schlage Dir mit der Axt den Kopf ein und spalte Dich bis zu den Hacken."

Thorkel steckte sein Schwert in die Scheide und setzte sich nieder; solches geschah ihm weder zuvor noch hernach.

Asgrim entfernte sich mit seiner Umgebung.

„Wohin gehen wir jetzt?" frug Skarphedin. „Zurück zu unserer Hütte," antwortete Asgrim.

„So sind wir denn wohl der Bettelei müde," versetzte Skarphedin.

Asgrim sagte: „An manchen Orten warst Du ziemlich scharfzüngig, aber Thorkel gabst Du seinen verdienten Lohn."

Darauf gingen sie heim und erzählten Nial den Verlauf ihrer Angelegenheit.

Nial meinte: „Jetzt muß es kommen, wie es das Schicksal will."

Als aber Gudmund der Mächtige hörte, wie Skarphedin und Thorkel zusammengeraten seien, freute er sich über die Schande und die Schmach, die dem letzteren zugefügt worden war und sagte zu seinem Bruder Ejnar von Querau: „Du mußt mit meiner ganzen Schar ausziehen und den Nialsöhnen beistehen, wenn das Gericht eingesetzt wird, und bedürfen sie der Hilfe im nächsten Sommer, dann werde ich selbst erscheinen."

Ejnar willigte ein und ließ es Asgrim wissen. „Gudmund übertrifft die meisten Männer an edler Sinnesart," versetzte dieser und teilte es darauf Nial mit.

*Am folgenden Tage versammelten sich Nial's Helfer Asgrim, Gissur Hvide, Hjalte Skjeggesohn und Ejnar von Querau. Thorhald Asgrimsohn, der von seinem Pflegevater Nial in den Gesetzen unterrichtet worden war, war ebenfalls zugegen.*

*Asgrim nahm das Wort und sagte zu ihnen: „Ihr wißt, daß Mörd die Sache anhängig gemacht hat; er ist indessen selbst bei dem Mord an Höskuld beteiligt; die Wunde, für die kein Urheber genannt wurde, hat er ihm selbst geschlagen; die Klage ist also unrichtig erhoben und die Sache muß als ungesetzlich abgewiesen werden.“*

*„Dann wollen wir sogleich Einspruch erheben und diesen Umstand geltend machen,“ meinte Hjalte.*

*„Mitnichten,“ versetzte Thorhald, „das darf nicht so bald geschehen, denn dann können sie ihren Fehler noch ändern und noch auf diesem Ting eine gesetzliche Klage erheben.“*

*„Dein Rat ist gut,“ sagten die anderen, „wir wollen ihn befolgen.“*

*Sie gingen zu ihren Hütten zurück und teilten niemand mit, was sie verabredet hatten.*

*Die Zeit verfloß, man suchte einen Vergleich anzubahnen, aber Flose war dagegen und seine Genossen noch mehr. Am Fasttag oder Freitag sollte das Gericht abends zusammentreten.*

*Auf der einen Seite stand Flose mit seiner Mannschaft, Hald von Sida, Runolf Ulfsohn und die übrigen, auf der anderen Asgrim Ellidagrimsohn, Gissur Hvide, Hjalte Skjeggesohn und Ejnar von Querau mit ihren Scharen. Die Nialsöhne aber waren bei ihrer Hütte mit ihrem Schwager Kaare und ihren Vettern Thorlejf Kraak, Thorgrim dem Großen und Thorgejr Skoragejr; sie hatten ihre Waffen bei sich und es wagte sich so leicht keiner daran, sie anzufallen.*

*Als die Richter ihren Sitz eingenommen hatten, erhoben die Sigfussöhne die Klage, denn Mörd hatte nun die Sache abgegeben und sie hatten sie in die Hand genommen.*

*Man war schon weit gediehen mit der Aufstellung und Vereidigung von Zeugen, als Thorhald hervortrat und gegen die Weiterführung der Sache Einspruch tat, zumal der Mann, welcher zuerst die Klage vorbereitet habe, der Strafe des Gesetzes verfallen sei als ein geächteter Mann.*

*„Wen meinst Du?“ frug Flose.*

*Thorhald antwortete: „Ich meine Mörd Valgardsohn, welcher selbst an dem Überfall gegen Höskuld teilnahm und ihm die Wunde versetzte, für die er den Urheber nicht nannte.“*

*Dieser Einwurf konnte nicht niedergeschlagen werden, so daß für Flose nur die Blutrache übrig blieb, falls er Höskuld rächen wollte, und damit hatte denn Mörd ja sein Ziel erreicht.*

*Da erhob sich Nial und bat Hald von Sida, Flose und alle Sigfussöhne sowie auch seine eigenen Anhänger, zu bleiben und auf seine Worte zu hören.*

*Sie taten es, und er sprach: „Mir scheint, diese Klage muß nun abgewiesen werden,* und es geschieht damit recht, denn sie ist aus böser Wurzel entsprossen. Aber das will ich Euch sagen, ich liebte Höskuld mehr als alle meine eigenen Söhne, und als ich seinen Tod erfuhr, da meinte ich, mein süßester Trost sei mir geraubt und ich hätte lieber alle meine Söhne verloren, wenn er nur am Leben geblieben wäre."

Er bat nun um die Gunst, ihm für seine Söhne wegen des Mordes an Höskuld einen Vergleich zu gewähren. Gissur und Ejnar baten Flose, darauf einzugehen, er aber versprach nichts.

Da bat Hald ihn endlich ebenfalls darum und Flose antwortete: „Ich weiß, Du wirst mich nur um das bitten, was mir zur Ehre gereicht!" und wandte sich nun an die übrigen und sagte: „Um meines Schwiegervaters Hald und der anderen braven Männer willen will ich ihn und die besten Männer auf beiden Seiten das Urteil fällen lassen. Ich denke, Nial ist es wohl wert, daß ich ihm dieses gewähre."

Nial dankte ihm und den anderen, die zur Erfüllung seines Wunsches beigetragen hatten. Es wurden zwölf Schiedsmänner, sechs von Flose und sechs von Nial gewählt, und darauf reichten sich Nial, Flose und alle Sigfussöhne die Hand, und Nial gelobte für seine Söhne Unterordnung unter die Entscheidung, welche die Schiedsmänner treffen würden.

Diese nahmen nun ihren Sitz ein, während alle anderen den Platz verließen. Der Gode Snorre befand sich unter den von Nial gewählten Schiedsmännern; er ergriff zuerst das Wort und riet eine Geldbuße festzusetzen, denn es würde nur neuen Unfrieden hervorrufen, falls jemand des Landes oder des Gaues verwiesen würde. „Aber ich wünsche," setzte er hinzu, „daß die Geldbuße so hoch angesetzt werde, daß niemand hier im Lande jemals schwerer gebüßt wird als Höskuld."

Seine Worte fanden Anklang, und es wurde durch das Los bestimmt, wer zuerst die Größe der Buße nennen solle, das Los aber fiel auf Snorre.

Er schlug eine dreifache Mannbuße oder achtzehn Mark Silber vor und die übrigen stimmten ihm bei. „Aber ich füge die Bedingung hinzu," sagte Snorre, „daß alles Geld sofort hier auf dem Ting entrichtet werden muß."

„Das läßt sich nicht machen," meinte Gissur, „so viel Geld haben sie hier nicht bei sich."

Da nahm Gudmund der Mächtige das Wort und sprach: „Ich errate, was Snorre will; er will, daß wir Schiedsmänner nach Belieben und gutem Willen beisteuern; dann wird mancher andere ebenso tun."

Für dieses Wort dankte ihm Hald von Sida und versprach, er wolle selbst ebensoviel beitragen wie der, welcher am meisten gebe. Die anderen Schiedsmänner erklärten sich gleichfalls mit Gudmund einverstanden.

Danach wurde das Zeichen zur allgemeinen Versammlung gegeben und jedermann ging zum Gesetzeshügel.

Hald trat auf und sagte: „Wir sind in der Sache, die unsrer Entscheidung übergeben wurde, zu einem einmütigen Beschluß gekommen. Wir haben eine Buße von achtzehn Mark Silber angesetzt. Wir Schiedsmänner sind gewillt, die Hälfte zu bezahlen; es ist aber meine Bitte und Begehr an die versammelte Gemeinde, daß jedermann etwas gebe um Gottes Willen."

Alle erklärten sich bereit, und es wurden Zeugen berufen für die Bestätigung, daß niemand die Vereinbarung brechen dürfe.

Nial dankte für die Entscheidung; Skarphedin stand neben ihm, schwieg und lächelte. Die Nialsöhne und Kaare gaben das Silber her, was sie hatten; es betrug drei Mark. Nial legte weitere drei Mark hinzu. Dieses Silber wurde im Gericht gesammelt, und andre Männer legten nun soviel hinzu, daß auch kein Pfennig an der nötigen Summe fehlte. Nial aber legte einen langen seidenen Mantel und ein Paar Prunkstiefel auf den Haufen als Ehrengabe für Flose. Nun holte Hald Flose und Nial seine Söhne herbei, damit sie sich gegenseitig Frieden und Sicherheit geloben sollten. Unterwegs bat Nial seine Söhne, den Vergleich nicht zu verscherzen. Skarphedin antwortete nicht, sondern strich sich über die Stirn und lächelte.

„Das ist viel schönes Geld," sagte Flose, als er alles gezählt hatte.

„Wer aber hat dies hinzugelegt?" rief er aus, indem er den Mantel ergriff und ihn in der Luft schwenkte.

Niemand antwortete, Flose aber wiederholte seine Frage mit Hohnlachen, aber auch diesmal erhielt er keine Antwort.

„Wagt es denn niemand zu sagen, wer diesen Weiberstaat besessen hat?" rief er endlich.

„Wen meinst Du damit?" frug Skarphedin.

Flose antwortete: „Wenn Du es wissen willst, so ist es wohl Dein bartloser Vater, ihm steht solcher Tand an; sieht man ihn, so weiß man nicht, ob er ein Weib oder ein Mann ist."

„Übel tust Du, so von einem alten Ehrenmann zu reden," entgegnete Skarphedin, „aber Söhne hat er, die niemals vor der Rache zurückbebten."

Er nahm den Mantel an sich und warf dafür ein Paar blaue Beinkleider Flose vor die Füße; die könne er besser gebrauchen, sagte er, da er in jeder neunten Nacht ein Weib würde und mit dem Teufel Zusammenkünfte hätte auf Svinefjeld.

Da stieß Flose mit dem Fuße nach dem Gelde und wollte keinen Pfennig annehmen. „Entweder soll Höskuld ungebüßt bleiben, oder er soll blutig gerächt werden!" rief er aus.

Damit wandte er sich an die Sigfussöhne und sagte: „Laßt uns jetzt heimgehen und zusammenhalten wie ein Mann!" worauf sie in ihre Hütten zurückkehrten.

„Zu große Unglücksmänner haben Teil an dieser Sache," äußerte Hald.

Nial kehrte mit seinen Söhnen in seine Hütte zurück.

„Jetzt trifft es ein, was mir lange Zeit vorschwebte," sagte er.

„Nach Landesgesetz können sie uns nimmer belangen," meinte Skarphedin.

„Darum wird sich noch Schlimmeres für uns ereignen," antwortete Nial.

*Die Männer, welche Geld beigesteuert hatten, sprachen davon, es zurückzunehmen.*

*Aber Gudmund der Mächtige rief: „Den Schimpf will ich nicht auf mich laden, zurückzunehmen, was ich einmal verschenkt habe, weder jetzt noch in Zukunft!"*

*„Er hat Recht!" versetzten die übrigen, und so wollte denn niemand etwas zurücknehmen.*

*„Ich rate dazu," sagte der Gode Snorre, „daß Gissur und Hjalte das Silber bis zum nächsten Allthing in Verwahrung nehmen; eine Ahnung sagt mir, daß wir seiner bedürfen können."*

*So nahmen denn diese beiden je die Hälfte an sich, worauf alle zu ihren Hütten gingen.*

*Flose berief sofort alle seine Mannen zu einer Versammlung in der Almannagjaa. Dort fanden sich im ganzen fünf mal zwanzig Mann ein.*

*„Was kann ich in dieser Sache für Euch tun, nach Eurem höchsten Wunsch?" frug Flose die Sigfussöhne.*

*Gunnar Lambesohn antwortete: „Wir werden nicht eher froh, bis diese Brüder, Nial's Söhne, gefallen sind."*

*Flose versetzte: „Das Versprechen gebe ich Euch Sigfussöhnen, daß ich von dieser Sache nicht ablassen will, bis ein Teil dem anderen unterliegt. Ich wünsche nun zu wissen, ob jemand unter uns ist, der nicht bis zu diesem Ende mitfolgen will."*

*Alle versprachen, sie wollten ihm folgen. „So tretet denn heran und schwöret mir, daß niemand sich ausschließen wird," sagte Flose, worauf sie alle zu ihm kamen und schworen.*

*Er fuhr fort: „Wir müssen uns ebenfalls alle untereinander durch Handschlag verpflichten, daß derjenige Gut und Leben verwirkt hat, welcher unsre Sache verläßt, bevor sie beendigt ist."*

*Als das endlich geschehen war, sagte Flose zu den Sigfussöhnen: „Wählt nun denjenigen zum Anführer, der Euch als der geeignetste erscheint, denn einer muß an der Spitze stehen."*

*Ketil von Mörk erwiderte: „Sollen wir Brüder die Wahl haben, so küren wir Dich sogleich, denn Du bist ein Mann aus großem Geschlecht und ein großer Häuptling, klug und unwiderstehlich, und wir hoffen, Du wollest die Sache auf Dich nehmen zu unsrem Besten."*

*Flose versetzte: „Es ist billig, daß ich auf Eure Bitte hin mich bereit finden lasse; so will ich Euch denn sagen, wie wir zu verfahren haben."*

*Er legte ihnen nun seinen Plan vor und befahl, denselben geheim zu halten, da das Leben auf dem Spiel stehe. Selbst seinem Schwiegervater Hald wollte Flose nichts mitteilen, da er wußte, derselbe würde von jeglicher Anwendung von Macht und Gewalt abraten. Er ließ sofort seine Pferde satteln und ritt heim, ohne auf jemand zu warten. Als die übrigen fertig waren, ritten auch sie fort, jeder zu den seinigen.*

Das Beschaffen von Verbündeten und das Schmieden von Allianzen war auf dem Thing von sehr großer Bedeutung – sozusagen Lobbyarbeit ...

Der 'außergerichtliche Vergleich' war eine beliebte Methode, um Verhandlungen abzukürzen.

Taktisches Geschick und 'juristische Fallen' waren auch schon auf den Thing-Verhandlungen ein wichtiges Element.

Die Richter saßen auf besonderen Sitzen.

Die zwölf Richter wurden bisweilen je zur Hälfte von den beiden Streitparteien gewählt.

Manchmal reichten sich die beiden Parteien vor der Verhandlung die Hände und schworen, sich dem Urteil zu unterwerfen.

Die Reihenfolge von Aussagen u.ä. wurde manchmal durch das Los bestimmt.

Es wurde oft bestimmt, daß Strafen sofort zu zahlen waren, damit es nicht zu endlosen Streitigkeiten um nicht gezahlte Strafen kam.

Auf das Zeichen zur allgemein Thing-Versammlung hin gingen alle zum Gesetzes-Hügel.

Eide wurden vor Zeugen abgelegt.

Schwer errungene Vergleiche wurden bisweilen durch die Provokationen von einzelnen wieder zunichte gemacht.

## 14. i)  Die Nials-Saga

*Als der Tag erschien, wo das Gericht stattfinden sollte, bewaffneten sich beide Teile und setzten Feldzeichen auf ihre Helme, damit sie sich auf jeder Seite erkennen könnten, falls es zum Kampfe käme. Thorhald Asgrimsohn konnte nicht mit auf den Gesetzeshügel hinaufgehen, da sein Fuß noch nicht geheilt war.*

*„Übereile Dich nun nicht, mein Vater," sprach er zu Asgrim, „sondern laß alles seinen richtigen Gang gehen, und kommt irgend eine Bedrängnis über Euch, so laßt es mich alsbald wissen, dann werde ich Euch mit Rat zur Seite stehen. Gib mir aber meinen Speer, ehe Du fort gehst."*

*Asgrim reichte ihm denselben; es war eine kostbare Waffe, Skarphedin hatte sie ihm geschenkt. Thorhald setzte ihn neben sich und blieb daheim, während die übrigen fortgingen, aber sein Antlitz war rot wie Blut und die Tränen quollen stromweise aus seinen Augen.*

*Die anderen gingen zu dem Gericht des Ostviertels. Dort wurde das Los geworfen, und das Los fiel auf Mörd, daß er zuerst seine Sache vorbringen solle.*

*Er ergriff das Wort; er leistete den Schwur, daß er die Sache nach bestem Wissen und Gewissen wahr und gerecht anhängig machen wolle und führte Zeugen vor,* sowohl dafür, daß ihm die Sache von Thorgejr Skoragejr übertragen sei als auch dafür, daß er sie in richtiger Weise vorbereitet habe.

Die Zeugen legten ihr Zeugnis ab und beschworen dasselbe. Schließlich führte Mörd seine neun Blutzeugen vor und hieß die Gegner untersuchen, ob unter denselben einer sich befände, der nach dem Gesetze nicht als Blutzeuge auftreten könne.

Flose bat die Sigfussöhne, dieses zu tun. Ketil von Mörk sagte, es sei einer unter ihnen, welcher Mörd's Taufpate und ein andrer, welcher mit ihm im dritten Gliede verwandt sei. Eyjolf trat nun vor und erklärte diese beiden für ausgeschlossen aus der Zahl der Blutzeugen nach Allthings Recht und Landes Gesetz.

Da meinten alle, Mörd habe seine Sache verspielt, weil er diesen Fehler gemacht habe.

Aber Asgrim entsandte einen Boten, um Rat bei Thorhald zu holen. Dieser sagte, der Einwand sei ungültig, denn Eyjolf habe sich geirrt, indem er nicht beachtet habe, daß Mörd nicht der wirkliche Kläger, sondern ihm nur die Sache übertragen sei.

Diesen Umstand brachte nun Mörd vor dem Gericht zur Sprache, und alle meinten, jetzt sei der Vorteil auf seiner Seite, und selbst Eyjolf mußte einräumen, so sei es recht nach dem Gesetz.

Aber er erhob besonders Einspruch gegen zwei andre Blutzeugen, indem er geltend machte, sie seien nur Hintersassen und Pächter, keine Grundbesitzer, worauf alle äußerten, jetzt stehe es besser mit seinen Einwänden als mit Mörd's Klage.

Allein auch hierfür wußte Thorhald Rat, als zu ihm geschickt wurde, da der eine der beiden vom Ertrag seiner Milchkühe lebe, obwohl er kein Land besitze und der andere Land besitze im Werte von neun Mark, wenn er auch kein Vieh halte.

Als dieses im Gericht vorgebracht wurde, erhob sich ein großes Rufen und Schreien, und alle sagten, jetzt sehe es schlimm aus für Flose und Eyjolf.

Dieser mußte zu dem Gesetzesnenner Skapte Thorodsohn senden, um zu hören, ob das Gesetz wirklich so laute, wie Thorhald behauptete; und Skapte erklärte, es sei in der Tat so Gesetz, obwohl es nur wenige gebe, die es wüßten.

Indessen gab Eyjolf sich noch nicht verloren. Er wies vier andere unter den Blutzeugen zurück, da es welche gebe, die der Unglücksstätte näher wohnten, so daß Mörd hätte verlieren müssen, da er nur fünf unabweisbare Blutzeugen gestellt hatte und nicht neun, wie es das Gesetz vorschrieb.

Dieses Einwurfs rühmten sich Flose und Eyjolf sehr, und es lief von Mund zu Mund unter den Leuten, jetzt sei die Klage in Sachen der Brandstiftung unmöglich gemacht.

Asgrim aber sandte wieder einen Boten zu Thorhald und dieser sagte, dem Gesetze sei Genüge geschehen, wenn nur mehr als die Hälfte der Blutzeugen gesetzlich unabweisbar seien.

Das brachte Mörd nun vor im Gericht, und es entstand ein allgemeines Geschrei, er ginge ehrlich zu Werke, von Flose und Eyjolf aber hieß es, sie gingen vor mit lauter Kniffen und Tücken.

*Eyjolf mußte wieder zu Skapte schicken.*

*„Freilich ist es so Gesetz,“ antwortete dieser, „und ich sehe, es finden sich mehr gesetzeskundige Männer auf Island, als ich dachte. Diese Bestimmung, glaubte ich, kenne keiner, seitdem Nial tot ist.“*

*Nun traten die fünf Blutzeugen auf und sagten ihr Zeugnis gegen Flose aus.*

*Mörd aber hieß die Gegner gewichtigere Einsprüche machen, falls sie deren hätten.*

*Da mußten Flose und Eyjolf zu ihrer letzten Zuflucht greifen, und freuten sich schon recht darauf, Mörd's Klage gänzlich niederzuschlagen. Eyjolf trat auf und erklärte, Mörd habe die Sache vor dem unrichtigen Gericht anhängig gemacht, da Flose nicht zum östlichen, sondern zum nördlichen Viertel gehöre.*

*Da ergrimmte Thorhald, als er dieses vernahm, denn er wußte, jetzt habe Eyjolf das Recht, eine Klage gegen Mörd wegen verkehrter Anhängigmachung der Klage vor dem Fünftengericht zu erheben.*

*„Beeile Dich,“ sagte er zu dem Boten, „und heiße Mörd gegen Flose und Eyjolf vor dem Fünftengericht klagen, weil sie der Bestechung im Gericht sich schuldig gemacht haben. Sage ihm, er solle eilen, damit er sie zuerst vorladen kann.“*

*Mörd tat, wie Thorhald ihm geheißen hatte; er kam den Gegnern zuvor und führte seine Sache in allen Stücken nach den Vorschriften des Gesetzes. Aber obwohl im Fünftengericht vier Dutzend Richter ernannt werden sollten, durften doch nur drei Dutzend in jeder Sache das Urteil fällen, denn beide Teile sollten je sechs Richter von den achtundvierzig zurückweisen.*

*Mörd wies denn auch sechs zurück und forderte Eyjolf auf, das gleiche zu tun. Eyjolf erwartete, Mörd werde sich hier versehen und wollte nicht sechs zurückweisen. Mörd indessen führte die Sache weiter und das Urteil wurde gesprochen.*

*Da stand Eyjolf auf und erklärte das Urteil sowie alles übrige, was Mörd getan habe, für ungültig, weil drei und ein halbes Dutzend das Urteil gefällt hätten, während doch nur drei Dutzend hätten urteilen sollen.*

*Gissur Hvide sprach zu Mörd: „Das war ein arger Mißgriff, daß Du hier verkehrt handeltest, das ist ein großes Unglück.“*

*„Was sollen wir jetzt tun, Vetter?“ wandte er sich dann an Asgrim Ellidagrimsohn.*

*Dieser erwiderte: „Laßt uns einen Mann zu meinem Sohne Thorhald senden, um zu hören, wozu er rät.“*

*Asgrim's Sendling kam zu Thorhald und verkündigte ihm, wie die Sache stehe, und Thorhald wurde so erschüttert dadurch, daß er kein Wort hervorzubringen vermochte. Er sprang auf von seinem Sitz, ergriff seinen Speer mit beiden Händen und stieß ihn in die Beule an seinem Fuße. Als er ihn wieder hervorzog, hing das Fleisch daran, aber der ganze Eiterpfropf folgte mit und es floß Blut und Eiter aus der Wunde so stark, daß es wie ein Bach längs dem Fußboden floß. Thorhald eilte aus der Hütte, er lahmte nicht mehr, und er lief so schnell dahin, daß der Bote ihm nicht zu folgen vermochte. Er eilte geraden Weges auf das Fünftegericht zu.*

Dort traf er einen Verwandten von Flose, namens Grim der Rote, und da er nun sah, daß es keinen anderen Weg gebe, seinen Pflegevater zu rächen als blutigen Kampf, so durchstieß er Grim mit dem Speer, so daß derselbe zwischen den Schultern wieder zum Vorschein kam.

„Jetzt ist Dein Sohn Thorhald gekommen," rief Kaare Asgrim zu, „und hat sogleich Blut vergossen; ein Schimpf wäre es, wenn er allein den Mut haben sollte, die Brandstiftung zu rächen."

„So soll es auch nicht sein," antwortete Asgrim, „jetzt wollen wir sie angreifen."

Da erhob sich ein gewaltiger Lärm unter der ganzen Schar, und sie riefen den Schlachtruf; Flose und die seinigen wandten sich gegen ihre Gegner, und man forderte sich von beiden Seiten zum Kampfe heraus.

Halbjörn der Starke hieb nach Kaare's Fuß, dieser aber bemerkte es und sprang in die Höhe, so daß er dem Hieb entging; vorher schlug er noch einem anderen Mann eine tödliche Wunde, dann hieb er nach Halbjörn, spaltete seinen Schild und trennte ihm die große Zehe vom Fuße; in demselben Augenblick sah er einen Speer gegen sich heransausen, er aber fing ihn auf im Fluge und schleuderte ihn zurück, so daß ein Mann seinen Tod fand.

Da kam Thorgejr Skoragejr hinzu; er stieß mit der Hand gegen Halbjörn, daß dieser umsank und nur mit genauer Not sich erheben und fliehen konnte, dann stieß er einem Manne die Spitze von Rimegyge in die Brust, und derselbe stürzte tödlich getroffen zu Boden.

Gleich darauf trafen Kaare und Bjarne Brodhelgesohn zusammen; es entspann sich ein heftiger Kampf zwischen ihnen, er endete aber damit, daß Bjarne flüchtete.

Inzwischen drangen die übrigen Rächer Nial's auf die Brandstifter und deren Helfer ein.

Skapte Thorodsohn sah seinen Sohn Thorsten Holmud im Gefolge Gudmund des Mächtigen in den Streit gehen; er wollte sogleich die Streitenden trennen, aber Asgrim erblickte ihn und zum Lohn für seinen Starrsinn warf er seinen Speer nach ihm und traf ihn in das dicke Fleisch des Schenkels. Der Speer durchbohrte ihm beide Beine, er stürzte um und konnte sich nicht wieder erheben, sondern seine Begleiter mußten ihn längs der Erde nach der Hütte eines Pelzhändlers schleifen.

Übrigens stritten die Rächer Nial's in zwei Haufen. Gudmund, Mörd und Thorgejr führten den einen und wandten sich gegen Flose's Helfer aus dem östlichen und nördlichen Viertel. Den anderen Haufen führten Asgrim und sein Sohn Thorhald, Hjalte und Gissur, und kämpften gegen Flose selbst, gegen die Sigfussöhne und die übrigen Mordbrenner. Es entspann sich ein heißer Streit. Derselbe endete jedoch damit, daß Flose und die seinigen weichen mußten. Sie zogen sich auf die Almannagjaa zurück, allein hier hatte der Gode Snorre seinen Haufen in Kampfordnung aufgestellt. Da flohen sie südwärts an der Au entlang.

„Weshalb fliehen denn alle die feigen Männer vom Ostfjord?" rief ein Mann namens Sölve, welcher vor seiner Hütte saß und sich in einem Kessel seine Mahlzeit kochte.

„Du hast uns das letzte Mal feig gescholten," sprach Halbjörn der Starke, ergriff Sölve an den Beinen, schwang ihn in die Höhe und setzte ihn mit dem Kopfe voran in den kochenden Kessel, daß er sogleich starb.

In diesem Augenblick erhielt Flose eine schwere Wunde am Fuße, und sank nieder; er sprang aber sogleich wieder auf und floh.

Einmal während des Kampfes trafen Kaare und Thorgejr zusammen.

„Dort ist Eyjolf Bölverksohn," rief Thorgejr Kaare zu; „willst Du ihn nicht büßen lassen für den Ring, den er empfing?"

„Das will ich!" erwiderte Kaare, riß einem Manne den Speer aus der Hand und entsandte ihn gegen Eyjolf, und der Speer traf ihn mitten in den Leib und durchbohrte ihn, so daß er entseelt hinstürzte. Das tat dem Kampfe einigen Einhalt.

Snorre Gode kam heran mit seiner Schar, und mit ihm erschien Skapte, und sie drängten sich zwischen die Kämpfenden, daß diese den Kampf nicht fortsetzen konnten. Hald von Sida schloß sich ihnen ebenfalls an, um den Streit zu enden. Es wurde Friede geschlossen, welcher während des ganzen Things dauern sollte.

Die Leichen wurden gekleidet und zur Kirche geführt und die Verwundeten wurden verbunden.

Aber außer den Begebenheiten, die wir hier erzählt haben, trug sich noch manches zu, was hätte erzählt werden können und noch mehr, wovon man keine Kunde mehr hat. Nur eins ist noch zu sagen. Während der Kampf in vollem Gange war, schritten Hald von Sida und sein Sohn Liot über die Öxarau; da kam ein Speer aus der Schar Gudmund des Mächtigen, der traf Liot mitten durch den Leib, worauf er tot niederfiel. Wer aber dieses Mordes schuldig sei, das kam niemals zu Tage.

Am Tage nach dem Kampfe ging man zum Gesetzeshügel.

Hald von Sida trat auf und bat um Gehör, und es wurde ihm sogleich bewilligt, was er begehrte. „Schweres Unglück ist hier geschehen," sprach er, „und viel Blutvergießen, woraus der Klagen viele hervorgehen können. Aber ich will nun zeigen, daß ich kein vorschneller Mann bin und Asgrim und die übrigen, die in dieser Sache die Anführer sind, bitten, daß sie uns einen ehrlichen Vergleich vergönnen." Und er redete dafür viele schöne Worte.

Kaare Sölmundsohn aber antwortete: „Wenn auch alle anderen auf den Vergleich eingehen, so will ich ihn doch nicht; denn Ihr erwartet nun, daß Eure Verluste die Brandstiftung aufwiegen sollen, das will ich aber nicht dulden."

Da trat Skapte Thorodsohn auf und sagte: „Du hättest Deine Schwäger nicht verlassen sollen, dann würdest Du Dich diesem Vergleich nicht entziehen."

Kaare aber sang ein Lied, worin er über den Anteil spottete, den Skapte am vorigen Tage am Kampfe genommen hatte: es sei nur aus Angst gewesen, sagte er, daß Skapte sich von seinen Leuten hätte fortbringen und nach des elenden Pelzhändlers Hütte *schleifen lassen.*

*Skapte wurde dadurch zum Gelächter und zum Spott für alle Umstehenden.*

*Da rief Hald von Sida: „Jedermann weiß, wie großes Leid mir widerfahren ist durch meines Sohnes Liot Tod, und viele werden meinen, er sei der teuerste von allen, die hier ihr Leben gelassen haben. Dennoch erbiete ich mich, ihn ungebüßt zu lassen, sofern dann der Vergleich zu Stande kommen kann. Ich werde sogar hingehen und denjenigen Frieden und Sicherheit versprechen, die mir entgegenstehen. Und Dich, Snorre, und die übrigen edelsten Männer will ich bitten, das eurige zu tun, damit ein Vergleich zwischen uns zu Stande kommen möge."*

*Der Gode Snorre stand auf und hielt eine lange und listige Rede, in welcher er Asgrim und die anderen Anführer bat, nach Hald's Bitte zu handeln.*

*„Um Deiner Worte willen, Snorre, will ich es tun," entgegnete Asgrim, „obwohl ich damals, als Flose sich selbst bei mir zu Gaste lud, gelobte, ich würde mich niemals mit ihm versöhnen."*

*Thorlejf Kraak und Thorgrim der Große willigten ebenfalls in den Vergleich und baten ihren Bruder Thorgejr, dasselbe zu tun.*

*Er aber weigerte sich und gelobte, er wolle Kaare niemals verlassen.*

*Gissur Hvide bestand nun darauf, Flose möge erklären, ob er zum Vergleiche willig sei, obwohl einige sich davon ausgeschlossen hätten.*

*Flose erklärte sich bereit und versetzte: „Es ist mir nur um so lieber, je weniger gute Männer mir entgegenstehen."*

*Gudmund der Mächtige sagte, er wolle für seinen Teil sich dazu herbeilassen, Buße für die Erschlagenen zu zahlen, die auf dem Ting gefallen seien, damit diese Sache und die Sache der Brandstiftung auseinander gehalten werden könnten. Ihm pflichteten bei Gissur Hvide, Hjalte Skjeggesohn, Asgrim Ellidagrimsohn und Mörd Valgardsohn.*

*So kam der Vergleich zu Stande, und man gelobte sich durch Handschlag, man wolle zwölf Männer das Urteil fällen lassen und der Gode Snorre solle den Vorsitz führen.*

*Zuerst legten die Schiedsrichter alle Sachen bei, die sich auf die Erschlagenen bezogen, welche am vorhergehenden Tage auf dem Ting starben; man glich sie gegen einander aus und für diejenigen, welche übrig blieben, wurden entsprechende Bußen festgesetzt; indessen sollte keine Buße erlegt werden für Eyjolf Bölverksohn wegen seines hinterlistigen und unrechtmäßigen Vorgehens; Skapte empfing Buße für seine Wunde, als man aber Flose frug, ob er für die seinige Buße verlange, erwiderte er, er wolle kein Geld nehmen für Schaden an seinem eigenen Leibe.*

*Danach nahm man sich die Sache der Brandstiftung vor. Nial sollte mit dreifacher, Bergthora sowie Grim und Helge mit doppelter Mannbuße gebüßt werden; Skarphedin's Tod sollte sich ausgleichen gegen Höskuld's des Goden von Hvidenes Ermordung, und für die übrigen, welche im Feuer umgekommen waren, sollte einfache*

55

*Mannbuße erlegt werden.*

*Über Thord Kaaresohn wurde indessen keine Bestimmung getroffen, da sein Vater nicht in den Vergleich willigte.*

*Schließlich wurde auch die Entscheidung gefällt, daß Flose und alle Brandstifter ins Ausland gehen sollten; Flose sollte drei Winter hindurch in der Fremde weilen, die übrigen aber durften niemals zurückkehren; indessen sollte keiner von ihnen gehalten sein, noch in diesem Sommer abzufahren; wenn sie aber nach Verlauf dreier Winter nicht abgefahren seien, dann sollten sie alle vogelfreie Waldgänger sein.*

*Dieser Vergleich wurde durch Handschlag bekräftigt und auch ehrlich gehalten.*

*Asgrim und seine Freunde gaben dem Goden Snorre beträchtliche Gaben und dieser hatte viel Ehre von seinem Vorgehen in dieser Sache.*

*Auch empfing Gudmund viel Lob wegen seines Verhaltens, und Kaare und Thorgejr schenkten ihm kostbare Gaben. Als man alles in dieser Weise geordnet hatte, war Hald von Sida's Sohn Liot der einzige, für den keine Buße gezahlt war; Hald hatte sich ja selbst erboten, ihn ungebüßt zu lassen, um den Vergleich zu fördern.*

*Aber nun vereinigten sich alle Männer auf dem Thing dahin, Hald Buße zu geben, und zwar empfing er nicht weniger als vierfache Mannbuße.*

---

Die Reihenfolge, in der die verschiedenen Fälle behandelt und in der die verschiedenen Redner sprechen konnten, wurde z.T. durch das Los bestimmt.

Zeugen wurden nur zugelassen, wenn sie nicht mit einer der Parteien verwandt oder auf eine andere Weise eng verbunden waren.

Verfahrenstechnische Fallgruben für die Gegenpartei zu graben, war beim Thing sehr beliebt.

Beim Fünfer-Gericht auf Island (sozusagen die „Berufungs-Instanz") konnten beiden Parteien je sechs der insgesamt 4x12 Richter zurückweisen, sodaß letztlich 36 Richter über den Fall beschlossen.

Die Thing-Verhandlungen führten vor allem dann, wenn sich eine Partei ungerecht behandelt oder durch rechtliche Tricks benachteiligt fühlte, zu Kämpfen.

Der Gesetzes-Hügel ist das Zentrum des Things.

Das Erzielen eines Ausgleichs zwischen Streitparteien war insbesondere nach einem Kampf auf dem Thing ausgesprochen schwierig.

Manchmal zahlten die Goden oder die Thingversammlung einen Teil einer Strafe, die einem anderen auferlegt worden war, um einen Fall abschließen und den Frieden wiederherstellen zu können. Bisweilen zahlten sie auch ein Wergeld für einen Fall, der ungesühnt geblieben war, um auch in solchen Fällen den Frieden zu sichern.

In der Regel fällten zwölf Männer das Urteil.

Bestechung war zwar verboten, aber sie kam trotzdem vor.

Je nach den Umständen eines Mordes konnte eine einfache, doppelte oder dreifache Mannbuße („Wergeld") verhängt werden.

Die Verbannung konnte innerhalb von verschiedenen Fristen bestimmt werden: sofort, in demselben Sommer oder innerhalb von drei Jahren. Wer die Verbannung nicht befolgte, wurde zum „Waldgänger" („vogelfrei"), d.h. er konnte von jedem straffrei getötet werden.

Richter und Goden erhielten nach einem erfolgreich abgeschlossenen Fall manchmal Geschenke zum Dank für ihre weise und effektive Leitung der Verhandlungen.

## 14. j)  Die Nials-Saga

*Flose und Eyjolf standen auf und reichten sich die Hand, und Eyjolf übernahm die Sache von Flose; er bat aber, sie möchten es niemand erzählen, daß er Geld dafür empfangen habe, denn wenn die Sache vor das Fünftegericht käme, dann sei sie verloren, falls das bekannt würde.*

Bestechung war durchaus üblich, aber wenn sie entdeckt wurde, hatte die Partei, in der die Bestechung stattgefunden hatte, den Prozeß verloren.

## 14. k)  Die Nials-Saga

*Das Thing nahm nun seinen Anfang. Beide Teile gingen beständig gerüstet einher und fanden sich stets bewaffnet bei dem Gesetzeshügel ein.*

*Eines Tages, als man sich dort versammelte, trat Mörd Valgardsohn vor und brachte eine Klage gegen Flose Thordsohn ein, weil er Helge Nialsohn erschlagen habe, und bestand auf der Forderung, Flose solle verurteilt werden, Waldgänger zu sein, schutzlos, rechtlos und hilflos in jeder Weise, und solle sein Gut verlieren.*

*Ebenso brachten Kaare, Thorgejr Skoragejr, Thorlejf Kraak, Thorgrim der Große und Asgrim Ellidagrimsohn jeder seine Sache gegen die übrigen Mordbrenner vor.*

*Es waren auch andre da, die ihre Sache vorbrachten; darüber verfloß ein großer Teil des Tages und die Männer gingen darauf zu ihren Hütten zurück.*

*Eyjolf Bölverksohn folgte Flose nach dessen Behausung. „Machten sie keinen Fehler," frug Flose Eyjolf, „oder bemerkst Du nichts, was wir in diesen Sachen als Einwand benutzen können, um ihre Zurückweisung zu bewirken?"*

*Eyjolf verneinte die Frage.*

*„Was sollen wir denn anfangen?" frug Flose weiter.*

*„Ich will Dir einen Rat geben,"* sagte Eyjolf, *„Du mußt Deine Godenstelle Deinem Bruder überlassen und selbst in den Gerichtskreis des Goden Askel im Nordlande eintreten. Halten wir diesen Schritt geheim, so daß sie nichts davon erfahren, dann kann es ihnen zum Nachteil gereichen. Denn sie werden ihre Klage erheben vor dem Gericht des Ostviertels, anstatt vor dem des Nordlandes. Geschieht das nun, so können wir sie vor dem Fünftegericht anklagen, weil sie Dich vor dem nicht zuständigen Gericht belangt haben. Indessen soll dieses Verfahren nur unsere letzte Zuflucht sein."*

*Diesen Rat fand Flose gut und ging sogleich an die Ausführung, und niemand gewann davon Kenntnis außer den Beteiligten. Danach war alles eine Weile ruhig.*

---

Der Gesetzes-Hügel ist der zentrale Punkt beim Thing.

Die Mitglieder von Steitparteien erscheinen oft voll bewaffnet auf dem Thing.

Schon damals waren juristische Verfahrensfehler und 'Fallstricke' ein beliebtes Mittel, um die Gegenpartei zu Fall zu bringen.

---

## 14. l)  Die Saga über Hrafnkell Freysgodi

*Samr ließ sich nun ein Pferd bringen und ritt aufwärts durch das Tal bis zum nächsten Hofe und verkündete den Totschlag; er brachte Männer gegen Hrafnkell zusammen. Hrafnkell erfuhr dies und es schien ihm lächerlich, daß Salmr eine Rechtssache gegen ihn übernommen habe. Darüber verging dieser Sommer und der nächste Winter.*

*Aber im Frühjahre, als es zu den Vorladungstagen gekommen war, ritt Samr von Hause weg hinauf nach Adalbol und lud Hrafnkell wegen Einarr's Totschlag vor. Darauf ritt er durchs Tal herab, rief die Nachbar-Geschworenen auf, sich zum Thingritt zu rüsten und wartete dann ruhig ab, bis die Männer sich zum Thing bereit machten.*

*Hrafnkell sandte nun auch herab in den Jökulsdalr und rief die Männer auf. Er bekam siebzig Mann aus seinem Godenbezirke. Mit dieser Schar ritte er ostwärts über das Fljötsdalsherad, an dem Ende des Sees Lagarfljot vorbei und quer über den Bergrücken bis zum Skridudalr, dann aufwärts durch denselben und südwärts auf der Oxarheidi zum Berufjördr, und den geraden Thingmännerweg bis Sida. Südwärts vom Fljotsdalr sind siebzig Tagreisen* (diese Zahl scheint viel zu groß zu sein) *zur Thingebene.*

*Aber nachdem Hrafnkell aus dem Fljötsdalsherad fortgeritten war, sammelte Samr Männer um sich; er bekam meist 'einschichtige' Leute* (arme, unverheiratete Bauern) *zum Ritt mit sich und die, welche er zusammengerufen hatte; diesen Männern*

58

verschaffte er Waffen, Kleider und Lebensmittel.

Samr schlug einen anderen Weg aus dem Tal ein. Er ritt nordwärts bis zur Brücke, dann über dieselbe, und von da über die Modrudalsheidi; er und seine Männer blieben eine Nacht im Mödrudalr. Von da ritten sie zur Herdibreidstunga, dann weiter oberhalb der Bläfjöll, von da in den Kroksdalr und so südwärts nach Sandr. Sie kamen herab in die Saudafell und von da zur Thingebene; und da war Hrafnkell noch nicht angekommen. Es ging für ihn langsamer, weil er einen längeren Weg hatte.

Samr überhängte die Thingbude für seine Männer nicht nahe dort, wo die Bewohner der östlichen Meerbusen es gewohnt waren; aber etwas später kam Hrafnkell zum Thing und er überhängte seine Bude so, wie er es gewohnt war. Er erfuhr, daß Samr auf dem Thing sei; dies schien ihm lächerlich.

Dieses Thing war sehr zahlreich besucht. Es waren da die meisten Goden anwesend, welche sich auf Island befanden. Samr besuchte dieselben sämtlich und bat um Schutz und Beistand für sich. Aber alle antworteten auf eine und dieselbe Weise, dass keiner an Samr so viel Gutes zu tun habe, daß er sich in Streit mit dem Goden Hrafnkell einlassen und so seine Ehre aufs Spiel setzen wolle. Sie sagten auch dies, daß es den meisten, welche Thing-Streitigkeiten mit Hrafnkell gehabt, auf eine und dieselbe Weise ergangen sei, indem er alle Männer von den Prozeßstreitigkeiten, die sie mit ihm gehabt hatten, davongejagt hatte.

Samr ging zu seiner Thing-Hütte zurück und den beiden Verwandten war es übel zumute und sie fürchteten, daß ihre Sache so enden würde, daß sie nichts als Scham und Kränkung davontragen würden. Sie waren so niedergeschlagen, daß sie weder schliefen noch essen. Denn alle Goden entzogen ihnen ihren Beistand – sogar die, von denen sie sicher erwartet hatten, daß sie ihnen Hilfe leisten würden.

Es war eines Morgens früh, daß der alte Thorbjörn erwachte. Er weckte Samr und bat ihn aufzustehen: „Ich kann nicht schlafen,“ sagte er.

Samr stand auf und zog sich sein Gewand an. Sie gingen hinaus und hinab zur Oxara unterhalb der Brücke. Dort wuschen sie sich.

Thorbjörn sprach zu Samr: „Mein Rat ist, daß Du unsere Pferde holen läßt und wir uns zur Heimreise anschicken. Es ist nun offensichtlich, daß uns nichts anderes als Ehrenkränkungen zuteil werden wird.“

Samr antwortet: „Das ist ja gut, nachdem Du nichts anders als mit Hrafnkell streiten und die Bedingungen nicht annehmen wolltest, welche mancher angenommen haben würde, der für seinen Blutsverwandten Buße zu fordern hatte! Du hast mir heftig Mangel an Mut vorgeworfen und auch all jenen, die in dieser Sache Dir nicht beistehen wollten! Aber nun werde ich nicht eher gehen, als bis es mir völlig hoffnungslos erscheint, daß ich etwas ausrichten könnte.“

Da wurde Thorbjörn so sehr gerührt, daß er weinte.

Da sahen sie westlich von dem Fluß ein Stück unterhalb von der Stelle, an der sie saßen, daß fünf Männer zusammen aus einer Hütte kamen. Einer von ihnen war ein

großer Mann, aber nicht stark gebaut. Er ging ihnen voran und trug in einem laub-
grünen Rock, und hatte ein prächtiges Schwert in der Hand. Er war ein Mann von
regelmäßigen Gesichtszügen, rotwangig, von angenehmem Äußeren und mit hellbrau-
nem und sehr dichtem Haar. Der Mann war leicht erkennbar, denn er hatte auf der
linken Seite eine helle Locke in seinem Haar.

Samr sagte zu Thorbjörn: „Laß uns aufstehen und westlich über den Fluß diesen
Männern entgegengehen.“

Sie gingen nun den Fluß entlang abwärts. Der Mann, der voranging, grüßte sie
zuerst und frug, wer sie wären, und sie sagten es ihm.

Samr frug diesen Mann nach seinen Namen und er nannte sich Thorkell und sagte,
er sei der Sohn des Thjöstarr.

Samr frug, woher er stamme oder wo er seine Heimat hätte.

Er antwortete, daß er von Geschlecht und Herkunft ein Bewohner der westlichen
Meeresbuchten sei und seine Heimat am Thorska-Fjord habe.

Samr sprach: „Bist Du ein Gode?“

Er antwortet, daß er das überhaupt nicht sei.

„Bist Du ein Bonde (selbständiger Bauer)?“ frug Samr.

Er erwiderte, daß er kein Bonde sei.

„Was für ein Mann bist Du denn dann?“ frug Samr.

Er antwortete: „Ich bin ein 'einschichtiger' Mann und kam im vorigen Sommer
heim. Sieben Jahre bin ich in der Ferne gewesen und bis Mikligardr („Große Stadt“ =
Konstantinopel) gelangt und gehöre zum Gefolge des griechischen Kaisers. Aber jetzt
halte ich mich bei meinem Bruder auf, der Thorgeirr heißt.“

„Ist er ein Gode?“ frug Samr.

Thorkell antwortet: „Ja, er ist der Gode des Bereichs des Thorska-Fjordes und
auch der Bereiche hinter den westlichen Meeresbuchten.“

„Ist er hier auf dem Thing?“ frug Samr.

„Gewiß ist er hier,“ erwidert Thorkell.

„Mit wievielen Männern ist er gekommen?“ frug Samr.

„Mit siebzig Männern,“ antwortete Thorkell.

„Seid ihr mehrere Brüder?“ frug Samr.

„Wir haben noch einen dritten Bruder,“ sagte Thorkell.

„Wer ist er?“ frug Samr.

„Er heißt Thormodr,“ antwortete Thorkell, „und wohnt in Gardar auf den Alptanen.
Er hat Thördis, die Tochter des Thörölfr, des Sohnes des Skallagrimr von Borg zur
Frau.“

„Willst Du uns beiden helfen?“ sagte Samr.

„Was braucht ihr?“ frug Thorkell.

„Die Hilfe und Stärke der Goden,“ sagte Samr, „denn wir haben eine Rechtssache
mit dem Goden Hrafnkell auszufechten wegen des Totschlages des Einarr, des Sohnes

60

des Thorbjörn. Und wir würden uns über Deinem Beiständе bei der Förderung unserer Angelegenheit freuen.“

Thorkell erwiderte: „Es ist so, wie ich sagte: Ich bin kein Gode.“

„Warum bist Du so zurückgesetzt worden?“ sagte Samr, „Du bist doch eines Goden Sohn wie Deine anderen Brüder?“

Thorkell antwortet: „Ich sagte nicht, daß ich die Godenwürde nicht hatte. Aber ich übergab meine herrschaftliche Gewalt in die Hände meines Bruders Thorgeirr, bevor ich auszog. Seither habe ich sie nicht zurückgenommen, denn es scheint mir um alles wohl bestellt zu sein, so lange er sie behält. Geht beide zu ihm und bittet ihn um Beistand. Er hat ein tatkräftiges Wesen und ist ein edler und in jeder Beziehung sehr tüchtiger, junger und ehrliebender Mann. Solche Männer können euch am besten Hilfe gewähren.“

Samr sagt: „Von ihm werden wir nichts erlangen, wenn nicht Du mit uns im Bunde bist.“

Thorkell erwidert: „Dies will ich geloben: Ich werde lieber für als gegen euch sein, weil es mir eine unabweisliche Notwendigkeit zu scheint, für einen erschlagenen, nahe verwandten Mann eine gerichtliche Verfolgung vorzunehmen. Begebt euch nun hin zu seiner Thing-Hütte und geht hinein in dieselbe. Die Männer liegen noch im Schlaf. Ihr werdet sehen, daß innen, quer in der Bude, zwei Betten stehen. Von dem einen stand ich auf, in dem andern ruht mein Bruder Thorgeirr. Er hat ein großes Geschwür auf dem Fuß gehabt, seitdem er zum Thing kam, und da hat er in der Nacht wenig geschlafen. Aber nun sprang die Beule in der Nacht auf und das Eiter ist heraus, und nun hat er seither geschlafen und hält den rechten Fuß wegen der allzugroßen Hitze, die noch in dem Fuß ist, außerhalb der Bettdecke vorne auf dem Fußbrett. Der alte Mann soll voran und hinein in die Hütte gehen. Er scheint mir sowohl in seinem Sehen als auch durch sein Alter sehr geschwächt zu sein.“

„Wenn Du, Mann,“ sagt Thorkell zu Thorbjörn, „zu seinem Bett kommst, dann wanke stark und falle auf das Fußbrett hin. Greife dann nach dem Zeh, der verbunden ist, ziehe denselben zu Dir und schaue, wie der Mann sich dabei benimmt.“

Samr sprach: „Dein Rat ist gewiß wohlgemeint, aber dies scheint mir nicht ratsam.“

Thorkell entgegnete: „Eines von beiden müßt ihr tun: entweder das befolgen, wozu ich euch rate, oder keinen Rat bei mir holen.“

Samr erwiderte und sagte: „So soll geschehen, wie er den Rat gibt.“

Thorkell sagte, daß er später kommen würde, „denn ich warte auf meine Männer.“

Da gingen Samr und Thorbjörn davon und kamen zu der Thing-Hütte, in der noch alle Männer schliefen. Sie sahen bald, wo Thorgeirr lag. Der alte Thorbjörn ging voran und wankte sehr. Als er zu dem Bett kam, fiel er auf das Fußbrett, griff nach der Zeh, der krank war, und zog ihn zu sich. Thorgeirr erwachte dadurch, sprang von seinem Bett auf und frug, wer da so stürmisch hereinkomme, daß er auf die Füße von

Männern stoße, die gerade noch krank gewesen waren.

Aber weder Thorbjörn noch Samr wagten ein Wort zusagen. Da eilte Thorkell in die Hütte und sprach zu seinem Bruder Thorgeirr: „Sei nicht so hastig und zornig deswegen, Bruder, denn es wird Dir nicht schaden! Denn manchem gelingen die Dinge schlechter, als er wollte, und manchem geschieht es, daß er nicht auf alles gleich gut aufpassen kann, wenn ihm vieles am Herzen liegt. Aber es ist zu entschuldigen, Bruder, daß Dein Fuß verwundet ist und an ihm eine sehr schmerzhafte Stelle gewesen ist – dies wirst Du am meisten an Dir selbst empfinden. Nun kann es aber auch sein, daß diesem alten Mann der Tod seines Sohnes nicht weniger schmerzlich ist, aber er keine Buße bekommt und selbst alles entbehrt – er wird dies am besten an sich selbst erkennen. Es ist aber oft so, daß ein Mann, der Schweres auf dem Herzen hat, nicht auf alles gut aufpaßt."

Thorgeirr antwortete: „Ich glaube nicht, daß er mir dies vorhalten kann, denn ich erschlug nicht seinen Sohn und er kann dies daher nicht an mir rächen."

„Er wollte dies nicht an Dir rächen," sagte Thorkell, „aber er griff härter nach Dir, als er wollte und büßte für sein schwaches Sehvermögen. Er erhoffte sich Hilfe von Dir. Nun ist es Heldenart, einem alten und bedürftigen Manne beizustehen. Es ist für ihn eine Notwendigkeit und keine Begehrlichkeit, wenn er für seinen erschlagenen Sohn eine Anklage beim Thing vornimmt. Aber nun haben alle Goden diesen Männern ihren Beistand entzogen und zeigen darin eine sehr unmännliche Gesinnung."

Thorgeirr sprach: „Über wen haben diese Männer zu klagen?"

Thorkell erwiderte: „Der Gode Hrafnkell hat den Sohn Thorbjörn's schuldlos erschlagen. Er begeht eine Untat nach der andern und will keinem Mann dafür Buße leisten."

Thorgeirr sprach: „Mit mir wird es so gehen wie mit den andern, da ich nicht weiß, warum ich diesen Männern so viel Gutes tun sollte, daß ich mich dafür in Streitigkeiten mit Hrafnkell einlassen sollte. Es scheint mir, daß er jeden Sommer mit den Männern, die einen Rechtsstreit mit ihm auszufechten haben, auf die Weise verfährt, daß die meisten wenig oder gar keine Ehre mehr haben, ehe es zum Ende geht – und ich sehe es allen auf dieselbe Weise ergehen. Ich denke, daß deshalb die meisten Männer keine Lust dazu haben, wenn sie nicht die Notwendigkeit zwingt."

Thorkell antwortet: „Es kann sein, daß es mir, wenn ich Gode wäre, genauso gehen würde und es mir schlimm scheinen würde, mit Hrafnkell streiten zu sollen. Aber so, wie ich jetzt bin, sieht es für mich anders aus, denn mir scheint es am ehrenhaftesten, mit dem zu tun zu haben, durch den alle anderen vorher unterdrückt worden sind. Und es scheint mir, daß mein oder des Goden Ansehen, der Hrafnkell eine Niederlage anzutun vermag, deutlich wachsen würde – aber um nichts gemindert werden würde, wenn es auch mir so wie den anderen ergehen würde, denn 'das, was vielen geschieht, kann auch mir ohne Schande zustoßen' und 'wer wagt, gewinnt'."

„Ich sehe," sagte Thorgeirr, „wie es mit Dir steht und daß Du diesen Männern *helfen willst. Ich werde nun meine Godenwürde und herrschaftliche Gewalt in Deine Hände übergeben, und behalte Du das, was ich vorher besessen habe. Aber danach sollen wir beide Gleichheit haben. Hilf Du nun denen, denen Du helfen willst.“*

*„Mir scheint,“ sagte Thorkell, „daß es um unsere Godenwürde am besten bestellt sein würde, wenn Du sie so lange als möglich alleine behältst. Ich gönne es keinem so sehr wie Dir, sie inne zu haben, denn Du hast manche Vorzüge an Tüchtigkeit vor uns beiden anderen Brüdern. Und ich bin unentschlossen, was ich im Augenblick aus mir machen soll. Du weißt, Bruder, daß ich mich nur an wenigem beteiligt habe, seit ich nach Island zurückkam. Aber nun sehe ich, was meine Ratschläge für Dich bedeuten. Nun habe ich gesprochen, was ich für diesmal will. Kann sein, das Thorkell mit der Locke irgendwann einmal dorthin kommt, wo seine Worte mehr geschätzt werden.“*

*Thorgeirr erwiderte: „Ich sehe nun, wie die Dinge stehen, Bruder, und daß Du unzufrieden bist. Aber das kann ich nicht hinnehmen und daher werden wir beide diesen Männern helfen, wie es auch immer werden mag, wenn Du dies willst.“*

*Thorkell sprach: „Ich bitte nur um das, was nach meinem Gutdünken geschehen soll.“*

*„Was glauben diese Männer, was sie selber können,“ sagte Thorgeirr, „und durch was wünschen sie sich eine Förderung für ihre Sache?“*

*„Es ist so, wie ich heute sagte,“ erwidert Samr, „daß wir der Hilfe von Goden bedürfen, aber die Führung des Streites nehme ich in die Hand.“*

*Thorgeirr sagte, daß ihm dann gut zu helfen sei, „und nun gilt es, den Rechtsstreit so gut wie möglich einzuleiten. Aber ich glaube, daß Thorkell will, daß ihr ihn besucht, bevor die richterlichen Entscheidungen auf dem Thing beginnen. Eines von diesen beiden Dingen werdet ihr als Lohn für eure Bemühungen erlangen: Entweder etwas Trost, oder Demütigung – und zwar mehr als ihr als schon vorher an Verdruß und Leid hattet. Geht nun heim und seid guten Muts, denn ihr werdet es nötig haben, daß ihr euren Mut eine zeitlang aufrecht erhaltet, wenn ihr mit Hrafnkell streiten wollt. Und sagt keinem Mann, daß wir euch Beistand versprochen haben.“*

*Nun gingen Samr und Thorbjörn heim zu ihrer Thing-Hütte und waren guten Mutes. Alle Männer wunderten sich darüber, wie sie so schnell ihren Sinn geändert hatten, da sie doch so niedergeschlagen waren, als sie von ihrer Hütte fortgegangen waren.*

*Nun warteten beide ab, bis die richterlichen Entscheidungen begannen. Da rief Samr seine Männer auf und ging zum Gesetzeshügel. Dort war der Sitz des Gerichtes. Samr ging kühn zu dem Hügel hin.*

*Er begann sofort mit dem Aufrufen von Zeugen und verfocht seinen Streit gegen den Goden Hrafnkell nach den richtigen Landesgesetzen ohne Formfehler und mit tüchtiger Sachkenntnis.*

*Zuerst kamen die Söhne Thjöstarr's mit einer großen Schar Männer zum Thing und alle Leute vom Westland leisteten ihnen Beistand und es zeigte sich, daß diese Brüder* beliebte Männer waren. Samr verfocht seine Sache bei Gericht bis dahin, das Hrafnkell von ihm zur Rechtfertigung aufgefordert wurde, außer wenn ein Mann zugegen wäre, der in richtiger, gesetzmäßiger Weise den gesetzlichen Einspruch für ihn erheben wolle.

Samrs Rede erhielt großen Beifall und man frug, ob niemand den gesetzlichen Einspruch für Hrafnkell vorbringen wolle. Einige Männer liefen zu Hrafnkell's Thing-Hütte und sagten ihm, wie die Dinge stünden.

Da brach er schnell auf, rief seine Leute zusammen und ging zum Thing. Er glaubte, daß dort wenig Schutzwehr vorhanden wäre und hatte vor, es den kleinen Leuten zu verleiden, mit ihm einen Rechtsstreit zu beginnen. Er hatte vor, das Gericht vor Samr auseinander zu sprengen und ihn mit Hohn und Spott von dem Thing zu jagen. Aber dazu hatte er jetzt keine Gelegenheit. Eine solche Menschenmenge stand um das Thing, daß Hrafnkell nirgends näher kam und mit großer Gewalttätigkeit fortgedrängt wurde, sodaß er die Rede derjenigen, welche ihn anklagten, nicht hören konnte. Deshalb war es ihm schwierig, den gesetzlichen Einspruch für sich vorzubringen.

Samr aber führte den Streit durchaus gesetzmäßig, bis Hrafnkell auf diesem Thing gänzlich geächtet wurde. Hrafnkell eilte sogleich zu seiner Hütte, ließ seine Pferde bringen und ritt vom Thing fort. Er war mit dem Ausgang seines Streites übel zufrieden, denn niemals vorher hatte er so etwas erlebt.

Er ritt ostwärts über die Lyngdals-Heide und weiter nach Sida, und hielt nicht eher an, als bis er ins Hrafnkels-Tal kam. Dort ließ er sich in Adalbol nieder und tat, als wenn nichts geschehen wäre. Aber Samr blieb beim Thing zurück und ging sehr stolz umher. Vielen Männern schien es recht, daß es dahin gekommen war, daß Hrafnkell eine Niederlage erlitten hatte, und sie erinnerten sich nun, wie er vielen Menschen er Unrecht getan hatte.

Samr wartete, bis das Thing geschlossen wurde. Da rüsteten sich die Männer zur Heimreise. Samr dankte den Brüdern für ihren Beistand, aber Thorgeirr fragte ihn lächelnd, wie er zufrieden wäre. Er sagte, daß er sehr zufrieden sei.

Thorgeirr sprach: „Glaubst Du nun Deinem Ziel etwas näher zu sein als vorher?"

Samr erwiderte: „Hrafnkell scheint mir eine große Schmach erlitten zu haben, deren er sich lange erinnern wird, und dies ist vielem Gelde gleichwertig."

Thorgeirr sprach: „Der Mann ist nicht gänzlich geächtet worden, so lange das Exekutiongericht nicht vollzogen ist, und es ist notwendig, dass dies auf seinem Wohnsitz geschieht. Dies wird vierzehn Tage nach Wiederaufnahme der Waffen erfolgen."

Das „Wiederaufnehmen der Waffen" ist das Fortreiten vom Thing, an dem man ohne Waffen teilnahm.

64

„Ich vermute aber," sagte Thorgeirr, „daß Hrafnkell nach Hause gekommen sein wird und auf Adalbol zu bleiben beabsichtigt. Ich glaube, daß er euch zum Trotz die Godengewalt behalten wird. Und Du wirst Dir vorgenommen haben, heimzureiten und Dich in Ruhe in deiner Wohnung niederzulassen, wenn Du im besten Falle überhaupt bis dorthin gelangen wirst. Ich vermute, daß Du so guten Glauben von Deiner Sache hast, daß Du Hrafnkell einen Waldgänger (Verbannter) nennst. Aber ich bin der Ansicht, daß er den anderen Männern einen ebensolchen Schrecken einjagen wird, wie zuvor, nur daß Du noch tiefer zu Fall kommen wirst."

„Darum kümmere ich mich niemals," sagte Samr.

„Du bist ein wackerer Mann," sprach Thorgeirr, „und ich glaube, daß mein Bruder Thorkell Dir nicht am halben Wege entschlüpfen wird. Er wird Dir nun helfen, bis es zwischen Dir und Hrafnkoll zum Abschluß kommt und Du dann ruhig leben kannst. Ihr werdet nun wohl glauben, daß wir nun verpflichtet seien, Dir zu folgen, da wir uns so weit auf eure Sache eingelassen haben. Wir werden Dir nun für diesmal das Geleit bis zu den Östlichen Meeresbuchten. Weißt Du einen Weg zu diesen Buchten, der kein üblicher Thingweg ist?"

Samr sagte, er würde denselben Weg reiten, welchen er von Osten her zum Thing hin eingeschlagen hatte und war froh über die Begleitung. Thorgeirr wählte seine Leute aus und ließ sich vierzig Mann folgen. Samr hatte auch vierzig Mann. Diese Schar war mit Waffen und Pferden gut ausgerüstet.

Darauf ritten sie alle denselben Weg, bis sie bei Tagesanbruch in das Jokuls-Tal kamen. Sie ritten auf der Brücke über den Fluß – dies war an genau dem Morgen, an dem das Exekutionsgericht auszuführen war. Da fragt Thorgeirr, wie sie am am sichersten nach Adalböl kommen könnten.

Samr antwortete, daß er dafür Rat wisse. Er bog sogleich vom Weg ab und ritt den Bergrücken hinauf und dann auf ihm entlang dem Hrafnkels- und Jökuls-Tal zwischen, bis sie unterhalb der Erhebung ankamen, unter der der Hof zu Adalbol steht. Dort zogen sich mit Gras bewachsene Vertiefungen die Heide aufwärts, aber ein jäher Abhang talabwärts, und unter diesem lag der Hof.

Da stieg Samr vom Pferd und sprach: „Laßt uns unsere Pferde hier zurücklassen. Zwanzig Mann sollen auf dieselben Acht haben. Und wir übrigen sechzig Mann stürmen auf den Hof los. Ich glaube, daß wenige Männer auf den Beinen sein worden."

Dies führten sie durch und jene Vertiefungen dort heißen seither Roß-Senke. Nun ging es rasch auf den Hof los. Aufstehzeit war eben vorüber, aber die Leute waren noch nicht aufgestanden. Sie sprengten die Tür mit einem Balken und stürmten hinein. Hrafnkell lag in seinem Bett. Sie ergriffen ihn und alle seine Hausgenossen, die waffenfähig waren. Frauen und Kinder wurden in ein anderes Gebäude getrieben. In dem Grasgarten stand ein Außenbau; von diesem hin zur Saalwand war eine Kleiderstange angebracht; dorthin brachten sie Hrafnkell und seine Männer.

*Er bot viel Buße für sich und seine Männer. Als dies aber nichts half, bat er um das Leben seiner Männer, „denn sie haben euch nichts getan, worüber ihr klagen könnt. Mir ist es keine Schande, wenn ihr mich tötet, ich werde darüber kein Wort verlieren. Aber gegen Mißhandlungen verwahre ich mich, darin liegt auch für euch keine Ehre."*

*Thorkell antwortete: „Wir wissen, daß Du wenig glimpflich gegen Deine Feinde gewesen bist, und es ist nun recht, daß Du dies heute an Dir selbst erlebst."*

*Da ergriffen sie Hrafnkell und seine Männer und banden ihre Hände rückwärts zusammen. Hierauf zerbrachen sie den Außenbau und zogen die Seile von den Haken herunter. Dann nahmen sie ihre Messer und stachen Löcher in die Kniekehlen der Gefesselten, zogen die Seile hindurch, warfen diese über die Stange und banden auf diese Weise acht zusammen.*

*Da sprach Thorgeirr: „So bist Du nun, Hrafnkell, in die Lage gekommen, die Du verdient hast, und es wird Dir wohl unwahrscheinlich geschienen haben, daß Du solche Schmach von einem Manne erleiden würdest, wie sie Dir jetzt zuteil geworden ist. Aber was willst Du, Thorkell, jetzt tun? Hier bei Hrafnkell sitzen und ihn und die Seinigen bewachen, oder Dich mit Samr auf Pfeilschußweite vom Hofe entfernen und auf einem steinigen Hügel, wo weder Acker noch Wiese ist, das Exekutionsgericht vollziehen?"*

*Dies sollte zu der Zeit geschehen, wenn die Sonne gerade im Süden steht.*

*Thorkell antwortete: „Ich will hier bei Hrafnkell sitzen, denn das scheint mir weniger beschwerlich."*

*Da entfernten sich Thorgeirr und Samr und vollzogen das Exekutionsgericht. Darauf gingen sie zurück und nahmen Hrafnkell und seine Männer von der Stange herab und legten sie auf dem Grasplatze nieder – ihre Augen waren mit Blut unterlaufen.*

*Da sagte Thorgeirr zu Samr, dass er mit Hrafnkell so verfahren sollte, wie er wollte, „denn nun scheint es nicht schwierig, mit ihm fertig zu werden."*

*Samr sprach darauf: „Zwei Möglichkeiten gebe ich Dir, Hrafnkell! Die eine ist, daß Du mit jenen Männern, die ich bestimme, vom Hofe gehen und getötet werden sollst – da Du aber eine große Kinderschar zu versorgen hast, so will ich Dir vergönnen, dass Du vorher für dieselben Sorge trägst. Wenn Du aber Dein Leben behalten willst, da ziehe weg von Adalbol mit allen Deinen Leuten und behalte nur das Eigentum, welches ich Dir zuteile und dies wird sehr wenig sein. Ich aber werde diese Wohnstätte in Besitz nehmen und die ganze Godengewalt; niemals sollen Du oder Deine Erben darauf Anspruch erheben und nirgends darfst Du mir näher kommen, als im Osten des Fljótsdalsherad. Und nun mußt Du mir mit Handschlag bestätigen, wenn Du diese Bedingungen annehmen willst."*

*Hrafnkell erwiderte: „Manchem würde ein rascher Tod besser scheinen als solche Mißhandlungen. Aber ich werde wie viele andere das Leben wählen, solange dies noch zur Wahl steht. Ich tue dies vor allem meinen Söhnen zu Liebe, denn armselig wird ihr Fortkommen sein, wenn ich ihnen wegsterbe."*

*Da wurde Hrafnkell losgemacht und übergab Samr seine Godengewalt. Samr wies Hrafnkell so viel Eigentum zu, als er für gut befand, und dies war sehr wenig. Seinen Spieß behielt Hrafnkell bei sich, aber sonst keine Waffen. Denselben Tag zogen er und alle seine Leute von Adalbol weg.*

*Thorkell sagte da zu Sámr: „Ich begreife nicht, warum Du dies tust – Du wirst es am meisten selbst bereuen, daß Du Hrafnkell das Leben schenkst."*

*Samr sagte, daß dies so sein werde.*

---

Im Frühjahr wurden alle Männer, die in einem Fall angeklagt oder Zeugen waren, von dem Kläger aufgefordert, zum Thing zu erscheinen.

Kläger und Angeklagte nehmen eine möglichst große Schar von Männern mit sich, um der Gegenpartei in einem eventuellen Kampf überlegen zu sein.

Vor dem Prozeß mußte man Verbündete suchen, aber dies war schwierig, wenn der Gegner einflußreich oder rücksichtslos war und wenn man selber für die potentiellen Verbündeten keine großen Vorteile zu bieten hatte.

Ohne die Kenntnis der Prozeßordnung auf dem Thing konnte man von seinem Gegner schnell durch juristische Hakenschläge ausgeschaltet werden.

Der Sitz des Gerichtes war beim Gesetzeshügel.

Nach jeder Anklage steht dem Angeklagten eine Verteidigung zu, die entweder er selber oder ein von ihm beauftragter Mann durchführen konnte.

Es kam durchaus vor, daß ein Angeklagter den Kläger so sehr einschüchterte, daß er aufgab, oder daß er ihn mit Gewalt von dem Thing verjagte.

Während des Things ruhten alle Kämpfe – zumindestens im Prinzip.

Bisweilen war die Durchsetzung eines Urteils wie z.B. die Verbannung von Männern mit großer Macht, recht schwierig. Diese Durchsetzung wurde zumindestens in manchen Fällen auf den vierzehnten Tag nach dem Ende des Things festgesetzt.

Hinrichtungen fanden zur Mittagszeit statt.

---

## 14. m)   Die Geschichte über Norna-Gest

*Der König rief Gest vor sich und frug, wessen Sohn er sei.*

*Er antwortete: „Mein Vater trug den Namen Thord und wurde Thing-Beißer genannt, weil er so streitsüchtig bei der Versammlung war."*

---

Man konnte auch für Streitsucht auf dem Thing bekannt sein …

## 14. n)  Die Saga über Viglund den Blonden

*Dieser Ketil war ein großer Gesetzeskenner und es gab keinen Fall, an dem er beteiligt war, den er nicht gewonnen hätte, denn sobald er zu sprechen begann, fanden alle Leute, daß man es genau so machen müsse.*

Gründliche Gesetzeskenner und gute Redner waren auf dem Thing am erfolgreichsten.

## 14. o)  Die Saga über Hovard von den Eisfjord-Leuten

*Nun ist zu erzählen, wie die Leute zum Thing kamen. Eine Menge Menschen waren da, und unter diesen eine große Zahl von Häuptlingen und andern angesehenen Männern. Da war Gest Oddleifsson, Steinthor von Eyri, Dyri und Thorarin, und es wurden daselbst all ihre Angelegenheiten besprochen.*

*Steinthor nahm das Wort in Sachen Hovards und seiner Kampfbrüder und bot einen Vergleich an, und zwar so, daß er es dem Gest Oddleifsson überließ, das Urteil zu sprechen, da er die Sache am besten kenne; und da nun die andern wußten, wie sich die Sache verhielt, gingen sie willig darauf ein.*

*Darauf sagte Gest: „Da es nun beiden Teilen genehm ist, daß ich in dieser Sache Recht und Urteil sprechen soll, so will ich auch nicht anstehen, es zu tun. Ich will damit beginnen, was das letzte Mal ausgemacht worden ist, nämlich daß für Olaf Hovardssons Totschlag eine dreifache Mannsbusse bezahlt werden muß, und damit soll Sturla's, Thjodreks und Ljotrs Totschlag gerade gesühnt sein, denn sie wurden so ziemlich grundlos erschlagen; Thorbjörn Thjodreksson hingegen soll ungesühnt bleiben wegen seiner maßlosen Ungerechtigkeit und wegen der unerhörten Schandtaten, die er an Hovard und vielen andern verübte; ebenso mögen Vakr und Skarf sühnelos liegen und für ihre Taten büßen, Brands des Starken Totschlag jedoch soll mit dem von Hallgrims Pflegevater Onn gleich gegen gleich aufgehen, und für den Mann aus dem Gefolge Ljotr's des Monabergers, den Hovard mit seinen Mannen erschlug, soll eine Mannsbusse gezahlt werden.*

*Da ist nun noch der Totschlag des Holmgang-Ljotr's; für diesen kann ich keine Buße bestimmen, denn wir wissen es ja sämtlich, wie ungerecht Ljotr war gegen Thorbjörn von Eyri und gegen jeden, wo es ihm nur gut däuchte und wo es ihm möglich war: Ihm ist einfach Recht geschehen, indem zwei Knaben einen solchen Kämpen wie diesen erschlugen; auch soll der Anger, den Ljotr und Thorbjörn bis jetzt miteinander besaßen, nunmehr dem Thorbjörn zufallen; zu einigem Troste für*

*Thorarin sollen jedoch die folgenden Männer: Hallgrim Osbrandsson, Thorfi und Eyjulf, die Söhne Valbrands, Thorir und Odd, die Thorbrandssöhne, sowie Thorstein und Grim, die Söhne Thorbjorns, außer Landes gehen; und da Du, Thorarin, schon ziemlich bei Jahren bist, sollen sie nicht wagen, wieder hierher zurückzukommen, bis sie nicht erfahren, daß Du tot bist. Hovard seinerseits soll von diesem Viertel des Landes weg- und anderswo hingehen; ebenso auch sein Blutsfreund Thorhall. So sei denn der Vergleich zwischen euch unabänderlich geschlossen, und möge nie und von niemandem je mit Trug und Falschheit gebrochen werden."*

*Darauf trat Steinthor vor und schloß den Vergleich im Namen Hovards und seiner sämtlichen Kampfbrüder unter den von Gest angeführten Bedingungen, und erlegte sogleich bar jene Buße, welche bezahlt werden mußte, nämlich einen Hunderter in Silber; Thorarin und Dyri gingen rückhaltslos auf diesen Vergleich ein, und gaben sich zufrieden mit dem, was festgesetzt worden war.*

*Und gerade, als die Sache solchermaßen zu Ende geführt war, kamen die Männer daher, welchen Atli die Ohren abgeschnitten hatte, und erzählten vor dem ganzen Thing, und so, dass sie sämtlich Zeugen davon waren, wie es ihnen auf ihrer Fahrt ergangen war; und allgemein war man der Ansicht, daß das gar erstaunliche Neuigkeiten seien, und daß sie ihr Schicksal ehrlich verdient hätten. Thorgrim, so fand man, habe sich höchst feindselig gezeigt, und es sei ihm nun auch danach ergangen.*

*Da nahm Gest das Wort: „Das ist doch wahr und gewiß, daß eine solche Tücke und Niederträchtigkeit in der Welt nicht mehr zu finden ist, wie unter euch Blutsfreunden!*

*Wie ist es Dir nur in den Sinn gekommen, Thorarin, so zu tun, als wenn Du Dich ehrlich vergleichen wolltest, während Du so treulos und schändlich zu Werke gingst?*

*Nachdem ich jedoch, nun einmal in dieser Sache so mild und schonungsvoll Recht gesprochen habe, so will ich es auch bei dem bewenden lassen, was wir unter einander festgesetzt haben; ihr zwei, Thorarin und Dyri, hättet freilich von Rechts wegen verdient, daß eure Sache vollständig unterlegen wäre wegen eurer Arglist, und es soll eure Strafe dafür die sein, daß ich Leuten wie euch nun und nimmermehr Rat und Hilfe in euren Angelegenheiten gewähre.*

*Nun gib Dich indessen zufrieden, Steinthor; denn von nun an darfst Du mit Sicherheit auf meinen Beistand bauen, gegen wen immer Du Deine Sache haben magst; Du hast Dich als ein Ehrenmann erwiesen."*

*Steinthor sagte, Gests Rechtspruch sei auch ihm recht, „es scheint mir," fügte er hinzu, „daß es für sie selbst am schlimmsten gegangen ist, nachdem sie eine so große Zahl von Männern verloren und sich selbst noch obendrein in schlechten Ruf dabei gebracht haben."*

*Damit schloß das Thing und Gest Oddleifsson und Steinthor schieden in herzlichster Freundschaft von einander, Thorarin und Dyri dagegen waren gar schlecht damit zufrieden und wenig frohgemut.*

*Als Steinthor daheim auf Eyri anlangte, sandte er Botschaft zu denen in Otrardal, und als sie nun wieder miteinander zusammentrafen, erzählten sie sich beiderseits, wie es ihnen inzwischen ergangen war, und sie meinten, daß es für sie sehr gut sei, wie die Sachen standen. Sie dankten Steinthor, daß er es so für sie zu Ende geführt habe, und sagten ihm zugleich, daß sein Schwager Atli sich ihnen gegenüber sehr gut aufgeführt und sich als ein mutiger Mann erwiesen habe. Daraus erwuchs denn die herzlichste Freundschaft zwischen den beiden Schwägern, und Atli stand seitdem überall in dem Ruf und Ansehen eines braven und tüchtigen Mannes, wo er auch hinkam.*

---

Bisweilen einigten sich beide Streitparteien auf einen einzelnen Mann als Richter in ihrer Streitsache.

Ein Mord wurde mit einer „Mannsbuße" gesühnt, d.h. durch die Zahlung eines Wergeldes. Bei größeren Streitigkeiten wurden die Morde z.T. auch gegeneinander aufgerechnet, wobei auch geprüft wurde, was der Grund für den Mord gewesen ist.

---

### 14. p)  Die Nials-Saga

*Viele trauerten über Thorgejr Otkelsohn's Tod, und Gunnar's Feinde trafen solche Vorkehrungen, daß die Sache gewonnen werden mußte auf dem nächsten Allthing. Gissur Hvide war es, der die Angelegenheit in die Hand nahm und auf dem Ting besprach er und tat alles, was zu tun war, so daß die Anwesenden sagten, er habe gut und recht geredet und gehandelt.*

*Gunnar verhielt sich die ganze Zeit ruhig, bis die Richter die Sache untersuchen sollten. Da trat Nial auf und hieß die Richter ansagen, ob die beiden Thorgejre nicht zusammengekommen seien mit der Absicht, Gunnar zu überfallen. Alle Richter bejahten dies.*

*Darauf erklärte Nial, Gunnar könne gesetzlichen Einspruch erheben gegen die Klage und ihre Abweisung durchsetzen und solchen Einspruch wolle er erheben, wenn die Gegner ihre Forderung auf richterliches Urtheil nicht fallen ließen und Vergleich anböten. Da vereinigten sich viele Häuptlinge, um den Vergleich zu erbitten, und die Sache wurde nun einem Schiedsgericht von zwölf Männern anheimgestellt.*

*Diese trafen die Entscheidung, daß die Erschlagenen mit Geld gebüßt werden sollten; daneben sollten Gunnar und Kulskjäg außer Landes gehen und drei Winter hindurch fortbleiben. Würde Gunnar innerhalb dieser Zeit im Lande getroffen, dann sollte jeder Verwandte der Erschlagenen das Recht haben, ihn zu töten.*

*Gunnar war schlecht zufrieden mit dem Vergleich, doch ließ er es nicht merken. Nial gab ihm das Geld, das er ihm aufgehoben hatte; er hatte es Frucht tragen lassen, und es machte nun gerade die Summe aus, die Gunnar erlegen sollte. Er bezahlte also die Bußen und alle kehrten heim.*

*Gunnar und Nial ritten mit einander und dieser sprach: „Halte jetzt diesen Vergleich, mein Freund; Du hast zwei Männer aus demselben Geschlecht erschlagen; erinnere Dich, wenn Du diesen Vergleich brichst, wird es Dein Tod sein. Fährst Du aber fort, dann wird Dir diese Fahrt ins Ausland mehr Ehre eintragen als die vorige, wie sehr Du auch durch sie an Ehre gewannst. Kehrst Du zurück, dann wird Dein Ruhm und Dein Ansehen so groß sein, daß kein Mann es wagt, Dich auf den Fuß zu treten und Du wirst ein hohes Alter erreichen. "*

*Gunnar entgegnete, er beabsichtige nicht, den Vergleich zu brechen; und Ranvejg bestärkte ihn darin, als er heim kam.*

---

Die meisten Morde wurden mithilfe von Wergeld-Zahlungen ausgeglichen – nur in schweren Fällen wurde eine dreijährige oder eine unbegrenzte Verbannung ausgesprochen.

---

## 14. q)   Die Nials-Saga

*Jetzt sollten diese neuen Bluttaten auch gebüßt werden, und es wurde ein Bezirks-Thing abgehalten. Hier aber setzte Nial durch, daß der Überfall gegen Gunnar und seine Tötung angesehen wurde, als wenn er nicht geächtet gewesen wäre. Mörd mußte die Bußen zahlen, und damit kam ein rechtsgültiger Vergleich zu Stande.*

---

Bei der Bewertung eines Mordes war die Frage wichtig, ob der Getötete geächtet oder frei gewesen ist.

---

## 14. r)   Die Geschichte über Hühner-Thorir

*Nun saß man über den Rechtshändeln der Leute, und der Abschluss der Sache war der, daß Arngrim geächtet wurde mit voller Acht (Verbannung) und ebenso all die anderen, die bei dem Mordbrande gewesen waren, außer Thorwald, dem Sohne des Odd: er sollte drei Jahre außer Landes sein und dann freie Rückkehr haben.*

*Danach wurde das Thing aufgelöst, und die Leute fanden, Thord habe dem Handel gut und rühmlich zu Ende geholfen. Man ritt vom Thing nach Hause. Die Geächteten aber fuhren in diesem selben Sommer noch außer Landes. Thorwald wurde mit seinem Schiff an der schottischen Küste angetrieben und dort als Knecht gefangen gehalten.*

Eine der höchsten Strafen, die auf einem Thing verhängt werden konnte, war die Verbannung, d.h. das Verbot, im Land zu bleiben.

## 14. s)   Die Geschichte über Thordr den Kämpfer

*Audulfr sollte wegen seiner Untaten und seiner Verschwörung gegen das Leben von Thordr als unheilig erklärt werden.*

Eine Person, die als vogelfrei erklärt wurde, wurde auch als „unheilig" bezeichnet – jeder durfte sie ungestraft töten.

## 14. t)   Völsungen-Saga

*Hier beginnt die Geschichte und erzählt von einem Mann, der Sigi genannt wurde und von dem die Leute sagten, daß er der Sohn des Odin sei. Es wird in der Geschichte auch von einem zweiten Mann berichtet, der Skadi heißt, ein großer Mann mit mächtigen Händen. Sigi war jedoch dem zufolge, was die Menschen zu seiner Zeit erzählten, der mächtigere und von edlerer Abstammung.*

*Nun hatte Skadi einen Leibeigenen, von dem die Geschichte auch etwas erzählen muß, Bredi mit Namen, der nach der Arbeit, die er verrichten mußte, benannt worden war; was seine Tapferkeit und die Stärke seiner Hände betrifft, war er Männern, die für edler gehalten wurden, ebenbürtig und sogar besser als manche von ihnen.*

„*Sigi*" bedeutet „Sieger" – ein passender Name für einen Sohn des Kriegsgottes Odin, der selber oder durch seine Walküren alle Kämpfe entschied. „Sig" („Sieg") ist ein Bestandteil vieler Beinamen des Tyr gewesen der um 500 n.Chr. von Thor und Odin als nordgermanischer Göttervater abgesetzt worden war – er wurde auch „Sig-Tyr" genannt". Möglicherweise ist Sigi daher der als Odins-Sohn aufgefaßte ehemalige nordgermanische Göttervater Tyr.

„*Skadi*" ist eigentlich eine Riesin, die ursprünglich einmal die Muttergöttin im Jenseits gewesen ist und an jeden Morgen bzw. an jedem Frühling den Sonnengott-Göttervater Tyr wiedergebar. Da auch das Krönungsritual eine Jenseitsreise mit einem symbolisch-rituellen Tod und einer ebensolchen Wiedergeburt gewesen ist, war Skadi auch die (mythologische) Mutter der Säminger und der Ynglinge, also der norwegischen und der schwedischen Könige. Der jeweilige (mythologische) Vater dieser

Königsgeschlechter ist erst Tyr und später dann Odin gewesen.

Skadi als ein Mann, der zusammen mit Odin am Beginn eines Helden-Geschlechtes erscheint, ist folglich eine Umdeutung des älteren Motives von Odin und Skadi als der Eltern dieses Geschlechtes, die wiederum auf das Paar Tyr und Skadi zurückgehen werden.

Der Name „Skadi" bedeutet „Schatten" und ist vermutlich ein Hinweis darauf, daß sie ursprünglich die Jenseitsgöttin oder einer ihrer vielen Gestalten und Beinamen gewesen ist, da man die Nacht als Analogie zu dem Jenseits auffaßte und entsprechend den Tag dem Diesseits gleichsetzte.

Skadi war auch mit mehreren Riesen bzw. Göttern verbunden, die ursprünglich Aspekte oder Beinamen des ehemaligen Sonnengott-Göttervaters Tyr gewesen sind: ihr Großvater Ölvaldi („All-Herrscher"), ihr Vater Thiazi (=Tyr), ihr erster Mann Heimdall und ihr zweiter Mann Odin. Dieses Thema setzt sich in ihren Söhnen Säming (Ahnherr der norwegischen Könige) und Yngvi-Freyr (Ahnherrn der schwedischen Könige) fort. Die irdischen Könige wurden somit als Fortsetzung der Reihe der göttlichen Könige angesehen.

„Bredi" bedeutet „Breite, ausbreiten". Seine Arbeit könnte daher die Heuwende, das Decken der Tische und ähnliche Arbeiten in Haus und Hof gewesen sein. Vielleicht ist „Breite" aber auch einfach eine Umschreibung für „Erde, Ebene, Feld" gewesen – dann wäre „Bredi" vermutlich als ein ehemaliger Beiname der Erd- und Jenseitsgöttin Skadi anzusehen.

*Nun wird erzählt, das Sigi einst auf Hirschjagd ging und der Leibeigene ihn begleitete und daß sie den ganzen Tag lang bis zum Abend Hirsche jagten. Und als sie am Abend ihre Beute zusammentrugen, da sahen sie, daß das, was Bredi erbeutet hatte, weit mehr und größer war als das, was Sigi erjagt hatte – und dies mißfiel Sigi sehr und er sprach, daß es ein großes Wunder sei, daß ein Leibeigener ihn bei der Hirschjagd übertreffen solle: Da fiel er über ihn her und tötete ihn und vergrub ihn in einer Schneewehe.*

*Dann ging er am Abend heim und sagte, daß Bredi von ihm fort in den Wild-Wald geritten sein. „Schon bald war er aus meinem Blick entschwunden," sprach er, „und ich habe ihn nicht wiedergesehen."*

Viele der germanischen Sagas beginnen mit einem Traum über die Dinge, die kommen werden, mit einen Eid, den jemand ablegt, oder mit einem Verbrechen, das dann im folgenden gesühnt wird.

*Skadi mißtraute der Geschichte des Sigi und glaubte, daß dies eine Lüge von ihm sei und daß er Bredi erschlagen hätte. Daher sandte er Männer aus, die ihn suchen sollten und schließlich fanden sie ihn am Ende ihrer Suche in einer gewissen*

*Schneewehe.*

*Da sagte Skadi, daß die Menschen diese Schneewehe ab diesem Tag 'Bredis Wehe' nennen sollten und dem sind die Menschen gefolgt, sodaß sie noch heute jede Schneewehe, die besonders groß ist, 'Bredis Wehe' nennen.*

*So wurde offenbar, daß Sigi den Leibeigenen erschlagen und getötet hatte. Daher wurde er zum Wolf an den heiligen Plätzen und durfte nicht mehr in dem Land seines Vaters bleiben.*

„*Wolf*" war eine übliche Bezeichnung für eine Person, die in schwerer Weise das Gesetz gebrochen hatte und deshalb ausgestoßen wurde und nicht mehr am Thing und an den religiösen Ritualen teilnehmen durfte.

---

Ein Mord wurde häufig mit der Verbannung des Mörders gesühnt.

---

## 14. u)  Die Saga über die Siedler von Eyre

*An einem Tag zu Beginn jenes Winters, in dem Snorri das erste Mal in dem Haus Heilighügel wohnte, geschah es, daß Gunnlaug Thorbiornson zusammen mit Odd Katlason nach Mewlithe fuhr.*

*Gunnlaug und Geirrid sprachen lange zusammen an diesem Tag und als der Abend schon weit vorangeschritten war, sagte Geirrid zu Gunnlaug: „Ich hätte es lieber, wenn Du nicht an diesem Abend heimgehst, denn es werden viele Zauber-Reiter unterwegs sein und oft verbergen sich die Üblen in einer schönen Haut – und wenn ich Dich so anschaue, dann scheint mir, daß nicht allzuviel Glück mit Dir ist."*

*Gunnlaug antwortete: „Es wird wohl keine Gefahr für mich bestehen," sagte er, „da wir zu zweit sind."*

*Sie sagte: „Odds Hilfe wird kein Vorteil für Dich sein und ich fürchte, daß Du für Deinen Eigensinn bezahlen wirst."*

*Danach gingen sie hinaus, Gunnlaug und Odd, und liefen, bis sie nach Holt kamen. Katla war bereits in ihrem Bett. Sie bat Odd, Gunnlaug zu bitten, da zu bleiben.*

*Er sagte, daß er ihn schon gebeten hatte, „aber er will noch heim."*

*„Dann laß ihn ziehen, so wie er sich sein Schicksal formen will," sagte sie.*

*Gunnlaug kam an dem Abend nicht heim und die Leute sprachen darüber, daß sie ihn suchen sollten, aber sie hatten mit ihrer Suche keinen Erfolg.*

*Aber in der Nacht, als Thorbiorn hinausblickte, fand er seinen Sohn Gunnlaug vor der Tür – dort lag er völlig bewußtlos.*

*Da wurde er hineingebracht und es wurden ihm seine Kleider ausgezogen – er war ganz schwarz und blau rings um die Schultern und sein Fleisch hatte sich von seinen*

*Knochen gelöst.*

*Er lag den ganzen Winter über krank von seinen Verletzungen danieder und es gab ein großes Gerede über diese Krankheit, die ihn befallen hatte.*

*Odd Katlason erzählte überall herum, daß Geirrid ihn geritten haben mußte, denn er sagte, daß sie sich an dem Abend mit sehr unfreundlichen Worten verabschiedet hätten. Und die meisten Männer glaubten, daß es genau so geschehen sei.*

*Dies geschah kurz vor den Versammlungs-Tagen. Daher ritt Thorbiorn nach Mewlithe und beschuldigte Geirrid in dieses Sache, daß sie eine Nachtreiterin sei und Gunnlaugs Wunden verursacht habe.*

*Der Fall kam auf das Thorsness-Thing und Snorri der Priester führte den Fall für seinen Schwager Thorbiorn; Arnkell der Priester verteidigte in dem Fall seine Schwester Geirrid; und eine Gemeinschaft von zwölf Richter sollte das Urteil in dieser Sache fällen. Aber keiner der beiden, Snorri oder Arnkel, wurde wegen ihrer Verwandtschaft mit der Angeklagten und dem Kläger als Zeugen-tauglich erachtet.*

*Da berief man den Helgi, den Priester von Tempelgarth, der der Vater des Biorn war, der wiederum der Vater des Gest war, der der Vater des Shald-Ref war, um das Urteil der zwölf Männer zu verkünden.*

*Arnkel der Priester ging in den Versammlungs-Kreis und legte einen Eid auf den Tempel-Ring ab, daß Geirrid nicht die Verletzungen des Gunnlag verursacht hatte; Thorarin und mit ihm weitere zehn Männer legten einen Eid ab, und dann verkündete Helgi das Urteil über Geirrid. Und die Klage des Thorbiorn und des Snorri hatte keinen Erfolg, was ihnen zur Schande gereichte.*

*... ... ...*

*Nun sandte Geirrid, die Hausherrin in Mewlithe, eine Nachricht nach Lairstead, daß sie wußte, daß Odd Katla-Sohn Aud die Hand abgeschlagen hatte. Sie sagte, daß Auds sein Wort gegeben hatte, daß es so geschehen sei, und daß Odd vor seinen Freunden damit angegeben hatte.*

*Als jedoch Arnkel und Thorarin dies hörten, ritten von sie von ihrem Heim nach Mewlithe, insgesamt zwölf Männer, und kamen am Ende der Nacht dort an und ritten am Morgen hinaus nach Holt, von aus ihr Kommen gesehen wurde.*

*Zu der Zeit war in Holt kein einziger Mann außer Odd daheim. Katla saß auf der Empore und spann Garn. Sie gebot Odd, sich neben sie zu setzen, „und bleib so nah bei mir wie Du kannst." Sie befahl ihren Frauen, in ihren Sitzen zu bleiben, „und seid still," sagte sie, „nur ich werde mit ihnen sprechen."*

*Als Arnkel und seine Leute ankamen, traten sie ein und als sie zu der Kammer kamen, grüßte Katla Arnkel und frug ihn nach Neuigkeiten.*

*Arnkel sagte, daß er nichts zu sagen habe und frug, wo Odd sei.*

*Katla sagte, daß er nach Süden nach Breitbucht gegangen sei, „und er würde es sicher nicht verpassen wollen, Dich zu treffen, wenn er zuhause wäre, denn wir vertrauen auf seine Mannhaftigkeit."*

*„Das mag zwar so sein,"* sagte Arnkel, *„aber wir werden jetzt das Haus durchsuchen!"*

*„Tut, wie ihr wollt,"* sagte Katla und gebot ihrer Küchen-Maid, ihnen ein Licht voranzutragen und die Fleischkammer aufzuriegeln, *„die die einzige verschlossene Tür in dem Haus ist."*

*Da sahen sie, daß Katla von ihrem Rocken Wolle spann. Sie durchsuchten das ganze Haus und fanden Odd nirgendwo. Danach gingen sie wieder fort.*

*Sie sahen, daß Katla Garn von ihrem Rocken spann, und durchsuchten das ganze Haus und fanden Odd nirgendwo. Danach gingen sie fort.*

*Als sie jedoch bis auf ein kleines Stückchen vor das Tor gekommen waren, bleib Arnkel stehen und sprach: „Ob Katla vielleicht eine Haube über unsere Köpfe gestülpt hat und ob ihr Sohn Odd vielleicht dort gewesen ist, wo wir nur einen Spinnrocken gesehen haben?"*

*„Es ist nicht unwahrscheinlich, daß sie das getan hat,"* sagte Thorarin, *„also laßt uns zurückgehen."*

*Und das taten sie.*

*Als es von Holt aus zu sehen war, daß sie umkehrten, sagte Katla zu ihren Frauen: „Bleibt auf euren Plätzen sitzen; ich gehe mit Odd in den Vorraum."*

*Dann ging sie durch die Hallentür in den Vorraum und begann gegenüber der Außentür ihren Sohn Odd zu kämmen und ihm die Haare zu schneiden.*

*Dann kamen Arnkell und seine Leute zur Türe herein und sahen, wo Katla war und daß sie einem ihrer Ziegenböcke spielte, seinen Kopf und seinen Bart streichelte und sein Fell kämmte.*

*Arnkel und seine Männer gingen zu dem Herd und sahen Odd nirgendwo. Katlas Spindel lag auf der Bank. Da glaubten sie, daß Odd dort nirgendwo gewesen sein könne.*

*Da gingen sie hinaus und fort. Als sie jedoch an den Ort kamen, an dem sie schon zuvor wieder umgekehrt waren, , sprach Arnkel: „Fragt ihr euch nicht auch, ob Odd in der Gestalt des Ziegenbocks dort gewesen ist?"*

*„Ich weiß nicht,"* sagte Thorkel, *„aber wenn wird nun zurückkkehren, werden wir uns Katla vornehmen."*

*„Wir werden es noch einmal versuchen,"* sagte Arnkel, *„und sehen, was geschieht."*

*Mit diesen Worten kehrten sie wieder zurück.*

*Aber als ihre Rückkehr zu sehen war, gebot Katla Odd, mit ihr zu kommen, und als sie hinausgekommen waren, ging sie zu dem Aschenhaufen und befahl Odd, sich darunter zu legen, „und bleib dort, was immer auch geschehen mag."*

*Als nun Arnkel und die anderen zu dem Haus kamen, rannten sie hinein und weiter in die Kammer, in der Katla saß und spann. Sie grüßte sie und sagte, daß ihre*

*Besuche schnell und häufig geworden seien.*

*Arnkel sagte, daß dies so sei. Dann nahmen seine Begleiter den Spinnrocken und schlugen ihn entzwei.*

*Da sagte Katla: „Ihr werdet diesen Abend daheim nicht sagen müssen, daß ihr nichts erreicht habt, da ihr nun meinen Spinnrocken niedergekämpft habt."*

*Da gingen Arnkel und seine Leute und suchten Odd drinnen und draußen und sahen nichts sich Bewegendes außen außer einem Hausschwein, das Katla gehörte und unter dem Aschenhaufen lag.*

*Danach gingen sie fort.*

*Doch als sie den halben Weg nach Mewlithe zurückgelegt hatten, kam Geirrid, einer ihrer Knechte, um sie zu treffen, und frug sie, wie es ihnen ergangen war.*

*Thorarin berichtete ihr alles.*

*Sie sagte, daß sie nicht auf die richtige Weise nach Odd gesucht hätten, „und nun will ich, daß ihr noch einmal zurückkehrt und ich werde mit euch kommen – denn es wird nichts bringen, nur mit Blättern als Segeln zu fahren, wenn es um Katla geht."*

„mit Blättern als Segeln fahren" = nicht mit voller Stärke vorgehen

*Mit diesen Worten kehrten sie wieder um.*

*Geirrid trug einen blauen Mantel und als sie ihr Kommen von Holt aus sahen, sagten sie Katla, daß nun vierzehn Leute näherkamen und einer von ihnen in gefärbter Kleidung.*

*Da sprach Katla: „Kommt da etwa Geirrid, diese Trollfrau hierher? Die wird keinerlei Glanz in die Sache bringen."*

*Da stand sie von ihrer Empore auf und nahm den Sitz unter sich fort und dort war eine Klappe, denn die Empore war innen hohl. Dorthinein ließ sie Odd kriechen und legte alles wieder an seinen Platz wie zuvor, aber sie sagte dazu, daß sie sich dabei etwas ungeschickt fühle.*

*Doch als die Leute wieder in die Kammer kamen, gab es keinerlei Grüße zwischen ihnen. Geirrid warf ihren Umhang ab und ging zu Katla und nahm eine Seehundfell-Tasche, die sie bei sich hatte, und stülpte sie über Katlas Kopf, wo sie ihre Begleiter festbanden.*

*Dann befahl Geirrid ihnen, die Empore aufzubrechen, wo sie Odd fanden und ihn dann fesselten.*

*Und danach wurden die beiden zum Buland-Kopf gebracht.*

Kopf = Berggipfel

*Dort wurde Odd erhängt und als er am Galgen zappelte, sagte Arnkel: Übel ist Dein Los, das Dir Deine Mutter bereitet hat – Du hast wirklich eine üble Mutter*

*gehabt!"*

*Katla sagte: „Es mag wahr sein, daß er keine gute Mutter gehabt hat, aber das üble Schicksal, daß er durch mich erlangt hat, hat er nicht durch meinen Willen bekommen. Aber es ist mein Wille, daß ihr ein übles Geschick durch mich erhalten sollt, und ich hoffe mit ganzer Kraft, daß ihr das erhalten sollt. Und es soll euch nicht verborgen bleiben, daß ich Gunnlaug Thorbiornson den Schaden gesandt habe, durch den dies alles entstanden ist!*

*Aber Du, Arnkel,“ sagte sie, „sollst kein Unglück von Deiner Mutter erleiden, da Du keine lebende Mutter mehr hast; aber ich will, daß mein Fluch dadurch wahr wird, daß Du durch Deinen Vater ein Geschick erfahren wirst, daß so übel ist wie das, das Odd durch mich erlangt hat! Denn Du kannst weit mehr verlieren als er — und ich hoffe, daß man, bevor dies alles vorbei ist, sagen wird, daß Du einen üblen Vater gehabt hast!"*

*Danach steinigten sie sie mit Steinen dort unter dem Kopf.*

---

Auch Anklagen wegen Hexerei wurden auf dem Thing erhoben.
Eide wurde oft auf den Tempelring abgelegt.

---

## 14. v)  Landnahme-Buch

*Auf dem Altar eines jeden Haupttempels sollte ein Ring liegen, der zwei Unzen oder mehr wog, und diesen Ring sollte jeder Anführer oder Gode bei jedem öffentlichen Log-Thing, dessen Vorsitz er hat, an seinem Arm tragen, nachdem er ihn in dem Blut eines Rindes gerötet hat, das er selber dort geopfert hat.*

Dieser Ring wog knapp 900g. Er müßte daher einen Durchmesser von ca. 1,4cm gehabt haben. Der Priester dürfte es also durchaus gespürt haben, wenn er diesen Ring an seinem Arm trug.

*Ein jeder, der dort etwas zu verhandeln hatte, mußte auf den Thing-Gesetz zufolge zunächst einen Eid auf diesen Ring schwören und für diesen Zweck zwei oder mehr Zeugen bestimmen.*

*Dann mußte er sagen: „Ich schwöre auf diesen Ring einen Gesetzes-Eid. Mögen mir Freyr und Niörd und der allmächtige Ase helfen, damit ich bei diesem Thing entsprechend dem, was ich als als das richtigste und wahrste und dem Gesetz am meisten entsprechende kenne, anklage oder verteidige oder eine Zeugenaussage mache oder ein Urteil fälle, und daß ich mit allen rechtlichen Dingen so umgehen werde wie ich es hier auf diesem Thing tue."*

Wer der „allmächtige Ase" ist, ist naturgemäß ein heftig umstrittenes Thema. Es käme sowohl der christliche Gott Vater als auch Odin in Frage.

Vermutlich ist es jedoch ursprünglich der einstige Göttervater Tyr gewesen, der auch „Allherrscher" („Öwaldi, Iwaldi") genannt worden ist, was dem „allmächtigen Asen" sehr nahe kommt. Nach 500 n.Chr. wird jedoch Odin statt Tyr als dieser „allmächtige Ase" aufgefaßt worden sein.

---

Der Ring-Eid im Tempel wurde als der verläßlichste Eid angesehen.

---

## 14. w)  Gesta danorum

*Hagbard wurde gefangengenommen und vor die Versammlung gebracht und sah, daß die Stimmen der Leute über ihn uneinig waren, denn viele sagten, daß er für eine so große Beleidigung bestraft werden müsse, aber Bilwis, der Bruder von Bolwis fand zusammen mit anderen, daß es eine bessere Entscheidung wäre, seine standhaften Dienste in Anspruch zu nehmen, statt mit ihm gnadenlos zu verfahren.*

*Da trat Bolwis vor und erklärte, daß es ein übler Rat sei, den König zum Verzeihen zu drängen, wenn er doch Rache nehmen sollte, und seine gerechtfertigte Wut durch unangemessenes Mitgefühl zu erweichen, denn wie könne Sigar in dem Fall dieses Mannes irgendeinen Drang spüren, ihn zu schonen oder zu bemitleiden, da er ihn nicht nur des zweifachen Freude seiner Söhne beraubt habe, sondern zudem auch noch seine Tochter durch deren Entjungferung beleidigt habe?*

*Der größere Teil der Versammlung stimmte für seine Ansicht und Hagbard wurde verurteilt und ein Galgen aufgerichtet, der ihn empfangen sollte. So kam es, daß der, der zunächst kaum eine ablehnende Stimme gegen sich hatte, schließlich von allgemeiner Härte bestraft wurde.*

*Kurz danach reichte die Königin ihm einen Kelch, bat ihn, seinen Durst zu löschen, und ärgerte ihn auf diese Weise mit Drohungen: „Nun, unverschämter Hagbard, hat Dich die gesamte Versammlung zum Tode verurteilt. Lösche jetzt Deinen Durst, indem Du Deinen Lippen den Trank aus diesem Horn gibst. Lasse nun Deine Angst fahren und schmecke in dieser letzten Stunde Deines Lebens mit kühnen Lippen den tödlichen Kelch. Wenn Du ihn getrunken hast, wirst Du zu den Behausungen derer in der Tiefe gehen und in die abgesonderten Palast der strengen Dise wandern und Deinen Leib dem Galgen und Deinen Geist der Hel geben."*

Diese = Göttin; hier: Hel

*Da nahm der junge Mann den Kelch an und es wird gesagt, daß er wie folgt geant-*
*wortet habe: „Mit dieser Hand, mit der ich Deine beiden Zwillingssöhne getötet*
*habe, ergreife ich mein letztes Schmecken, ja, das Trinken meines letzten Trunks."*

Dieser „Todestrank" verursacht nicht den Tod, sondern er ist der Trank, der vor dem
Tod getrunken wird – sonst wäre der Galgen nicht nötig.

## 14. x)   Die Saga über die Siedler von Eyre

In dieser Saga wird berichtet, wie Totengeister den Lebenden auf einem Hof so sehr
zusetzten, daß immer wieder einige von ihnen starben.

*Daher sandte Snorri den Priester zusammen mit Kiartan und seinem Sohn Kausi*
*sowie mit sechs Männern nach Frodis-Wasser. Weiterhin gab er ihnen Thorgunnas*
*Bettzeug mit und rief alle, die dort lebten zu einem Tür-Gericht und gebot weiterhin*
*dem Priester, dort die Stundengebete zu singen und Wasser zu weihen und allen*
*Leuten die Beichte abzunehmen. Da riefen diese Männer alle von den der Straße*
*nahegelegensten Höfen zusammen und kamen am Abend von Lichtmeß (1. Februar)*
*zu der Zeit, an der die Kochfeuer entzündet werden, nach Frodis-Wasser.*
*Zu dieser Zeit war die Hausherrin Thurid auf dieselbe Weise erkrankt wie alle*
*anderen, die zuvor gestorben waren.*
*Da trat Kiartan geradewegs ein und sah, wie Thorod und sein Gefolge wie üblich*
*beim Feuer saßen. Da nahm er Thorgunnas Bettzeug und ging in die Feuerhalle,*
*nahm einen brennenden Scheit aus dem Feuer und ging damit hinaus; dann wurde*
*alles Bettzeug, das Thorgunna besessen hatte, verbrannt.*
*Danach rief Kiartan Thorir Holzbein herbei und Thord Kausi rief den Hausherrn*
*Thorod herbei, weil sie ohne Erlaubnis in dem Haus umhergingen und sowohl das*
*Leben als auch das Glück der Menschen zerstörten; alle, die dort an den Feuern*
*saßen, wurden herbeigerufen.*
*Dann wurde das Tür-Gericht eröffnet und diese Fälle vorgebracht; und dies wurde*
*in jedem Fall genauso getan, wie es bei dem Gericht auf einem Thing getan wurde:*
*Anklagen wurden erhoben, Fälle zusammengefaßt und ein Urteil gesprochen.*

Die Türe, an der dieses Gericht tagt, ist in symbolischer Hinsicht vermutlich das
Jenseitstor, durch das die Ahnen und die Götter das Geschehen auf dem Gericht
lenken konnten. Die Tür entspricht somit dem Gesetzeshügel.

*Sobald der Urteilsspruch über Thorir Holzbein gesprochen worden war, erhob er* sich und sprach: „Hier habe ich gesessen solange ich hier sitzen konnte," und ging danach zur Türe hinaus und ward nicht mehr gesehen.

Dann wurde der Urteilsspruch über den Schafhirten verkündet. Als er ihn hörte, erhob er sich und sprach: „Nun gehe ich fort von hier; ich denke, daß es angemessener gewesen wäre, wenn ich dies schon früher getan hätte."

Und als Thorgrima Hexengesicht den Urteilsspruch über sich zuende angehört hatte, erhob sie sich ebenfalls und sprach: „Ich bin solange hier geblieben, wie ich hier bleiben konnte."

Dann klagten sie einen nach dem anderen an und ein jeder erhob sich, nachdem das Urteil über ihn gesprochen worden war, und alle sagten etwas beim Hinausgehen; und an ihren Worten gemessen schien es, daß sie alle lieber nicht hinausgegangen wären.

Als letztes wurde das Urteil über den Hausherrn Thorod gesprochen und er es angehört hatte, erhob er sich und sprach: „Mir scheint, daß hier nur wenig Frieden ist; laßt uns deshalb alle woanders hingehen," und mit diesen Worten ging er hinaus.

Dann gingen Kiartan und seine Leute hinein und der Priester trug Weihwasser und die heiligen Dinge durch das gesamte Haus, und am nächsten Tag sangen sie all die Stundengebete und die Messe mit großem Ernst. Da nahm all das Umhergehen und der Spuk in Frodis-Wasser ein Ende. Thurid aber genas von ihrer Krankheit und wurde wieder geheilt.

In dem Frühjahr nach diesen Wundern nahm Kiartan neue Knechte und Mägde auf und lebte lange in Frodis-Wasser und war der Größte der beherzten Männer.

---

Auf dem Thing wurde unter den Richtern über das Urteil abgestimmt.

Bei einer kleinen Gerichtsversammlung auf einem Hof fand diese an der Haustüre statt, die möglicherweise während dieser Zeit als Jenseitstor angesehen wurde und dann dieselbe Funktion wie der Gesetzeshügel (Hügelgrab) und der umzäunte Richter-Bereich auf dem Thing (Jenseitsinsel) hätte – die Verbindung der Lebenden mit ihren Ahnen und mit den Göttern.

Das Vertreiben von spukenden Geistern wurde wie ein Thing-Gericht durchgeführt, bei dem die Geister in die Verbannung geschickt wurden.

---

## 14. y)   Die Nials-Saga

„Es sind keine Aussichten vorhanden, daß ich Erfolg haben werde," sprach er, „da Dein Vater die Forderung nicht durchsetzen konnte, wiewohl er ein gesetzeskundiger Mann war; ich aber kenne nur wenig vom Gesetz."

Denn in Bezug auf die Rechtspflege hatte Island die Eigentümlichkeit, daß das Gesetz eine Menge von Bestimmungen darüber enthielt, wie man bei der Anhängigmachung und der Durchführung einer Sache auf dem Ting vorzugehen habe. Derjenige, welcher auch nur von einer dieser Bestimmungen abwich, gab sich dadurch seinem Gegner gegenüber sofort eine Blöße, sodaß er seine Sache verlor. Nun aber war es ein schwieriges Ding, alle Bestimmungen des Gesetzes für jede Art von Klagen zu kennen, zumal da die Isländer noch nicht das ganze Gesetz gesammelt und niedergeschrieben hatten, wie es später in dem Gesetzbuch geschah, welches „Graagaasen" („Graugans") hieß.

## 14. z)  Die Nials-Saga

Im nächsten Jahre herrschte deshalb großes Mißvergnügen auf dem Allthing und viele äußerten, es nütze wenig, die Sachen dort vorzubringen, sie wollten lieber mit Schwert und Speer ihr Recht heischen.

Da trat Nial auf und sagte: „So darf es nicht sein, und es frommt nicht, Gesetz im Lande zu vermissen." Es sei jetzt erwiesen, meinte er, daß die alte Einrichtung der vier Viertelsgerichte auf dem Allthing nicht hinreiche, um dem Rechte seinen Lauf zu lassen. Er schlug darum vor, ein Fünftesgericht zu errichten; demselben sollen alle besonders wichtige Sachen unterworfen sein, und das Urteil solle dort unter schwereren Eiden und strengeren Formeln gefällt werden. Dieser Vorschlag fand den Beifall des Gesetznenners Skapte Thorodsohn und wurde angenommen von dem Gesetzgericht.

Hiernach bedurfte man aber für das Fünftegericht viermal zwölf Richter, und da nun jeder Gode bisher einen Richter bestellte und bisher im ganzen nur dreimal zwölf Richter vorhanden gewesen waren, so war es also nötig, zwölf neue Goden einzusetzen. Nial schlug daher vor, daß dies geschehen möge, und es solle jedem Mann freistehen, sich von seinem Gerichtskreis, zu dem er bisher gehört habe, loszusagen und sich unter denjenigen der neuen Goden zu stellen, der ihm am meisten zusagte.

Als dieser Vorschlag ebenfalls angenommen wurde, bat Nial um die Erlaubnis, für Höskuld Thraensohn auf Hvidenes im Südlande eine Godenstelle errichten zu dürfen.

---

Die Lösung von Rechtsstreitigkeiten mithilfe von Zweikämpfen war recht beliebt.

Auf einem Thing konnte auch eine Neuordnung des Things, der Thing-Bezirke, der Thing-Verfahren u.ä. beschlossen werden.

# 15.  Der Zweikampf als Entscheidung

## 15. a)  Saga über Egil Skallagrimsson

*Daraufhin zog Egil mit seinen Gefährten fort. Er ging nach Norden nach Sogn, dann nach Aurland zu Thord, dem Verwandten seiner Frau, und dort blieb er bis zum Gula-Thing.*

*Als die Männer zum Thing gingen, ging auch Egil dorthin. Atli der Kurze war ebenfalls dort. Sie begannen, ihren Fall zu erläutern und trugen ihn denen, die über ihn richten sollten, vor. Egil begründete seinen Anspruch auf die Zahlung von Geld, aber Atli setzte dem als rechtmäßige Verteidigung den Eid von zwölf Männern entgegen, daß er, Atli, kein Geld in Verwahrung habe, daß Egil gehört.*

*Und als Atli mit den zwölf Männern, die schwören sollten, zu der Gerichtsversammlung kam, ging Egil ihnen entgegen und sagte, daß er Atlis Eid gegen sein Eigentum nicht annehmen würde, „Ich biete Dir ein anderes Gesetz an, nämlich daß wir hier auf dem Thing gegeneinander kämpfen und daß der das Eigentum haben soll, der dabei den Sieg erringt."*

*Dies, was Egil vorschlug, war ebenfalls ein Gesetz und ein uralter Brauch: Jeder Mann hatte das Recht, einen anderen zum Zweikampf herauszufordern, gleich ob er der Angeklagte oder der Ankläger in einem Fall war.*

*Atli sagte, daß er es nicht ablehnen werde, mit Egil zu kämpfen, „denn," sagte er, „Du schlägst vor, was ich hätte vorschlagen sollen, wenn ich bedenke, wieviele Verluste ich bereits an Dir zu rächen habe. Du hast meinen beiden Brüdern den Tod gegeben, und ich würde weit vom Recht abweichen, wenn ich Dir ungerechtfertigterweise meinen eigenen Besitz geben würde statt mit Dir zu kämpfen, wenn Du mir diese Möglichkeit bietest."*

*Da reichten sich Atli und Egil die Hände und schworen sich einen Zweikampf, dessen Sieger die Ländereien gehören sollten, um die sie sich stritten.*

*Danach bereiteten sie sich für den Kampf vor. Egil kam mit einem Helm auf dem Haupt und einem Schild vor sich und einer Hellebarde in seiner Hand, während er sein Schwert Dragvandill an seinem rechten Arm trug.*

*Es war bei denen, die einen Zweikampf durchführten, üblich, das Schwert so zu befestigen, daß es nicht erst während des Kampfes gezogen werden mußte, sondern am Arm befestigt war, daß es sofort zur Hand war, wenn der Kämpfer es brauchte.*

Dieses Arrangement des Schwertes ist nicht ganz klar. Möglicherweise hielten die Kämpfer das Schwert unter ihrem Arm – was jedoch nicht sehr praktisch erscheint und bedeuten müßte, daß Egil Linkshänder war, da er sein Schwert unter seinem rechten Arm hielt. Vielleicht ist „am Arm befestigt" in diesem Zusammenhang jedoch auch nur eine Redewendung und bedeutet „lose in der Hand halten". Vielleicht ist auch gemeint, daß das Schwert an einer Schnur am Handgelenk hing, wie dies Grettir der Starke einmal vor einem Kampf mit einem Bären getan hat.

*Atli war auf dieselbe Weise bewaffnet wie Egil. Er war in Zweikämpfen geübt, ein starker Mann und sehr mutig.*

*Zu dem Kampfplatz wurde ein großer, alter Stier geführt, der 'Opfertier' genannt wurde und von dem getötet werden sollte, der den Zweikampf gewann. Manchmal gab es einen nur einen solchen Stier, manchmal ließ jeder der beiden Zweikämpfer seinen eigenen Stier herbeiführen.*

Da Stiere das typische Opfertier des ehemaligen Göttervaters Tyr waren, scheint dieses Stier-Opfer ursprünglich ein Dank des Siegers an den Schwert- und Kriegsgott Tyr gewesen zu sein. Der Zweikampf scheint daher unter dem Schutz des Tyr gestanden zu haben – so wie auch das Thing an dem Gesetzeshügel (Tyrs Hügelgrab) unter dem Schutz des Tyr gestanden hat.

*Als sie für den Zweikampf bereit waren, stürmten sie aufeinander los und warfen mit den Hellebarden aufeinander, doch keine der beiden blieb im Schild des Feindes, sondern beide im Boden.*

*Da ergriffen sie beide ihr Schwert und hieben heftig aufeinander ein – Schlag um Schlag. Atli wich nicht zurück. Sie schlugen schnell und hart zu und schon bald waren ihre Schilde nutzlos geworden.*

Die Schilde wurden nutzlos, weil sie unter den Schwerthieben zerborsten waren.

*Und als Atlis Schild nutzlos geworden war, warf er es von sich, griff sein Schwert mit beiden Händen und schlug so schnell wie möglich zu.*

*Egil traf ihn mit einem Schlag auf seiner Schulter, aber das Schwert biß nicht. Er traf noch einmal und ein drittes mal. Es war nun leicht, Gliedmaßen des Atli zu finden, die er treffen konnte, da er keinen Schutz mehr hatte, und Egil holte mit seinem Schwert aus und schlug mit all seiner Kraft zu, doch es biß nicht – wie sehr er auch zuschlug.*

*Da erkannte Egil, daß auf diese Weise nichts zu erreichen war, denn auch sein Schild war nun nutzlos geworden. Daher ließ Egil Schwert und Schild fallen und sprang auf Atli zu und ergriff ihn mit beiden Händen. Da konnte man den Kraft-Unterschied sehen, denn Atli fiel hintenüber und Egil stürzte sich platt auf ihn und durchbiß seine Kehle. Da starb Atli.*

*Egil sprang sofort auf und rannte dorthin, wo das Opfertier stand. Mit einer Hand ergriff er seine Lippen, mit der anderen sein Horn und drehte seinen Hals so heftig,* daß sein Genick zerbrach. Dann ging Egil dorthin, wo seine Gefährten standen und sang:

*„Ich habe den blauen Dragvandill entblößt,*
*Der den Schild nicht biß –*
*Atli der Kurze hatte seine Schneiden*
*mit seinen Zaubersprüchen stumpf gemacht.*
*Mit all meiner Kraft ergriff*
*ich meinen wortreichen Feind und warf ihn nieder;*
*Meinen Zähne gebot ich, ihn zu beißen –*
*das beste Schwert in der Not!"*

---

Der Eid von zwölf Männern zu einem bestimmten Sachverhalt war eine der wirksamsten Verteidigungen.

Beide Parteien konnten verlangen, daß der Rechtsstreit durch einen Zweikampf entschieden wurde oder daß sich die gegnerische Partei sich dem Herausforderer in dem Rechtsstreit beugte.

---

## 15. b)  Cormac-Saga

In dieser Saga, in der es vor allem um die schwierige Beziehung zwischen dem cholerischen Cormac und Steingerd geht, werden zwei zauberkundige Frauen erwähnt.

*In Spaekonufell lebte Thordis die Seherin, von der wir schon zuvor erzählt haben, mit ihrem Mann Thorolf. Sie waren beide auf dem Thing und viele Männer glaubten, daß die Unterstützung durch sie ein großer Vorteil sei.*
*Daher suchte Thorvard sie auf und bat sie um Hilfe gegen Cormac und gab ihr Geld dafür. Da bereitete sie ihn für den Holmgang vor, so wie sie es durch ihre Zauberkünste vermochte.*

Diese Vorbereitung auf einen Zweikampf wird vor allem die Unverwundbarkeit des Thorvard beinhaltet haben.

*Da erzählte Cormac seiner Mutter, was anstand, und sie frug ihn, ob er glaube, daß dabei etwas Gutes herauskomme.*
*„Warum nicht?" sprach er.*
*„Das wird nicht für Dich reichen," sagte Dalla, „Thorvard wäre niemals mutig genug, ohne die Hilfe von Magie zu kämpfen. Ich fände es weise, wenn Du Thordis*

*die Seherin aufsuchen würdest, den in dieser Sache wird es Hinterhältigkeiten geben."*

*„Das ist wenig nach meinem Geschmack," sagte er, aber ging dennoch zu Thordis und bat sie um Hilfe.*

*„Du bist zu spät gekommen," sagte sie, „denn ihn wird nun keine Waffe beißen. Aber dennoch möchte ich Dich nicht zurückweisen. Bleibe heute Nacht hier und suche nach Deinem guten Glück. Zumindestens kann ich es so einrichten, daß Dich Eisen genausowenig beißt wie ihn."*

*So blieb Cormac über Nacht dort. Er erwachte davon, daß jemand rings um das Laken unter seinem Kopf herumtastete.*

*„Wer ist da?" frug er, aber wer es auch immer gewesen sein mochte, schlüpfte durch die Haustür hinaus und Cormac ihm hinter.*

*Da sah er, daß es Thordis gewesen war und daß sie zu dem Ort ging, an dem der Kampf stattfinden sollte, und daß sie eine Gans unter ihrem Arm trug.*

*Er frug sie, was dies alles bedeute.*

*Sie setzte die Gans nieder und sprach: „Warum kannst Du nicht einfach schweigen?!"*

*Da legte er sich wieder hin , aber hielt sich wach, denn er wollte wissen, was sie tat. Dreimal kam sie und jedesmal versuchte er herauszufinden, was sie wollte.*

*Beim dritten Mal hatte sie, gerade als er herauskam, zwei Gänse getötet und hatte das Blut in eine Schale rinnen lassen und hatte gerade die dritte Gans ergriffen, um sie zu töten.*

*„Was soll das alles, Zieh-Mutter?" sagte er.*

„Ziehmutter" ist eine ehrerbietige Anrede gegenüber einer hochstehende Frau.

*„Es ist wirklich wahr, Cormac, daß man Dir nur schwer helfen kann," sagte sie, „Ich war gerade dabei, den Zauberbann zu brechen, den Thorveig auf Dich und Steingerd gelegt hat. Ihr hättet einander lieben und glücklich sein können, wenn ich die dritte Gans hätte töten können, ohne daß es jemand gesehen hätte."*

*„Ich glaube nicht an solche Dinge," rief er und dichtete dieses Lied darüber:*

*„Ich gab ihr eine Münze am Kieselsstrand,*
*damit die Künste meines Feindes nicht gedeihn;*
*Zweimal hat sie das Messer genommen*
*und zweimal hat sie das Opfer geopfert.*
*Aber das Blut ist das Blut einer Gans –*
*wem nützt es, wenn zwei geschlachtet werden?*
*Opfere niemals Gänse für einen Skalden,*
*der für den Ruhm des Odin singt!"*

*Da gingen sie zu dem Holmgang, aber Thorvald gab der Seherin einen noch grö-*
*ßeren Lohn und bot ihr das Opfer von Gänsen an.*

Die Seherin-Zauberin scheint dem zu helfen, der ihr am meisten zahlt …

*Cormac sprach:*

*„Traue niemals der Geliebten eines anderen Mannes!*
*Denn ich weiß, daß diese Frau,*
*die das Feuer des Feldes des Seekönigs trägt,*
*von den bösen Geistern beim Fest geritten worden ist.*
*Die Hexe mit ihren heiseren Schreien*
*arbeitet für meinen Feind, wenn wir zum Holmgang gehen;*
*und wenn Tod das Ende des Kampfes ist,*
*dann ist das gewiß ihre Schuld!"*

Das „Feld des Seekönigs" ist das Meer; das „Feuer des Meeres" ist das Gold
(Gleichnis zur untergehenden Sonne) – es sind die goldenen Armreifen der Steingerd
gemeint.

*„Gut," sagte sie, „ich kann dafür sorgen, daß Dich niemand erkennt."*

Diese Stelle ist nicht ganz klar. Droht sie Cormac oder bietet sie ihm an, unerkannt
zu entkommen? Beides ist nicht sehr wahrscheinlich …

*Da begann Cormac sie zu beschimpfen und sagte, daß sie nichts als üble Dinge tue,*
*und wollte sie aus der Tür hinauszerren, um ihr im Sonnenschein in die Augen zu*
*sehen.*
*Sein Bruder Thorgils hielt ihn davon ab. „Was hättest Du denn davon?" sagte er.*
*Nun sagte Steingerd, daß sie den Kampf sehen wolle, und so ging sie dort hin.*
*Als Cormac sie sah, dichtete er dieses Lied.*

*„Ich bin zu dem Feld des Kampfes gezogen,*
*O Schöne, die das Kopftuch trägt!*
*Schon zweimal habe ich wegen Dir gekämpft;*
*Was hält mich noch immer von Deiner Gunst fern?*
*Diese beiden Male habe ich Dir Ruhm gebracht,*
*O Göttin des Meeres! Und sicherlich*
*bin ich meiner anmutigen Entzückenden,*
*meiner Geliebten weit lieber als ihr Ehemann!"*

*Da begannen sie. Cormacs Schwert biß überhaupt nicht und eine lange Zeit schlugen sie aufeinander ein, aber keines der beiden Schwerter biß. Schließlich hieb Cormac mit solcher Wucht gegen die Seite des Thorvard, daß mehrere Rippen nachgaben und brachen. Er konnte nicht mehr kämpfen, woraufhin sie sich trennten.*

*Thorvard war schon bald davon geheilt und als er sich wieder stark genug fühlte, ritt er nach Mel und forderte Cormac zum Holmgang heraus.*

*„Es dauert lange, bis Du genug davon hast,“ sagte Cormac, „aber ich sage nicht nein.“*

*So gingen sie zu dem Zweikampf und Thordis traf Thorvard wie zuvor, aber Cormac bat sie nicht um Hilfe. Sie stumpfte Cormacs Schwert sodaß es nicht biß, aber er schlug mit solcher Wucht gegen Thorvards Schulter, daß sein Schlüsselbein brach und er seine Hand nicht mehr gebrauchen konnte. Da er so verletzt war, konnte er nicht mehr kämpfen und mußte einen weiteren Ring als Lösegeld zahlen.*

*Dann griff Thorolf von Spaekonufell Cormac an und schlug nach ihm.*

*Er wehrte den Schlag jedoch ab und sang:*

*„Der Röter des Schildes ist schwächlich-wütend,*
*er schlug mit seinem rostiges altes Schwert nach mir,*
*obwohl ich ein Skalde und dem Odin geweiht bin!*
*Geh, Schnaubender, Du elendester aller Menschen!*
*Dein Schwerthieb ist so furchtsam wie Du selber,*
*Du dummer Erwecker des Kampfes!*
*Welche Gefahr droht mir von Deinem Wagnis,*
*Du winziger Knecht der Zauber-Frau?“*

*Dann tötete er einen Stier so wie es Brauch und Sitte war und sprach: „Wir können eure Überheblichkeit und die Zauberkunst der Thordis nicht leiden!“*

*Und er dichtete dieses Lied:*

*„Die Hexe in der Woge des Opfers*
*hat die Flamme des Schildes verdorben,*
*damit sein Biß auf seinem Rücken nicht tödlich ist,*
*bei dem Treffen der Waffen.*
*Mein Schwert war von Beginn nicht mehr scharf,*
*als ich den Helmträger im Kampf aufsuchte,*
*aber der Köter hat genug zum Heulen bekommen,*
*durch meinen Schlag, der ihn an mich erinnern wird!“*

Die „Woge des Opfers“ ist das Blut; die „Hexe des Blutes“ ist die Opferpriesterin. Die „Flamme des Schildes“ ist das Schwert (Flamme = Klinge).

Ein „Treffen der Waffen" ist ein Kampf.
Ein „Helmträger" ist ein Krieger.

*Danach kehrten beide Gruppen heim und keine von beiden war besonders erfreut über diese Vorgänge.*

Bisweilen versuchten auch zauberkundige Seherinnen, den Verlauf von Thing-Verhandlungen und Zweikämpfen zu beeinflussen.

## 15. c)  Egil-Saga

*König Erik erschien mit großem Gefolge. Bergonund war unter seinen Leuten und ebenso seine Brüder – es war ein großes Gefolge.*

*Als die Versammlung beginnen sollte, an der die Streitfälle der Männer verhandelt werden sollten, gingen beide Parteien zu dem Ort, an dem das Gericht tagen sollte, und trugen ihre Fälle vor. Da war Onund voller großer Worte.*

*Dort, wo die Versammlung saß, war eine ebener Platz, der von einem Ring aus Haselstäben umgeben war und außerhalb von ihnen waren gezwirnte Seile ringsherum. Dies wurde 'der Bezirk' genannt.*

*Innerhalb des Ringes saßen zwölf Richter der Firth-Leute, zwölf der Sogn-Leute und zwölf der Horda-Leute. Diese drei Dutzend entschieden gemeinsam über alle Streitfälle.*

*... ... ...*

*Dann berief Arinbjorn zeugen, zwölf Männer, und alle waren wohlausgewählt.*

*... ... ...*

*Dann ergriff Königin Gunnhilda das Wort: „Ein großes Wunder ist dies, Herr König, daß Ihr diesen großen Egil ein solches Aufheben von seinem Fall machen laßt. Würdet Ihr ihm nichts zu entgegnen finden, selbst wenn er Euer ganzes Königreich von Euch verlangen würde? Auch wenn Ihr keine Entscheidung trefft, die Onung hilft, will ich doch nicht dulden, daß Egil unsere Freunde niedertrampelt und unrechtmäßig Onund sein Eigentum entreißt. Wo ist mein Bruder Alf? Gehe nun, Alf, dorthin, wo die Richter sind, und laß nicht zu, daß sie ein falsches Urteil fällen!"*

*Da gingen er und seine Männer dorthin und zerschnitten die Bezirks-Seile und traten die Stäbe nieder und vertrieben die Richter. Da gab es einen großen Aufruhr auf dem Thing, doch die Männer waren alle waffenlos.*

*Da sprach Egil: „Kann Bergonund meine Worte hören?"*

*„Ich höre," sagte Onund.*

*„Dann fordere ich Dich zum Zweikampf und unser Kampf soll hier auf dem Thing stattfinden. Der von uns soll das Eigentum, sowohl Land als auch Vieh, haben, der den Sieg erringt. Doch wenn Du den Kampf nicht wagst, sollst Du für jeden Mann ein Feigling sein!"*

*Daraufhin antwortete König Erik: „Wenn Du, Egil, so sehr auf Kampf aus bist, dann gewähren wir dies hiermit."*

*... ... ...*

*Alle Männer waren waffenlos auf das Thing gekommen.*

---

Die Richter standen bisweilen zwischen der Treue gegenüber ihren Freunden und dem Bestreben, ein gerechtes Urteil zu fällen.

Das Schmieden von Intrigen und auch die Durchsetzung der eigenen Interessen mit Gewalt gehörte zum Thing.

Auf dem Thing erschien man waffenlos – aber dies wurde nicht immer und nicht von allen eingehalten.

Manchmal vertrieb eine Streitpartei auch die Richter vom Thing.

Die letzte Lösung in einem Rechtsstreit war der Zweikampf.

---

## 15. d)   Die Saga über Sturlaug den Mühen-Beladenen

*Eines Morgens, als sie im Bett lagen, sagte Asa zu Sturlaug: „Hast Du einen Zweikampf vor Dir, Sturlaug?"*

*„Das habe ich gewiß," sagte er.*

*„Mit wem?" sagte sie.*

*„Mit Kol dem Geschickten," sagte er, „irgendwelche Vorschläge?"*

*Sie antwortete: „Geh zu meiner Ziehmutter Vefreya. Hole Dir ihren Rat und es wird Dir wohlergehen. Hier ist ein Goldring, den Du ihr Du ihr als Zeichen geben mußt, und sage ihr, daß es mir sehr wichtig ist, daß Du sie gut behandelst."*

*Da zog Sturlaug mit seinen elf Schwurbrüdern los. Sie ritten bis sie zu dem Hof der alten Frau kamen. Sturlaug sprang von seinem Roß, rannte ins Innere zu der alten Dame, legte seine Arme um ihren Nacken, küßte sie und sprach: „Heil! Wie geht es Dir, Großmutter?"*

*Sie drehte sich heftig fort und blickte zu ihm auf: „Wer ist dieser Hundesohn, der mich mit solch einem Spott behandelt? Das hat noch nie zuvor jemand gewagt und das wir hart bestraft werden!"*

*Sturlaug sagte: „Sei nicht so zornig, Großmutter. Asa hat mich hier zu Dir gesandt."*

*„Was hat Asa mit Dir zu schaffen?" sagte die alte Frau.*

*„Sie ist meine Frau," sagte er.*

*„Sie sagte: „Ist das Hochzeitsfest vorüber?"*

*„Das ist es," sagte er.*

*„Nun, da ist irgendeine List in dieser Sache," sagte die alte Frau, „da ich nicht eingeladen worden bin. Trotzdem werde ich tun, worum Asa mich bittet. Ziehe Deine Kleider aus. Ich will die Form Deines Leibes sehen."*

*Das tat er. Sie rieb ihn überall und er fühlte, wie er davon viel stärker wurde.*

*Dann gab sie ihm einen Kelch zu trinken. Dann gingen sie zu dem Wohnraum. Die alte Frau behandelte ihn an diesem Abend königlich.*

*Die alte Frau frug Sturlaug, ob er diese Nacht alleine liegen wolle oder mit ihr, „aber ich werde meine Asa nicht betrügen."*

Diese Frage nach dem gemeinsamen Schlafen wird von den Frauen in den Sagas des öfteren gestellt.

*Sturlaug sagte: „Ich glaube, es wäre besser, Großmutter, wenn ich nah bei Dir wäre."*

*Da legte die alte Frau ein Stück Holz zwischen sie, aber sie lagen auf demselben Kissen und sprachen in der Nacht miteinander.*

Dieser Brauch hat sich lange gehalten. In der Ritter-Literatur legte der Mann sein Schwert zwischen sich und die Frau auf das Bett.

*Sturlaug sagte: „Was kannst Du mir als Rat geben für den Zweikampf, den ich mit Kol dem Listigen austragen muß?"*

*„Das sieht nicht gut aus," sagte die alte Frau, „denn kein Eisen wird ihn stechen und ich weiß kaum, was ich vorschlagen soll."*

*Am Morgen machten sich die Schwurbrüder zum Fortreiten bereit und als sie bereit waren, sprach die alte Frau zu Sturlaug: „Hier, nimm' diesen Pelzmantel, der meinen Vorvätern gehört hat, und dieses Kurzschwert, daß stets Glück gebracht hat, und schau, ob irgendwelches Mark in Dir steckt."*

*Sturlaug nahm es und schlug es auf einen Felsen, der neben der Scheune stand, und es schnitt eine Ecke des Felsens glatt ab. Von dem Schwert fiel der Rost ab und es wurde glänzend wie Silber.*

*Da sagte die alte Frau: „Du mußt dieses Schwert in dem Zweikampf mit Kol bei dir tragen, aber Du darfst es ihm nicht zeigen, wenn erfragt, was Du zum Schlagen nimmst."*

*Dann sagte sie: „Dann lebe wohl, Sturlaug, und möge Dir alles zu Ruhm und gutem Schicksal gereichen, solange Du lebst – und ich gebe Dir, soweit ich das vermag, all das gute Geschick, das unsere Vorfahren besaßen. Ich fürchte dennoch darum, wie es Dir mit Kol dem Listigen ergehen wird. Ich habe zwei Söhne und ich möchte, daß Du mit ihnen Brüderschaft schwörst."*

*„So soll es sein," sagte Sturlaug.*

*Da schworen sie Brüderschaft. Dann zogen sie fort. Doch sie waren noch nicht weit gekommen, als die alte Frau ihnen nachrief: „Sturlaug, möchtest Du, daß mein Ziehsohn Svipud mit Dir geht? Er ist schnell zu Fuß."*

*„Das würde mir gefallen," sagte Sturlaug.*

*Die alte Frau reichte Svipud eine kleine Tasche. Er barg sie gleich auf seiner Haut und rannte dann den Pferden voraus. Da ritten sie ihres Weges und hielten nicht an bevor sie östlich des Flusses Göta angelangt waren. Kol war noch noch nicht dort. Sturlaug errichtete ein Lager in der Hütte, in der sonst Kol lagerte.*

Der Zweikampf scheint an einem Thingplatz stattzufinden, um den rings herum die Hütten stehen, in denen die Thing-Teilnehmer während des Things wohnen.

*Es dauerte nicht lange, bis Kol kam. Sturlaug erhob sich und grüßte ihn.*

*Kol sagte: „Wer ist dieser verfluchte Sohn einer Hündin, der so dreist ist, an dem Platz zu lagern, an dem normalerweise ich lagere?"*

*Sturlaug sagte: „Du solltest genau wissen, wer der Sohn einer Hündin ist, da keiner hier war bis Du gekommen bist. Wenn Du jedoch meinen Namen wissen willst, dann sage ich Dir, daß ich Sturlaug genannt werde."*

*Kol sagte: „Was tust Du hier?"*

*Sturlaug sagte: „Ich werde mit Dir kämpfen."*

*Kol sagte: „Hier werden irgendwelche Listen geplant; Du bist viel zu kühn und kommst mit solchen falschen Vorstellungen hierher, wo ich doch so viele feine Kerle getötet habe, die mit mir gekämpft haben. Was bringt Dich dazu?"*

*Sturlaug sagte: „Vor allem die Tatsache, daß Asa die Schöne meine Frau ist. Du wirst sie nicht bekommen, selbst dann nicht, wenn ich im Kampf mit Dir falle!"*

*Kol sagte: „Hör' mir zu! Was hat von Dir Besitz ergriffen, Du Sohn des Bösen? Schon darum werde ich Dich nicht schonen. Schon bald wirst Du Dein Leben verlieren – auch wenn das besser noch schneller geschehen sollte. Aber das ist trotzdem ein Verlust – solch ein Mann wie Du bist ..."*

Kol sagt hier, daß er Sturlaug für einen Sohn des Teufels hält, d.h. für einen vom Teufel besessen Menschen, und daß er ihn schon deshalb töten wird.

*Sturlaug sagte: „Ich werde nicht vor Dir fortlaufen."*

*Da bereitete sich Kol in einer anderen Hütte sein Lager. Als er jedoch zu essen begann, betrat Svipud seine Hütte und nahm die Tasche der alten Frau aus seinem*

*Gewand und schüttelte sie in der Hütte aus und erfüllte den Raum mit Rauch.*

*Kol blickte auf und sagte: „Fort mit Dir, Du verfluchter Hund! Und komm' nie wieder, denn Du hast ziemlich sicher schon Schaden angerichtet!"*

*Svipud ging fort und niemand wußte, was aus ihm geworden war. Dann schliefen sie die Nacht über.*

*Am Morgen stand Sturlaug früh zusammen mit seinen Schwurbrüdern auf, ging zu der Insel und wartete auf Kol.*

Zweikämpfe wurden „Holmgang", d.h. „Gang zur Insel" genannt, weil sie entweder auf einer Insel stattfanden oder auf einem markierten Platz, der symbolisch diese Insel darstellte. Das Urbild für diese Insel ist die Jenseitsinsel, auf der der Kampf zwischen Tyr und Loki stattfand.

*Hrolf Neb stand auf und ging in den Wald und schlug für sich eine große, mächtige Keule, nahm sie in seine Hand und ging zu seinen Gefährten zurück.*

*Als Kol erwachte, schien die Sonne bereits auf die ganze Ebene.*

*Da sagte er: „Ich glaube, daß der verfluchte Knecht, der gestern Abend hierhergekommen ist, eine Zauberei bei sich hatte, und dafür brauchen wir ihm wenig zu danken, und es kann wirklich der Schlaf der Toten genannt werden, den wir geschlafen haben. Laßt uns zu der Insel gehen."*

*Sie gingen zu der Insel und warfen einen Umhang unter ihre Füße.*

Dieser Umhang ist der Bereich, den die beiden Zweikämpfer nicht verlassen dürfen. Er stellt die Zweikampf-Insel dar.

*Kol zählte die Regeln des Zweikampfes zwischen ihnen auf und beide legten zwanzig Mark in Silber zur Seite. Diese sollten demjenigen, der siegte, gehören.*

*Als sie bereit waren, sagte Kol: „Sturlaug, mein Junge, zeig' mir Dein Schwert, das Du da hast."*

*Das tat er. Kol sah sich die Schneide an, blickte an ihr entlang und sagte: „Du wirst mich mit diesem Schwert nicht besiegen. Geh' lieber nach Hause, sage, daß Du besiegt worden bist und sende mit Asa die Schöne und sag' ihr, daß Du es nicht gewagt hast, gegen mich zu kämpfen und sie mir vorzuenthalten."*

*Sturlaug sagte: „Du wirst mich nicht mit Worten allein besiegen. Die Furcht hat Dich gepackt und Du wirst schon bald einen üblen Tod sterben."*

*Bei diesen Worten wurde Kol von der Wut gepackt und sagte: „Du wirst sehen, daß ich Dich nicht schonen werde, Du verfluchter Hund!"*

*Da warf Sturlaug das Schwert, das er Kol gezeigt hatte, beiseite und zog Vefreyas Geschenk unter seinem Umhang hervor und zog es.*

Vefreya ist die alte Frau, die Ziehmutter von Sturlaugs Frau Asa. Ihr Name „Vefreya" bedeutet „Priesterin der Freya" und kennzeichnet sie als Zauberin. Ihr Geschenk ist das Felsen-schneidende Schwert.

*Kol sagte: „Wie bist Du an Vefreyas Geschenk gelangt? Ich hätte mit Dir niemals einen Zweikampf begonnen, wenn ich davon gewußt hätte!"*

*Sturlaug antwortete: „Das geht Dich nichts an. Und Du hältst Dich nicht besonders gut – Du wirst schon ängstlich, bevor Du es sein mußt!"*

*Da schlug Sturlaug auf Kol ein und spaltete seinen Schild entzwei. Kol schlug zurück und spaltete ebenfalls seinen Schild.*

Bei dieser Art von Zweikampf schlagen die beiden Kämpfer abwechselnd auf den anderen ein. Der Beleidigte bzw. der Herausgeforderte hat den ersten Schlag.

*Dann schlug Sturlaug Kol ein zweites mal und traf mit seinem Schlag seinen Helm. Das Schwert spaltete ihn von der Wange bis zur Schulter und blieb in seinem Schulterblatt stecken. Kol blieb jedoch aufrecht wie ein Stock stehen, so als ob nichts geschehen wäre.*

*Da sprang Hrolf Neb mit seiner Keule herbei und schlug es auf die Klinge sodaß das Schwert bis in seinen Leib hinabdrang und Kol niederfiel und Sturlaug siegte und für diese Tat weithin berühmt wurde.*

Das Eingreifen des Hrolf Neb scheint nicht als Regelverletzung empfunden worden zu sein – möglicherweise, weil Kol sicher sterben mußte und man den Schlag des Hrolf Neb als „Gnadenstoß" ansah.

*Sturlaug ritt zu Vefreya. Die alte Frau war vor dem Haus und empfing ihn herzlich. Svipud war auch dort.*

*Sie bleiben die Nacht über dort und die alte Frau pries seine Tat, „und eines ist sicher," sagte sie, „es gut für meine Asa, daß sie einen Mann wie Dich als Gatten hat. Und dies ist der Anfang eines sehr weisen Rates, den Du von nun an erhalten sollst – wenn Du ihn zu befolgen weißt; und auch wenn ich darum bange, wie es Dir ergehen wird, hoffe ich doch, daß es für Dich gut werden wird und daß der Rat dieser alten Frau nicht ganz nutzlos für Dich sein wird."*

*Da ritt Sturlaug auf seinem Weg weiter zu Jarl Hring, der ihn herzlich empfing. Und Asa war glücklich, ihren Gatten wiederzusehen.*

---

Es hat den Anschein, als ob Zweikämpfe auch außerhalb der Thing-Zeit an Thing-Plätzen ausgetragen wurden.

---

## 15. e)   Die Nials-Saga

*„Doch welcher Art von Beistand bedürft Ihr am meisten?"*

*Asgrim antwortete: „Am meisten bedürfen wir tapferer Männer und guter Waffen, falls es auf dem Ting zum Kampfe kommen sollte."*

*„Es steht zu erwarten," meinte Snorre, „daß es dazu kommt und Ihr tut selbst am besten daran, Hartes gegen Hartes zu setzen, sonst erntet Ihr Schande wegen Eures Verlustes und Unehre wegen des Todes Eurer Verwandten."*

*„Du hast wohl gesprochen, Snorre," fiel Gissur ein, „je mehr es gilt, desto größer zeigst Du Dich."*

Thing-Verhandlungen endeten bisweilen im Kampf zwischen den Streitparteien.

## 15. f)   Die Geschichte über Gunnlaug Schlangenzunge

*Hermund hielt den Schild vor Gunnlaug, seinen Bruder, und Sverting, der Sohn Hafr-Björns, vor Hrafn.*

*Man hatte ausgemacht, daß der, welcher verwundet würde, sein Leben mit drei Mark erkaufen sollte.*

*Hrafn hatte den ersten Schlag, weil er gefordert worden war; er hieb von oben in Gunnlaugs Schild, so dass das Schwert sofort unterhalb des Griffes entzwei sprang, da der Schlag mit aller Wucht gefallen war. Die Spitze des Schwertes jedoch prallte von dem Schilde ab und traf Gunnlaug an die eine Backe, so dass er eine ganz leichte Verwundung davon trug. Da eilten die Väter beider sogleich hinzu und viele andere Männer.*

*Gunnlaug sprach: „Ich erkläre hiermit Hrafn für besiegt, da er keine Waffe mehr hat!"*

*„Aber ich erkläre, daß Du besiegt bist, entgegnete Hrafn, da Du verwundet bist!"*

*Da wurde Gunnlaug sehr wild und zornig und sagte, die Sache sei noch nicht abgemacht.*

*Sein Vater Illugi aber erklärte, für diesmal solle in dieser Sache nichts mehr geschehen.*

*„Das wäre mein Wunsch", versetzte Gunnlaug, „daß ich mich mit Hrafn ein anderes Mal träfe, wo Du, Vater, nicht so nahe bei der Hand wärest, um uns zu trennen!"*

*Damit gingen sie auseinander, und die Männer zerstreuten sich in ihre Zelte.*

*Am anderen Tage in der gesetzgebenden Versammlung wurde das zum Gesetz erhoben, daß von da an aller Zweikampf abgeschafft sein sollte, und zwar geschah das nach dem Vorschlage aller verständigen Männer, die dabei anwesend waren; und in der Tat waren die weisesten Männer des ganzen Landes da versammelt.*

*Das ist der letzte Zweikampf, der auf Island stattgefunden hat, als Hrafn und Gunnlaug zusammen kämpften.*

> Der Zweikampf ist bis zu seiner Abschaffung eine legitime Methode zur Klärung von Rechtsstreitigkeiten gewesen.

## 15. g)  Tyr und Loki

Das Urbild des Zweikampf-Urteils wird der endlose, zyklische Kampf zwischen dem Sommergott Tyr und dem Wintergott Loki gewesen sein, durch den die Jahreszeiten entstanden sind. Dieser Kampf fand auf der Jenseitsinsel statt. Er wird auch als Streit zwischen Tyr-Heimdall und Loki berichtet.

Auf dieser Insel stand möglicherweise der Weltenbaum, der auch als „Haselstrauch der Erde" bezeichnet worden ist. Sowohl die Jenseitsinsel als auch der Weltenbaum sind wie das Hügelgrab des Tyr („Gesetzeshügel") das Tor zum Jenseits. Daher konnte ein Ort durch einen Kreis von Haselzweigen als Jenseitsinsel, d.h. als der Ort, an dem Tyr und Loki gekämpft haben, gekennzeichnet werden.

Durch diese Gleichsetzung des Thing-Platzes und/oder des Zweikampf-Platzes mit dem Kampfplatz des Tyr und Loki wurde der Thing-Platz bzw. der Zweikampfplatz in die „richtige Ordnung" der Mythen gestellt, was auf magische Weise bewirkte, daß an diesem Ort auch die „richtigen Entscheidungen" getroffen wurden und auch die Kämpfe gerecht ausgingen.

Auch das Tafl-Orakel stellt den Zweikampf von Tyr und Loki dar und kann daher wie der echte Zweikampf mit Waffen der Wahrheitsfindung dienen. Dabei entspricht das Tafl-Brett dem gehaselten Feld beim Thing und beim Zweikampf.

# 16.   Der Thing-Beschuß zur Annahme des Christentums

## 16. a)   Die Saga über König Olaf den Ruhmreichen Tryggva-Sohn

*Dann fuhr König Olaf mit allen seinen Männern nach Tronsheim und als in Märin ankam, fand er dort alle Häuptlinge aus Trondheim versammelt – all die, die dem Christentum am stärksten widerstanden hatten. Bei ihnen waren auch die wohlhabenden Freibauern, die bis dahin an diesem Ort die Blut-Opfer weitergeführt hatten. Es war eine beachtliche Versammlung von Männern, ganz wie zuvor auf dem Frosta-Thing.*

*Der König gebot, daß sich alle zum Thing versammelten. Beide Seiten gingen hin und sie waren alle voll bewaffnet.*

*Als dann das Thing eröffnet worden war, sprach der König und bot den Männern das Christentum an.*

*Dann antwortete Eisenbart für die Bauern und sagte nun wie zuvor, daß sie nicht erdulden würden, daß der König ihre Gesetze brach: „Wir verlangen, König, daß Du Opfer durchführst so wie es die Könige in diesem Land vor Dir getan haben.“*

*Dieser Rede spendeten die Bauern reichlich Beifall und sie riefen, daß alles so sein müsse, wie Skeggi es sagte.*

*Da gab der König zur Antwort, daß er zu dem Tempel gehen und ihren Kult beiwohnen würde, wenn sie opferten. Darüber waren die Bauern sehr zufrieden und beide Seiten begaben sich daraufhin zu dem Tempel.*

*Als König Olaf den Tempel betrat, begleiteten ihn einige seiner Männern und einige der Bauern.*

*Als der König zu dem Platz der Götter kam, an dem Thor ganz mit Silber und Gold geschmückt saß, erhob König Olaf einen aus Gold geschmiedeten Spitzstab und schlug mit ihm den Thor so heftig, daß er von seinem Podest stürzte. Daraufhin liefen der König und seine Männer hinüber und warfen alle Götterstatuen von ihren Podesten herab.*

*Während sie noch im Inneren des Tempels waren, wurden Eisenbart vor der Eingangstür von den Männern des Königs erschlagen.*

*Als der König wieder hinaus zu dem Volk kam, gebot der den Bauern zwischen zwei Möglichkeiten zu wählen und diese beiden Möglichkeiten waren, daß sie entweder den Glauben Christi annahmen oder sich ihm in einer Schlacht entgegenzustellen. Da Eisenbart bereits erschlagen worden war, gab es nun keinen Mann mehr, der es wagte, das Banner gegen König Olaf zu erheben, sodaß sie die Bedingung annahmen, sich dem König zu unterwerfen und zu tun, was er ihnen befahl.*

Die Männer zogen vollbewaffnet auf das Thing.

Über das Verlangen des Königs an sein Volk, das Christentum anzunehmen, wurde auf dem Thing verhandelt.

## 16. b)   Die Saga über König Olaf den Ruhmreichen Tryggva-Sohn

*Olaf war noch nicht viele Tage zurück in Nidaros, als er hörte, die Leute von Thrand ihre Tempel wiederaufgebaut, ihre Statuen wiederhergestellt und ihre Blutopfer wiederaufgenommen hatten. Der junge König war darüber so beunruhigt, daß er beschloß, dem ein schnelles Ende zu setzen.*

*Daher sandte er seine Boten durch alle an den Thrandheim-Fjord grenzenden Länder und berief ein Thing aller Freibauern an einem Ort, der Frosta genannt wurde, ein.*

*Die Freibauern errieten sofort die Bedeutung dieses Things. Sie wußten, daß der König wollte, daß sie von ihren alten Bräuchen abwichen und den neuen Glauben annahmen. Sie fanden jedoch, daß er kein Recht hatte, ihnen dies zu befehlen. Daher verwandelten sie diese Ruf zu einer Versammlung in einen Ruf zu einem Krieg, dem alle Adlige und Knechte aus allen Gebieten von Thrandheim folgen sollten.*

*Als König Olaf zu dem Treffen kam, war auch das Heer der Freibauern in voller Rüstung dorthin gekommen, um sich dem König entgegenzustellen.*

*Als das Thing eröffnet worden war, sprach er König von seinen Lehnsleuten – zunächst über Angelegenheiten des Friedens und des Gesetzes und dann gebot er ihnen, sich wieder taufen zu lassen.*

*Unter den Freibauern war einer, der Skeggi Eisenbart genannt wurde, ein sehr reicher Bauer, der sich wenig um Jarl oder König kümmerte, sondern die Freiheit seines Hofes liebte, sein Bier in der Nacht und die Wärme an seinem Feuerplatz. Er war ein großer und störrischer Mann mit einem eisengrauen Bart und als er so neben seinem Pferd stand, konnte man sehen, daß seine Füße mit der Erde seiner Felder bedeckt waren.*

*Nah bei ihm stand ein schönes Mädchen mit schwarzen Haaren und dunkelbraunen Augen. Sie war seine Tochter Gudrun.*

*Nun, als König Olaf sie zu tadeln begann, daß sie wieder von ihrem christlichen Weg abgewichen waren, sahen viele Männer mit wissenden Blicken auf Eisenbart.*

*„Nun haltet Euren Frieden, O König!" rief er, während er sich an König Olaf wandte, „Sprich kein Wort mehr über diesen christlichen Glauben, den ihr angenommen habt, oder wir werden, bei dem Hammer des Thor und bei den Raben des Odin, über euch herfallen und euch aus dem Land vertreiben. So haben wir es mit König*

Hakon dem Guten getan und wir schätzen Euch kein bißchen mehr als ihn!"

Als König Olaf sah, mit welch finsterer Entschlossenheit die Freibauern ihm gegenüberstanden und wie groß das Heer der bewaffneten Männer dort war, sah er, daß er nicht darauf vorbereitet war, ihnen standzuhalten und änderte daher seine Rede so, als ob er mit ihnen übereinstimmen würde.

„Es ist mein Wunsch," sagte er, „daß wir wir Frieden und gute Freundschaft miteinander schließen, so wie sie bisher gehabt haben. Daher bin ich bereit, jederzeit an eurem Kult teilzunehmen und bei euren größten Blutopfern zugegen zu sein. Dann können wir zusammen Rat halten und schauen, welche Form des Kultes wir beibehalten."

Da schien den Freibauern, daß der König leicht dazu zu überreden sein werde, daß sie ihre Bräuche aus der alten Zeit beibehalten konnten, und ihre Abneigung gegen ihn legte sich. Danach waren ihre Reden friedlich und schließlich wurde bestimmt, daß ein großes Mittsommerfest in Mere stattfinden sollte und daß alle Landherren und Anführer der Freibauern dorthin kommen sollten. König Olaf versprach ebenfalls, dorthin zu kommen.

Als die vereinbarte Zeit für das Opfer näherrückte, veranstaltete Olaf ein großes Fest in Lade, zu dem er alle Anführer und die mächtigsten Landbesitzer der Gegend einlud. Die Gäste wurden königlich unterhalten und als das Fest vorüber war, befahl der König seinen Priestern, die Messe zu lesen. Eine Gruppe von bewaffneten Männern aus Olafs Schiffen waren bei der Messe anwesend. Die Gäste sahen, daß sie nicht die Macht hatten, Widerstand zu leisten und nahmen daher an der Messe teil und blickten dem, was da kommen mochte, entgegen.

Als die Messe geendet hatte, erhob sich der König und wandte sich an seine Gäste. Er sprach: „Ihr erinnert euch sicherlich, daß ich einerseits, als wir uns beim letzten mal in Frosta zum Thing versammelt hatten, die Bauern aufgefordert habe, sich taufen zu lassen, und daß sie andererseits mich aufgefordert haben, an ihrem Kult teilzunehmen und Blutopfer darzubringen – so wie dies mein Verwandter König Hakon der Gute getan hat.

Ich habe dem nicht widersprochen, sondern habe versprochen, daß ich bei dem Opferfest in Mere dabeisein werde. Nun will ich euch sagen, daß ich, wenn ich ein Menschenopfer darbringe, daß größte Opfer darbringen werde, daß jemals in Norwegen dargebracht worden ist. Ich werde Odin und Freyr ein Menschenopfer für gute Ernte und gutes Wette bringen. Aber, hört gut zu!, es werden nicht Sklaven und Übertäter sein, die ich euren Göttern opfern werde! Ich werde die Edelsten unter euch opfern."

Dann zeigte er der Reihe nach auf seine Gäste und sprach: „Du, Ligra von Medalhus, wirst als Opfer dargebracht werden; und Du, Kar von Griting; und Du, Haldor von Skerding!"

Er nannte noch acht weitere Adlige und gebot ihnen, sich auf ihren Tod vorzu-

*bereiten. Sie blickten ihn alle entsetzt an. König Olaf lachte über ihre feige Angst.*

*„Ich sehe deutlich, daß ihr diesen Vorschlag nicht genießt,“ sagte er, „aber da ich der König dieses Landes bin, werdet ihr mir gehorchen. Ich habe befohlen, daß Norwegen christlich wird, und daß wird so sein, selbst wenn ich dabei mein Leben verlieren sollte! Hier ist mein Bischof, bereit, um euch zu taufen. Nehmt die Taufe an und werdet am Leben bleiben. Lehnt ab und ihr werdet gewißlich in der Weise sterben, die ich gesagt habe.“*

*Sie mußten nicht lange überlegen, um sich für den einfacheren Weg zu entscheiden. Sie stimmten zu, dort sofort getauft zu werden und Bischof Sigurd taufte sie sofort und alle Freibauern waren anwesend.*

*Aber bevor ihnen zu gehen erlaubt wurde, verlangte König Olaf von ihnen, daß sie ihm ihre Söhne oder Brüder als Geiseln gaben.*

---

Die Aufforderung zum Übertritt zum Christentum wurde zwar entsprechend der alten Tradition von dem König auf einem Thing vorgebracht und dort diskutiert, aber dann vom König entsprechend der neuen sozialen Ordnung mit dem allmächtigen König an der Spitze mit Gewalt durchgesetzt.

---

## 16. c)  Die Saga über König Olaf den Ruhmreichen Tryggva-Sohn

Der folgende Bericht ist eine etwas ausführlichere Schilderung derselben Ereignisse wie in dem vorigen Bericht.

*Eines frühen Morgens, nachdem sich der König angekleidet hatte, befahl er, die Messe zu lesen, und als die Messe geendet hatte, bliesen seine Männer zu einem Haus-Thing ins Horn.*

*Als alle zu dem Thing zusammengekommen waren, erhob sich der König, sprach und sagte: „Wir hielten ein Thing in Frosta und dort gebot ich den Bauern, sich taufen zu lassen, doch sie baten mich, mit ihnen zusammen an einem Blut-Opfer teilzunehmen, so wie der Ziehsohn des Königs Adelstein an einem teilgenommen hatte.*

*Wir kamen überein, daß wir uns in Maerin treffen und dort ein große Blut-Opfer bringen sollten. Aber wenn ich zusammen mit euch opfern soll, dann werde ich bestimmen, daß das größte mögliche Opfer dargebracht werden soll, das heißt das Opfer von Menschen. Aber ich werde als Opfer für die Götter nicht Sklaven und Übeltäter wählen, sondern die edelsten Männer und dafür bestimme ich Orm Lygra von Medalhus, Styrkar von Gimsar, Kar von Gyrting, Asbiorn Thorbergson von Varnes, Orm von Lyxa und Haldor von Skerdingstad.“*

*Zu diesen Namen fügte er noch fünf weitere der edelsten Männer, die dort anwesend waren, hinzu. Alle diese, sagte er, sollten für Frieden und ein gutes Jahr geopfert werden und er befahl, daß sie sofort ergriffen würden.*

*Die Bauern, die sahen, daß sie nicht zahlreich genug waren, um dem König zu widerstehen, baten um Gnade und legten die ganze Angelegenheit in seine Hände, woraufhin man übereinkam, daß alle, die dorthin gekommen waren, sich taufen ließen und dem König einen Eid schwuren, die sie sich fest an den wahren Glauben halten würden und daß sie nie wieder etwas mit Opferungen zu tun haben würden.*

*Alle diese Männer hielt der König gefangen, bis sie ihm ihre Söhne oder Brüder oder andere nahe Verwandten als Geiseln gaben.*

> Es wurde mit einem Horn-Signal zum Thing gerufen.

## 16. d)   Heimskringla

*Als das Thing sich gesetzt hatte, erhob sich der König und sagte, daß die Leute in Lesjar, Loaf und Vagar das Christentum angenommen und ihre Opfer-Häuser niedergebrochen hatten und nun an den wahren Gott glaubten, der den Himmel und die Erde und alle bekannten Dinge erschaffen hat.*

> Das Thing wurde auch nach der christlichen Missionierung erst einmal noch beibehalten – allerdings unter dem Vorsitz des Königs.

## 16. e)   Die Nials-Saga

*Aber ungefähr um diese Zeit trug sich etwas zu, was nicht unerwähnt bleiben darf. Der König von Norwegen Olaf Tryggvason sandte Thangbrand aus dem Sachsenlande nach Island, damit er dort den Glauben an Christus verkünde. Nial und sein Haus waren unter den ersten, die den neuen Glauben annahmen, und es dauerte nicht viele Jahre, bis das Christentum auf dem Allthing rechtsgültig angenommen wurde.*

> Die Annahme des Christentums wurde in Island auf dem Allthing beschlossen.

## 16. f)  Isländer-Buch

Ari der Weise Thorgilsson schildert in seiner Geschichte über die Besiedlung Islands ein Ereignis, das auf dem All-Thing von 1000 n.Chr. stattfand und die weitere Geschichte Islands entscheidend beeinflußte.

*König Olaf, Sohn des Tryggvi, Sohn des Harald Haarschön, brachte das Christentum nach Norwegen und Island. Er sandte einen Priester mit dem Namen Thangbrandr nach Island, der alle Leute mit dem Christentum vertraut machte und sie taufte, die diesen Glauben annehmen wollten.*

*Hallr Thorstein von Sida ließ sich sofort taufen und ebenso Hajlti Skeggjason von Thors-Tal, Gizurr der Weiße, Sohn des Teitr von Mosfell, Sohn des Ketilbjörn, und viele andere Anführer. Es gab jedoch auch viele, die sich dagegen aussprachen und dies ablehnten.*

*Nachdem Thangbrandr jedoch ein oder zwei Jahre lang in Island gewesen war, ging er wieder fort, denn er hatte zwei oder drei Männer getötet, die ihn rituell beleidigt hatten.*

*Als er wieder zurück im Osten* (in Norwegen) *war, berichtete er König Olaf alles, was geschehen war und vermittelte ihm den Eindruck, daß es nicht zu erwarten sei, daß das Christentum in Island schon Fuß gefaßt hatte.*

*Da wurde der König sehr wütend und wollte diejenigen von unseren Leuten, die bei ihm im Osten waren, dafür verletzen oder töten. Doch in demselben Sommer fuhren Gizurr und Hjalti von hier aus zu ihm und überzeugten den König, dies zu lassen und versprachen, daß sie einen neuen Versuch machen würden, damit das Christentum dort angenommen werden würde und sie vermittelten ihm den Eindruck, daß sie nichts anderes erwarteten, als damit Erfolg zu haben.*

*Daher reisten sei zusammen mit einem Priester, der Thormodr genannt wurde, von dem Osten her und erreichten, nachdem die Fahrt gut verlaufen war, in Vestmannaeyjar, als zehn Wochen des Sommers vergangen waren. Teitr, der selber dabeigewesen ist, hat dies so berichtet.*

*In vorhergehenden Sommer war bestimmt worden, daß die Leute zu dem All-Thing kommen mußten, wenn zehn Wochen des Sommers vergangen waren, während sie bis dahin eine Woche früher kommen mußten.*

*Die Reisenden fuhren von Vestmannaeyjar hinüber ans Festland und dann weiter zu dem All-Thing. Hjalti bleib jedoch zusammen mit zwölf Männer zurück in Laugardar, da er im Sommer zuvor für drei Jahre verbannt worden war, weil er die Götter verspottet hatte. Der Grund dafür war, daß er an dem Gesetzeshügel die folgenden Verse gesungen hatte:*

*„Ich will nicht Gott anbellen!*
*... aber mir scheint, daß Freya eine Hündin ist!"*

*Gizurr und seine Gefährten reisten jedoch weiter bis sie zu dem Ort in der Nähe von Ölfossvatn kamen, der Vellankatla genannt wird, und sandten von dort aus eine Botschaft zu dem Thing, daß alle ihre Unterstützer kommen und sie treffen sollten, da sie herausgefunden hatten, daß ihre Gegner sie mit Gewalt von der Thing-Ebene fernhalten wollten.*

*Bevor sie jedoch von Vellankatla aus zum Thing aufbrachen, stießen Hajlti und die, die mit ihm zurückgeblieben waren, zu ihnen (trotz der Verbannung des Hajlti). Danach ritten sie gemeinsam zu dem Thing und ihre Verwandten und ihre Freunde kamen ihnen zuerst entgegen, so wie sie es erbeten hatten.*

*Doch die Heiden versammelten sich ebenfalls voll bewaffnet – ein Kampf stand kurz bevor und niemand wußte, wie man aus dieser Situation wieder herauskommen sollte.*

*Am nächsten Tag gingen Gizurr und Hjalti zu dem Gesetzeshügel und trugen ihre Absicht vor. Es wird gesagt, daß es verwunderlich war, wie gut sie sprachen. Aus diesem Grund rief einer den anderen als Zeugen auf und beide Seiten, sowohl die Christen als auch die Heiden, erklärten die anderen als verbannt und gingen von dem Gesetzeshügel fort.*

*Da verlangten die Christen von Hall von Sida, das christliche Gesetz vorzutragen, dem die Christen folgen sollten. Doch er lehnte dies ab und verhandelte mit Thorgeirr dem Gesetzes-Vorträger darüber, daß er das Gesetz vortragen solle, da er noch immer ein Heide war.*

Es war bei jedem Thing üblich, daß ein speziell dafür zuständiger Redner allen Anwesenden die Gesetze vortrug, die sie im Laufe der Jahre gemeinsam beschlossen hatten. Da es damals noch keine schriftlich festgehaltenen Gesetze gab, hatte ein ausgewählter Mann die Aufgabe des Auswendiglernens und Vortragens der Gesetze inne.

*Als die Leute in ihre Hütten gegangen waren, legte sich Thorgeirr nieder und legte seinen Umhang über sich und lag dort den ganzen Tag und die Nacht danach und sprach kein Wort. Am nächsten Morgen stand er auf und rief die Leute zu dem Gesetzeshügel.*

Es ist nicht ganz klar, was Thorgeirr getan hat, als er dort gelegen hat. Falls er einfach nur nachdenken wollte, wäre das Hinlegen nicht notwendig gewesen. Daher ist dieses „Draußen-Liegen" zumindestens eine Form der Meditation gewesen. Die Formulierung „er sprach kein Wort" und das sich-Bedecken mit dem eigenen Mantel spricht am ehesten für eine Astralreise.

Offensichtlich haben alle Anwesenden gewußt, was Thorgeirrs Verhalten bedeutet und sie haben es offensichtlich auch respektiert. Dieses „Draußen-Liegen" ist offenbar ein allgemein bekanntes Verfahren gewesen, durch das man in schwierigen Situation zu Lösungen kommen kann.

Es läßt sich nicht sicher sagen, ob Thorgeirr in der Zeit, in der er unter seinem Mantel gelegen hat, seinen Körper verlassen hat und zu seinen Ahnen oder anderen Verstorbenen gereist ist oder ob er evtl. bestimmte Tote zu sich gerufen hat. Sein Verhalten spricht jedoch am ehesten für eine Astralreise.

Diese Meditation oder Astralreise des Thorgeirr wird einem Utiseta („Draußen-Sitzen"), d.h. einer Ahnenbefragung sehr ähnlich gewesen sein (siehe auch „Utiseta" in Band 50). Möglicherweise hat sich Thorgeirr dabei an dem Gesetzeshügel niedergelegt, der auf einst als das Hügelgrab des ehemaligen Sonnengott-Göttervaters Tyr angesehen worden ist. Falls dies zutreffen sollte, ist Thorgeirr möglicherweise innerlich zu Tyr gereist, um ihn um Rat zu fragen.

*Als sie herbeikamen begann er mit seinem Bericht und sagte, daß es ihm eine verzweifelte Situation zu sein scheine, wenn die Leute und Land zukünftig nicht mehr unter einem einheitlichen Gesetzt stehen würden, und er zählte den Leuten viele Dinge auf, die besser nicht geschehen sollten, aber daß solche Unruhen geschehen würden und daß es zu erwarten sei, daß es zu Kämpfen kommen werden und daß das Land verwüstet werden würde.*

Thorgeirrs Bericht ist die Erzählung über das, was er bei seiner Astralreise gesehen hatte.

*Er sprach darüber, wie die Könige von Norwegen und Dänemark in Streit geraten waren und für eine lange Zeit Krieg miteinander geführt hatten, bis die Menschen in diesen Ländern Frieden zwischen ihnen geschaffen hatten, obwohl die Könige dies nicht wollten. Das Ergebnis dieser Verhandlungen war, daß sie sich gegenseitig wertvolle Geschenke sandten und der Frieden solange sie lebten hielt, „und da kam mir die Eingebung," sprach er, „daß auch wir keinen Weg gehen sollten, der die Menschen in die größte Feindschaft zueinander bringt, sondern ein Abkommen zwischen uns anstreben sollten, durch das beide zu einem Teil ihren Willen haben sollen und wir weiterhin ein Gesetz und ein einzige Gruppe von Bräuchen haben. Es ist wahr, daß wir, wenn wir unser Gesetz entzweibrechen, wir auch unseren Frieden zerbrechen."*

*Und so endete er seine Rede und beide Seiten stimmten dem zu, daß sie nur ein einziges Gesetz haben sollten – auf die Weise, wie er es vorgeschlagen hatte.*

*Da beschlossen und erklärten sie, daß alle Menschen in diesem Land Christen werden und die Taufe annehmen sollten, die bisher ungetauft geblieben waren. Doch das Aussetzen von Kindern und das Essen von Pferdefleisch* (beim Opfer) *sollte weiterhin durch das alte Gesetz erlaubt bleiben. Die Leute sollten ihre Opferungen im Geheimen durchführen, wenn sie eine dreijährige Verbannung vermeiden wollten, was geschehen würde, wenn sie Zeugen hätten.*

Vor schwierigen Thing-Verhandlungen kam es vor, daß die beiden zerstrittenen Parteien alle ihre Unterstützer zum Thing riefen und versuchten, die Unterstützer der gegnerischen Partei vom Thing fernzuhalten, um auf diese Weise eine Mehrheit auf dem Thing zu erhalten.

In schwierigen Fällen konnte der Leiter des Things auch eine (Astral-)Reise zu den Ahnen und Göttern („Utiseta") unternehmen, um deren Rat zu erfahren.

# 17.  Das Beenden eines Streites auf dem Thing

## 17. a)  Die Nials-Saga

*Er ritt bald nachher zu Nial und frug ihn, ob er für seinen Bruder Buße zu entrichten gesonnen sei. Nial war dazu bereit und bat ihn, die übrigen Sigfussöhne zum Vergleich zu veranlassen. Högne Gunnarsohn unterstützte Ketil in dieser Sache und es wurde ausgemacht, man solle Schiedsrichter wählen, um die Sache zu schlichten. Alle diejenigen, die gesetzlichen Anspruch hatten, empfingen Bußen, und man machte Frieden und sagte sich Sicherheit zu.*

> Nach der Annahme des Urteils schwor man sich gegenseitig Frieden.

## 17. b)  Tryggdamal

Der „Urfehdebann" ist ein ritueller Text, der benutzt wurde, um einen Streit endgültig zu schlichten. Er ist eine Mischung aus Rechtstext und Zauberspruch, aus Lyrik und Sachlichkeit. Wörtlich hat „Tryggdamal" die Bedeutung „Treue-Spruch", wobei „Treue" hier auch „Wahrhaftigkeit" und „Frieden" umfaßt – das altnordische „trygg" ist mit dem deutschen „treu sein" und dem englischen „to trust" für „vertrauen" sowie dem englischen „trust" für „Vertrauen, Stiftung, Bündnis, Zusammenschluß, Großkonzern" verwandt.

Der folgende Text ist aus mehreren Quellen zusammengestellt, die sich jedoch sehr ähnlich sind und nur hier und da ein paar Zeilen mehr oder weniger haben. Die ausführlichste Fassung findet sich in der Heidarviga-Saga.

Im Folgenden sind die beiden ersten Sätze, die in der Heidarviga-Saga in indirekter Rede stehen, in direkte Rede übertragen worden.

Dieses Tryggdamal besteht im Wesentlichen aus dem alten germanischen Text, der jedoch schon durch christliche Formulierungen ergänzt worden ist.

Der zweite Abschnitt dieses Textes ist je nach Anlaß variiert worden – in dem unten dargestellten Fall wurde diese Verse bei der Zahlung eines Wergeldes und der damit erlangten Beendigung einer Fehde gesprochen.

Je nach der Art des Anlasses hat der Redner entweder „wir" oder „ihr" gesagt.

*So beginnt unser Treuegelöbnis:*

*„Möge Gott mit uns allen in Frieden sein;*
*und mögen auch wir Menschen untereinander*
*in Frieden sein und in gutem Einvernehmen.*

*Streit war zwischen 'A' und 'B';*
*aber jetzt ist er beigelegt und mit Geld gebüßt,*
*wie die Wäger es wogen*
*und die Zähler es zählten*
*und der Spruch es sprach*
*und die Nehmer es nahmen*
*und fort es führten*
*als volle Gabe*
*und empfangenes Geld,*
*dem in die Hand gezahlt,*
*der es haben sollte.*

*Ihr sollt sein*
*versöhnt und gemeinsam*
*bei Met und Mahl,*
*bei Thing und Ratsversammlung,*
*beim Kirchenbesuch*
*und im Königshause;*
*und überall, wo Männer sich versammeln;*
*da sollt ihr so ausgesöhnt sein,*
*als hätte sich niemals dieser Streit*
*zwischen euch erhoben.*

*Teilen sollt ihr*
*Messer und geschnittenes Fleisch,*
*ja, und alle Dinge*
*unter euch beiden*
*als Freunde und nicht als Feinde.*

*Wenn künftig Streit zwischen euch entsteht,*
*dann soll man das mit Geld entschädigen,*
*aber nicht die Klinge röten.*

Doch wer von euch
angreift den Urfehdeschwur
oder nach dem vollen Treuegelöbnis noch kämpft,
der wird so weit wie ein Wolf vertrieben,
friedlos und flüchtig,
soweit Menschen Wölfe jagen,
Christenmenschen Kirchen besuchen,
Heiden in Tempeln opfern,
Feuer emporflammt,
Flur grünt,
Knabe seine Mutter beim Namen ruft,
Mutter ihren Knaben nährt,
Leute die Lohe entfachen,
Schiffe segeln,
Schilde blinken,
Sonne scheint,
Schnee fällt,
Finne Ski läuft,
Föhre wächst,
Falke fliegt
den frühlingslangen Tag,
mit frischer Brise unter seinen beiden Flügeln,
Himmel sich wölbt,
Erde bewohnt ist,
Wind braust,
Wasser zur See strömen,
und Knechte Korn säen.
Meiden soll er
Kirchen und Christenmänner,
Gottes Häuser
und die Höfe der Menschen,
jedes Heim –
nur die Hölle nicht.

Nun fasset beide das heilige Buch,
auch liegt nun auf dem Buch das Geld,
das 'A' gibt.
Jeder von uns nimmt den Frieden von dem anderen
für sich selber und für seinen Erben,
geboren und ungeboren,

*gezeugt und ungezeugt,*
*benannt und unbenannt.*
*'A' leistet den ewigen Treueschwur,*
*und 'B' nimmt den Treuschwur entgegen,*
*den Lebens-Eid,*
*den Freundes-Eid,*
*ja, den Haupt-Eid.*
*'B' leistet den ewigen Treueschwur,*
*und 'A' nimmt den Treuschwur entgegen,*
*den Lebens-Eid,*
*den Freundes-Eid,*
*ja, den Haupt-Eid.*
*Ihn sollt ihr immer halten,*
*solange Marken stehen*
*und Erde und Menschen leben.*

*Nun sind 'A' und 'B'*
*geeint und ausgesöhnt,*
*wo auch immer sie sich begegnen*
*auf Land oder Meer,*
*auf Schiff oder Schneeschuh*
*auf hoher See oder im Sattel.*
*Ihr sollt Ruder teilen*
*und Ruderbank,*
*Schöpfeimer*
*und Schiffsplanken,*
*wenn es dessen bedarf.*
*Seid nun so ausgesöhnt miteinander*
*wie Vater und Sohn*
*oder Sohn und Vater*
*in allem Umgang miteinander.*

*Gebt euch nun eure Hände*
*zu den Worten des Treue-Gelöbnisses,*
*'A' und 'B',*
*haltet wohl den Treue-Eid*
*so wie Christus es will;*
*und alle Männer,*
*die nun das Treue-Gelöbnis gehört haben,*
*sind Zeugen.*

*Gottes Huld habe,*
*wer den Treueschwur hält,*
*doch seinen Zorn, wer den*
*gerechten Treueschwur zerreißt!*
*Heil uns allen,*
*daß wir wieder in Frieden miteinander sind,*
*und möge Gott in Frieden mit uns allen sein!"*

Dieses Gelöbnis hat dieselbe Struktur wie alle Eide in früher Zeit: Beide Parteien, jede Partei für sich oder ein Redner rufen für den Fall der Vertrags-Einhaltung den Segen der Götter auf sich herab und für den Fall des Vertragsbruches den Zorn der Götter.

Schon der früheste bekannte Friedensvertrag, der um 1292 v.Chr. in Kadesh zwischen Ramses II und dem Hethiterkönig Hattusili III geschlossen wurde, folgt genau diesem Muster (siehe Band 68 „Zaubersprüche"). Diese Art von Vertrag ergibt sich zwar schon aus der inneren Logik eines magisch-mythologischen Weltbildes, aber es besteht auch eine direktere Verbindung zwischen dem dem 3300 Jahre Friedensvertrag zwischen alten Ramses II und Hattusili III und dem 800 Jahre alten Tryggdamal, da die Hethiter wie die Germanen zu den indogermanischen Völkern zählen.

Die Beendung eines Streites wurde gelegentlich mit dem Urfehdebann beschworen, der ein ritueller Eid ist, bei dem Gott Vater bzw. in früherer Zeit vermutlich Odin und noch früher Tyr als Beschützer dieses Eides bzw. als Bestrafer des eventuellen Eidbrechers angerufen wurde.

### 17. c)  Gridamal

Das Gridamal ist eine Variante des Tryggdamal, das benutzt wird, um Unterhändlern zwischen Kriegsparteien freies Geleit zuzusichern. Dieser Begriff bedeutet wörtlich „Waffenstillstands-Spruch".

Auch ein Waffenstillstand wurde mit einem Eid bekräftigt.

# 18.   Asen auf dem Thing

## 18. a)   Grimnir-Lied

Auch Odin erscheint bisweilen auf einem Thing:

Odin:
*„Grimnir hießen sie mich bei Geirröd,*
*Bei Asmund Jalk;*
*Kialar schien ich, da ich Schlitten zog;*
*Thror dort im Thing;*
*Widr den Widersachern;*
*Oski und Omi, Jafnhar und Biflindi,*
*Göndlir und Harbard bei den Göttern. "*

> Auch Odin kann auf einem Thing erscheinen.

## 18. b)   Gylfis Vision

*Wenn sich all diese Dinge ereignen, erhebt sich Heimdall und stößt aus aller Kraft ins Giallarhorn und weckt alle Götter, die sich dann zum Thing versammeln.*

> Auch die Götter werden mit einem Signalhorn (dem des Heimdall) zum Thing gerufen, um über den Umgang mit einer Gefahr zu beraten.

## 18. c)   Der Seherin Ausspruch

*Was ist mit den Asen? Was ist mit den Alfen?*
*All Jötunheim ächzt, die Asen sind beim Thing,*
*Die Zwerge stöhnen vor steinernen Türen,*
*Der Bergwege Weiser: wißt ihr, was das bedeutet?*

Zwerge: Totengeister in Hügelgräbern (Stein-Tore), die sie nun verlassen („_vor_

111

*Stein-Toren "*)
   Tür:  Grabkammer im Hügelgrab

---

In Krisenzeiten versammeln sich die Asen zum Thing und beraten dort darüber, was zu tun sei.

---

## 18. d)   Der Seherin Ausspruch

*Da gingen die Berater zu den Richterstühlen,*
*Hochheilige Götter hielten Rat,*
*Ob die Asen Untreue strafen sollten,*
*Oder alle Götter Sühneopfer empfangen.*

---

Die Asen sitzen in ihrer Richter-Funktion („Rater") auf besonderen Stühlen.

---

## 18. e)   Gautrek-Saga

In dieser Saga wird der Wikinger Starkad vor den Rat der Asen gerufen, wo sich Odin und Thor über das Schicksal des Starkad streiten – ähnlich wie die drei Nornen in der Saga über Norna-Gest. Während bei Norna-Gest aus dem Streit letztlich ein 300-jähriges Leben. d.h. drei Leben zu je 100 Jahren herauskommt, führt der Streit zwischen Odin und Thor zu drei Leben für Starkad, was den drei Inkarnationen des Helgi in den Helgi-Liedern entspricht.

Starkad ist wie Helgi und auch Norna-Gest eine Sagen-Varianten des ehemaligen Sonnengott-Göttervaters Tyr, dessen drei Leben ein Hinweis auf seine zyklische Wiedergeburt sind – die „3" war bei den Germanen eine Symbol für den Zyklus und indirekt daher auch für die Sonne und für Tyr (siehe auch Band 51).

In der ersten seiner drei Inkarnationen trug Starkad den Beinamen 'der Riese' und in seiner dritten Inkarnation den Beinamen 'der Alte'. Beides weist darauf hin, daß es sich bei Starkad um den ehemaligen Göttervater Tyr als alter, am Abend bzw. im Herbst gestorbener Riese im Jenseits handelt. Dazu paßt auch, daß Thor in der Thing-Verhandlung stets das Schlechte für Starkad will – schließlich tötet Thor in vielen Mythen den Tyr-Riesen.

Die folgende Thing-Versammlung ist eine Darstellung der Absetzung des Tyr-Starkad als nordgermanischer Göttervater durch Thor und Odin um 500 n.Chr.

*In dieser Nacht, ungefähr um Mitternacht, weckte Starkads Ziehvater den Helden auf und bat ihn, ihm zu folgen. Sie ließen ein Boot zu Wasser und ruderten, bis sie eine der anderen Inseln erreichten. Grani geleitete den Helden in die Wälder bis zu einer Lichtung, wo elf Männer im Kreis auf zwölf Stühlen saßen. Während Starkad in der Mitte der Versammlung stehen mußte, setzte sich Grani auf den zwölften Stuhl. Starkad hörte, daß die anderen Männer Grani als Odin begrüßten. Dies waren die zwölf Richter, die über sein Schicksal entscheiden sollten.*

Da Tyr in den neueren, Odin-zentrierten Mythen der Sohn des Odin ist und Grani in der Saga der Ziehvater des Starkad ist, sprechen auch diese beiden Verwandtschaftsverhältnisse für die Auffassung des Starkad als einer Sagen-Variante des ehemaligen Göttervaters Tyr.

*Thor begann damit, daß er sagte, daß Starkads Großmutter Alfhild Starkads Großvater (Starkad Ala-Krieger) ihm gegenüber bevorzugt habe und daß Starkad deshalb keine eigenen Kinder haben solle.*

*Odin setzte dem entgegen, daß der Held drei Lebenszeiten haben solle, woraufhin Thor ihn sofort damit verfluchte, daß er in jedem Leben ein fürchterliches Verbrechen begehen solle.*

*Odin bestimmte, daß Starkad die feinsten Kleider und Waffen haben sollte – aber Thor setzte dem entgegen, daß er weder Land noch Hof besitzen solle.*

*Der einäugige Gott sagte, daß Starkad Reichtümer besitzen werde – aber Thor verkündete, daß er niemals mit dem, was er habe, zufrieden sein werde.*

*Er wird in jeder Schlacht siegen – aber er wird auch in jedem Kampf schwer verwundet werden.*

Tyr verlor bei seinem Kampf mit Loki im Herbst seine rechte Hand – in den späteren Mythen wurde sie ihm von Fenrir abgebissen.

*Er wird für seine Skaldenkunst berühmt werden – aber er wird sich nie dessen erinnern können, was er gedichtet hat.*

*Die Edlen werden Starkad bewundern und achten – aber die normalen Leute werden ihn verabscheuen.*

*Nach den Segnungen und Flüchen durch die beiden Götter stimmten alle zwölf Richter zu, daß alles so geschehen solle, wie es über Starkads Schicksal verkündet worden war.*

*Mit diesen Worten verschwanden die Richter und ließen Starkad alleine mit Grani Pferdehaar zurück.*

Auch die Asen haben einen Kreis aus 12 Richter wie beim Thing der Menschen – und diese Richter konnten sich wie bei den Menschen uneinig sein.

## 18. f)  Gylfis Vision

*Da sprach Loki: „Tu doch wie andere Männer und biete Baldur Ehre wie alle tun. Ich will Dich dahin weisen wo er steht: so schieße nach ihm mit diesem Reis.“*

*Hödur nahm den Mistelzweig und schoß nach Baldur nach Lokis Anweisung. Der Schuß flog und durchbohrte ihn, daß er tot zur Erde fiel, und das war das größte Unglück, das Menschen und Götter betraf.*

*Als Baldur gefallen war, standen die Asen alle wie sprachlos und gedachten nicht einmal, ihn aufzuheben. Einer sah den anderen an; ihr aller Gedanke war wider den gerichtet, der diese Tat vollbracht hatte; aber sie durften es nicht rächen: es war an einer heiligen Freistätte.*

Eine „heilige Freistätte" ist ein Tempel oder ein Thing-Platz. Da in Tempeln keine Waffen getragen werden dürfen, wird es sich eher um den Thing-Platz gehandelt haben, an dem sich die Asen täglich versammelten.

Auf einem Thing-Platz durfte niemand aus Rache ermordet werden.

## 18. g)  Die ältere Version der Huldar-Saga

*Da schickte Hleidr den Kollr zunächst zu ihrem Bruder Skjalgr nach Thors-Tals und heißt ihn, diesem einen Ring und hundert Rosse zu überbringen, wobei sie ihm ihren Hund Skotti mitgibt.*

*Skjalgr war hocherfreut über den Ring. Er sagte über ihn, dass ihn Nimrod von vier Zwergen habe schmieden lassen, daß ihn ferner die Trollkönigin Huld die Große dem Odinn geschenkt habe, als er bei ihr lag und daß ihn dann Freyja aus Ärger hierüber durch Loki habe stehlen lassen; von ihr habe ihn dann ihre Pflegeschwester Skrama, also seine Mutter, erhalten. Den Ring sollten nun mit Odins Zustimmung hundert Jahre lang Weiber aufbewahren, nach Ablauf dieser Zeit aber solle derjenige der König aller Unholde in Jötunheim werden, der ihn am Troll-Thing vorzeigen könne.*

In einer Saga wird berichtet, daß derjenige der Riesenkönig sein solle, der auf dem Troll-Thing Odins Ring Draupnir vorzeigen könne – dieser Ring gehört offenbar dem Riesenkönig, d.h. dem ehemaligen Sonnengott-Göttervater Tyr als Riese im Jenseits. Der Ring Draupnir ist ursprünglich ein Sonnensymbol gewesen.

Diese Szene könnte auch darauf hinweisen, daß einst auch die Könige auf dem Thing gewählt wurden – wo auch sonst?

# 19.  Zusammenfassung

Das Thing ist die Versammlung einer Gemeinschaft, auf der beraten und Recht gesprochen wurde. Die Errichtung eines Thingplatzes wurde als eine ruhmreiche Tat angesehen. Der Thingplatz hatte eine klare Grenze.

Das Thing fand möglicherweise bevorzugt auf Inseln und Landzungen statt, was eine Anspielung auf die Jenseitsinsel sein könnte, auf der in den alten Mythen der Sommergott Tyr mit dem Wintergott Loki gekämpft hat.

Der Gesetzeshügel ist der markanteste Ort auf dem Thingplatz. Vermutlich ist er ursprünglich das Hügelgrab des ehemaligen Göttervaters Tyr gewesen, der auch als Opferplatz diente und daher auch „Arhaug", d.h. „Adlerhügel" genannt wurde (Adler = Seelenvogel des Tyr).

Um am Thing teilnehmen zu dürfen, mußte man dazu zugelassen sein. Wer der Ladung zum Thing nicht folgte, mußte eine Buße zahlen. Zum Thing scheinen vorwiegend Krieger zugelassen worden zu sein. Man konnte ab 12 Jahren, also ab der Volljährigkeit bei den Germanen, zum Thing zugelassen werden.

Im Frühjahr wurden alle Männer, die in einem Fall angeklagt oder Zeugen waren, von dem Kläger aufgefordert, zum Thing zu erscheinen.

Man ritt zum Thing und blieb dann evtl. mehrere Tage dort. In dieser Zeit wohnte man in kleinen Hütten. Die Männer, die zum Thing kamen, brachten manchmal 12 Begleiter mit.

Das isländische Allthing fand im Juni statt und dauerte zwei Wochen – also in etwas zur Zeit der Sommersonnenwende. Manchmal wurde ein Thing auch 12 Monate im voraus festgelegt – vermutlich vor allen die alljährlichen Versammlungen.

Das Thing und der Thingbezirk waren heilig, d.h. geweiht, und auf ihm war Gewalt verboten. Während des Things ruhten alle Kämpfe – zumindestens im Prinzip. Auf dem Thing erschien man daher waffenlos – aber dies wurde nicht immer und nicht von allen eingehalten.

Der Ort, an dem die Richter saßen, war von Haselstäben, die mit einem Seil verbunden waren, umgeben. Auf diese Weise wurde auch ein Zweikampfplatz als „heiliger Ort" markiert, der der Jenseitsinsel entsprach und die Ereignisse in diesem Kreis unter den Einfluß und den Schutz der Ahnen und Götter und insbesondere des ehemaligen Göttervaters Tyr gestellt hat.

Die Haselzweige verbinden den Thing-Platz mit dem Weltenbaum, der auch „Haselstrauch der Erde" genannt worden ist. Dieselbe Hasel-Markierung gibt es auch bei den Zweikampf-Plätzen. Auf manchen Thing-Plätzen befindet sich auch eine Pfosten oder eine Säule („Irminsul"), der den Weltenbaum darstellt.

Manchmal sitzen auch die Richter auf einer hölzernen Plattform – so wie dies auch von Seherinnen, Zauberinnen und Zauberinnen bekannt ist.

Sowohl die Jenseitsinsel als auch Gesetzeshügel (Tyrs Hügelgrab), die Plattform der Richter, Seherinnen und Zauberer sowie der Weltenbaum sind Jenseitstore, d.h. sie verbinden die Menschen an diesen Orten mit den Göttern und daher auch mit der göttlichen Ordnung. Auch das Spielbrett des Tafl-Orakels ist solch ein heiliger Ort, da das Tafl-Spiel den Kampf zwischen Tyr und Loki darstellt – er ist die Spiel- und Orakel-Variante des Zweikampfes mit Waffen.

Auf den größeren Versammlungen gab es Wächter, die den Thing-Frieden aufrechterhalten sollten. Das Vorgehen auf dem Thing war durch Gesetze geregelt. Das Thing wurde von einer damit beauftragten Person geleitet.

Die Versammelten wurden durch ein Hornsignal zu dem Beginn des Things gerufen und gingen dann alle zum Gesetzes-Hügel, der das Zentrum des Things war.

Auf dem Thing wurden alle bestehenden Gesetze vorgetragen, damit sie allen Anwesenden bekannt waren bzw. ihnen in Erinnerung gerufen wurden. Der Gesetzessprecher war ein angesehenes Amt. Der Hügel, auf dem dies geschah, erinnert an die Anrufungen von Toten aus ihren Hügelgräbern und auch an den auf seinem Hügelgrab stehenden wiedergeborenen Tyr (siehe „Sigdrifa-Lied" in Band 31 oder in Band 38). Dieser Hügel sollte die Versammlung und die auf ihm vorgetragenen Gesetze ursprünglich unter den Schutz des ehemaligen Sonnengott-Göttervaters Tyr stellen. Vor dem Vortragen der Gesetze zogen die Goden in einer Prozession zu diesem Hügel.

Auf dem Thing wurden mehrere Richter bestimmt (meistens 12) und einer von ihnen als ihr Sprecher. In seltenen Fällen wurde das Urteil auch von sechs statt von zwölf Männern gefällt.

Dir Richter saßen auf Richterstühlen auf einer Plattform. Eine solche Plattform wurde auch in der Magie und beim Hellsehen benutzt, was vermuten läßt, daß diese Plattform die Richter auf ihnen in einen „heiligen Bereich", d.h. in Kontakt mit den Ahnen und Göttern bringen sollte – so wie der Gesetzeshügel, auf dem die Gesetze verkündet wurden.

Bei einer kleinen Gerichtsversammlung auf einem Hof fand diese an der Haustüre statt, die möglicherweise während dieser Zeit als Jenseitstor angesehen wurde und dann dieselbe Funktion wie der Gesetzeshügel (Hügelgrab) und der umzäunte Richter-Bereich auf dem Thing (Jenseitsinsel) hatte – die Verbindung der Lebenden mit ihren Ahnen und mit den Göttern.

Auch bei den Asen gibt es solche Versammlungen von 12 Göttern – die daher entweder das Vorbild des Things oder eine Nachbildung des Things sein werden.

Auf dem Thing wurden auch neue Gesetze beschlossen bzw. alte Gesetze geändert. Den Hauptteil der Beratungen machten jedoch die Verhandlungen über Streitfälle aus.

Auf dem Thing wurden manche Rechtsstreitigkeiten auch in einem kleinen, inoffiziellen Kreis gelöst.

Vor schwierigen Thing-Verhandlungen kam es vor, daß die beiden zerstrittenen Parteien alle ihre Unterstützer zum Thing riefen und versuchten, die Unterstützer der gegnerischen Partei vom Thing fernzuhalten, um auf diese Weise eine Mehrheit auf dem Thing zu erhalten.

Es war oft notwendig, einen starken oder einflußreichen Mann als Fürsprecher für die eigene Sache zu finden. Manchmal schworen sich zwei oder mehr Männer gegenseitige Unterstützung bei allen Rechtsstreitigkeiten. Bisweilen versuchten auch zauberkundige Seherinnen, den Verlauf von Thing-Verhandlungen und von Zweikämpfen auf dem Thing zu beeinflussen.

Außergerichtliche Verhandlungen und außergerichtliche Vergleiche gab es auch schon auf dem Thing. Bisweilen einigten sich beide Streitparteien auf einen einzelnen Mann als Richter in ihrer Streitsache.

Die zwölf Richter wurden bisweilen je zur Hälfte von den beiden Streitparteien gewählt. Die Richter saßen auf besonderen Sitzen. Beim „Fünften Gericht" auf Island (sozusagen die „Berufungs-Instanz") konnten beide Parteien je sechs der insgesamt 4x12 Richter zurückweisen, sodaß 36 Richter über den Fall beschlossen. Die Richter standen bisweilen zwischen der Treue gegenüber ihren Freunden und dem Bestreben, ein gerechtes Urteil zu fällen.

Zu Beginn der Verhandlung setzten sich die meistens 12 Richter auf ihre Plätze.

Manchmal reichten sich die beiden Parteien vor der Verhandlung die Hände und schworen, sich dem Urteil zu unterwerfen.

Dann wurde die Anklage vorgetragen und von dem Gericht entweder angenommen oder abgelehnt. Zur Erhebung einer Anklage war Mut notwendig, da es bisweilen zu Gewalt kam. Eine Person, die an einem Todschlag teilgenommen hatte, konnte in dem betreffenden Fall keine Anklage erheben.

Auf die Anklage folgte die Verteidigung, die jedem Angeklagten zustand und die er entweder selber durchführen oder mit der er einen anderen Mann beauftragen konnte. Ein Angeklagter konnte unter Umständen eine Gegenklage erheben, sodaß eine Chance bestand, daß sich die Strafen für die beiden Parteien schließlich gegenseitig aufhoben.

Beide Streitparteien konnten während der Verhandlungen Zeugen aufrufen, die evtl. unter Eid aussagten. Eide wurden vor Zeugen abgelegt. Verwandte waren nicht als Zeugen zugelassen. Gegen den Eid von zwölf Männern auf einen Tempel-Ring gab es kaum eine Gegenmittel. Manchmal half man auch mit der Bestechung der Richter nach, obwohl diese verboten war und die betreffende Partei, wenn die Bestechung entdeckt wurde, den Fall verloren hatte. Statt Geld wurde manchmal auch die Heirat mit der eigenen Tochter angeboten.

Die Reihenfolge von Aussagen u.ä. wurde manchmal durch das Los bestimmt.

Verfahrensfehler konnten auch schon auf einem Thing zur Niederlage in einem Rechtsstreit führen. Taktisches Geschick und juristische Fallen waren auch schon bei den damaligen Thing-Verhandlungen ein wichtiges Element.

In Notfällen konnte der Leiter des Things auch eine (Astral-)Reise zu den Ahnen und Göttern („Utiseta") unternehmen, um deren Rat zu erfahren.

Wenn sich die Richter einig geworden waren, wurde das Urteil verkündet und evtl. eine Strafe festgesetzt. Dieses Urteil konnte angefochten werden.

Gründliche Gesetzeskenner und gute Redner waren auf dem Thing am erfolgreichsten. Schwer errungene Vergleiche wurden jedoch bisweilen durch die Provokationen von Einzelnen wieder zunichte gemacht.

Im Verlauf des Things kam es immer wieder zu Streitigkeiten und auch zu Gewalttätigkeiten. Auf dem Thing mußten die Streitparteien bisweilen durch die übrigen Thing-Teilnehmern voneinander getrennt werden. Manchmal schlossen die Männer einen Kreis um den Schwächeren in einem Rechtstreit, um ihn zu schützen. Die Mitglieder von Steitparteien erschienen oft voll bewaffnet auf dem Thing.

Bei einem Rechtsstreit spielte es manchmal auch eine Rolle, wer die größere Streitmacht auf seiner Seite hatte. Die Thing-Verhandlungen führten vor allem dann, wenn sich eine Partei ungerecht behandelt oder durch rechtliche Tricks benachteiligt fühlte, zu Kämpfen. Es kam durchaus vor, daß ein Angeklagter den Kläger so sehr einschüchterte, daß er aufgab, oder daß er ihn mit Gewalt von dem Thing verjagte. Das Erzielen eines Ausgleichs zwischen Streitparteien war insbesondere nach einem Kampf auf dem Thing ausgesprochen schwierig.

Der Zweikampf ist bis zu seiner Abschaffung eine legitime Methode zur Klärung von Rechtsstreitigkeiten gewesen – er war das letzte mögliche Argument in einem Rechtsstreit. Es hat den Anschein, als ob Zweikämpfe auch außerhalb der Thing-Zeit an Thing-Plätzen ausgetragen wurden, was bestätigt, daß der Thing-Platz und der Zweikampf-Platz beide dieselbe Symbolik der Jenseitsinsel besaßen.

Es wurde oft bestimmt, daß Strafen sofort zu zahlen waren, damit es nicht um endlose Streitigkeiten um nicht gezahlte Strafen kam.

Auch Anklagen wegen Hexerei wurden auf dem Thing erhoben.

Ein Mord wurde mit einer „Mannsbuße" gesühnt, d.h. durch die Zahlung eines Wergeldes. Bei größeren Streitigkeiten wurden z.T. auch die Morde gegeneinander aufgerechnet, wobei auch geprüft wurde, was der Grund für den Mord gewesen war. Je nach den Umständen eines Mordes konnte eine einfache, doppelte, dreifache oder sechsfache Mannbuße (Wergeld) verhängt werden. Auch ein Angegriffener mußte Wergeld für einen getöteten Angreifer zahlen, aber nur die Hälfte.

Manchmal zahlten die Goden oder die Thingversammlung einen Teil einer Strafe, die einem anderen auferlegt worden war, um einen Fall abschließen und den allgemeinen Frieden wiederherstellen zu können. Bisweilen zahlten sie auch ein Wergeld für einen Fall, der ungesühnt geblieben war, um auch in solchen Fällen den Frieden zu sichern.

Bisweilen war die Durchsetzung eines Urteils wie z.B. die Verbannung von Männern mit großer Macht recht schwierig. Diese Durchsetzung wurde zumindestens in manchen Fällen auf den vierzehnten Tag nach dem Ende des Things festgesetzt.

Die meisten Morde wurden mithilfe von Wergeld-Zahlungen ausgeglichen – nur in schweren Fällen wurde eine dreijährige oder eine unbegrenzte Verbannung ausgesprochen. Die Verbannung konnte innerhalb von verschiedenen Fristen bestimmt werden: sofort, in demselben Sommer oder innerhalb von drei Jahren. Wer die Verbannung nicht befolgte, wurde zu einem „Unheiligen", was man auch „Waldgänger" nannte – der Betreffende war vogelfrei und konnte von jedem straffrei getötet werden. Bei der Bewertung eines Mordes war folglich die Frage wichtig, ob der Getötete geächtet oder frei gewesen war.

Das Vertreiben von spukenden Geistern wurde wie ein Thing-Gericht durchgeführt, bei dem die Geister in die Verbannung geschickt wurden.

Hinrichtungen fanden zur Mittagszeit statt – aber erst nach dem Ende des Things, auf dem nur die Strafe beschlossen wurde. Auf einem Thing-Platz durfte niemand aus Rache ermordet werden.

Nach einem Urteil mußten die Parteien manchmal Frieden schwören. Nach der Annahme des Urteils schwor man sich gegenseitig Frieden. Die Beendung eines Streites wurde gelegentlich mit dem Urfehdebann beschworen, der ein ritueller Eid ist, bei dem Gott Vater bzw. in früherer Zeit vermutlich Odin und noch früher Tyr als Beschützer dieses Eides bzw. als Bestrafer des eventuellen Eidbrechers angerufen wurde.

Richter und Goden erhielten nach einem erfolgreich abgeschlossenen Fall manchmal Geschenke zum Dank für ihre weise und effektive Leitung der Verhandlungen.

Auf einem Thing konnte auch eine Neuordnung des Things, der Thing-Bezirke, der Thing-Verfahren u.ä. beschlossen werden.

Auch die Annahme des Christentums wurde in Island auf dem Allthing beschlossen. Über das Verlangen des schwedischen Königs an sein Volk, das Christentum anzunehmen, wurde ebenfalls auf dem Thing verhandelt.

Zur Auflockerung des Things fanden manchmal auch Belustigungen statt.

Schließlich wurde das Thing beendet.

Auch die Götter werden mit einem Signalhorn (dem des Heimdall) zum Thing gerufen, um über den Umgang mit einer Gefahr zu beraten.

In Krisenzeiten versammeln sich die Asen zum Thing und beraten dort darüber, was zu tun sei. Auch die Asen haben einen Kreis aus 12 Richtern wie beim Thing der Menschen – und diese Richter konnten sich wie bei den Menschen uneinig sein. Auch Odin kann auf einem Thing erscheinen.

Die Asen sitzen in ihrer Richter-Funktion („Rater") auf besonderen Stühlen.

In der Huldar-Saga wird berichtet, daß derjenige der Riesenkönig sein solle, der auf dem Troll-Thing Odins Ring Draupnir vorzeigen könne – dieser Ring gehört offenbar dem Riesenkönig, d.h. dem ehemaligen Göttervater Tyr als Riese im Jenseits. Diese Szene könnte darauf hinweisen, daß einst auch die Könige auf dem Thing gewählt worden sind.

# II  Beleidigungs-Wettstreit

Bei den Germanen gab es den „Kampf mit Worten", der oft, aber nicht immer die Einleitung zu einem „Kampf mit Waffen" war.

## 1.  Der Wortschatz

Die altnordischen Verben „hneita", „saka" und „skemma" bedeuten „beleidigen" und das altnordische Substantiv „kletun" wurde für „Beleidigung" verwendet.

Ein „Kampf mit Worten" wurde hingegen „senna" genannt, was allerdings kein scharf konturierter Begriff gewesen ist, sondern auch allgemein „Gerede, Wortstreit, Zank, Disput" bedeutete. Der Name des Liedes „Lokasenna" bedeutet wörtlich „Streitreden des Loki". Da sich „senna" von dem Substantiv „sannr" für „Wahrheit" ableitet, hat „senna" auch die Färbung von „die Wahrheit aussprechen".

Aus dem altnordischen Verb „flyta" für „treiben, antreiben, zur Eile bewegen", von dem sich das Verb „flytja" für „fördern, vortragen" ableitet, hat sich das altenglische Substantiv „flitan" für „Streit" entwickelt, daß schließlich im heutigen Englisch zu „flyting" für „ritueller Wortstreit mit Beleidigungen" geworden ist.

Derartige Beleidigungs-Wettstreite sind aus dem germanischen Bereich seit ca. 700 n.Chr. (Beowulf-Epos) bekannt. Da es jedoch auch bei anderen Indogermanen wie z.B. den Griechen deutlich frühere Beispiele für diese Art von Streit gibt, ist der Wortstreit im Beowulf-Epos nur das früheste überlieferte Beispiel, aber sicherlich nicht der früheste Beleidigunges-Wettstreit, der bei den Germanen stattgefunden hat.

Eine späte Variante sind die Provokationen („Herausrufen"), die einen einen anderen durch beleidigende Worte aus dessen sicherer Position herauslocken sollen.

# 2. Überlieferte Beleidigungs-Wettstreite

## 2. a) Beowulf-Epos

Der folgende Wortstreit ist noch kein richtiges „flyting", sondern eher ein „normaler Wortstreit".

Zunächst lobt sich Unferth selber, um klar zu machen wie überflüssig Beowulfs Erscheinen in der Halle des Königs Hrodgar ist. Als Antwort darauf lobt sich dann Beowulf selber und hält anschließend Unferth alle seine Missetaten vor.

*Nun redete Unferth, / des Ecglaf Sohn,*
*Der dem Fürsten der Dänen / zu Füßen saß,*
*Die Streitrune lösend. / Dem Stolzen verdrießlich*
*War Beowulfs Fahrt / durch die brandenden Wogen,*
*Denn der Menschen keinem / in Midgard*
*Gönnt' er es, reicheren / Ruhm zu erwerben*
*Unterm himmlischen Saal, / als er selber heimtrug:*

*„ Und auf weiter See / um die Wette ruderte,*
*Da vermessen ihr / das Meer erprobtet*
*Und tollkühn tauchtet / ins tiefe Wasser,*
*Euer Leben wagend? / Verleiden konnt' euch*
*Weder Freund noch Feind / den gefährlichen Kampf,*
*Kein einziger Mensch. / Die Arme regend*
*Ruderten ihn hinaus / in den rauhen Sund*
*Durchmaßet das Meer / mit mächtigen Schlägen,*
*Die eisige Salzflut; / der Ozean wogte*
*Vom Wintersturme. / Im Wasser triebt ihr*
*Sieben Nächte, / doch der Sieg blieb ihm,*
*Seine Stärke war größer. / Zur Stunde des Morgens*
*Führte der Strom ihn / zum Strande der Raumer,*
*Von dort zum eigenen / Erbsitz zog er,*
*In der Brondinge Land, / der geliebte Gebieter,*
*Zur gefriedeten Burg, / wo sein Volk ihm schirmte*
*Haus und Hort. / Was der Held Dir gelobt,*
*Beanstans Sohn, / hat der Biedre geleistet.*
*So fürcht' ich noch übleren / Ausgang für Dich,*
*Obwohl Du Dich vielfach / in Fehden bewährtest,*

123

*In grimmigem Streit,   /   wenn Du Grendels Klauen*
*In nächtlicher Stunde   /   zu nahen wagst. "*

*Des Ecgtheow Sohn   /   gab Antwort hurtig:*

*" Unendlich viel,   /   Unferth, mein Freund!*
*Hast Du bierberauscht   /   von Breca geredet,*
*Vom Wagnis des Helden.   /   Als wahr behaupt' ich*
*Daß Meeresstärke   /   ich mehr hatte,*
*Mühe in den Wogen,   /   als jeder andere Mann.*
*Wir hatten's beredet   /   als rasche Knaben*
*Mit bindendem Wort –   /   wir beide waren*
*Mannbar kaum –   /   in dem Meere draußen*
*Das Leben zu wagen:   /   geleistet ward's!*
*Die nackten Schwerter   /   in nerviger Faust*
*Schwärmten wir aus,   /   die uns schirmen sollten*
*Vor der Walfische Wut.   /   Er wagte es nicht*
*In den Wellen von mir   /   sich weit zu entfernen,*
*Und ich wollt' nicht verlassen   /   den Waffenbruder.*
*So blieben in See   /   beisammen wir beiden*
*Fünf Nächte lang,   /   bis die Flut uns trennte*
*Wallende Woge   /   und Winterkälte,*
*Neblige Nacht   /   und nördlicher Wind*
*Voneinander uns schied:   /   arg raste die Brandung.*
*Erregt war der Zorn   /   der Riesenfische,*
*Doch wehrte dem Angriff   /   der Ungeheuer*
*Der harte Harnisch,   /   der handgefügte,*
*Der die Brust mir umfing,   /   die geflochtene Brünne,*
*Die goldverzierte.   /   Zum Grunde zog mich*
*Ein furchtbares Untier,   /   mich fest umklammernd*
*Mit gierigem Griffe,   /   doch glückte mir's noch,*
*Das Scheusal zu treffen   /   mit scharfer Spitze,*
*Mit des Streitschwerts Stahl:   /   dem Stoße erlag*
*Das mächtige Meertier   /   durch meine Hand.*
*So ward von den tückischen   /   Tieren ich oftmals*
*Bedrängt gar heftig,   /   doch dient' ich ihnen,*
*Wie's gebührlich war,   /   mit dem blitzenden Schwerte.*
*Nicht ward ihnen Freude   /   am Fraß vergönnt,*
*Den mörd'rischen Schädigern,   /   mich zu verschlingen*
*Und zum Mahl sich zu lagern   /   am Meeresgrunde;*

In der Frühe vielmehr, / als die Flut zurückwich,
Lagen sie blutig / gebettet am Strande,
Von der Klinge gefällt, / daß sie künftig auf See
Den Schiffern nicht mehr / schaden konnten.
Leuchtend erschien / das Licht im Osten,
Der Glutschild Gottes – / glatt wurden die Wogen –,
Daß ich Berge am Ufer / erblicken konnte,
Windige Höhen. / Wyrd errettet
Den tapfren Mann, / wenn ihm Tod nicht verhängt war.
So schlug ich also / mit scharfer Waffe
Neun Untiere; / nächtlicher Kampf
War nie so hart / unterm Himmelsdache,
Noch mehr gefährdet / ein Mann in den Fluten,
Und doch entging ich / den grimmigen lebend,
Obwohl müde von der Fahrt. / Das Meer dann trug mich,
Die steigende Flut / an den Strand der Finnen,
Das schwankende Boot. – / Nicht wüßt' ich von Dir
Solche Heldenkämpfe / gehört zu haben,
So blutigen Streit: / weder Breca noch Du
Hat im Waffenspiel je / mit wuchtigem Schwerte
Eine gleich tapfere / Tat vollführt;
Doch fern sei Geprahle! / Du freilich hast
Die leiblichen Brüder / des Lebens beraubt,
Die nächsten Verwandten, / und nimmer entrinnst Du
Den Qualen der Hölle, / so klug Du auch bist.
Sicher ist das, / Du Sohn des Ecglaf:
Nie übte Grendel, / der grimme Wüt'rich,
Der Frevel so viel / deinem Fürsten zum Kummer,
In Heorots Haus, / wenn ein Held Du wärest
Von solchem Mut, / wie Du selber behauptest.
Doch er erfuhr, / daß er eure Feindschaft,
Der Scyldinge Schwertsturm / zu scheuen nicht braucht,
Der siegberühmten: / sorglos holt er,
Den schuldigen Schoß / und schonet keinen
Von den Leuten der Dänen, / nach Lust raubt er,
Würgt und mordet, / den Widerstand nicht
Der Speer-Dänen fürchtend. / Die Spitze bieten
Wird jetzt dem Geist / der Gauten Stärke,
Kampf ihm künden. / Kühn geht dann wieder
Zum Met, wer will, / wenn das Morgenlicht

125

*Den Kindern der Menschen  /  am kommenden Tage,*
*Die Sonne im Glanzkleid  /  von Süden scheint. "*


## 2. b)  Lokasenna

Dieses Lied dürfte der bekannteste „Beleidigungs-Wettstreit" überhaupt sein – sozusagen der „flyting-Klassiker". Genaugenommen ist er jedoch kein Wettstreit, da hauptsächlich Loki die Götter beleidigt und die anderen Asen meist versuchen, Loki Einhalt zu gebieten und ihn nur selten ihrerseits beleidigen.

*Ägir, der mit anderem Namen Gymir hieß, bereitete den Asen ein Gastmahl, nachdem er den großen Kessel erlangt hatte, wie eben gesagt worden ist.*

Die Erlangung des Kessels wird im Hymir-Lied beschrieben.

*Zu diesem Gastmahl kam Odin und Frigg, sein Weib. Thor kam nicht, denn er war auf der Ostfahrt. Sif war zugegen, Thors Weib, desgleichen Bragi und Idun seine Gemahlin. Auch Tyr war da, der nur eine Hand hatte, denn der Fenriswolf hatte ihm die andre abgebissen, als er gebunden wurde. Da waren auch Niörd und Skadi, sein Weib, Freyr und Freyja, und Widar, Odins Sohn. Auch Loki war da und Freyrs Diener Byggwir und Beyla. Da waren noch viele Asen und Alfen.*
*Ägir hatte zwei Diener, Fimafeng und Eldir.*
*Leuchtendes Gold diente statt brennenden Lichtes. Das Ale trug sich selber auf. Der Ort hatte sehr heiligen Frieden.*

Der „sehr heilige Frieden" bedeutet wahrscheinlich, daß es sich um ein rituelles Mahl handelt. Dies erinnert daran, daß Baldur an einer „Heiligen Stätte" ermordet worden ist.

*Alle Gäste rühmten, wie gut Ägirs Leute sie bedienten. Loki, der das nicht hören mochte, erschlug den Fimafeng. Da schüttelten die Asen ihre Schilde und rannten wider Loki und verfolgten ihn in den Wald und fuhren dann zu dem Mahl.*

Dies ist dieselbe Geste von Loki wie bei seinem Mord an Baldur: Er konnte nicht ertragen, daß etwas gut war und gelobt wurde.
Die Asen scheinen den Mord an Fimafeng nicht für so schlimm erachtet zu haben, da sie den Loki nicht mit großer Ausdauer verfolgt haben.

*Loki kam wieder und sprach zu Eldir, den er vor dem Saal fand:*
*„Sage mir, Eldir, eh Du mit einem*
*Fuße vorwärts schreitest,*
*Was für Tischgespräche tauschen hier innen*
*Der Sieggötter Söhne?"*

Eldir:
*„Von Waffen reden und ruhmvollen Kämpfen*
*Der Sieggötter Söhne.*
*Asen und Alfen, die hier innen sind,*
*Keiner weiß von Dir ein gutes Wort."*

Loki:
*„Ein will ich treten in Ägirs Hallen,*
*Selber dies Gelage zu sehn.*
*Schimpf und Schande schaffe ich den Asen*
*Und mische Gift in ihren Met!"*

Eldir:
*„Wisse, wenn Du eintrittst in Ägirs Halle,*
*Um selber dies Gelage zu sehen,*
*Und um die guten Götter mit Schmach zu übergießen,*
*Dann gib acht, daß sie sie nicht an Dir abtrocknen."*

Die Schmach wird in dem Wortspiel zwischen Loki und Eldir bildhaft als eine Flüssigkeit angesehen.

Loki:
*„Wisse das, Eldir, wenn wir*
*In scharfen Worten miteinander streiten,*
*Werd ich in Antworten üppiger sein,*
*Was immer Du auch zu reden weißt!"*

*Da ging Loki in die Halle. Jene aber, die darinnen waren, schwiegen alle still, als sie ihn eingetreten sahen.*

Loki:
*„Durstig komm ich, Loptr,*
*Den langen Weg in diese Halle,*
*um die Asen zu bitten, mir einen Trunk*
*Ihres süßen Mets zu schenken.*

*Warum schweigt ihr still, ihr verstockten Götter,*
*Und erwidert nicht ein Wort?*
*Sitz und Stelle sucht mir bei dem Mahl,*
*Oder heißt mich hinnen weichen."*

Loki ist sozusagen die Provokation persönlich …

Bragi:
*„Sitz und Stelle suchen Dir bei dem Mahl*
*Die Asen nun und nimmer.*
*Die Asen wissen wohl, wem sie*
*Anteil am Gelage gönnen sollen."*

Bragi ist der Gott der Skalden und somit zumindestens auch teilweise ein Gott der Gerechtigkeit. Daher kann er die Frechheit und Dreistigkeit des Loki am wenigsten ertragen.

Loki:
*„Weißt Du noch, Odin, wie wir in Urzeiten*
*Beide unser Blut mischten?*
*Du gelobtest, nimmer Dich zu laben mit Trank,*
*Wenn er nicht uns beiden gereicht würde."*

Odin:
*„Steh denn auf, Widar, um dem Vater des Wolfs*
*Sitz zu schaffen beim Mahl,*
*Daß länger Loki uns nicht lästere*
*Hier in Ägirs Halle."*

Loki ist der Vater des Fenris-Wolfes.

*Da stand Widar auf und schenkte dem Loki ein.*
*Als Loki jedoch getrunken hatte, sprach er zu den Asen:*
*„Heil euch, Asen; Heil euch Asinnen,*
*Euch hochheiligen Göttern all,*
*Außer dem Asen allein, der da sitzt*
*Auf Bragis Bank."*

Nachdem Loki nun einen Platz in der Runde der Asen erlangt hat, nimmt er als erstes Rache an Bragi dafür, daß dieser ihn nicht in der Kreis der Asen lassen wollte.

Bragi:
*„Ein Schwert und einen Schecken und einen Ring*
*Aus meinem Schätze gebe ich Dir,*
*Wenn Du dafür den Asen nicht Ärgernis bereitest:*
*Mache Dir nicht gram die Götter."*

Bragi, Freyr und Baldur sind die drei friedlichsten der Götter. Baldur ist zu dem Zeitpunkt dieses Festmahles bereits von Loki bzw. Hödur ermordet worden. Dieses Mahl fand somit zwischen Baldurs Ermordung und Lokis Fesselung statt. Wenn man noch das Holen des Kessels von dem Riesen Hymir durch Tyr und Thor hinzunimmt, ergibt sich somit die Reihenfolge:

- die Ermordung des Baldur durch Loki,
- das Holen des Kessels (vermutlich für Baldurs Bestattung) durch Tyr und Thor,
- das Verletzen des Ziegenbockes des Thor durch Loki (vermutlich bei dem Bestattungsritual für Baldur; der Ziegenbock wäre dann das Opfertier für Baldur),
- das Festmahl bei den Asen, zu dem Gylfi in seiner Vision gereist (vermutlich ebenfalls das Bestattungsritual für Baldur) und das wohl das Bestattungsritual im Diesseits darstellt,
- das Festmahl bei Ägir in der Wasserunterwelt (vermutlich die Jenseits-Entsprechung zu dem Diesseits-Ritual), und
- die Fesselung des Loki durch die Asen.

Loki:
*„Ich weiß doch, daß Du, Bragi,*
*Nicht allzureich an Rossen und Ringen bist!*
*Von den Asen und Alfen, die hier innen sind,*
*Scheut keiner so sehr den Streit,*
*Flieht keiner die Geschosse feiger wie Du!"*

Als Wikinger erwarb man sich seinen Reichtum in der Regel durch Raubzüge …

Bragi:
*„Wenn ich draußen und nicht hier drinnen*
*In Ägirs Halle wäre,*
*Dann hätte Dein Haupt bereits in meiner Hand:*
*So würde ich Dir die Lüge lohnen!"*

Loki:
*„Sitzend bist Du schnell, doch langsam mit der Tat,*
*Bragi, Bänke-Verehrer!*
*Steh auf zum Zweikampf vor, wenn Du zornig bist:*
*Der Tapfre sieht sich nicht um und zögert nicht!"*

„Bänke-Verehrer" ist eine besonders gemeine Kenning von Loki, da sie nicht nur auf Trägheit und Faulheit anspielt, sondern auch auf die Frauen-Kenning „Bänke-Stolz" und somit Bragi ganz dezent auch als weibisch bezeichnet, was bei den Germanen eine der größten Beleidigungen gewesen ist.

Idun:
*„Ich bitte Dich, Bragi, bedenke seine Verwandtschaft*
*Und des Wunschsohnes Wohl,*
*Sprich zu Loki nicht mit lästernden Worten*
*Hier in Ägirs Halle."*

Idun ist die Frau des Bragi und beginnt nun ihren Mann zu beschwichtigen.
Loki wird hier anscheinend als der „Wunschsohn" (Adoptivsohn) des Odin angesehen, der ihn durch den Bluttausch unter die Asen aufgenommen hat. Loki selber ist der Sohn des Riesen Farbauti und der Riesin Laufey. Diese Abstammung von den Riesen bedeutet jedoch nur, daß Loki zur jüngeren Göttergeneration gehört, da die Eltern fast aller Götter Riesen und Riesinnen sind.
Farbauti („Brutaler Schläger") und Laufey („Laubinsel"). Während „Farbauti" ein typischer Riesen-Name ist, könnte die „Laubinsel" eine Anspielung auf die Jenseitsinsel sein, die an verschiedenen Stellen in den Mythen der Germanen vorkommt. Wenn dies zutrifft, wäre Lokis Mutter wie die Riesinnen Gerdr, Jörd, Gunnlöd und Rindr ursprünglich die Jenseitsgöttin gewesen.

Loki:
*„Schweig, Idun! Von allen Frauen*
*Halte ich Dich für die männergierigste:*
*Du legtest die Arme, die hellen, gleich*
*Um den Mörder Deines Bruders."*

Der bekannteste Brudermörder in den germanischen Mythen ist zweifellos Hödur, der unabsichtlich durch eine List des Loki seinen Bruder Baldur erschoß. Es gibt jedoch keinerlei Hinweise darauf, daß Idun und Hödur jemals ein Paar gewesen wären oder daß Baldur der Bruder der Idun wäre.
Idun wird jedoch in „Odins Rabenzauber" „die jüngste Tochter der älteren Kinder

des Zwerges Iwaldi" genannt. Diese Kinder sind die Zwerge Brock und Sindri, die die sechs magischen Gegenstände für Odin, Freyr und Thor/Sif hergestellt haben. Sie sind ursprünglich die beiden Söhne/Schimmel des Göttervaters gewesen – der Name des Zwerges Iwaldi bedeutet „All-Herrscher", was offensichtlich ein Titel des Göttervaters ist.

Es stellt sich somit die Frage, wer der Mörder von den Iwaldi-Söhnen Brock oder Sindri sein könnte.

Ein erster Anhaltspunkt ist die Schicksalsgemeinschaft der beiden Göttervater-Söhne mit ihrem Vater: Wenn der Göttervater Tyr am Abend bzw. im Herbst stirbt, wird er zu dem Zwerg Ivaldi und seine beiden Sohn zu den Zwergen Brokk und Sindri; Tyr wird im Jenseits zu dem Schmied Wieland und seine beiden Söhne werden zu den Schmieden Brokk und Sindri; Tyr ist als Göttervater zauberkundig und besitzt ein magisches Schwert und seine Söhne stellen magische Gegenstände für die Götter her.

Es besteht somit der begründete Anfangsverdacht, daß die Todesursache des Tyr auch der die Todesursache seiner beiden Söhne gewesen ist.

Es ist sehr wahrscheinlich, daß bei Tyrs Tod sein Schwert zerbrochen ist und er dies dann in der Unterwelt neugeschmiedet hat. Das Zerbrechen seines Schwertes läßt vermuten, daß ein Kampf stattgefunden hat. Wer könnte jedoch mit Tyr gekämpft und ihn besiegt haben? Von allen Göttern und Ungeheuern kommt dafür nur Loki infrage. Der Mord des Loki an Baldur wäre dann eine Parallele oder eine Weiterentwicklung dieses Mordes des Loki an Tyr.

Dies paßt auch insofern gut, als das der Gott der Richtigkeit und der Gerechtigkeit in fast allen Mythen ein Aspekt des Sonnengott-Göttervaters ist, was in den Mythen meist als „Sohn" ausgedrückt wird. Auf diese Weise ist z.B. der griechische Apollon der Sohn des Zeus, der persische Asha ein Sohn des Ahura Mazda, und der keltische Cermat der Sohn des Dagda.

Man kann somit vermuten, daß Baldur, bevor er als Sohn des Göttervaters Odin angesehen worden ist, der Sohn des Göttervaters Tyr gewesen ist. Dies bedeutet wiederum, daß der vermutete Mord des Loki an Tyr derselbe Mord wie der des Loki an Baldur gewesen ist. Wahrscheinlich hat es einst einen Gegensatz zwischen dem Sommer-Baldur und dem Winter-Hödur gegeben, die auf den Sommergott Tyr und den Wintergott Loki zurückgehen.

Somit wäre der „Mörder Deines Bruders", mit dem sich Idun vereint hat, niemand anderes als Loki selber …

Idun:
*„Zu Loki spreche ich nicht mit lästernden Worten*
*Hier in Ägirs Halle;*
*Den Bragi besänftige ich, den bierberauschten,*
*Denn ich will nicht, daß sie hitzig kämpfen."*

Gefion:
*„Ihr beiden Asen, warum streitet ihr mit bitteren Zungen*
*Und facht Haß unter uns an?*
*Loptr ist bekannt für seinen bösartigen Spott*
*Und die Himmelsbewohner hassen ihn. "*

Loki:
*„Schweig, Gefion! Denn nun sage ich,*
*wer Dich zu üblem Leben verführte:*
*Jener weiße Jüngling gab Dir den hellen Halsreif,*
*Als Du den Schenkel um ihn schlangst. "*

Der Halsreif wird Freyas Brisingamen sein. Dies setzt Gefion der Göttin Freya gleich.

In der Heimskringla sendet Odin Gefion nach Schweden, wo sie Seeland vom Festland abpflügt.

Der Name „Gefion" bedeutet „Geberin" und ist schon als Name der germanisch-keltisch-römischen Matronen gut bekannt. Dies läßt vermuten, daß Gefion ein Beiname der Freya und vermutlich auch der Frigg ist.

In der Völsi-Saga werden in einem Ritual „Gefion und alle anderen Götter" angerufen. Eine solche Formel kann nur bedeuten, daß Gefion die allgemeine Muttergöttin, also Freya/Frigg gewesen ist. Dazu paßt auch, daß Odin sie nach Schweden gesandt hat – egal ob Gefion nun Frigg oder Freya gewesen ist, da beide in den Mythen als Frau bzw. Geliebte des Odin erscheinen.

Der „weiße Jüngling" ist vermutlich der „weiße Gott" Heimdall, der für Freya mit Loki um das Brisingamen gekämpft hat. Heimdall scheint somit einst der Geliebte der Freya gewesen zu sein – was nicht verwunderlich ist, denn wenn Heimdall auch eine Gestalt des ehemaligen Sonnengott-Göttervaters Tyr gewesen ist (der auch „weißer Schwertgott" genannt wurde) und Freya/Frigg die Muttergöttin im Jenseits gewesen ist, dann müssen sich beide wegen der Wiederzeugung des Göttervaters miteinander vereint haben.

Odin:
*„Irr bist Du, Loki, und unbedacht,*
*Wenn Du Gefion gram Dir machst:*
*Das Schicksal aller Lebenden weiß sie*
*Ebensogut wie ich. "*

Loki:
*„Schweig nur, Odin, ungerecht verteilst*
*Du das Kampf-Schicksal zwischen den Menschen*
*Oftmals gabst Du dem, der es nicht verdient hatte,*
*Dem schlechtem Mann den Schlachtensieg."*

Odin:
*„Auch wenn ich dem, der es nicht verdiente,*
*Dem schlechteren Mann den Schlachtensieg gab,*
*So warst Du gar acht Winter unter der Erde*
*und molkst Kühe wie eine Magd;*
*Ja, und Kinder hast Du geboren!*
*Unmännlich muß Deine Seele sein!"*

Es war eine beliebte (und effektive) Beleidigung unter Männer, zu behaupten, daß der andere Kinder geboren habe, d.h. eine Frau sei. Odins Anklage ist aber keineswegs aus der Luft gegriffen, denn Loki hat sich einst in eine Stute verwandelt und dann von dem Hengst des Tyr-Riesen Odins achtbeiniges Roß Sleipnir empfangen.

Dies paßt wieder gut in das Bild, da Sleipnir religionsgeschichtlich gesehen aus der Verschmelzung der beiden Schimmel-Söhne des Göttervaters Tyr entstanden sind, als der Streitwagenfahrer Tyr von dem Reiter Odin als Göttervater abgelöst wurde. Somit ist Sleipnir letztlich mit Brokk und Sindri identisch, die wahrscheinlich zusammen mit Tyr von Loki getötet worden sind.

So wie Tyr erst nach seiner Wiederzeugung zusammen mit der Jenseitsgöttin Frigg-Freya wiedergeboren werden konnte, muß es auch in Bezug auf die beiden Pferde-söhne des Göttervaters eine solche Wiederzeugung und Wiedergeburt gegeben haben. Es scheint, als ob diese Wiederzeugung der beiden Zwerge zu der Geburt des Sleipnir durch Loki geführt hätte.

Es stellt sich allerdings die Frage, warum Loki bei der Wiederzeugung an die Stelle der beiden Pferdesöhne trat. Die Antwort auf diese Frage wird im Verlauf der Betrachtung der folgenden Verse der Lokasenna deutlicher werden, in der Loki noch einige weitere erotische Eroberungen unter den Göttin „beichtet".

Die acht Jahre, die Loki als Kuh-Magd unter der Erde verbrachte, erinnern an den Ring Draupnir, von dem jede neunte Nacht acht identische Ringe abtropfen. „Unter der Erde" bedeutet somit sehr wahrscheinlich „in der Unterwelt".

In mehreren indogermanischen Mythologien werden die Toten im Jenseits als Rinder dargestellt – so bedeutet z.B. der Name „Eleusinische Felder", mit dem die Griechen ihr Paradies bezeichneten, schlicht „Kuhweide". Dieses weitverbreitete Motiv stammt daher, daß vermutlich schon seit der späten Altsteinzeit die Toten bei der Bestattung mit einem Stier und die Muttergöttin im Jenseits mit einer Kuh identifiziert wurde, um die Zeugungskraft und die Fruchtbarkeit bei der Wiederzeugung sicherzustellen. Es gab z.B. bei den Ägyptern den Titel „Ka-mut-ef", der „Stier seiner Mutter" bedeutete, um die erfolgreiche Wiederzeugung eines Toten mit der kuhgestaltigen Jenseitsgöttin Nut zu betonen.

Ein weiteres weitverbreitetes Motiv bei den Indogermanen ist der Raub des Regens und der Rinder durch den Unterweltsgott. Loki könnte somit einst auch solch ein „Viehdieb" gewesen sein – was Odin hier möglicherweise sarkastisch als „Melk-Magd" umschreibt.

Loki:
*„Man sagt, daß Du einst in Samsö mit Galdr*
*wie eine Wala mit magischen Sprüchen gezaubert hast!*
*Als Seherin verkleidet liefst Du unter Menschen:*
*Unmännlich muß Deine Seele sein!"*

Loki revanchiert sich recht bissig mit demselben Vorwurf des „weibischen Verhaltens" gegen Odin, den er zuvor von Odin vorgehalten bekommen hat.

Diese Anspielungen beziehen sich darauf, daß Odin sich einst, um die Gunst der Königstochter Rindr zu erhalten, in eine Heilerin verwandelt hat. Dies wird in der „Gesta danorum" berichtet. Der Grund für dieses Bestreben des Odin ist es gewesen, den Rächer des Baldur an Hödur mit Rindr zu zeugen, wie ihm dies ein Orakel geweissagt hatte. Der Sohn Wali der beiden hat dann im Alter von einem Tag Baldur an Hödur gerächt.

„Galdr" ist die Kunst, Zauberlieder zu singen und Zaubersprüche zu benutzen, also eigentlich der Tätigkeitsbereich der Priester und Priesterinnen.

Dies Motiv, das auch von von Oengus, dem Sohn des keltischen Göttervaters Dagda bekannt ist, ist durch den abendlichen Tod der Sonne und ihre morgendliche Wiedergeburt entstanden, durch die der wiedergeborene Sonnengott nur eine Nacht alt war – von seiner Wiederzeugung am Abend bis zu seiner Wiedergeburt am Morgen. Die Erweiterung um das Rachemotiv wird neueren Datums sein.

Frigg:
*„Über die Taten, die ihr zwei vor langer Zeit vollbrachtet,*
*Solltet ihr nicht vor allen Menschen sprechen;*
*Was auch immer ihr in den längst vergangenen Tagen getan haben mögt:*
*Die alten Geschichten sollte man ruhen lassen!"*

Loki:
*„Schweig, Frigg! Du bist Fiörgyns Tochter*
*Und immer voller Lust und Liebe:*
*Du, Widrirs Gemahlin, bargst beide,*
*Wili und We in deinem Schoß!"*

Widrir bedeutet „Widersacher, Gegner" und ist einer der vielen Beinamen des Odin. Er ist hier offensichtlich wegen der „w"-Alliteration gewählt worden.

Die Begebenheit, auf die Loki hier anspielt, wird in der Ynglinga-Saga berichtet: Als Odin (Widrir) lange Zeit von seinem Reich fortgegangen war, teilten sich Odins Brüder Wili und We sowohl das Reich als auch dessen Königin Frigg.

In den indogermanischen Sagen, in denen der Jenseitsgott den Regen und das Vieh raubt, raubt er in aller Regel gleich auch noch die Frau und die Töchter des Diesseits-gottes. Loki schient dieser Tradition treu geblieben zu sein – zumal sie auch ganz dem Verhalten der Wikinger entsprach, nur daß diese die ursprünglicher Raubzüge als Reiterhorde in die Drachenboote verlegt hatten.

Da die Dreiheit Wodan (Odin), Wili und We auch als Odin Hönir und Loki erschien, ist Wili mit Loki identisch – die Hinzunahme von Hönir/We als vorübergehender Mann der Frigg wird eine spätere Ergänzung sein.

Loki erzählt dem Odin in diesen Versen somit, daß er mit Odins Frau Frigg das Bett geteilt hat.

Die drei „W"-Götter gehen möglicherweise auch auf das Motiv der drei Inkarnationen des Tyr zurück, die seinen endlosen Sonnenlauf-Zyklus symbolisch umschrieben.

In der Lokasenna wird sehr gründlich „schmutzige Wäsche gewaschen" – auch dies ist ein Aspekt des Loki …

Frigg:
*„Wenn ein Sohn wie Baldur bei mir wäre,*
*hier in den Ägirs Hallen,*
*dann würdest von den Söhnen der Götter nicht hinausgelangen,*
*bis Deine Kühnheit im Kampf versucht worden wäre!"*

Loki:
*„Du willst also, Frigg, daß ich noch mehr erzähle*
*Von dem Üblen, daß ich nun weiß:*
*Ich bin es schuld, daß Du Baldur nicht*
*Heim in die Halle reiten sehen wirst!"*

Freyja:
*„Irr bist Du, Loki, daß Du selber*
*das Übel und die Schande, die Du getan hast, verkündest!*
*Frigg weiß nur zu gut das Schicksal aller,*
*auch wenn sie es nicht ausspricht!"*

Loki:
*„Schweig, Freyja, ich kenne Dich genau:*
*Du bist keineswegs ohne Makel!*
*All die Asen und Alfen, die hier innen sind,*
*Haben bei Dir als Deine Geliebten gelegen."*

Dies ist eine Umdeutung der Aufgabe der Freya bei der Wiederzeugung, durch die alle (männlichen) Wesen des Jenseits sowohl ihre Geliebten als auch ihre Söhne sind. Loki verdreht diesen Umstand mithilfe des Maßstabes des Verhaltens einer guten Ehefrau – und Freya ist natürlich etwas ganz anderes und weit größeres als das.

Die Bezeichnung „Alfen" ist vermutlich identisch mit Wanen, da Freyr in der Halle „Alfheim" wohnt und auch sein Diener-Priester Thialfi ein Alf ist, da sein Name „Diener-Alf" oder „Priester der Alfen" bedeutet.

Freyja:
*„Deine Zunge ist voller Lüge und Du wirst bald herausfinden,*
*Daß sie Dir ein übles Lied singt!*
*Alle Götter grollen Dir und auch alle Göttinnen,*
*Und Du wirst in Leid heimwärts gehen!"*

Loki:
*„Schweig, Freyja, Du tückischste aller Hexen!*
*Du steckst bis oben im Übel:*
*In den Armen Deines Bruders ertappten Dich die Götter*
*– da entfuhr Dir, Freya, ein Wind!"*

Bevor die Wanen zu den Asen kamen, waren Freya und Freyr und ebenso deren Vater und seine Schwester ein Paar, wie dies bei den Wanen üblich war.

Der „Wind" ist ein Furz. Er soll wohl Freya Schrecken illustrieren, der sie durchfuhr, als sie Loki zufolge „ertappt" wurde.

Nach diesen Angriffen auf Freya ergreift ihr Vater Niörd das Wort, um sie zu verteidigen:

Niördr:
*„Es tut keinen großen Schaden, wenn die die Schöngeschmückten*
*nicht nur einen Herrn, sondern einen Geliebten haben oder beides ...*
*Aber es es ist ein Wunder, daß dieser weibische Gott*
*Hierherkommt, obwohl er Kinder geboren hat!"*

Es ist beachtlich, daß sowohl hier als zuvor bei Lokis Streit mit Odin von „Kindern", die Loki geboren haben soll, die Rede ist. Da Loki als der Vater des Sleipnir angesehen wird, und dieses achtbeinige Roß eigentlich zwei Pferde sind, könnte der Plural hierher stammen, aber vielleicht hat Loki auch noch andere Kinder gehabt.

Loki:
*„Schweig, Niörd, Du wurdest nach Osten gesandt*
*und den Göttern als Geisel gegeben:*
*Die Töchter des Hymir nahmen Dich da als Nachttopf*
*Und machten Dir in den Mund!"*

Da Hymir der Vater des Tyr ist, befand sich Niörd somit bei dem „toten Göttervater Tyr in der Unterwelt". Wer die Töchter des Hymir sein könnten, ist zunächst einmal unklar. Da Idun als Tochter des Zwerges Iwaldi angesehen wurde und dieser aufgrund seines Namens „All-Herrscher" der Göttervater in der Unterwelt sein muß, wäre Idun schon einmal die erste Tochter des Hymir/Tyr/Iwaldi. Die zweite Tochter des Hymir müßte dann Iduns Schwester oder Halbschwester sein.
In den germanischen Mythen treten viele Paare von Göttinnen und Riesinnen auf: Freya und Fulla, Thorgerdr und Irpa, Sunna und Sinthgunt, Fenja und Menja, Greip und Gjalp usw. Diese Paare stellen vermutlich die Diesseits- und die Jenseitsseite derselben Göttin dar.
Es wäre daher denkbar, daß auch Idun einst eine „Schwester" gehabt hat, die sich entweder in Idun aufgelöst hat oder so sehr verselbständigt hat, daß sie nun nicht mehr als ihre Schwester erkennbar ist.
Dafür käme z.B. Skadi infrage, da sie die Tochter des Riesen Thiazi ist, der eine Weiterentwicklung des Göttervaters Tyr ist. Skadi in ihren Mythen hat die Stellung einer Muttergöttin, da sie die Tochter des Göttervaters Tyr ist, die Frau des Niörd, die Frau des Odin und die Mutter der Könige von Norwegen. Skadi gab vermutlich Skandinavien seinen Namen und sie wurde auch „Öndurgod", d.h. „Himmels-Göttin" genannt.
Da Hymir der Vater des Tyr ist und Vater und Sohn aufgrund der Symbolik von Wiederzeugung und Wiedergeburt identisch sind, kann die Thiazi-Tochter Skadi durchaus identisch mit einer der Töchter des Hymir sein.
Wie in den Mythen sehr vieler Völker üblich, scheint die selbständigen Mutter-

göttinnen Idun und Skadi zu „Töchtern des Göttervaters" geworden zu sein, als die Stellung des Göttervaters immer stärker wurde. Die starke, unabhängige Position der Muttergöttin hat in der germanischen Mythologie vor allem Freya bewahrt.

Niördr:
*„Groß war mein Nutzen, auch wenn ich lange fort war,*
*Als ich den Göttern als Geisel gegeben wurde:*
*Ich hatte den Sohn, den kein Mensch haßt,*
*und den von allen Göttern jeder am liebsten hat."*

Loki:
*„Sie vorsichtig, Niörd, und gib nicht zu sehr an,*
*Denn ich werde es nicht mehr länger verheimlichen:*
*Mit Deiner Schwester hast Du solch einen schönen Sohn,*
*Daher konntest Du hoffen, daß er nicht schlecht sein wird ..."*

Loki Kommentar ist schon reichlich sarkastisch: Freyr konnte ja nur solch ein toller Junge werden, da auch der Vater solch ein toller Kerl ist und die Schwester des Vaters von denselben Eltern wie der Vater abstammt – der Sohn kann ja nur wie der Vater werden.

Tyr:
*„Von den tapferen Helden hier*
*Im Heim der Götter ist Freyr ist der beste;*
*Keine Maid betrübt er und keines Mannes Weib,*
*Und jeden, der gefangen ist, befreit er aus seinen Fesseln."*

Loki:
*„Schweig, Tyr! Du taugst nicht zum Kampfe*
*Mit zweien zu gleicher Zeit.*
*Ich erzähle Dir nur ungern noch einmal, wie Fenrir*
*Dir Deine rechte Hand abgebissen hat!"*

Loki kommt offenbar immer mehr in Fahrt – diese Heuchelei-Provokation gegenüber dem Gott Tyr ist schon eine Kunst ... zumal in einen früheren Fassung der Mythen Loki wahrscheinlich der Mörder des Tyr gewesen ist und Tyr bei dieser Gelegenheit seine Hand abgeschlagen hat.

Eine besondere Spitze in diesen Worten des Loki besteht darin, daß der Fenris-Wolf, der Tyrs rechte Hand abbiß, in den neueren Mythen der Sohn des Loki ist.

Tyr:
*„Mir fehlt meine Hand, aber Dir fehlt Hrotvitnir,*
*Und das bringt uns beiden Schaden.*
*Auch der Wolf ist freudenlos: in Fesseln gebunden erwartet er*
*Den Fall der Asen."*


„Hrotvitnir" bedeutet „heulender Zeuge" und ist eine Kenning für den Wolf Fenrir Loki-Sohn.


Loki:
*„Schweig, Tyr! Denn einen Sohn mit mir*
*Hat Dein Weib einst geschenkt erhalten;*
*Keinen Heller hast Du von mir erhalten, wenn ich mich recht erinnere,*
*Und Du hast keinen Deut Recht erhalten, armer Kerl!"*


Es stellt sich die Frage, wer denn Tyrs Frau gewesen sein könnte und welchen Sohn Loki mit ihr gehabt haben könnte. Auf jeden Fall scheint Loki ein großer Verführer gewesen zu sein.

Wahrscheinlich wird Frigg-Freya, die Frau des Odin, auch die Frau des früheren nordgermanischen Göttervaters Tyr gewesen sein. Wenn dies zutrifft müssen sich Tyr und Loki auch um die Frau des Tyr gestritten haben – dieser Streit um eine Frau ist das zentrale Thema in allen indogermanischen National-Epen: in der germanischen Nibelungensage ist dies der Streit um Brünhilde, in der griechischen Illias der Streit um Helena, im keltischen Mabinogion der Streit um Branwen, im indischen Ramajana der Streit um Sita und im albanischen Kreshnik der Streit um eine entführte Braut.

Der Ursprung dieser Provokation des Loki liegt offenbar weit in der Vergangenheit – die ursprünglichen Indogermanen lebten vor ihrer Aufteilung in einzelne Stämme von 7000 v.Chr. bis 2800 v.Chr. in der südrussischen Steppe.

Der Verfasser der Lokasenna hat sich offensichtlich sehr gut in den Mythen der Germanen ausgekannt.

Für den Sohn des Loki mit der Frau des ehemaligen Göttervaters Tyr käme evtl. der Wintergott Hödur in Frage – aber das ist nur eine vage Vermutung. In der Edda ist er der Sohn des Odin.

Der Ursprung dieser Mythen ist die Vorstellung, daß der Sommergott Tyr im Herbst von Loki getötet wird, sich im Jenseits mit der Göttin vereint und im Frühjahr von ihr wiedergeboren wird und dann den Wintergott Loki tötet, der sich dann in der Unterwelt mit der Göttin vereint und im Herbst von ihr wiedergeboren wird usw. – in einem endlosen Zyklus.

Die erotischen Anspielungen in diesem Lied stammen aus dem Wiedergeburts-

Motiv.

Vermutlich ist auch der Streit zwischen Loki und den Asen vor 500 n.Chr., als Tyr durch Thor und Odin als nordgermanischer Göttervater abgesetzt worden ist, ein Streit zwischen Loki und Tyr gewesen – es wird vor dem Kampf zwischen den beiden Götter im Frühjahr und im Herbst, in den der Sommergott Tyr bzw. der Wintergott Loki starb, ein ausgiebiges gegenseitiges Beleidigen gegeben haben.

Der Skalde, der die Lokasenna verfaßt hat, wird vermutlich aus dieser alten Tradition geschöpft haben.

Freyr:
*„Gefesselt liegt Fenrir am Mund des Flusses*
*Bis die Götter ihrer Vernichtung entgegengehen;*
*Auch Du wirst bald, wenn Deine Zunge nicht schweigt,*
*in Fesseln liegen, Du Unheilschmied!"*

Selbst der friedliche Gott Freyr verliert allmählich die Geduld mit Lokis Beleidigungen und Provokationen.

Der Geifer, der aus Fenrirs Maul rinnt, bildet den Fluß Van – daher liegt der Wolf am Mund des Flusses, d.h. sein Mund ist die Quelle des Flusses. Da die Flüsse in der germanischen Mythologie am Weltenbaum entspringen, liegt der gefesselte Fenrir vermutlich in der Nähe des Stammes des Yggdrasil.

Loki:
*„Mit Gold hast Du Gymirs Tochter erkauft*
*Und dafür dem Skirnir Dein Schwert gegeben;*
*Aber wenn Muspels Söhne durch Myrkwid reiten,*
*Dann wirst Du waffenlos warten, armer Kerl!*

Surtur führt beim Ragnarök alle Riesen aus Muspelheim im Süden gegen die Götter in den Kampf. Der Schwert- und Sonnenriese Surtur ist eine Umdeutung des Schwertgott-Göttervaters Tyr, währende Muspelheim-Riesen letztlich mit den Alben in dem Muspelheim-Jenseits im Süden identisch sein werden.

Diese Worte des Loki sind eine besonders sorgfältig ausgesuchte Beleidigung: Freyr ist der Gott des Wohlstandes – das verdreht Loki ihm zu dem Vorwurf, seine Frau gekauft zu haben; Freyr gab sogar sein Schwert, um seine Frau Gerdr zu erlangen – was Loki ihm als seinen größten Fehler vorhält, da er dann beim Ragnarök waffenlos sterben wird.

Letztlich bedeuten diese Beleidigungen, daß Freyr kein richtiger Krieger, sondern nur ein reicher, träger Gott, der weder selber um eine Frau werben (Loki verführt die Frauen im Gegensatz dazu reihenweise), noch um gegen seine Feinde kämpfen kann

(Loki hingegen sorgt sogar noch für Streit). Freyr ist Loki zufolge also ein richtiger Schwächling – was wiederum eine Verdrehung des oft gepriesen Friedens des Freyr ist.

Loki Beleidigungen haben schon Niveau …

Byggvir:
*„Wenn ich so edler Herkunft wäre wie Ingunar-Freyr*
*Und in einem so hohen Stuhl sitzen würde,*
*Dann würde ich diesen Krächzer des Übels zu Mark zermalmen*
*Und seinen ganzen Körper in Stücke schlagen!"*

„Byggvir" ist ein Diener des Freyr. „Ingunar Freyr" ist eine Variante von „Yngvi-Freyr". Der „hohe Stuhl" ist ein Thron oder ein erhabener Sitzplatz, der nur den Vornehmen zusteht.

Byggvir hat zwar die Wut des Thor, aber nicht die Kraft, um seiner Wut Taten folgen zu lassen …

Loki:
*„Was ist das für ein winziges Wesen, das ich dort kriechen sehe*
*und das schnüffelt und schnappt?*
*Du wirst immer an Freyrs Ohren zu finden sein*
*Oder schwer stöhnend an der Mühle!"*

Auch dies sind wieder auserlesene Beleidigungen: Zunächst vergleicht Loki den Byggvir mit einem Hund – was schon eine arge Beleidigung ist. Dann sagt er dadurch, daß dieser „Hund" an den Ohren des Freyr zu finden ist, daß Freyr auf den Rat dieses „Hundes" hört – und somit noch unter diesem „Hund" steht. Schließlich macht Loki dem Byggvir noch einmal deutlich, daß Byggvir als Mühlen-Knecht weit unter dem Kämpfer Loki steht – und Freyr steht natürlich noch unter seinem Knecht …

Byggwir:
*„Byggwir ist mein Name und ich bin geschickt,*
*Wie Götter und Menschen zugestehen müssen*
*Und ich bin stolz, daß hier die Kinder des Hropt*
*alle zusammen Ale trinken!"*

„Hropt" bedeutet „Schrei(-Gott)" und ist ein Beiname des Odin – der Name spielt entweder auf Odins Raben an oder die Schrei im Kampf. Die „Kinder des Odin" ist eine Kenning für die Gesamtheit des Asen und Wanen.

Loki:
*„Schweig, Byggwir, Dir gelingt es doch nie,*
*Die Anteile der Männer am Fleisch richtig zu setzten!*
*Und verborgen im Stroh auf dem Fußboden, fanden sie Dich nicht,*
*als die Helden kämpfen wollten!"*

Angesichts der Sorgfalt, mit der Loki die übrigen Beleidigungen ausgewählt hat, wird wohl auch diese Begebenheit auf eine Mythe anspielen.

Heimdal:
*„Trunken bist Du, Loki, und wirr Dein Verstand:*
*Laß endlich ab, Loki,*
*Denn zuviel Trank bringt einen jeden dazu,*
*daß er nicht mehr weiß, was er redet."*

Loki:
*„Schweig, Heimdal! In längst vergangenen Tagen*
*ward Dir ein leidiges Los bestimmt:*
*Mit steifem Rücken mußt Du stets stehen*
*Und wachen als Wächter des Wärter!"*

Skadi:
*„Leichtsinnig bist Du, Loki; doch nicht mehr wirst Du*
*in Freiheit mit Deinem Schweif schlagen:*
*Auf die Felsen werden Dich die Götter binden mit den Gedärmen,*
*die aus Deinem frostkalten Sohn gerissen wurden!"*

In Skadi hat Loki jetzt offenbar einen Gegner gefunden, der genauso mit bissigen Anspielungen umgehen kann: Lokis „Schlagen mit seinem Schweif" ist ein Bild für seine große Reden, aber es ist auch eine Anspielung darauf, daß er sich einst in eine Stute verwandelt und den Sleipnir geboren hat. Die Vorhersage des gewaltsamen Todes seinen Sohnes ist hingegen an direkter Brutalität kaum zu überbieten.

Loki:
*„Auch wenn die Götter mich mit den Gedärmen*
*Meines frostkalten Sohnes auf Felsen binden werden,*
*So war ich doch der erste und der letzte dort in dem tödlichen Kampf*
*als Thiazi gefangen wurde."*

Loki ist sofort mit einer passenden Erwiderung zur Hand, denn Thiazi (Tyr) ist

Skadis Vater.

Skadi:
*„Auch wenn Du dort der erste und letzte in dem tödlichen Kampf*
*gewesen bist, als Thiazi gefangen wurde,*
*So soll aus meinen Hallen und Tempel*
*Für Dich immer nur ein kalter Rat kommen!"*

Eine solche Drohung gibt eigentlich nur Sinn, wenn es üblich war, sich bei Skadi Rat zu holen – was gut zu einer Muttergöttin passen würde, die einst so bekannt gewesen und so sehr verehrt worden ist, daß sie Skandinavien seinen Namen geben konnte.

Loki:
*„Freundlicher sprachst Du zu Laufeyjas Sohn,*
*Als Du mich auf Dein Lager ludst.*
*Derlei Dinge müssen nun ausgesprochen werden,*
*wenn wir beide nun unsere Untaten aufzählen wollen."*

Die Vereinigung des Loki mit den verschiedenen Göttinnen scheint ein wesentliches Element seiner Mythen gewesen zu sein.

*Da trat Sif vor und schenkte dem Loki Met in den Eiskelch und sprach:*
*„Heil Dir, Loki, ich reiche Dir den Eiskelch*
*Voll des alten Mets,*
*Denn von allen Göttern weißt Du,*
*Daß zumindestens ich ohne Makel bin."*

Sif verlegt sich im Gegensatz zu der kämpferischen Skadi eher aufs Bitten – allerdings ohne Erfolg, wie vorherzusehen war ...
Der Begriff „Eiskelch" bedeutet vermutlich, daß in dem Met Eisstückchen gelegt hat – man trank den „edlen Tropfen" auch schon damals gerne „on the rocks" ...

*Loki nahm den Kelch, trank aus ihm und sprach:*
*„Du allein würdest verschont bleiben, wenn Du wirklich stets*
*alle Männer scheu zurückgewiesen hättest,*
*Aber ich glaube, daß sich einen sehr gut kenne,*
*Der Dich aus Hlorridis Armen entrissen hat*
*– und das ist der lügen-geschickte Loki!"*

143

„Hlorridi" bedeutet „Lärmender Reiter" und ist ein Beiname des Thor.

Es ist beachtlich, in wie vielen verschiedenen Nuancen und Stimmungen Loki in der Lage ist, zu beleidigen und zu provozieren.

Thor hat zusammen mit Sif den Gott Ullr als Stiefsohn, dessen Vater nirgendwo erwähnt wird. Wenn Sif wirklich nur mit einem einzigen Gott fremdgegangen ist, muß Loki der Vater des Ullr sein. Hier wird der Streit zwischen Thor und Loki um die Göttin Sif sehr deutlich.

Beyla:
*„Die Berge beben – ich bin mir sicher,*
*daß nun Hlorridi von seinem Heim herkommt:*
*Er wird den Mann zum Schweigen bringen,*
*der hier sowohl Götter wie Menschen schmäht!"*

Loki:
*„Schweig, Beyla! Du bist Byggwirs Weib*
*Und tief in alles Übel verstrickt:*
*Keine größere Schande nahte je den Göttern*
*– Du bist über und über mit Deinem Schmutz besudelt!"*

Es völlig undenkbar, daß sich Loki von einer Dienerin, die vermutlich zusammen mit ihrem Mann den Stand der Leibeigenen repräsentiert, etwas sagen läßt …

„Beyla" bedeutet entweder „Kuh" oder „Bohne" oder „Biene" – alle drei Deutungen würden sie jedoch als Magd kennzeichnen. Beyla und ihr Mann Byggvir waren die Diener des Freyr und verkörperten vermutlich die Bauern, denen Freyr gute Ernten gab.

*Da kam Thor herein und sprach:*
*„Schweig, boshafter Geist, sonst wird mein mächtiger Hammer*
*Miölnir Dir den Mund schließen:*
*Den Schulterhügel hau ich Dir vom Hals,*
*Daß Dein Leben verloren ist!"*

Thors Argumentation ist im Gegensatz zu den Reden des Loki sehr schlicht und direkt …

Loki:
*„Seht, der Sohn der Erde ist eingetreten:*
*Warum drohst Du so laut, Thor?*
*Weniger erpicht wirst Du sein, mit dem Wolf zu kämpfen,*
*Wenn er Siegvater verschlingt!"*

Auch dies ist wieder eine ganz besonders treffsichere Beleidigung, da es als eine der größten Schanden angesehen wurde, seinem Vater („Siegvater" ist Thors Vater Odin) in Gefahr nicht beizustehen.

Der „Sohn der Erde" ist Thor, der Sohn der Erdgöttin Jörd.

Der „Wolf" ist Lokis Sohn Fenrir – daß Odin von diesem Sohn des Loki getötet wird, ist natürlich eine Pointe, die Loki ganz besonders genossen haben wird …

Thor:
*„Schweig, boshafter Geist, sonst wird mein mächtiger Hammer*
*Miölnir Dir den Mund schließen:*
*Ich werde Dich hinauf und fern nach Osten werfen,*
*Dorthin, wo Dich niemand je mehr sehen wird!"*

Thor hat einst auch das Auge des Thiazi und den Zeh des Aurvandil an den Himmel emporgeworfen, wo sie nun Sterne bzw. Planeten sind. Möglicherweise ist dies eine Anspielung auf eine bereits bestehende Verbindung des „luftigen" Loki, der auch „Loptr" („Luft") genannt wurde, zum Himmel.

Loki:
*„Über Deine Fahrten auf den Ost-Wegen*
*Solltest Du lieber nicht mit den Menschen sprechen:*
*In dem Daumenteil eines Fäustlings hast Du Dich versteckt, Du Großer,*
*Und dort vergessen, daß Du Thor bist!"*

Thor, Loki, Thialfi und Röskwa haben einst in einer geräumigen Höhle übernachtet, die eigentlich der Handschuh des Tyr-Riesen Skrymir war, den dieser verloren hatte. Thor versuchte dreimal erfolglos, den Riesen mit seinem Hammer zu töten und begann sich immer mehr zu fürchten.

Thor:
*„Schweig, boshafter Geist, sonst wird mein mächtiger Hammer*
*Miölnir Dir den Mund schließen:*
*Mit meiner rechten Hand werde ich Dich mit Hrungnirs Töter zermalmen*
*Bis alle Deine Knochen gebrochen sind!"*

Thor bleibt der Schlichtheit seiner Argumentation treu und wiederholt sie zur Verdeutlichung noch ein drittes Mal …

„Hrungnir" ist ein Tyr-Riese, den Thor in einem spektakulären Kampf besiegt hat.

Loki:

*„Noch lange Jahre gedenke ich zu leben,*
*Auch wenn Du so mit Deinen Hammerhieben drohst.*
*Arg fest schienen Dir die Schnüre an Skrymirs Beutel gebunden,*
*als Du nicht an Dein Fleisch kommen konntest*
*Und schwach vor Hunger warst!"*

Es gelang Thor bei seiner Reise nicht, den Rucksack des Tyr-Riesen Skrymir zu öffnen, um sich seinen Speise aus ihm herauszuholen, die Skrymir mit in seinen Beutel gepackt hatte – was das Selbstvertrauen des Donnergottes doch ein wenig angekratzt hat.

Diese Episode kann Loki natürlich nicht auslassen – und den Donnergott „schwach vor Hunger" zu nennen, wird dem listigen Loptr wohl besonders gefallen haben, da Thor bei allem stets auf seine Stärke baut.

Thor:

*„Schweig, boshafter Geist, sonst wird mein mächtiger Hammer*
*Miölnir Dir den Mund schließen:*
*Hrungnirs Töter soll Dich zu Hel schicken*
*Hinab zu dem Tor des Todes!"*

Loki:

*„Ich habe den Asen und den Asensöhnen*
*Die Dinge gesagt, die ich auf dem Herzen hatte,*
*Aber nur vor Dir weiche ich nun und gehe hinaus,*
*Denn Du kämpfst gut, glaube ich.*

*Ale hast Du gebraut, Ägir, aber nun*
*Wirst Du zu keinem solchen Fest mehr einladen:*
*Über alles, was Du hier drinnen hast,*
*werden die flackernden Flammen spielen*
*– und Dein Rücken wird von Feuer verbrannt werden!"*

Dies klingt, als ob Loki zum Abschied noch Ägirs Halle in Brand gesteckt hätte. Evtl. ist dies Feuer eine Anspielung auf ein Bestattungsfeuer – aber das ist ungewiß. Vielleicht ist dies auch eine Anspielung auf das Feuer, daß beim Ragnarök die Welt verbrennt – was letztlich ein „Bestattungsfeuer der Welt" ist.

*Da nahm Loki die Gestalt eines Lachses an und floh in den Wasserfall Franang. Da fingen ihn die Asen und banden ihn mit den Gedärmen seines Sohnes Nari. Sein anderer Sohn Narfi aber wurde in einen Wolf verwandelt.*

*Skadi nahm eine Giftschlange und hing sie auf über Lokis Antlitz. Der Schlange entträufelte Gift. Sigyn, Lokis Weib, setzte sich neben ihn und hielt eine Schale unter die Gifttropfen. Wenn aber die Schale voll war, trug sie das Gift hinweg: unterdessen träufelte das Gift in Lokis Angesicht, wobei er sich so stark wand, daß die ganze Erde zitterte. Das wird nun Erdbeben genannt.*

„Franang" bedeutet „glitzerndes/leuchtendes Wasser". Dies kann einfach der Name eines Wasserfalles sein. Es wäre aber auch eine Anspielung auf das leuchtende Gold in den tiefen Wassern denkbar, das die Germanen dort den Göttern geopfert haben – die „tiefen Wasser" wären dann ein Eingang in die Unterwelt, was gut zu Loki und der Situation, in der er sich gerade befindet, passen würde. Es könnte auch die Sonne, d.h. Tyr in der Wasserunterwelt gemeint sein, was diesen Wasserfall ebenfalls als Jenseits kennzeichnen würde.

Es ist wohl die Rache für ihren von Loki getöteten Vater Thiazi, daß Skadi die Schlange über den listigen Gott hängt. Diese Geste stellt sie auch in die Nähe von Hel, deren Halle eine aus Schlangen bestehende Decke hat.


## 2. c)  Harbard-Lied

Dieser Beleidiguns-Wettstreit findet zwischen Thor und Odin statt. Da diese beiden ansonsten nie einen Streit miteinander hatten, ist in diesem Lied wohl einfach mithilfe des Motivs des Odins als unzuverlässiger Jenseitsfährmann eine Streitsituation zwischen den beiden konstruiert worden, um mithilfe der über sie bekannten Mythen einen Beleidigungs-Wettstreit inszenieren zu können.

Auch hier ist der Wettstreit weitgehend einseitig: Odin beleidigt vor allem Thor, während Thor um die Hilfe des Odin bittet.

*Thor kam von der Ostfahrt her an einen Sund; jenseits stand der Fährmann mit dem Schiffe.*

Ostfahrt = Thor erschlägt im Osten die Riesen und speziell den ehemaligen Göttervater Tyr als Riese im Jenseits. Auf dieser Fahrt muß er den Horizont-Jenseitsfluß überqueren, über den die Sonne am Morgen im Osten aus dem Jenseits ins Diesseits gelangt. Dieser Jenseitsfluß wird in diesem Lied als ein Sund, also eine Meerenge aufgefaßt. An ihm steht Odin als Jenseitsfährmann.

*Thor rief:*
*„ Wer ist der Gesell der Gesellen, der überm Sunde steht? "*

Harbard (Odin):
*„ Wer ist der Kerl der Kerle, der da kreischt überm Wasser? "*

Thor:
*„ Über den Sund fahr mich, so füttre ich Dich morgen.*
*Einen Korb hab ich auf dem Rücken, beßre Kost gibt es nicht*
*Eh ich ausfuhr aß ich in Ruh*
*Hering und Hafermus: davon hab ich noch genug. "*

Harbard:
*„ Allzuvorlaut rühmst Du Dein Frühmahl;*
*Du weißt das Weitere nicht:*
*Traurig ist Dein Hauswesen, tot wird Deine Mutter sein. "*

Thor:
*„ Das hör ich nun hier, was das Schlimmste scheint*
*Jedem Mann, daß meine Mutter tot sei. "*

Harbard:
*„ Du hältst Dich nicht, als hättest Du drei gute Höfe:*
*Barbeinig stehst Du in Bettlersgewand,*
*Nicht einmal Hosen hast Du an. "*

Thor:
*„ Steure nur her die Eiche, die Stätte zeig ich Dir,*
*Doch wem gehört das Schiff, das Du hütest am Land? "*

Eiche = Schiff

Harbard:
*„ Hildolf heißt er, der mich's zu halten bat,*
*Der ratkluge Recke, der in Radsei-Sund wohnt.*
*Er widerriet mir, Strolche und Roßdiebe zu fahren:*
*Nur ehrliche Leute und die mir lange kund sein.*
*Sag Deinen Namen, wenn Du über den Sund willst. "*

Thor:
*„Den sag ich Dir frei, obgleich ich hier friedlos bin,*
*Und all mein Geschlecht. Ich bin Odins Sohn,*
*Meilis Bruder und Magnis Vater,*
*Der Kräftiger der Götter; Du kannst mit Thor hier sprechen.*
*Ich habe nun zu fragen: Wie heißt Du?"*

Meili = Baldur

Harbard:
*„Harbard heiß ich,*
*ich hehle den Namen selten."*

Thor:
*„Was solltest Du ihn hehlen, wenn Du schuldlos bist?"*

Harbard:
*„Obschon ich nicht schuldlos bin, schütz ich mich doch leicht*
*Vor einem wie Du bist; mein Ende wüßt ich denn nah."*

Thor:
*„Es dünkt mich beschwerlich zu Dir hinüber*
*Durchs Wasser zu waten: und mein Gewand zu netzen;*
*Sonst, Lotterbube, lohnt ich wahrlich*
*Deinen Stachelreden, stünd ich überm Sund."*

Harbard:
*„Hier will ich stehen und Dich erwarten.*
*Du fandst wohl keinen Dir härtern seit Hrungnirs Tod."*

Thor:
*„Des gedenkst Du nun, daß ich mit Hrungnir stritt,*
*Dem starkherzigen Riesen, dem von Stein das Haupt war;*
*Doch ließ ich ihn stürzen, in Staub sinken.*
*Was tatest Du derweil, Harbard?"*

Harbard:
*„Ich war bei Fiölwar fünf volle Winter*
*Auf einem Eiland, das Allgrün heißt.*
*Wir fochten und fällten die Feinde da,*
*Versuchten manches und freiten Mädchen."*

149

Thor:
*„ Wie ward es da*
*mit euren Weibern? "*

Harbard:
*„ Wir hatten zierliche Weiber, wären sie zahmer gewesen;*
*Wir hatten hübsche Weiber, wären sie uns holder gewesen.*
*Aber Stricke wanden sie am Strand aus Sand,*
*Gruben den Grund*
*Aus tiefem Tal.*
*Ich allein war allen überlegen mit List,*
*Lag bei sieben Schwestern und genoß im Scherz ihre Gunst.*
*Was tatest Du derweil, Thor? "*

Thor:
*„ Ich tötete Thiassi, den übermütigen Riesen,*
*Auf warf ich die Augen des Sohnes Ölwalts*
*An den heitern Himmel:*
*Die wurden meiner Werke größte Wahrzeichen,*
*Allen Menschen sichtbar seitdem.*
*Was tatest Du derweil, Harbard? "*

Harbard:
*„ Allerlei Liebeskünste übt ich bei den Nachtreiterinnen,*
*Die ich mit List ihren Männern entlockte.*
*Ein harter Riese, halt ich, ist Hlebard gewesen:*
*Er gab mir seine Wünschelrute, damit raubt ich ihm den Witz. "*

Thor:
*„ Gute Gabe galtst Du mit üblem Lohn. "*

Harbard:
*„ Eine Eiche muß fallen, sonst fertigt man den Kahn nicht;*
*Jeder sorgt für sich.*
*Was tatest Du derweil, Thor? "*

Thor:

„Ich war im Osten, überwand der Riesen
Böswillige Bräute, da sie zum Berge gingen.
Übermächtig würden die Riesen, wenn sie alle lebten,
Mit den Menschen war es in Mitgard aus.
Was tatest Du derweil, Harbard?"

Harbard:

„Ich war in Walland, des Kampfs zu warten,
Verfeindete Fürsten, dem Frieden wehrend.
Odin hat die Fürsten, die da fallen im Kampf,
Thor hat der Knechte Geschlecht."

Thor:

„Unter die Asen teiltest Du ungleich die Menschen,
Hättest Du der Wünsche Gewalt."

Harbard:

„Thor hat Macht genug, aber nicht Mut.
Aus feiger Furcht fuhrst Du in den Handschuh,
Trautest nicht mehr Thor zu sein.
Nicht wagtest Du nur, so warst Du in Not,
Zu niesen noch zu furzen, daß es Fialar hörte."

Thor:

„Harbard, Schändlicher! Zu Hel schickt ich Dich,
Möcht ich über den Sund setzen."

Harbard:

„Was solltest Du überm Sund,
Was tatest Du weiter, Thor,
wo Du nichts zu schaffen hast?"

Thor:

„Ich war im Osten und wehrt einem Fluß;
Da griffen Swarangs Söhne mich an.
Sie schlugen mich mit Steinen und schadeten mir nicht.
Sie mußten bald zuerst mich bitten um Frieden.
Was tatest Du derweil, Harbard?"

Diese Verse beziehen sich auf Thors Fahrt zu dem Tyr-Riesen Geirröd.

Harbard:
*„Ich war im Osten mit einer zu kosen,*
*Spielte mit der Schneeweißen und sprach lange mit ihr.*
*Ich erfreute die Goldschöne; der Scherz gefiel der Maid."*

Die Frauen-Szenen beziehen sich auf die Wiederzeugung des Odin auf seinen Jenseitsreisen mit der Jenseitsgöttin, die meist als Riesin erscheint (Gunnlöd, Rindr, Skadi u.a.).

Thor:
*„Da hattet ihr willige Weiber."*

Harbard:
*„Da hätt ich bedurft, Thor, Deiner Hilfe,*
*Die Schleierweiße zu entwenden."*

Thor:
*„Die hätt ich Dir gewährt, wär dazu Zeit gewesen."*

Harbard:
*„Ich hätte Dir auch vertraut; oder hättest Du mich betrogen?"*

Thor:
*„Bin ich denn ein Fersenzwicker wie ein alter Schuh im Frühjahr?"*

Harbard:
*„Was tatest Du weiter, Thor?"*

Thor:
*„Berserkerbräute bändigt ich auf Hlesey:*
*Das Ärgste hatten sie getrieben, betrogen alles Volk."*

Harbard:
*„Unrühmlich tatest Du, Thor, daß Du Weiber tötetest."*

Thor:
*„ Wölfinnen waren es, Weiber kaum.*
*Sie zerschellten mein Schiff, das ich auf Pfähle gestellt,*
*Trotzten mir mit Eisenkeulen und vertrieben Thialfi.*
*Was tatest Du derweil, Harbard? "*

Harbard:
*„ Ich war beim Heere, das eben hierher*
*Kriegsfahnen erhob den Speer zu färben. "*

Thor:
*„ Des gedenkst Du nun,*
*Wie Du auszogst uns zur Überlast. "*

Harbard:
*„ Das büß ich Dir gern mit goldnen Handringen*
*Nach Schiedsrichterspruch, der uns versöhnen mag. "*

Thor:
*„ Woher hast Du nur die Hohnreden all?*
*Ich hörte niemals so höhnische. "*

Harbard:
*„ Von den alten Leuten lernt ich sie,*
*Die in den Wäldern wohnen. "*

Thor:
*„ Du gibst den Gräbern zu guten Namen,*
*Wenn Du sie Wälder-Wohnungen nennst. "*

Harbard:
*„ So denk ich von der Art Dingen nun. "*

Thor:
*„ Deine Wortklugheit kommt Dir noch übel,*
*Wenn ich durchs Wasser wate.*
*Lauter als ein Wolf wirst Du aufschrein,*
*Wenn ich Dich mit dem Hammer haue. "*

Harbard:
*„Sif hat einen Buhlen, Du wirst ihn bei ihr finden:*
*Der erfahre Deine Kraft, das frommt Dir mehr. “*

Dieser Nebenbuhler ist Loki; der Sohn der beiden ist der Gott Ullr.

Thor:
*„Du redest nach Deines Mundes Rat, nur recht mich zu kränken.*
*Verworfner Wicht! Ich weiß, daß Du lügst. “*

Harbard:
*„Und ich sage, so ist's! Säumig betreibst Du die Fahrt.*
*Schon wärst Du weit, Thor, wenn Du verwandelt fuhrst. “*

Thor:
*„Harbard, Schändlicher! Du hast mich hier so lang verweilt. “*

Harbard:
*„Dem Asathor, wähnt ich, wehrte so leicht nicht*
*Ein Viehhirt die Fahrt. “*

Thor:
*„Einen Rat will ich Dir raten; rudre die Fähre hierher.*
*Hab ein Ende der Hader! Hole den Vater Magnis. “*

Harbard:
*„Fahr nur weg vom Sund, verweigert bleibt Dir die Fahrt. “*

Thor:
*„Weise mir nur den Weg, willst Du mich nicht*
*Über den Sund setzen. “*

Harbard:
*„Geringes verlangst Du, doch lang ist der Weg:*
*Eine Stunde zum Stocke, zum Stein eine andre.*
*Den linken Weg wähle bis Du Werland erreichst.*
*Da trifft Fiörgyn Thor ihren Sohn:*
*Die wird ihm der Verwandten Wege zeigen*
*Zu Odins Land. “*

Thor:
*„Komm ich heute noch hin? "*

Harbard:
*„Du erreichst es mit Eil bei noch obenstehender Sonne,*
*Wenn ich erst von dannen ging. "*

Thor:
*„Kurz wird noch unser Gespräch, da Du nur spöttisch sprichst.*
*Die verweigerte Überfahrt lohn ich ein andermal. "*

Harbard:
*„Fahr immer zu in übler Geister Gewalt! "*


## 2. d)   Das erste Lied über Helgi Hunding-Töter

Auch der folgende Beleidigungs-Wettstreit ist voller mythologischer Anspielungen. Diese Szene ist mythologisch besonders interessant, da in ihr mit Helgi, Godmund und Sinfiötli drei Männer aufeinandertreffen, die alle drei eine Sagen-Variante des ehemaligen Sonnengott-Göttervaters Tyr sind (siehe „Godmund" und „Helgi" in Band 39 sowie „Sinfiötli" in Band 38).

Der Zusammenhang des Beleidigungs-Rituals mit Tyr in diesem Lied bestätigt die Vermutung, daß diese Szene aus den Mythen über den endlosen, zyklischen Streit zwischen Tyr und Loki stammt.

Sinfiötli:
*„Sag das am Abend, wenn Du Schweine fütterst*
*Und eure Hunde zur Atzung lockst:*
*Die Ülfinge seien von Osten gekommen,*
*Des Kampfs begierig vor Gnipalund.*

*Hier wird Hödbrodd den Helgi finden,*
*Den fluchtträgen Fürsten, in der Flotte Mitten.*
*Oftmals hat er Aare gesättigt,*
*Weil Du in der Mühle Mägde küßtest. "*

Gudmund:
*„Nicht folgst Du, Fürst, der Vorzeit Lehren,*
*Da Du die Edlinge mit Unrecht verrufst.*
*Du hast im Walde mit Wölfen geschwelgt,*
*Hast Deinen Brüdern den Tod gebracht,*
*Oft sogst Du mit eisigem Atem Wunden,*
*Bargst allverhaßt Dich im Gebüsch."*

Feigheit war eine beliebte Beleidigung.
Sinfiötli hat zusammen mit Sigmund, dem Vater des Sigurd/Siegfried, einige Jahre lang im Wald als Ulfhedinn (Wolfskrieger) gelebt.

Sinfiötli:
*„Du warst ein Zauberweib auf Warinsey,*
*Ein luchslistiges! Du logst auf den Haufen.*
*Keinen Mann, meintest Du, möchtest Du haben*
*Von allen im Eisen außer Sinfiötli.*

*Du warst die schädlichste Walkürenhexe,*
*Aber bei Allvater allvermögend.*
*Man sah die Einherjer alle sich raufen,*
*Verwettertes Weib, wegen Dir.*
*Neune hatten wir auf Nesisaga*
*Wölfe gezeugt: Ich war ihr Vater."*

Eine Frau zu sein, war die schlimmste Beleidigung.

Gudmund:
*„Nicht warst Du der Vater der Fenriswölfe,*
*Ob ärger als alle, das leuchtet ein,*
*Denn längst entmannten Dich, eh Du Gnipalund sahst*
*Thursentöchter bei Thorsnes dort.*

*Siggeirs Stiefsohn – Du lagst hinter Stückfässern,*
*An Wolfsgeheul gewöhnt in den Wäldern draußen.*
*Alles Unheil kam über Dich,*
*Als Du den Brüdern die Brust durchbohrtest,*
*Dich landrüchig machtest durch Lasterwerke."*

Verwandtenmord galt als ebenso schlimm.

Sinfiötli:
*„Du warst Granis Braut bei Brawöll,*
*Goldgezügelt, gezähmt zum Lauf.*
*Manche Strecke ritt ich Dich müde*
*Und hungrig unterm Sattel, Scheusal, den Berg hinab.*

Grani ist das Roß des Sigurd – eine Nachkomme von Odins Sleipnir. Gudmund wird hier als „Stute" bezeichnet, was auch auf den Nid-Todesfluch anspielt (siehe „Nid-Fluch" in Band 68).

*Als sittenloser Knecht erschienst Du,*
*Als Du Gullnirs Geißen melktest;*
*Ein andermal warst Du, Thursentochter,*
*Ein lumpiges Bettelweib: Willst Du noch länger zanken?"*

Die Behauptung, daß der andere beim homosexuellen Geschlechtsverkehr die Rolle der „Braut" gespielt hat, ließ sich kaum noch durch andere Beleidigungen steigern …

Gudmund:
*„Nein, füttern wollt ich bei Frekastein*
*Lieber die Raben mit Deinem Luder,*
*Und eure Hunde zur Atzung locken*
*Und Schweine zum Troge: Zanke der Teufel mit Dir!"*

Helgi:
*„Es ziemt euch besser beiden, Sinfiötli,*
*Den Kampf zu fechten und Aare zu freuen,*
*Als euch zu eifern mit unnützen Worten,*
*Wenn auch Ringbrecher den Haß nicht bergen.*

*Auch mich nicht gut dünken Granmars Söhne;*
*Doch ist's Recken rühmlicher, reden sie Wahrheit.*
*Sie haben's gezeigt bei Moinsheim:*
*Die Schwerter zu brauchen gebricht ihnen Mut nicht."*


## 2. e)   Das Lied über Helgi Hiörward-Sohn

Auch der folgende Beleidigungs-Wettstreit hat einen Bezug zu dem ehemaligen

157

Göttervater Tyr, da die Riesin Hrimgerd dessen Tochter ist (siehe „Hrimgerd" in Band 35 und „Hati" (Tyr) in Band 5).

„Helgi" ist einst ein Beiname des Tyr gewesen.

*Hiörward antwortete, er wolle dem Helgi Beistand nicht versagen, wenn er seinen Muttervater zu rächen gedächte. Da suchte Helgi das Schwert, das ihm Swawa angewiesen. Da fuhr er und Atli und fällten Hrodmar und vollbrachten manch Heldenwerk. Er schlug Hati den Riesen, als er auf einem Berge saß. Helgi und Atli lagen mit den Schiffen in Hatafjord.*

*Atli hatte die Warte die erste Hälfte der Nacht.*

*Da sprach Hrimgerd, Hatis Tochter:*
*„Wie heißen die Helden in Hatafjord?*
*Mit Schilden ist gezeltet auf euren Schiffen.*
*Frevel gebahrt ihr, scheint wenig zu fürchten.*
*Nennet mir des Königs Namen."*

Atli:
*„Helgi heißt er; doch hoffe nimmer*
*Den Fürsten zu gefährden.*
*Eisenburgen bergen die Flotte:*
*Hexen haben uns nichts an."*

Hrimgerd:
*„Wie heißest Du, übermütiger Held?*
*Wie nennt man Dich mit Namen?*
*Viel vertraut Dir der Fürst, der Dich vorn im schönen*
*Schiffssteven stehen läßt."*

Atli:
*„Atli heiß ich, heiß will ich Dir werden,*
*Denn unhold bin ich Unholden.*
*Am feuchten Steven stets hab ich gestanden*
*Und Nachtmaren gemordet.*

*Wie heißest Du, Hexe, leichenhungrige?*
*Nenne, Vettel, den Vater.*
*Daß Du neun Rasten niederer lägest*
*Und ein Baum Dir schoß aus dem Schoße!"*

Atli wünscht die Riesin tief in die Unterwelt (1 Rasten = 3 römische Meilen = 4.446m) und fügt gleich noch eine derbe sexuelle Verwünschung hinzu.

Hrimgerd:
*„Hrimgerd heiß ich, Hati war mein Vater,*
*Ich kannte nicht kühnern Joten.*
*Aus den Häusern hat er viel Bräute geholt*
*Bis ihn Helgi tödlich traf."*

Atli:
*„Du standest, Hexe, vor den Schiffen des Königs*
*Und stautest die Mündung des Stroms,*
*Des Fürsten Recken der Ran zu liefern;*
*Doch kam Dir der Stag in die Quere."*

Hrimgerd:
*„Töricht bist Du, Atli, Du träumst, sag ich,*
*Wie Du die Brauen wirfst über die Wimpern.*
*Meine Mutter stand vor des Königs Schiffen*
*Und ich ertränkte die Tapfern.*

*Wiehern wolltest Du, Atli, wärst Du nicht entmannt:*
*Hrimgerd schwingt den Schweif.*
*Hintenhin fiel Dir, wähn ich, Atli, das Herz,*
*Wie laut Du lachst und lärmest."*

Hier revanchiert sich Hrimgerd mit einer noch derben sexuellen Beleidigung.

Atli:
*„Ein Hengst schein ich Dir, wenn Du's versuchen willst,*
*So ich steig an den Strand aus der Flut.*
*Ganz erlahmst Du, wenn der Grimm mich faßt,*
*Und senkst den Schweif, Hrimgerd."*

Hrimgerd:
*„Betritt nur das Land, vertraust Du der Kraft,*
*daß wir in Warins Bucht ringen.*
*Rippenverrenkung, Recke, begegnet Dir,*
*Kommst Du mir in die Krallen."*

Atli:
*„Ich mag nicht von hier bis die Männer erwachen*
*Und halten Hut dem König:*
*Zu gewarten hab ich hier, daß Hexen auftauchen*
*Unter unsern Schiffen."*

Hrimgerd:
*„Wache, Helgi, und büße Hrimgerden*
*Daß Du Hati hast erschlagen.*
*Eine Nacht will sie bei dem Fürsten schlafen*
*Das schafft ihr Schadens Buße."*

Helgi:
*„Lodin labe Dich, die Menschenleide,*
*Der Thurs, der in Tholley wohnt,*
*Der hundweise Riese, der Riffwohner ärgster:*
*Der mag Dir zum Manne geziemen."*

Hrimgerd:
*„Die möchtest Du, Helgi, die das Meer besah*
*Nächten mit den Männern,*
*Die Maid auf dem Goldroß,*
*der Macht nicht gebrach:*

*Hier stieg sie zum Strand aus der Flut,*
*Eurer beider Flotte zu festigen.*
*Sie allein ist schuld, daß ich unfähig bin,*
*Des Königs Mannen zu morden."*

Helgi:
*„Höre, Hrimgerd, ob den Harm ich Dir büße;*
*Doch erst gib Kunde dem König:*
*War sie es allein, die die Schiffe mir barg,*
*Oder fuhren viele beisammen?"*

Hrimgerd:
*„Drei Reihen Mädchen; doch ritt voraus*
*Unterm Helm die eine licht.*
*Die Mähren schüttelten sich,*
*aus den Mähnen troff*

*Tau in tiefe Täler,*
*Hagel in hohe Bäume:*
*Das macht die Felder fruchtbar.*
*Unlieb war mir alles was ich sah."*

Atli:
*„Blick ostwärts, Hrimgerd, ob Dich Helgi hat*
*Getroffen mit Todesstäben.*
*Auf Land und Flut geborgen ist des Edlings Flotte*
*Und des Königs Mannen zumal."*

Helgi:
*„Der Tag scheint, Hrimgerd: Dich säumte hier*
*Atli zum Untergange.*
*Ein lächerlich Wahrzeichen wirst Du dem Hafen*
*Wie Du da stehst ein Steinbild."*

Riesen und Zwerge wurden zu Stein, wenn sie das Licht der Sonne traf.

## 2. f)   Grettir-Saga

In den Sagas finden sich auch viele einzelne Beleidigungen wie z.B. die folgende, die ein Jarl über seinen in die Jahre gekommenen König geäußert hat:

*„Der alte Hahn hängt nun herab."*

Das Wort 'argali' bedeutet sowohl 'Hahn' als auch 'Penis', wodurch diese Redewendung eine Doppelbedeutung erhält:

'Der gute alte König liegt darnieder.'
und
'Der alte (impotente) Schlappschwanz!'

## 2. g)   Die Saga über Hovard von den Eisfjord-Leuten

Beleidigungen dienten oft dazu, daß man den eigenen Willen durchsetzte. In dem

161

folgenden Beispiel wirft eine Mutter ihren Söhne unmännliches Verhalten vor, um sie dazu anzustacheln, das zu tun, was sie selber für richtig hält.

*„Ich habe geglaubt,“ sagte Thordis, „ich hätte zwei brave Söhne, doch es bleibt wahr, was man sagt, daß nämlich gar manches anders ist, als man denkt, und nun weiß ich doch, daß Du nicht mein Sohn, sondern höchstens eine Tochter von mir bist, da Du Dich nicht einmal traust, Deinen Verwandten zu helfen; und nun will ich Dir auch beweisen, daß ich ein tapfereres Weib bin, als Du ein Mann.“*

## 2. h)  Nialssaga

*Er nahm den Mantel an sich und warf dafür ein Paar blaue Beinkleider Flose vor die Füße; die könne er besser gebrauchen, sagte er, da er in jeder neunten Nacht ein Weib würde und mit dem Teufel Zusammenkünfte hätte auf Svinefjeld.*

## 2. i)  Bakrauf

Der Riesennamen „Bakrauf“ scheint eine der wenigen Beleidigungen gewesen sein, die häufiger benutzt worden sind und die sich bis in den heutigen Sprachschatz erhalten haben. „Bakrauf“ ist eine der archaischsten und daher am weitesten verbreiteten Beleidigungen – sie bedeutet wörtlich „Arschloch!“.

## 2. j)  Provokation

Die mittelalterliche „Provokation“ ist eine spezielle Anwendung dieses „Wortkampfes“: „Provokation“ bedeutet „Herausrufen“ und man verwendete dazu möglichst schlimme Beleidigungen, um einen Burgherrn in Rage zu bringen und dadurch dazu zu veranlassen, seine geschützte Burg zu verlassen und sich auf einen Zweikampf oder auf eine Feldschlacht einzulassen.

# 3. Neuere Beleidigungs-Wettstreite

## 3. a) Die Eule und die Nachtigall

Dieses Streitgespräch in mittelenglischer Sprache ist dem Dialekt nach in Kent verfaßt worden – vermutlich kurz nach dem Tod von König Heinrich III um 1289. Es steht in der Tradition der germanischen Beleidigungs-Wettstreite, aber seine Bilderwelt ist zu einem großen Teil bereits christlich. Das folgende Lied ist auch nicht mehr in erster Linie ein Beleidigungs-Wettstreit, sondern eine Diskussion über die richtige Einstellung zum Leben.

Dieses Lied ist hier ins Deutsche übersetzt und beigefügt worden, da sich in ihm noch an vielen Stellen die alte nordgermanische „Kunst der Beleidigung" erkennen läßt.

Das epische Gedicht ist im Original in Strophen zu je vier Zeilen gegliedert. Es wird hier jedoch zur leichteren Erfaßbarkeit des Textes in inhaltliche Abschnitte unterteilt dargestellt.

*Hier beginnt der Streit zwischen der Eule und der Nachtigall.*

*Es war ein Tal im Frühling,*
*in einem sehr abgelegenen Winkel,*
*da hörte ich eine Eule und eine Nachtigall*
*einen großen Streit führen.*
*Ihre Streitworte waren scharf,*
*leidenschaftlich und heftig,*
*manchmal drohend leise, manchmal laut;*
*und jede von ihnen schwoll in Rage gegen die andere an*
*und ließ ihre Wut hinaus und sagte das allerschlimmste,*
*was sie über den anderen erdenken konnte*
*und insbesondere setzten sie den Gesang des anderen herab.*
*Die Nachtigall begann den Streit*
*in einem Winkel der Lichtung,*
*während sie auf einem schönen Zweig hockte*
*– rund um sie her waren viele schöne Blüten –*
*und eine undurchdringliche Hecke,*
*in der Schilf und grüne Binsen wuchsen.*
*Sie war sehr glücklich über den Zweig*
*und sang auf vielerlei Weise;*

die Melodie klang, als ob sie von einer Harfe
oder einer Flöte kam und nicht aus einer lebenden Kehle.
In der Nähe stand ein alter Baumstumpf,
auf dem die Eule ihre Stundengebete sang
und der ganz mit Efeu überwachsen war;
dort lebte die Eule.

Die Nachtigall blickte zu ihr
und prüfte sie und verabscheute sie
und alles an ihr schien ihr unangenehm zu sein,
da sie als häßlich und schmutzig angesehen wird.

„Du garstiges Wesen!", sagte sie,
„Fliege hinfort! Dein Anblick macht mich krank.
Sonst muß ich gewiß wegen Deinem häßlichen Gesicht
immer wieder zu singen aufhören.
Mein Herz versagt und ebenso meine Sprache,
wenn Du Dich mir aufdrängst.
Ich würde eher kotzen als singen
wegen Deinem verdammten Geheule!"

Die Eule wartete bis es Abend war;
sie konnte nicht sich nicht mehr länger zurückhalten,
da sie derart wütend war,
daß sie kaum noch atmen konnte, und sprach schließlich:

„Wie erscheint Dir nun mein Lied?
Glaubst Du, daß ich nicht singen kann,
nur weil ich nicht zwitschern kann?
Du hast mich oft beleidigt und Dinge gesagt,
um mich zu verärgern und wütend zu machen.
Wenn ich Dich mit meinen Krallen fassen könnte
– Wenn ich das nur könnte! –
und Du von Deinem Zweig herabgekommen wärest,
dann würdest Du ein anderes Lied singen!"

Die Nachtigall antwortete:

„Solange ich mich aus dem offenen Raum fernhalte
und mich selber davor schütze, frei ausgesetzt zu sein,

*kümmern mich Deine Drohungen nicht weiter;*
*so lange ich in meiner Hecke bleibe,*
*sorge ich mich nicht um das, was Du sagst.*
*Ich weiß, daß Du gnadenlos gegenüber denen bist,*
*die sich nicht vor Dir schützen können,*
*und daß Du immer, wenn Du es kannst,*
*den kleinen Vögeln grausam und hart zusetzt.*
*Darum hassen Dich alle Arten von Vögeln,*
*und darum treiben sie Dich alle fort*
*und schreien und kreischen rings um Dich her,*
*und bedrängen Dich und treiben Dich fort,*
*und aus demselben Grund würde sogar die Meise*
*Dich liebend gerne zerfleischen!*
*Du bist häßlich anzusehen*
*und in jeder Hinsicht abscheulich;*
*Dein Leib ist plump, Dein Hals ist dürr,*
*Dein Kopf ist größer als der ganze Rest von Dir zusammen;*
*Deine Augen sind schwarz wie Kohlen und so groß,*
*als ob sie mit einem Färberpinsel gemalt worden wären.*
*Du starrst als ob Du alles zu Tode beißen wolltest,*
*was Du mit Deinen Krallen packen kannst.*
*Dein Schnabel ist hart und scharf und gebogen wie ein Haken.*
*Du mischt mit ihm oft ein wiederholtes klackendes Geräusch*
*und das ist eines Deiner Lieder!*
*Du drohst mir und würdest mich gerne*
*mit Deinen Krallen töten,*
*aber ein Frosch, der unter dem Mühlrad hockt,*
*würde Dir mehr anstehen;*
*Schnecken, Mäuse und anderes Getier würden Dir*
*natürlicherweise mehr entsprechen.*
*Du schläfst bei Tage und fliegst in der Nacht*
*– dadurch zeigst Du, daß Du ein übles Wesen bist!*
*Du bist abscheulich und unrein*
*– ich spreche über Dein Nest*
*und auch über Deine Jungen;*
*Du ziehst sie zu wahrlich üblen Gewohnheiten auf!*
*Du weißt sehr wohl, was sie in Deinem Nest tun:*
*Sie scheißen es bis zu ihrem Kinn voll*
*und sitzen dann dort, als ob sie blind wären.*
*Es gibt ein Sprichwort darüber:*

'Schande über denjenigen, der sein eigenes Nest beschmutzt!'
Letztes Jahr hat ein Falkenweibchen gebrütet
und sie hat ihr Nest nicht gut bewacht.
Da bist Du eines Tages dorthin geschlichen
und hast Dein dreckiges Ei hineingelegt.
Als die Zeit kam daß sie die Eier fertig ausgebrütet hatte
und die Küken herauskamen, brachte sie ihren Jungen Nahrung,
wachte über das Nest und sah sie fressen.
Da sah sie, daß das Nest auf der einen Seite beschmutzt war.
Das Falkenweibchen wurde wütend
und schrie laut und tadelte sie heftig:
'Sagt mir, wer hat das getan?
Es liegt nicht in eurem Wesen, so etwas zu tun.
Es ist abscheulich, daß euch so etwas geschieht!
Sagt mir, wer das getan hat, wenn ihr es wißt!'
Da sagten sie alle: 'Das ist unser Bruder gewesen,
der da mit dem großen Kopf
– es ist eine Schande, daß ihn niemand abgeschlagen hat!
Wirf ihn als einen Verstoßenen hinaus, damit er sich den Hals bricht!'
Das Falkenweibchen glaubte ihren Jungen
und packte das schmutzige Küken in der Mitte
und warf es von diesem hohen Ast hinab,
sodaß Elstern und Krähen es in Stücke zerrissen.
Es gibt eine Fabel darüber,
obwohl es nicht vollständig eine Fabel ist:
Genau dies ist einem Schurken geschehen,
der aus einer nicht ehrbaren Familie kam
und sich unter ehrbare Leute mischte;
er ließ stets seine Herkunft erkennen:
er kam aus einem verdorbenen Ei,
auch wenn es in ein ehrbares Nest gelegt worden war.
Auch wenn ein Apfel von dem Baum fortrollt,
auf dem er zusammen mit den anderen gewachsen ist,
und auch wenn dies ein gutes Stück Weg beträgt,
so ist doch immer noch klar erkennbar, woher er kommt. "

Diese Worte erwiderte die Nachtigall
und nach dieser langen Rede sang sie so laut und so schrill
als ob eine klingende Harfe gespielt werden würde.

Die Eule hörte sich dies an
und hielt ihre Augen niedergeschlagen
und saß aufgeplustert und von Zorn angeschwollen da,
als ob sie einen Frosch verschluckt hätte,
denn sie war sich wohl bewußt,
daß die Nachtigall nur sang, um sie zu demütigen.
Dennoch antwortete sie:

„Flieg doch mal hinaus und zeige,
wer von uns beiden strahlender an Farbe
und schöner anzuschauen ist!"

„Nein, Du hast sehr scharfe Krallen
und mir liegt nicht daran, von Dir gepackt zu werden.
Du hast sehr starke Greifer
und Du packst damit wie eine Zange zu.
Du hast vor – das ist das, was Deinesgleichen tun –
mich mit Schmeicheleien zu überlisten.
Ich werde das, was Du mir vorschlägst, nicht tun,
ich weiß genau, daß Du mich zu überlisten versuchst.
Du solltest Dich für Deinen üblen Rat schämen!
Deine Doppelzüngigkeit ist offenbar geworden;
verbirg Deine Ehrlosigkeit vor dem Licht
und versteck ruhig Deine Gemeinheit hinter gutem Benehmen!
Wenn Du schon Deine Niederträchtigkeit leben willst,
dann tu es im Verborgenen, denn Unehrenhaftigkeit
erzeugt Abscheu und Haß, wenn sie offen und sichtbar ist.
Du wirst keinen Erfolg mit Deinen listigen Plänen haben,
denn ich bin vorsichtig und kann Dir leicht ausweichen.
Es hat keinen Sinn, daß Du Dich so sehr bemühst,
denn ich kann mit meinem Geschick
besser kämpfen als Du mit all Deiner Kraft.
Ich habe eine gute Burg,
sowohl an Breite als auch in der Länge auf meinem Zweig;
wie der weise Mann sagt:
'Der, der kämpft und fortrennt,
lebt noch einen Tag weiter, um wieder zu kämpfen.'
Doch laß uns mit diesem Streit aufhören,
denn Worte führen uns nirgendwohin,
und laß uns mit einem vernünftigen Vorgehen beginnen

*und mit höflicher und diplomatischer Sprache.*
*Selbst wenn wir uns nicht einige sind,*
*sollten wir lieber höflich miteinander verhandeln*
*und ohne Streitereien und Kämpfe,*
*anständig und geziemend, denn jede von uns beiden kann das,*
*was sie sagen will, auf höfliche und vernünftige Weise sagen.* "

*Da sprach die Eule:*

*„ Wen gibt es, der zwischen uns vermitteln könnte,*
*wer ist fähig und willens, uns ein gerechtes Urteil zu fällen? "*

*„ Das weiß ich genau, " sprach die Nachtigall,*
*„ Darüber brauchen wir nicht zu debattieren:*
*Meister Nicholas von Guildford.*
*Er ist weise und wägt seine Worte sorgfältig ab;*
*er hat ein gutes Urteilsvermögen und verabscheut alle Laster.*
*Er besitzt ein gutes Verständnis für den Gesang und dafür,*
*wer gut und wer schlecht singt,*
*und er kann Recht von Unrecht unterscheiden*
*und Licht von Dunkelheit. "*

Meister Nicholas ist dem Titel nach ein Akademiker. Möglicherweise ist er der Verfasser dieses Gedichtes.

*Die Eule dachte eine Weile nach*
*und sprach schließlich wie folgt:*
*„ Ich bin durchaus damit einverstanden,*
*daß er unser Richter sein soll,*
*denn obwohl er einst wild gewesen*
*und den Nachtigallen und anderen schmeichelnden*
*und netten Wesen zugeneigt gewesen ist,*
*weiß, ich, daß er nun deutlich gesetzter geworden ist.*
*Er ist nicht so von Dir verzaubert,*
*daß er Dir wegen seiner früheren Liebe zu Dir*
*den Vorzug vor mir geben würde*
*– Du wirst ihn niemals so sehr umgarnen können,*
*daß er Dir zuliebe ein falsches Urteil abgibt.*
*Er ist erwachsen und sein Urteil ist gut begründet;*
*er hat keinen Wunsch mehr nach Indiskretionen;*

*er neigt nicht mehr zum Leichtsinn; er wird den rechten Pfad einschlagen.*"

Die „schmeichelnden Wesen" sind die Frauen …

*Die Nachtigall war jedoch wachsam,*
*denn sie hatte viel Erfahrung.*

*„Eule," sprach sie, „sage mir die Wahrheit,*
*warum tust Du das, was üble Wesen tun?*
*Du singst in der Nacht und nicht am Tag*
*und Dein ganzes Lied lautet: 'Leid! Leid!'*

Das englische „Woe! Woe" („Leid! Leid!") ähnelt dem „Huhu"-Ruf der Eule.

*Du könntest alle erschrecken,*
*die Dich Dein Lied rufen hören.*
*Du schreist und kreischst zu Deinem Gefährten auf eine Weise,*
*die schrecklich anzuhören ist.*
*Das klingt für jedermann, egal ob weise oder dumm,*
*als ob Du eher klagen als singen würdest.*
*Du fliegst in der Nacht und nicht am Tag*
*– darüber wundere ich mich und das zu Recht,*
*denn alle Wesen, die nicht das Rechte tun wollen,*
*lieben die Dunkelheit und hassen das Licht*
*und alle Wesen, die vom Unrecht angezogen werden,*
*mögen die Dunkelheit als Schutz für das, was sie tun.*
*Es gibt ein weises, wenn auch grobes Sprichwort,*
*das von vielen Leuten benutzt wird,*
*da es von König Alfred niedergeschrieben worden ist:*
*'Der, der etwas Übles getan hat, verbirgt sich.'*
*Ich glaube, das ist genau das, was Du tust,*
*denn Du fliegst immer in der Nacht.*
*Noch etwas anderes fällt mir auf:*
*Du hast in der Nacht einen sehr scharfen Blick,*
*aber am Tag wirst Du vom Licht so sehr geblendet,*
*daß Du weder Rinde noch Zweig sehen kannst.*
*Darüber gibt es ein Sprichwort:*
*Gerade so wie der Übeltäter, der nichts Gutes im Schilde führt*
*und der so voll von bösartiger Unehre ist,*
*daß ihm niemand entkommen kann,*

den dunklen Pfad gut kennt und den hellerleuchteten vermeidet,
so ist es auch mit Deiner Sippe:
'Sie scheuen das Licht.'"

Die Eule hörte die ganze Zeit zu
und wurde sehr ärgerlich. Sie sagte:

„Du wirst Nachtigall genannt,
doch Du würdest besser als 'Quasselstrippe'
bezeichnet werden, denn Du redest viel zu viel.
Laß Deine Zunge ruhen!
Du glaubst, daß Du den ganzen Tag für Dich hättest,
doch nun bin ich an der Reihe!
Schweige nun und laß mich sprechen;
Ich werde mich an Dir rächen!
Und höre gut zu, wie ich mich verteidige
mit der reinen Wahrheit ohne jedes Geschwätz.
Du sagst, daß ich mich bei Tag verberge;
das streite ich nicht ab.
Doch höre, ich werde Dir sagen, warum,
den ganzen Grund dafür.
Ich habe einen harten, starken Schnabel
und gute, lange, spitze Krallen,
wie es sich für die Raubvogel-Familie geziemt.
Es ist mein Wunsch und mein Verlangen,
wie meine Art zu sein –
dafür kann mich niemand tadeln.
Es ist in meinem Fall offensichtlich,
daß ich so kriegerisch bin,
weil dies meine rechte Natur ist.
Das ist der Grund, warum ich
von allen kleinen Vögel gehaßt werde,
die auf dem Boden umher und durch die Dickichte fliegen.
Sie schreien und schimpfen über mich
und fliegen in Schwärmen gegen mich.
Ich ziehe den Frieden und die Ruhe vor
und sitze still in meinem Nest,
denn es wäre für mich kein Vorteil,
wenn ich sie mit Schimpfen angreifen würde,
mit Beleidigungen und Schmähungen,

wie dies die Schäfer tun, oder mit übler Sprache.
Ich will mich mit den elenden Kreaturen nicht streiten,
daher mache ich einen weiten Bogen um sie.
Es ist die Ansicht der Weisen
– und dies haben sie oft gesagt –
daß man sich nicht mit Narren streiten soll
und nicht mit dem Ofen darin wettstreiten soll,
wer das Maul weiter aufreißen kann.
Ich habe gehört,
wie Alfred einst in seinen Sprichworten gesagt hat
'Achte darauf, alle Orte zu meiden,
an denen Streit und Hader ist;
laß die Narren zanken und gehe Deines Weges.'
Und ich bin weise und tue genau das.
Und von einem anderen Blickwinkel her gesehen hatte Alfred
noch ein weiteres Sprichwort, das weithin bekannt geworden ist:
'Jederman, der mit jemandem zu tun hat, der schmutzig ist,
wird nicht mit sauberen Händen davonkommen.'
Glaubst Du, daß der Habicht der Unterlegene ist,
wenn eine Krähe neben dem Sumpf ihn anschreit
und keifend auf ihn losfliegt,
als ob sie ihn angreifen wollte?
Der Habicht folgt einem vernünftigen Weg
und fliegt weiter und läßt sie schreien.
Und noch eines: Du hast gegen mich vorgebracht
und mich angeklagt, daß ich nicht singen könnte,
und Du hast gesagt, daß mein Lied nur ein Grabgesang sei
und ein Verdruß für alle, die ihn hören.
Das ist nicht wahr – ich singe harmonisch,
mit einer vollständigen Melodie und mit klangvoller Stimme.
Du glaubst, daß alle Lieder schrecklich klingen,
wenn sie nicht wie Dein Gezwitscher sind.
Mein Stimme ist fest und nicht zaghaft;
sie ist wie ein großes Horn und Deine ist wie eine kleine Flöte,
die man aus einem dünnen,
halbausgewachsenen Stengel geschnitzt hat.
Ich singe besser als Du;
Du plapperst wie ein irischer Priester!
Ich singe am Abend zur rechten Zeit
und danach noch einmal,

*wenn es Zeit ist, zu Bett zu gehen,*
*und schließlich ein drittes mal um Mitternacht –*
*so füge ich mein Lied.*
*Wenn ich in der Ferne die Dämmerung aufsteigen sehe*
*oder den Morgenstern,*
*dann tue ich mit meiner Kehle Gutes*
*und rufe die Leute zu ihrer Arbeit.*
*Aber Du singst die ganze Nacht über*
*von der Abend- bis zur Morgendämmerung*
*und Dein Gesang dauert*
*solange wie die Nacht*
*und Deine verfluchte Kehle*
*trillert ohne Ende, Nacht und Tag.*
*Du beleidigst ohne Ende die Ohren derer,*
*die in Deiner Nähe wohnen,*
*mit Deiner Pfeiferei und Du singst Dein Lied so oft,*
*daß es jeglichen Wert verliert.*
*Jedes Vergnügen kann so lange andauern,*
*daß es aufhört, erfreulich zu sein;*
*denn Harfe und Flöte und Vogelgesang*
*werden alle ermüdend, wenn sie zu lange andauern.*
*Wie erfreulich ein Lied auch immer sein mag,*
*so wird es doch lästig werden,*
*wenn es länger dauert, als uns lieb ist.*
*In dieser Weise hast Du Dein Lied entwertet,*
*denn es ist wahr – Alfred hat es in seinen Büchern gesagt:*
*'Ein jedes Ding kann seinen Wert verlieren,*
*wenn es an Maß und Zurückhaltung mangelt.'*
*Du kannst Dich selber*
*mit Vergnügungen überfüllen,*
*sodaß das Übermaß Dich krank werden läßt;*
*und ein jedes Vergnügen verliert seinen Reiz,*
*wenn es ständig genossen wird –*
*außer einem. Das ist Gottes Reich,*
*daß stets voller Glückseligkeit und stets gleich ist;*
*selbst wenn Du ständig etwas aus diesem Korb nehmen würdest,*
*so wäre er doch stets bis zum Überließen voll.*
*Gottes Königreich ist etwas, über das man sich wundern kann,*
*es gibt immer und ist doch immer gleich.*
*Und Du hast mich eines weiteren Punktes angeklagt,*

*daß ich ein schlechtes Augenlicht hätte,*
*und Du hast gesagt, daß ich bei Nacht fliege,*
*weil ich im Tageslicht nicht sehen könnte.*
*Du lügst! Es ist offensichtlich, daß ich ein gutes Augenlicht habe,*
*denn es gibt keine Dunkelheit,*
*die so dicht ist, daß sie meinen Blick verschleiern könnte.*
*Du glaubst, daß ich nicht sehen könnte,*
*weil ich tagsüber nicht umherfliege;*
*auch der Hase verbirgt sich den ganzen Tag über,*
*aber trotzdem kann er sehen.*
*Wenn Hunde zu ihm rennen,*
*jagt er mit größter Geschwindigkeit davon*
*und schlägt scharfe Haken auf schmalen Pfaden,*
*und hat seine Tricks bereit*
*und springt und hüpft sehr schnell*
*und sucht nach Wegen in den Wald.*
*Sein Augenlicht würde niemals dafür reichen,*
*wenn er nicht sehr gut sehen könnte.*
*Ich kann genausogut wie ein Hase sehen,*
*auch wenn ich den ganzen Tag über verborgen bleibe.*
*Dort, wo tapfere Männer im Krieg sind*
*und überallhin ziehen*
*und viele Länder überrennen*
*und des Nachts gute Taten vollbringen,*
*folge ich diesen mutigen Männern*
*und fliege des Nachts in ihrer Gesellschaft. "*

*Die Nachtigall behielt all dies in ihrem Gedächtnis*
*und dachte eine lange Zeit darüber nach,*
*was sie dem entgegnen sollte,*
*denn sie konnte nicht widerlegen,*
*was die Eule zu ihr gesagt hatte,*
*denn das war wahr und korrekt.*
*Sie bedauerte, daß sie das Streitgespräch*
*soweit hatte kommen lassen,*
*und sie fürchtete, daß ihre Antwort*
*keine große Wirkung haben würde.*
*Doch sie sprach trotzdem kühn,*
*denn es ist weise, mutig zu tun,*
*wenn man vor dem Angesicht seines Feindes steht –*

*das ist besser als aus Feigheit aufzugeben,*
*denn jemand, der kühn ist, wenn Du die Flucht ergreifst,*
*wird selber fortrennen, wenn Du die Nerven bewahrst;*
*wenn er sieht, daß Du nicht feige bist,*
*wird er von einem Eber zu einem Hügelgrab-Schwein werden.*

Hügelgrab-Schwein = Opferschwein bei der Bestattung

*Und daher trug die Nachtigall,*
*obwohl sie unsicher war, eine kühne Rede vor.*

*„Eule, " sprach sie, „warum benimmst Du Dich so?*
*Im Winter singst Du 'Leid! Leid'*
*Du singst wie eine Henne im Schnee*
*– alles, was Du singst, kommt aus Trübsal hervor.*
*Im Winter singst Du verdrießlich und düster*
*und im Sommer bist Du stets stumm.*
*Es liegt an Deiner verfluchten Bösartigkeit,*
*daß Du nicht zusammen mit uns glücklich sein kannst,*
*da Du regelrecht vor Mißgunst verbrennst,*
*wenn unsere gute Zeit kommt.*
*Du verhältst Dich wie ein Mann von gemeinem Geist:*
*jegliches Vergnügen mißfällt ihm.*
*Klagen und Murren kommen schnell zu ihm,*
*wenn er sieht, daß Menschen glücklich sind;*
*er würde lieber Tränen in jedermanns Augen sehen;*
*er hätte nichts dagegen, wenn ganze Scharen von Männern*
*ineinander verkeilt miteinander kämpfen würden.*
*Du tust für Deinen Teil genaudasselbe,*
*denn wenn überall tiefer Schnee liegt*
*und jedes Wesen leidet,*
*dann singst Du von Morgen bis Abend.*
*Doch ich bringe jegliche Freude mit:*
*Jedes Wesen ist wegen mir glücklich*
*und freut sich, wenn ich komme*
*und wartet auf meine Ankunft.*
*Die Blumen beginnen sich zu öffnen und zu blühen,*
*sowohl auf den Bäumen als auf den Feldern.*
*Die Lilie mit ihrer reinen Farbe heißt mich willkommen,*
*wie Du wissen mußt, und lädt mich*

174

mit ihrer schönen Erscheinung dazu ein,
zu ihr zu fliegen. Auch die errötende Rose,
die von der Dornenranke aufknospt,
bittet mich, ein freudevolles Lied der Liebe für sie zu singen.
Und das tue ich Tag und Nacht
– je mehr ich singe, desto besser werde ich –
und bringe ihnen mit meinem Gesang ein Ständchen,
doch niemals zu lange.
Wenn ich sehe, daß die Leute glücklich sind,
will ich nicht, daß sie übermütig werden;
wenn ich das, weshalb ich gekommen bin,
getan habe, kehre ich zurück,
uns es ist vernünftig von mir, das zu tun.
Wenn sich die Gedanken der Männer zu ihren Garben wenden
und die grünen Blätter zu welken beginnen,
ziehe ich wieder heim und verabschiede mich.
Ich kümmere mich nicht um den Hunger im Winter;
wenn ich sehe, daß das harte Wetter naht,
kehre ich in mein eigenes Land zurück,
und ich werde sowohl dafür geliebt
als auch dafür bedankt, daß ich gekommen
und hier meine Aufgabe vollbracht habe.
Sollte ich bleiben, wenn meine Arbeit vollbracht ist?
Nein! Warum sollte ich? Denn schließlich ist es so:
Jeder, der noch länger bleibt,
wenn er nicht mehr gebraucht wird,
ist weder klug noch taktvoll. “

   Nachtigallen sind Zugvögel und überwintern in Afrika.

Die Eule hörte zu und merkte sich
all diese Gründe Wort für Wort,
und bedachte dann, wie sie am besten
eine verteidigende Antwort finden könnte,
denn jeder, der fürchtet, daß er überlistet wird,
wenn er über einen Fall streitet,
muß alle Dinge sehr sorgfältig bedenken.

„Du fragst mich, “ sprach die Eule,
„warum ich im Winter schreie und singe.

Es ist Brauch – und das ist so, seit die Welt begann –
daß ein jeder guter Mann seine Freunde begrüßt
und sie eine zeitlang in seinem Haus beherbergt
und sie an seiner Tafel
mit freundschaftlichen Gesprächen
und freundlichen Worten unterhält.
Und insbesondere an Weihnachten,
wenn Reiche und Arme, Hohe und Niedere,
Tag und Nacht Chöre singen,
unterstütze ich sie so gut ich kann.
Und ich bin auch mit anderen Dingen
als mit Spaß haben und mit Singen beschäftigt.
Ich habe eine gute Antwort zu diesem Punkt,
sie ist fertig und wartet.
Denn die Sommerzeit steigt zu sehr zu Kopf,
und läßt die Gedanken eines Mannes in die Irre gehen;
da er das Interesse an der Keuschheit verliert,
ist er vollständig mit Begehrlichkeiten beschäftigt.
Dann wartet kein Tier mehr länger,
sondern besteigt das andere;
selbst die Hengste in den Gestüten
sind wild auf die Stuten.
Und Du bist wie sie,
denn Dein ganzes Lied handelt nur von Lüsternheit,
und gegen die Zeit, in der Du brütest,
wirst Du sehr arrogant und aggressiv.
Sobald Du Dich gepaart hast,
verlierst Du Deine Stimme
und pfeifst stattdessen wie eine Meise
und quiekst heiser.
Und außerdem singst Du
schlechter als der Zaun-Sperling,
der am Boden zwischen den Stoppeln umherfliegt:
wenn Dein Verlangen vorüber ist,
ist auch Dein Gesang vorbei.
Im Sommer werden die Fasane verrückt
und verrenken sich in seltsame Haltungen –
doch das ist keine Liebe, nein,
sondern nur der niederste Instinkt der Fasane,
denn sobald er seine Tat getan hat,

*bricht all sein Eifer zusammen;*
*sobald er unter den Rock der Frau gelangt ist*
*und seinen Bolzen abgeschossen hat,*
*währt seine Liebe nicht mehr länger.*
*Das ist das, dem Dein Wesen gleicht:*
*Sobald Du auf Deinen Eiern sitzt,*
*vergißt Du Dein Lied vollständig.*
*Das ist es, wie Du Dich auf Deinem Ast benimmst:*
*Wenn Du Deinen Spaß gehabt hast,*
*ist Deine Stimme verdorben.*
*Doch erst wenn die Nacht kommt*
*und harten Frost bringt,*
*wird es deutlich, wer das hat, was er braucht:*
*Wenn das Leben rauh wird,*
*kann man sehen, wer voranstürmt*
*und wer zurückbleibt.*
*In schweren Zeiten wird es offenkundig,*
*wenn das Anbieten von guten Diensten gebraucht wird*
*– dann bin ich bereit und unterhalte und singe*
*und ich bin glücklich, meine Aufführung anzubieten.*
*Der Winter sorgt mich nicht,*
*da ich kein schwächlicher Kerl bin;*
*und zudem gebe ich vielen Wesen Schutz,*
*die selber keine Kraft haben.*
*Sie sind ängstlich und in Sorge*
*und suchen verzweifelt nach Wärme;*
*ich singe oft für sie,*
*um ihr Elend ein wenig zu vermindern.*
*Was hältst Du davon?*
*Bist Du nun in die Enge getrieben?*
*Bist Du nun klar geschlagen worden?"*

*"Nein, keineswegs!", sprach die Nachtigall,*
*"Du mußt nun die andere Seite anhören.*
*Diese Debatte ist noch nicht zum Urteil vorgelegt worden.*
*Also schweig und und höre mir nun zu!*
*Ich kann sehen, daß Deine Rede*
*durch eine einzige Aussage widerlegt wird."*

*"Das wäre nicht rechtens," sagte die Eule,*

„Du hast eine Klage vorgebracht, wie Du es vorgehabt hast,
und ich habe Dir eine Antwort gegeben.
Doch bevor wir nach einem Urteil über uns suchen,
will ich gegen Dich argumentieren,
so wie Du gegen mich argumentiert hast,
und dann kannst Du mir antworten,
wenn Du das vermagst.
Sag mir, Du elende Kreatur,
hast Du irgendeinen Nutzen
– abgesehen von Deiner musikalischen Stimme?
Du bist zu nichts nutze
außer daß Du zu trällern weißt,
denn Du bist klein und schwach
und Dein Federkleid ist dünn.
Was tust Du Gutes für die Menschheit?
Nicht mehr als ein elender Zaunkönig tut!
Von Dir kommt nichts Nützliches ,
außer daß Du soviel Lärm machst,
als wenn Du verrückt wärest,
und wenn dann Dein Gezwitschert endlich zuende ist,
hast Du keine anderen Fähigkeiten mehr zu bieten.
Alfred der Weise hat gesagt
– und das zu recht, denn es ist wahr –:
'Niemand wird nur für sein Singen
lange Zeit wertgeschätzt oder geliebt.'
Denn jemand, der nichts anderes zu tun weiß
als zu singen, ist zu nichts nütze.
Du bist ein nutzloses Wesen,
in Dir ist nichts als Gezwitscher.
Dein Gefieder ist dunkel und stumpf;
Du siehst aus wie ein rußiges Bündel.
Du bist nicht hübsch,
Du bist nicht stark,
Du bist nicht breit,
Du bist nicht groß.
Du hast beim guten Aussehen vollständig versagt
und Du hast auch nicht viel Gutes getan.
Ich habe noch etwas an Dir auszusetzen:
Du bist nicht reinlich oder ehrbar,
wenn Du menschliche Behausungen besuchst,

wo Dornen und Zweige
neben Hecken und Gestrüpp miteinander verwoben sind,
dort, wo die Leute oft hingehen, um sich zu erleichtern.
Du fühlst Dich dort hingezogen,
dort treibst Du Dich herum,
und Du vermeidest andere, reinlichere Orte.
Wenn ich des Nachts auf der Jagd nach Mäusen losfliege,
sehe ich Dich beim Plumpsklo;
da sitzt Du zwischen den Kräutern und Nesseln
und singst hinter dem Sitz!
Dich kann man am häufigsten dort finden,
wo andere Leute ihren Hintern platzieren.
Und was noch ärger ist:
Du tadelst mich für meine Nahrung
und sagst, daß ich Abschaum fresse;
doch was Du ißt – versuche nicht, es zu leugnen! –
das sind Spinnen und dreckige Fliegen und Würmer,
wenn Du welche in den Lücken
der rissigen Rinde finden kannst!
Doch ich kann vorzügliche Dienste tun,
denn ich schaue nach den menschlichen Behausungen
und meine Dienste sind vorzüglich,
denn ich helfe bei der Versorgung mit Nahrung.
Ich fange Mäuse in der Scheune
und ebenso im Dunkeln in der Kirche,
denn ich besuche gerne Christi Haus
um es von den dreckigen Mäusen zu reinigen
und kein Abschaum wird es betreten,
denn ich werde sie fangen.
Und wenn ich keine Lust habe, anderswo zu bleiben,
habe ich große Bäume im Wald mit dicken Ästen,
nicht kahl, sondern überall mit grünem Efeu überwachsen
das stets seine Blätter behält
und niemals seine Farbe verliert,
wenn es schneit oder friert.
Dort habe ich einen guten Schutz,
warm im Winter, kühl im Sommer;
wenn mein Haus strahlend und grün ist,
ist Deins verschwunden.
Doch Du hast mich auch noch anderer Dinge beschuldigt.

*Du beleidigst meine Jungen und sagst, daß ihr Nest nicht rein sei.*
*Das ist auch von vielen anderen Wesen wahr,*
*denn das Pferd in seiner Stallung und der Stier in seinem Stall*
*tun dort alles, was sie dort tun müssen;*
*und kleine Kinder in ihren Wiegen,*
*nicht nur Gemeine, sondern auch Edle,*
*tun in ihrer Kindheit alles,*
*was sie später, wenn sie älter sind, nicht mehr tun.*
*Wie könnten die Kleinen dies auch anders tun?*
*Auch wenn dies unangenehm ist, läßt es sich doch nicht vermeiden.*
*Es gibt ein Sprichwort, daß schon seit langem im Umlauf ist:*
*'Not läßt die alte Frau laufen.'*
*Und außerdem habe ich noch eine zweite Entgegnung.*
*Willst Du mein Nest besuchen*
*und Dir ansehen, wie es beschaffen ist?*
*Wenn Du nur ein bißchen verständig bist, kannst Du davon lernen.*
*Mein Nest ist in der Mitte hohl und geräumig,*
*daher ist es so weich wie möglich für meine Jungen;*
*und es gibt ringsum einen gewobenen Zaun,*
*der sich auswärts von dem Nest aus erstreckt.*
*Dorthin gehen sie, um sich zu erleichtern,*
*denn ich verbiete ihnen das zu tun,*
*was Du behauptest, was sie tun würden.*
*Wir betrachten die menschlichen Wohnstätten*
*und erschaffen unsere nach ihrem Vorbild.*
*Die Menschen haben neben anderen Einrichtungen*
*einen Nachttopf am Fußende ihrer Schlafstelle,*
*denn sie wollen nicht zu weit gehen;*
*und meine Jungen tun dasselbe.*
*Sitz doch still, Du geschwätziges Weib!*
*Du bist noch nie so fest gefangen worden;*
*Du wirst niemals eine Entgegnung hierauf finden.*
*Häng' Deine Axt wieder auf!*
*Es ist Zeit für Dich, zu verschwinden!"*

die Axt aufhängen = das Kriegsbeil begraben

*Bei diesen Worten fehlte der Nachtigall*
*fast jegliche Inspiration*
*und sie suchte verzweifelt nach einem Einfall,*

nach etwas, was sie tun konnte,
abgesehen von Singen,
was für irgendetwas nützlich sein könnte.
Sie mußte eine Antwort
auf diesen Punkt finden
oder sie hatte vollkommen verloren –
und es ist schwer,
gegen Wahrheit und Gerechtigkeit zu streiten.
Jemand, der in der Klemme steckt,
muß das Problem angehen,
indem er sich der Geschicklichkeit bedient,
er muß sich zwangsläufig verstellen;
er muß die Dinge beschönigen und sie verpacken,
wenn der Mund etwas verbergen will
sodaß das Herz innen nicht gesehen werden kann.
Es geschieht leicht, daß die Rede sich verirrt,
wenn der Mund etwas sagt,
was nicht mit dem Herzen übereinstimmt,
aber dennoch, trotz alledem,
gibt es einen Weg aus der Klemme,
wenn man ihn benutzen kann,
denn der Verstand ist niemals so scharf
als dann, wenn sein bester Plan zweifelhaft ist;
er erlangt den Gipfel seiner Geschicklichkeit,
wenn er sich in der größten Gefahr wähnt.
Denn Alfred sagt in einem alten Sprichwort,
an das man sich noch immer erinnert,
'Wenn das Unheil am größten ist,
ist das Heilmittel am nahesten.'
Denn der Verstand wird in Schwierigkeiten größer
und infolgedessen schärfer.
Daher ist ein Mann niemals verloren,
solange er sich seinen Verstand wahren kann,
doch wenn er den verliert,
ist seine Trickkiste aufgebrochen;
wenn er sich nicht mehr seinen Verstand bewahren kann,
wird er in keiner Ecke von ihm mehr einen Plan finden.
So wurde von Alfred gesagt, der wußte worüber er sprach,
und der stets die Wahrheit sagte:
'Wenn das Unheil am größten ist,

*ist das Heilmittel am nahesten.'*
*Die Nachtigall hatte weise*
*ihre ganzen Schwierigkeiten genutzt;*
*inmitten der Schwierigkeiten und der Anspannungen*
*hatte sie die Angelegenheit*
*sorgsam und vorsichtig bedacht*
*und hatte eine Antwort inmitten ihrer Not gefunden.*

*„Eule,“ sprach sie,*
*„Du fragst mich, ob ich etwas tun kann*
*außer in der Sommerzeit zu singen*
*und dadurch weit und fern Glück zu verbreiten.*
*Warum fragst Du nach meinen Fähigkeiten?*
*Meine Fähigkeit ist besser all Deine zusammen;*
*ein Lied von aus meinem Mund ist besser*
*als alles, was Deine Sippe jemals zu tun in der Lage war!*
*Nun höre! Ich sage Dir, warum:*
*Weißt Du, warum der Mensch geboren wurde?*
*Für den Segen des Himmelreiches,*
*in dem es stets dasselbe Maß*
*an Singen und Freude gibt;*
*ein jeder, der etwas darüber weiß,*
*was gut ist, strebt danach.*
*Das ist der Grund,*
*warum es in der Heiligen Kirche Gesang gibt*
*und Kirchenmänner Lieder verfassen:*
*um die Menschen daran zu erinnern,*
*wohin sie bestimmt sind*
*und wo sie ewiglich bleiben werden,*
*so daß sie nicht die Freude vergessen,*
*sondern über sie nachdenken und sie erlangen sollten*
*und durch den Gesang in der Kirche erkennen,*
*wie glückselig der Segen im Himmel sein wird.*
*Kleriker, Mönche und Priester*
*in den guten Gemeinschaften*
*erheben sich um Mitternacht*
*und singen über das Licht des Himmels;*
*und Landpriester singen, wenn die Dämmerung anbricht.*
*Und ich helfe ihnen so gut ich kann;*
*ich singe mit ihnen Nacht und Tag,*

*und sie sind durch mich froheren Gemütes*
*und mehr gewillt zu singen.*
*Ich gebe den Menschen zu ihrem Nutzen*
*einen Ausblick auf die Zukunft,*
*der ihnen Trost gibt und der sie ermutigt,*
*nach dem Gesang zu streben, der ewig währt.*
*Nun, Eule, kannst Du da sitzen und vergehen;*
*das ist nicht nur Gezwitscher;*
*Ich bin bereit dazu, daß wir für ein Urteil*
*vor den Papst in Rom selber treten.*
*Doch warte – Du mußt noch etwas*
*über diese Angelegenheit hören.*
*Es wird Dir nicht möglich sein,*
*meinem Argument zu widerstehen,*
*nicht um ganz Englands willen.*
*Warum tadelst Du mich für meine Schwächen*
*meine geringe Größe und meine kleine Gestalt*
*und warum sagst Du, daß ich nicht stark bin,*
*weil ich weder breit noch lang bin?*
*Du hast keine Ahnung, worüber Du sprichst*
*und tischst mir nur Lügen auf,*
*denn ich bin zu Doppelzüngigkeit*
*und Gerissenheit in der Lage,*
*– und das ist der Grund,*
*warum ich so voller Vertrauen bin.*
*Ich kenne viele Listen und Lieder,*
*und ich vertraue keiner anderen Stärke,*
*denn es ist wahr, was Alfred gesagt hat:*
*'Stärke ist nutzlos gegen Schläue.'*
*Oftmals siegt ein bißchen Klugheit dort,*
*wo große Stärke nichts erreicht;*
*Burgen und Festungen können erobert werden*
*– mit einer ganz geringen Streitmacht;*
*Mauern können durch Geschick zerstört werden,*
*und tapfere Ritter können von ihren Rossen gestoßen werden.*
*Rohe Gewalt ist von geringem Nutzen,*
*aber Weisheit verliert nie an Wert.*
*Du kannst in allen Arten von Dingen erkennen,*
*daß nichts der Weisheit gleicht.*
*Ein Pferd ist stärker als ein Mann,*

aber da es keinen Verstand hat
trägt es schwere Lasten auf seinem Rücken,
es müht sich vor schweren Karren
und erträgt Stock und Sporen
und steht angebunden vor dem Tor der Mühle
und tut, was man ihm sagt;
und weil es keinen Verstand hat, kann seine Stärke
es nicht davor schützen,
sich wie ein kleines Kind unterzuordnen.
Der Mensch erreicht
durch Stärke und Verstand,
daß nichts ihm gleicht;
selbst wenn alle Arten von Stärke vereint würden,
wäre der menschliche Verstand noch immer größer,
denn die menschliche Geschicklichkeit
beherrscht alle irdischen Kreaturen.
Auf dieselbe Weise
bewirke ich mit meinen Lied mehr
als Du in dem ganzen Jahr;
Ich werde wegen meines Geschickes geliebt,
Du wirst wegen Deiner Stärke gemieden.
Denkst Du gering von mir,
weil ich nur ein Talent habe?
Wenn zwei Männer zum Ringen gehen
und beide den anderen hart bedrängen
und einer von ihnen eine Menge Arten von Würfen kennt,
und seine Listen geschickt einsetzen kann,
und der andere nur einen einzigen Wurf kennt,
aber dieser bei allen wirkt
und er mit diesem Wurf alle seine Gegner zu Fall bringt
– einen nach dem anderen – innerhalb kurzer Zeit;
warum sollte er sich darum bemühen, einen besseren Wurf
als den einen, der für ihn so wirkungsvoll ist, zu finden?
Du sagst, daß Du eine Menge Dienste erweisen kannst.
Aber ich bin auf einem anderen Niveau als Du:
Selbst wenn Du alle Deine Fähigkeiten vereinst,
ist meine eine Fähigkeit besser.
Wenn Hunde den Fuchs jagen,
überlebt die Katze sehr häufig,
obwohl sie nur eine einzige List kennt.

*Der Fuchs kennt keine List, die genauso gut ist,*
*obwohl er so viele kennt,*
*daß er glaubt, daß er all den Hunden entkommen kann,*
*weil er gerade und krumme Pfade kennt*
*und sich an einen Ast hängen kann,*
*sodaß der Hund die Spur verliert*
*und zu dem Ödland zurückkehrt.*
*Der Fuchs kann die Hecke entlang kriechen*
*und seine frühere Spur verlassen*
*und kurz danach wieder auf sie zurückkehren.*
*Dann verliert der Hund die Spur,*
*er weiß wegen der vermischten Düfte nicht,*
*ob er vorwärts oder zurück gehen soll.*
*Wenn dem Fuchs all diese Listen nichts helfen,*
*kriecht er schließlich zurück in seinen Bau;*
*aber trotz all seiner Listen,*
*kann er nicht so gut planen*
*– kühn und geschickt wie er ist –*
*daß er nicht seinen roten Pelz verliert.*
*Die Katze kennt nur eine einzige List*
*auf dem Hügel oder im Tal*
*– sie kann sehr gut klettern;*
*das ist der Grund, warum sie ihren grauen Pelz behält.*
*Ich sage genaudasselbe über mich:*
*meine eine Fähigkeit ist besser als Deine zwölf!"*

*„Hör auf! Hör auf!" schrie die Eule,*
*„Dein ganzes Vorgehen ist unehrenhaft.*
*Du verdrehst all Deine Worte,*
*sodaß alles richtig zu sein scheint;*
*Du beschönigst alles*
*und das, was Du sagst,*
*klingt so einleuchtend und ansprechend, daß jeder,*
*der es hört, denken wird, daß Du die Wahrheit sagst.*
*Hör auf! Hör auf!*
*Doch ich werde Dir Einhalt gebieten;*
*es wird jetzt offensichtlich werden, daß Du ein Bündel Lügen erzählt hast,*
*wenn Deine Unaufrichtigkeit aufgedeckt werden wird.*
*Du sagst, daß Du für die Menschen singst*
*und ihnen sagst, daß sie diese Welt verlassen*

185

und hin zu dem Lied, das niemals enden wird, gehen werden.
Es ist wirklich unglaublich, daß Du es wagst,
eine solche Lüge zu erzählen.
Glaubst Du wirklich, daß Du sie alle so einfach
in Gottes Königreich bringen wirst – durch Singen?
Nein, nein, sie werden gewiß erkennen,
daß sie mit vielen Tränen
um ein Heilmittel für ihre Sünden bitten müssen,
bevor sie jemals dorthin gelangen können.
Daher empfehle ich allen Menschen,
die zu dem König des Himmels zu gelangen hoffen,
daß sie sich darauf vorbereiten sollten,
mehr zu weinen als zu singen,
den kein Mensch ist ohne Sünde;
und deshalb muß er, bevor er geht,
einen Ausgleich mit Tränen und Weinen schaffen,
sodaß das, was einst süß für ihn war, bitter wird.
Damit helfe ich ihnen – Gott weiß das.
Ich singe nicht, um sie einzulullen,
denn all mein Singen drückt Sehnsucht aus
und ist zu einem gewissen Grad
mit Klagen vermischt,
sodaß der Mensch durch mich dazu bewegt wird,
zu erkennen, daß er seine Schuld beweinen sollte.
Wenn man dies als Anfangspunkt für eine Rede nimmt,
dann weine ich besser als Du singst;
wenn Recht voraus geht und das Falsche folgt,
ist mein Weinen besser als Dein Singen.
Auch wenn einige Menschen durch und durch gut
und in ihrem Herzen vollkommen rein sind,
sehnen sie sich dennoch danach,
diese Welt zu verlassen;
sie bedauern, daß sie hier sind,
denn obwohl sie selber errettet sind,
sehen sie hier nichts als Elend
und weinen bitterlich um andere Menschen
und beten um Christi Gnade für sie.
Ich helfe beiden Arten von Menschen;
mein Mund bietet zwei Arten von Heilmitteln an.
Ich helfe den guten Menschen in ihrer Sehnsucht,

*da sie das Verlangen spüren, über daß ich ihnen singe;*
*und ich helfe genauso den sündigen Menschen,*
*da ich ihnen ihr Elend zeige.*
*Und außerdem widerspreche ich Dir*
*auch noch von einem anderem Standpunkt aus,*
*denn wenn Du auf Deinem Zweig sitzt,*
*dann verlockst Du die Menschen,*
*die Deinen Liedern willig zuhören,*
*zu den Freuden des Fleisches;*
*für Dich gibt es keine Hoffnung auf den Segen des Himmels,*
*denn Du hast nicht die Stimme dafür!*
*Du singst nur über Unzucht,*
*da keinerlei Heiligkeit in Dir ist;*
*niemand wird durch Dein Gezwitscher*
*an einen Priester, der in einer Kirche singt, erinnert!*
*Und halte Dir noch einen Punkt entgegen,*
*um zu sehen, ob Du ihn widerlegen kannst:*
*Warum singst Du nicht für andere Völker,*
*die dies viel mehr bräuchten?*
*Du singst niemals in Irland*
*und Du besuchst auch niemals Schottland.*
*Warum reist Du nicht nach Norwegen*
*und singst zu den Leuten in Galloway,*
*wo Menschen wohnen, die kaum jemals*
*ein Lied unter der Sonne gehört haben?*

Galloway ist Südwest-Schottland.

*Warum singst Du nicht für die Priester*
*und lehrst sie durch Dein Gezwitscher*
*und zeigst ihnen durch Deine Stimme,*
*wie die Engel im Himmel singen?*
*Du benimmst Dich wie eine nutzlose Quelle,*
*die neben einem rasch strömenden Fluß emporsprudelt*
*und den Hang austrocknen läßt*
*und ihn nutzlos hinabfließt.*
*Doch ich reise sowohl in den Norden als auch in den Süden;*
*ich bin in jedem Land bekannt,*
*Ost und West, nah und fern,*
*Ich vollbringe meine Arbeit gewissenhaft*

und warne die Menschen mit meinen Schreien,
damit Dein verführerisches Lied sie nicht in die Irre führt.
Ich führe die Menschen mit meinem Lied,
damit sie nicht zu lange sündigen.
Ich sage ihnen, daß sie aufhören sollen,
damit sie nicht selber verderben,
denn es ist besser, wenn sie in dieser Welt weinen,
als wenn sie die Genossen der Teufel
in der nächsten Welt werden. "

Die Nachtigall kochte vor Wut
und war zudem ganz verlegen,
denn die Eule hatte sie mit dem Ort,
an dem sie saß und sang, getadelt
– hinter der Schlafkammer, im Gestrüpp,
wo die Menschen sich erleichterten;
und sie saß eine Weile und dachte nach
und war sich in ihren Überlegungen wohl bewußt,
daß Wut einen Menschen seines Verstandes beraubt,
denn König Alfred hatte gesagt:
'Der Mann, der gehaßt wird,
vermittelt nur selten erfolgreich,
und der Mann, der wütend ist,
bittet nur selten erfolgreich.'
Denn Wut regt das Blut im Herzen so sehr auf,
daß es wie ein reißender Strom fließt
und daß Herz vollkommen überwältigt,
sodaß es nichts anderes mehr als fühlen kann
und dadurch sein Einsichtsvermögen verliert,
sodaß es nicht mehr sehen kann,
was recht und was unrecht ist.
Dies bedachte die Nachtigall
und ließ ihren Zorn verrauchen –
es wäre besser für sie,
wenn sie besonnene Worte sprechen würde
als wenn sie wütende Worte benutzen würde.

„Eule, " sagte sie, „nun höre mir zu!
Du wirst stürzen, Du bist auf einem rutschigen Hang.
Du sagst, daß ich hinter der Schlafkammer umherfliege;

*es ist wahr – die Schlafkammer ist unser Bereich.*
*Wo ein Herr und eine Dame liegen,*
*muß ich für sie singen und in ihrer Nähe sitzen.*
*Glaubst Du, daß rechtschaffene Leute*
*den rechten Pfad wegen schmutzigem Schlamm verlassen*
*oder das die Sonne zögerlicher scheint,*
*wenn es in unserem Nest dreckig ist?*
*Sollte ich wegen einem Brett mit einem Loch darin*
*meinen angestammten Platz verlassen,*
*sodaß ich dann nicht mehr neben dem Bett singe,*
*in dem ein Herr seine Geliebte als Bettgefährtin hat?*

    Brett mit Loch = Plumpsklo

*Es ist meine Pflicht, es ist mein Gesetz,*
*daß ich dem Höchsten folge,*
*Weiterhin brüstest Du Dich Deines Liedes,*
*daß Du ärgerlich und krächzend schreien kannst,*
*und Du sagst, daß Du die Menschheit dazu ermutigst,*
*wegen ihrer Sünden zu weinen.*
*Wenn ein jeder heulen und schreien würde,*
*als wenn er verdammt worden wäre,*
*wenn sie wie Du schreien würden,*
*dann würden sie ihrem Priester den Verstand austreiben!*
*Ein Mann sollte schweigen und nicht aufschreien;*
*er mag wegen seiner Sünden weinen,*
*doch der rechte Ort, um laut zu beten*
*und laut zu singen ist dort, wo Christus verehrt wird;*
*das Singen in der Kirche zur rechten Zeit*
*kann niemals zu laut oder zu lang sein.*
*Du schreist und klagst, und ich singe;*
*Dein Lied ist Klage, und meines Feier.*
*Ich hoffe, daß Du schreist und klagst*
*bis Du tot niedergesetzt,*
*und ich hoffe, daß Du so laut schreist,*
*daß Deinen beiden Augen hervortreten!*
*Welches dieser beiden Dinge ist besser:*
*daß jemand glücklich oder traurig ist?*
*Ich hoffe, daß in unserem Fall stets Du unglücklich*
*und ich glücklich sein werde.*

*Und noch etwas: Du fragst mich, warum ich nicht*
*in ein anderes Land reise und dort singe.*
*Nein! Was könnte ich denn unter Leuten tun,*
*die seit jeher elend sind?*
*Jenes Land ist nicht freundlich oder angenehm;*
*im Gegenteil: es ist Wildnis und Ödland,*
*Schluchten und felsige Hügel, die bis zum Himmel aufragen;*
*Schnee und Hagel ist das, was sie gewöhnt sind.*
*Jenes Land ist schrecklich und bedrückend.*
*Seine Bewohner sind gewalttätig und jämmerlich;*
*sie leben nicht in Frieden und Eintracht.*
*Sie kümmern sich nicht darum, wie sie leben.*
*Sie essen rohen Fisch und Fleisch,*
*das sie wie Wölfe auseinanderreißen.*
*Sie trinken Milch und auch Molke –*
*sie wissen nicht, was sie sonst tun sollten.*
*Sie haben weder Wein noch Bier,*
*sondern leben wie die wilden Tiere;*
*sie ziehen umher und sind in zottelige Tierfelle gekleidet,*
*als wenn sie aus der Hölle gekommen wären.*
*Wenn jemals ein guter Mann sie besuchen würde*
*– wie letztlich einer aus Rom –*
*um sie zu lehren, wie man sich ordentlich benimmt,*
*und daß sie ihre Sünden aufgeben sollten,*
*dann würde es ihm besser ergehen, wenn er fortbleiben würde,*
*denn er wäre nicht in der Lage,*
*irgendetwas von dem zu tun, was er geplant hatte;*
*er hätte mehr Aussicht, einen Bären zu lehren,*
*wie man Schild und Speer benutzt,*
*als dieses wilde Volk dazu zu überreden,*
*meinem Gesang zu lauschen.*
*Welchen Nutzen hätte es, wenn ich dort singen würde?*
*Wie lange ich auch immer für sie singen würde,*
*so wäre mein Lied doch vollkommen vergeudet,*
*da weder Halfter noch Zügel*
*sie von ihrem gewalttätigen Tun abhalten können*
*und auch kein Mann, der mit Stahl und Eisen bewaffnet ist.*
*Doch wo ein Land lieblich und angenehm ist*
*und wo die Einwohner freundlich sind,*
*da übe ich meine Kehle in ihrer Nähe,*

*denn dort kann ich ihnen einen guten Dienst erweisen*
*und ihnen Neuigkeiten über die Liebe bringen,*
*da meine Lieder auch Hymnen enthalten.*
*In einem alten Sprichwort wird gesagt*
*– und diese Weisheit ist noch immer wahr –*
*daß ein Mann dort pflügen und säen sollte,*
*wo er einen guten Ertrag beim Ernten erwartet –*
*denn der Mann, der dort sät,*
*wo niemals Gras und Blumen wachsen, ist verrückt.* "

*Die Eule war wütend und zum Kampf bereit,*
*als sie dies hörte, und ihre Augen traten hervor.*
*„Du sagst, daß Du über die Schlafkammern der Menschen wachst*
*und daß Du dort zwischen Blättern und schönen Blüten sitzt,*
*wo zwei Liebende wohl beschützt*
*in einem Bett in ihrer Umarmung liegen.*
*Einst hast Du – Ich kenne Dich genau! –*
*neben einer Schlafkammer gesungen und hast versucht,*
*die Frau zu einer verbotenen Liebelei zu verführen,*
*und Du hast hoch und tief gesungen*
*und sie gelehrt, ihren Körper*
*durch schändliche und ehrlose Taten zu besudeln.*
*Doch ihr Mann hat dies schon bald entdeckt*
*und hat Leitruten und Fallen*
*und alle Arten von Dingen ausgelegt, um Dich zu fangen.*
*Schon bald kamst Du zum Fenster*
*und wurdest in einer Falle gefangen –*
*Deine Beine zahlten dafür die Strafe.*
*Dein einziger Richtspruch und Urteil war,*
*daß Du von wilden Pferden zerrissen worden bist.*
*Schau doch nach dieser Strafe,*
*ob Du verheiratete Frauen oder junge Mädchen verführen kannst;*
*Dein Lied könnte so wirkungsvoll sein,*
*daß Du flatternd in einer Falle endest!* "

Die Geschichte der verführerischen Nachtigall, die von Pferden zerrissen wurde, ist damals eine sehr beliebte moralische Geschichte gewesen.

*Als die Nachtigall dies hörte, hätte sie am liebsten*
*mit Schwert und Speerspitze angegriffen,*

191

*wenn sie denn ein Mann gewesen wäre;*
*doch da sie nichts anderes tun konnte,*
*kämpfte sie mit ihrer geschickten Zunge.*
*'Wer auch immer gut redet, kämpft gut' heißt es in dem Lied.*
*Also nahm sie zu ihrer Zunge Zuflucht:*
*'Wer auch immer gut redet, kämpft gut', sagte Alfred.*

*„Was!? Sagst Du dies, um mich in Verruf zu bringen?*
*Der Herr ist deswegen in Schwierigkeiten gekommen –*
*er war so eifersüchtig auf seine Frau,*
*daß er es für sein Leben nicht ertragen konnte,*
*daß irgend ein anderer Mann zu ihr sprach,*
*ohne daß ihm das Herz brach.*
*Er hat sie in eine Kammer gesperrt,*
*in der sie sicher und fest gefangen war.*
*Ich hatte Verständnis für sie*
*und mir tat ihr Unglück leid,*
*weshalb ich sie so oft ich konnte, früh und spät,*
*mit meinem Lied erfreute.*
*Deshalb war dieser Edelmann wütend auf mich*
*aus reiner Bosheit hat er mich verabscheut.*
*Er wollte seine eigene Schande auf mich werfen,*
*aber das hat ihm Unheil gebracht!*
*König Heinrich hat entdeckt, was geschehen war*
*– Möge Jesus seiner Seele gnädig sein! –*
*Er befahl die Verbannung des Ritters,*
*der ein solch großes Verbrechen*
*in dem Reich eines so guten Königs begangen hatte;*
*Aus reiner Bosheit und schrecklicher Eifesucht*
*hatte er den kleinen Vogel fangen lassen*
*und ihn dem Tode anheim gegeben.*
*Es war für meine ganze Familie eine Ehre,*
*denn dem Edelmann wurden seine ganzen Reichtümer genommen*
*und mir gab er hundert Pfund als Wergeld;*
*und meine Jungen sind nun sicher und gesund*
*und genießen nun den Wohlstand*
*und sind so glücklich, wie sie nur sein können,*
*da ich so gut gerächt worden bin.*

Die Nachtigall spricht hier, als ob sie selber hingerichtet worden wäre, weil sie sich als Repräsentant aller Nachtigallen sieht.

*Seither bin ich kühner darin geworden, alles zu sagen;*
*seit das einst geschehen ist,*
*bin ich für alle Zeiten glücklicher geworden.*
*Nun kann ich singen, wann ich will,*
*und niemand wird es jemals mehr wagen, mich zu belästigen!*
*Doch Du, Du Unglücklicher, Du elende Kreatur,*
*Du hast keine Idee, wo Du einen hohlen Baumstumpf finden kannst,*
*in dem Du Dich vor den Menschen verbergen kannst,*
*damit Dich niemand in Dein Gefieder zwickt,*
*denn die Kinder, Dienstmänner,*
*Dorfleute und Knechte wollen Dir alle Leid zufügen!*
*Wenn sie sehen, wo Du sitzt,*
*füllen sie ihre Taschen mit Steinen*
*und werfen sie nach Dir, um Dich zu verletzen*
*und Deine dreckigen Knochen zu zerbrechen!*
*Nur wenn Du erschossen oder erschlagen worden bist,*
*bist Du zu irgendetwas nütze:*
*wenn Du an einem Stock hängst*
*und mit Deiner stinkenden Leiche und Deinem häßlichen Nacken*
*der Leute Getreide gegen die Vögel bewachst.*
*Dein Leben und Dein Wesen*
*sind für nichts gut –*
*aber man kann eine brauchbare Vogelscheuche aus Dir machen.*
*Wenn die Saat gesät ist,*
*wird keine Heckenbraunelle, Goldzeisig, Saatkrähe*
*oder Krähe es wagen, sich Deiner Leiche zu nähern,*
*wenn sie am Ende der Reihe hängt;*
*wenn die Bäume im Frühling erblühen*
*und junge Triebe sprießen und wachsen,*
*wird kein Vogel sich ihnen zu nähern wagen,*
*wenn Du über ihnen hängst.*
*Dein Leben ist stets böse und hinterhältig;*
*Du bist für nicht nütze – außer wenn Du tot bist!*
*Du kannst Dir gewiß sein,*
*daß Du abscheulich aussiehst, wenn Du lebst,*
*denn wenn Du getötet und aufgehangen worden bist,*
*sind die Vögel, die zuvor wegen Dir geschrien haben,*
*noch immer über Dich entsetzt.*

*Die Leute haben recht damit, daß sie Dir feindlich gesonnen sind,*
*denn Du singst immer nur über die Dinge, die ihnen verhaßt sind;*
*alles, worüber Du singst, von früh bis spät,*
*ist stets nur das Unglück der Leute;*
*wenn Du die Nacht über geschrien hast,*
*haben die Leute wirklich Angst vor Dir.*

Die Eule galt als Todes- und Unglücksbote. Ein Vers aus dem heutigen Rheinland lautet: „Käuzchen, Käuzchen, sag mit doch, wieviel Jahre leb' ich noch?" Danach zählt man die Zahl der Schreie des Käuzchens.

*Du singst, wenn jemand sterben wird;*
*Du sagst stets irgendeine Art von Unglück voraus;*
*Dein Lied kündet den Verlust von Besitz an*
*oder das Verderben eines Freundes,*
*oder Du sagst einen Hausbrand voraus*
*oder ein anrückendes Heer*
*oder Geschrei und Gezeter wegen Dieben;*
*oder Du kündest an,*
*daß es eine Seuche unter dem Vieh geben wird*
*oder daß die Bevölkerung leiden wird,*
*oder das eine Frau ihren Gatten verlieren wird;*
*oder Du sprichst von nahenden Streitigkeiten und Kämpfen.*
*Du singst stets über das Leid der Leute,*
*und wegen Dir sind sie elend und verzweifelt.*
*Du singst niemals über irgendetwas anderes*
*als über irgendein Unheil.*
*Darum machen die Leute einen weiten Bogen um Dich*
*und werfen Dinge nach Dir und schlagen Dich*
*mit Stöcken und Steinen und Grassoden und Erdklumpen,*
*damit Du nirgendwohin entkommen kannst!*
*Ein Stadtschreier wie Du verdient es, verflucht zu werden,*
*weil Du stets Unglücke ankündest*
*und stets üble Nachrichten bringst,*
*und immer über unangenehme Dinge sprichst!*
*Möge der allmächtige Gott und alle, die Leinen tragen,*
*Dein Feind sein!"*

Mit „alle die Leinen(-Stoff) tragen" ist der höhere Klerus gemeint.

*Die Eule machte keine lange Pause,*
*sondern brachte sofort eine kühne und feste Antwort vor.*

*„Was?!" schrie sie, „bist Du zum Priester geweiht*
*oder verfluchst Du ganz ohne priesterliche Autorität?!*
*Denn ich bin mir sicher,*
*daß Du Dir die Arbeit eines Priesters anmaßt!*
*Ich weiß nichts davon,*
*daß Du jemals ein Priester gewesen wärest,*
*ich weiß nichts davon,*
*daß Du die Messe singen kannst,*
*aber Du weiß viel über das Fluchen.*
*Doch es liegt nur an Deiner alten Eifersucht,*
*daß Du mich schon wieder verfluchst.*
*Doch darauf gibt es eine einfache Antwort:*
*'Bleib auf Deiner Seite!' rief der Kutscher.*
*Warum tadelst Du mich wegen meiner Einsicht,*
*wegen meiner Klugheit und wegen meiner Stärke?*
*Denn ich bin weise, daran besteht keinerlei Zweifel,*
*und ich weiß alles, was kommen wird:*
*Ich weiß im Voraus über die Hungersnot,*
*über den Einfall eines Heeres,*
*ich weiß, ob die Leute lange Zeit leben werden,*
*ich weiß, ob eine Frau ihren Mann verloren hat,*
*ich weiß, wo es Streit und Rache gibt,*
*ich weiß, wer gehängt werden*
*oder auf andere Weise einen schändlichen Tod erleiden wird.*
*Wenn die Männer in der Schlacht aufeinander treffen,*
*weiß ich, welche Seite geschlagen werden wird.*
*Ich weiß, welche Krankheit das Vieh befallen hat*
*und ob die Tiere sterben werden;*
*ich weiß, ob die Bäume blühen werden,*
*ich weiß, ob das Korn wachsen wird,*
*ich weiß, ob die Häuser niederbrennen werden,*
*ich weiß, ob die Männer reiten oder gehen werden,*
*ich weiß, ob die See die Schiffe überwältigen wird,*
*ich weiß, ob die Waffenschmiede ihr Vernieten schlecht ausführen.*

Möglicherweise gab es einfache Eulen-Orakel, bei denen man das Verhalten der Eulen wie z.B. die Zahl ihrer Rufe als Antwort auf Fragen aufgefaßt hat.

*Und ich weiß noch mehr:*
*Ich habe ein großes Maß an Buch-Gelehrsamkeit*
*und ich weiß mehr über das Evangelium,*
*als ich Dir erzählen werde,*
*denn ich gehe oft in die Kirche*
*und lerne dort eine große Menge an Weisheit.*

Eulen nisten bisweilen in Kirchtürmen oder in Kirchendachstühlen.

*Ich weiß alles über Prophetie*
*und auch über viele andere Dinge.*
*Wenn Geschrei und Gezeter wegen jemandem entsteht,*
*dann weiß ich das schon bevor es geschieht.*
*Wegen meiner großen Weisheit,*
*werde ich oft traurig und wütend.*
*Wenn ich sehe, daß jemandem*
*etwas Übles geschehen wird,*
*schreie ich laut; ich flehe die Leute an,*
*wachsam zu sein*
*und vernünftig im Voraus zu planen,*
*denn Alfred hat einen weisen Ausspruch getan,*
*den jeder als einen Schatz bewahren sollte:*
*'Wenn Du eine Bedrohung sehen kannst, bevor sie eintrifft,*
*verliert sie fast ihre gesamte Kraft.'*
*Und heftige Schläge verlieren ihre Macht,*
*wenn man auf sie vorbereitet ist;*
*ein Pfeil wird sein Ziel verfehlen,*
*wenn man darauf achtet,*
*welchen Weg er von der Sehne aus nimmt,*
*denn Du kannst Dich leicht ducken und rennen,*
*wenn Du ihn auf Dich zukommen siehst.*
*Wenn ein Mann in Not gerät,*
*warum sollte er sein Unheil mir anlasten?*
*Selbst wenn ich sein Unglück auf ihn zukommen sehe,*
*heißt das nicht, daß es von mir kommt.*
*Wenn Du einen Blinden siehst,*
*der seinen Weg nicht finden kann*
*und irrtümlich auf einen Graben zugeht*
*und hineinfällt und schmutzig wird,*
*glaubst Du dann, selbst wenn ich all dies gesehen habe,*

*daß es wegen mir wahrscheinlicher gewesen ist?*
*So ist um mein Wissen beschaffen.*
*Wenn ich auf meinem Ast sitze,*
*sehe ich sehr deutlich,*
*daß jemandem Unheil naht.*
*Sollte dieser Mann, der nichts darüber weiß,*
*mich tadeln, weil ich darüber weiß?*
*Sollte er mir sein Unglück anlasten,*
*weil ich mehr weiß als er?*
*Wenn ich sehe, daß den Leuten ein Unheil naht,*
*schreie ich laut genug*
*und rate ihnen oft genug, daß sie sich schützen sollen,*
*da ihnen ernsthafte Gefahren drohen.*
*Doch ob ich nun laut oder sanft rufe,*
*geschieht alles durch Gottes Willen.*
*Warum beklagen die Leute sich über mich,*
*wenn ich sie mit der Wahrheit beunruhige?*
*Selbst wenn ich sie ein ganzes Jahr zuvor warne,*
*ist das Unglück ihnen deshalb nicht näher.*
*Doch ich singe für sie,*
*weil ich will, daß sie klar erkennen,*
*daß ein Unheil über ihnen schwebt,*
*wenn ich ihnen zuschreie.*
*Niemand ist so sicher,*
*daß er nicht erwarten und fürchten sollte,*
*daß sich ihm ein Unheil naht,*
*auch wenn wer es nicht kommen sehen kann.*
*Darum hat Alfred so treffend gesagt*
*– und seine Worte sind eine Heilsbotschaft:*
*'Ein Mann ist umso besser dran,*
*je mehr er voraus geplant hat;*
*und niemand sollte zu sehr auf seinen Besitz vertrauen,*
*egal, wieviel er davon hat.'*
*Nichts ist so heiß, daß es nicht abkühlen würde,*
*und nichts ist so weiß, daß es nicht schmutzig werden würde,*
*und nichts wird so sehr geliebt, daß es nicht verhaßt werden würde,*
*und nichts ist so angenehm, daß es nicht lästig werden würde,*
*und alles, was nicht ewig ist,*
*muß vergehen zusammen mit aller Freude der Welt.*
*Nun kannst Du sehen,*

*daß all Deine Reden ständig Fehlurteile gewesen sind,*
*denn alles, was Du gesagt hast, um mich zu beleidigen,*
*ist stets auf Dich zurückgefallen.*
*So ist es deshalb dazu gekommen,*
*daß Du mit einem jeden Griff,*
*mit dem Du mich niederwerfen wolltest,*
*daß Du mit allem, was Du gesagt hast,*
*um mich zu beleidigen, mich geehrt hast.*
*Falls Du es nicht noch einmal auf eine neue Weise versuchen willst,*
*wirst Du nichts als Demütigungen erhalten. "*

*Die Nachtigall saß da und seufzte*
*und machte sich Sorgen und das nicht zu Unrecht,*
*denn die Eule hatte ihre Rede*
*so gut geordnet und vorgetragen,*
*daß sie besorgt war und nicht wußte,*
*was sie als nächstes sagen sollte;*
*doch nichtsdestotrotz dachte sie sorgfältig nach.*

*„ Was?!" sagte sie, „Eule, bist Du verrückt?*
*Du brüstet Dich einer gewaltigen Weisheit,*
*doch Du weißt nicht, woher Du sie hast*
*– es sei denn aus Hexerei.*
*Du mußt diese Anklage von Dir abweisen können,*
*Du elende Kreatur, wenn Du weiterhin unter Menschen leben willst!*
*Anderenfalls muß Du aus dem Land fliehen,*
*denn alle, die über solche Dinge wußten,*
*wurden vor langer Zeit von den Priestern mit einem Fluch belegt;*
*und Du tust diese Dinge noch immer,*
*Du hast die Hexerei niemals aufgegeben!*
*Ich habe vor wenigen Augenblicken zu Dir gesprochen*
*und Du hast mich als Beleidigung gefragt*
*ob ich zum Priester geweiht worden bin;*
*doch das Fluchen ist so weit verbreitet,*
*daß selbst dann, wenn es keine Priester im Lande gäbe,*
*Du dennoch verdammt werden würdest,*
*denn ein jedes Kind nennt Dich dreckig*
*und ein jeder Mann eine verdammte Eule.*
*Ich habe gehört – und es ist wahr –*
*daß der in der Astrologie sehr bewandert sein muß,*

der die inneren Ursachen erkennen kann,
aus denen heraus sich die Ereignisse entfalten.
Du sagst, daß dies das ist, was Du üblicherweise tust;
Du elende Kreatur, was weißt denn Du über die Sterne
außer daß Du von Ferne auf sie blickst?
Das können auch viele andere Tiere und Menschen,
die nichts über solche Dinge wissen.
Ein Affe kann auf ein Buch blicken
und die Seiten umschlagen und es wieder schließen,
aber er kann nichts das Geringste davon verstehen
und auch nicht irgendeine Gelehrsamkeit daraus erlangen;
wenn Du auf diese Weise auf die Sterne blickst,
wirst Du dadurch nicht weiser!
Und außerdem, Du dreckiges Tier,
Du tadelst mich und scheltest mich streng,
weil ich in der Nähe der Häuser der Leute singe
und die Ehefrauen zum Fremdgehen verführe.
Das ist eine vollkommene Lüge, Du dreckiger Kerl –
ich habe niemals eine Ehe untergraben.
Aber es ist wahr, daß ich singe und rufe,
wenn Damen und schöne Mädchen in der Nähe sind,
und es ist wahr, daß ich über die Liebe singe,
denn eine gute Frau kann ihren Mann
in der Ehe besser lieben als ein Geliebter,
und ein unverheiratetes Mädchen
kann einen Geliebten in der Weise wählen,
daß sie nicht ihre Ehre verliert,
und sie kann mit tugendhafter Liebe den Mann lieben,
der ihr Herr sein wird.
Über diese Art der Liebe gebe ich Belehrungen und Anweisungen –
alle meine Lieder handeln von ihr.
Wenn eine Frau einen nachgiebigen Charakter hat
– da Frauen von sanftem Wesen sind –
sodaß sie von einem törichten Mann,
der inbrünstig bittet und tief seufzt, dazu überredet wird,
in die Irre zu gehen und sich eine Weile falsch zu verhalten,
sollte ich dann dafür verantwortlich gemacht werden?
Wenn die Frauen die Neigung haben, sich töricht zu verhalten,
warum tadelst Du dann mich für ihr Fehlverhalten?
Selbst wenn eine Frau plant, unerlaubterweise zu lieben,

*kann ich mich nicht von meinem Singen zurückhalten.*
*Eine Frau kann eine schöne Zeit im Bett haben*
*– in welcher Weise sie sie das auch immer haben will,*
*rechtmäßig oder unrechtmäßig –*
*und sie kann meinen Lied folgen*
*in welcher Weise sie das auch immer tun will*
*– in angemessener oder in unangemessener Weise –*
*denn es gibt nichts in der Welt, das so gut wäre,*
*daß es nicht Schaden anrichten kann,*
*wenn man es absichtlich mißbraucht;*
*denn Gold und Silber sind gut,*
*und trotzdem kann man mit ihnen Ehebruch*
*und Ungerechtigkeit kaufen;*
*Waffen sind gut, um mit ihnen den Frieden zu wahren,*
*aber dennoch werden mit ihnen in vielen Ländern*
*Menschen auf rechtlose Weise getötet,*
*wenn sie von Räubern getragen werden.*
*So ist es auch mit meinem Lied:*
*Obwohl es gut ist, kann es mißbraucht werden*
*und für Unbedachtheiten*
*und anderes Fehlverhalten mißbraucht werden.*
*Aber Du Elender,*
*mußt Du deshalb die Liebe tadeln?*
*Die gesamte Liebe zwischen Mann und Frau,*
*welcher Art sie auch immer sei, ist gut;*
*doch wenn sie gestohlen wird, ist sie falsch und gemein.*
*Möge der Zorn des Heiligen Kreuzes*
*auf all die niederkommen,*
*die ihr wahres Wesen in dieser Weise verdrehen!*
*Es ist erstaunlich, daß sie nicht wahnsinnig werden –*
*und auf eine bestimmte Weise werden sie das ja auch,*
*denn es ist Wahnsinn, Junge zu zeugen, wenn man kein Nest hat.*
*Das Fleisch der Frauen ist schwach*
*und es ist schwer,*
*das Verlangen des Fleisches zu beherrschen;*
*es ist kein Wunder, wenn sie zögert,*
*denn ihr Verlangen läßt sie in die Irre gehen.*
*Sie hat sich nicht vollständig verirrt,*
*solange sie ihr Fleisch noch als einen Stolperstein betrachtet,*
*denn viele Frauen haben sich falsch verhalten*

und sind wieder aus dem Schlamm herausgestiegen.
Nicht alle Sünden sind gleich, da sie zweierlei Art sind:
Die einen entstehen aus dem Verlangen des Fleisches,
die anderen aus den Neigungen des Geistes.
Während das Fleisch die Leute
in eine Trunkenheit fesselt
und in Müßiggang und Unzüchtigkeit,
sündigt der Geist durch Bosheit und Eifersucht
und danach durch das Vergnügen
an dem Unglück anderer Menschen,
und er hungert dann nach mehr und immer mehr
und kümmert sich wenig um Mitleid und Gnade
und macht sich groß durch Stolz
und herrscht dann über die Geringeren.
Sag' mir die Wahrheit, wenn Du sie kennst:
Wer tut das größere Übel – das Fleisch oder der Geist?
Du wirst vielleicht sagen, wenn Du das willst,
daß das Fleisch weniger schuldig ist,
denn viele Menschen sind im Fleische züchtig,
aber Gefährten des Teufels im Geist.
Niemand sollte lauthals eine Frau verdammen
und sie wegen ihrer fleischlichen Gelüste tadeln,
denn es könnte sein, daß er diese Frau für ihre Unzucht rügt,
aber selber weit schlimmer durch seinen Stolz sündigt.
Und noch ein Punkt:
Wenn ich durch meinen Gesang einen Liebhaber
zu einer verheirateten Frau
oder zu einem unverheirateten Mädchen führen sollte,
dann würde ich mich auf die Seite des Mädchens stellen.
Wenn Du recht darüber nachdenken willst,
dann höre mir nun zu!
Ich werde es Dir von Anfang bis Ende erklären:
Wenn ein Mädchen eine geheime Liebschaft hat,
stolpert sie und fällt gemäß dem Wesen der Natur
und auch wenn sie eine Weile unvernünftig handelt,
so hat sie sich doch nicht weit verirrt,
denn sie kann sich von ihrer Schuld
durch das kirchliche Band
in einer anerkannten Weise befreien
und anschließend ihren Liebhaber

als Ehemann haben, ohne dafür getadelt zu werden,
und dann im Tageslicht zu dem Mann gehen,
zu dem sie zuvor um Mitternacht geschlichen ist,
Ein junges Mädchen erkennt nicht, was vor sich geht,
ihr junges Blut leitet sie in die Irre
und ein törichter Mann verführt sie
mit allen Mitteln, die ihm zur Verfügung stehen, dazu.
Er besucht sie häufig
und umgarnt und drängt sie,
er steht und sitzt nah bei ihr und sendet ihr verlangende Blicke.
Was kann das Kind tun, wenn sie irregeht?
Sie versteht nicht, was geschieht,
und daher entschließt sie sich, es auszuprobieren
und das Wesen dieser Dinge zu erkunden,
die solch wilde Männer bezähmen.
Ich kann mich selber wegen meinem Mitleid nicht zurückhalten,
wenn ich den sehnsüchtigen Ausdruck sehe,
den die Liebe den Jugendlichen gibt,
ihnen über dieses Vergnügen zu singen.
Ich lehre sie mit meinem Lied,
daß diese Art von Liebe nicht lange währt,
denn mein Lied währt nur kurze Zeit
und auch die Liebe verweilt nur kurz bei diesen Kindern
und schwindet danach
und ihr heißer Atem vergeht.
Ich singe eine Weile für sie;
ich beginne hoch und ende tief
und lasse meine Lieder schnell vergehen.
Das Mädchen erkennt,
wenn ich schweige,
daß die Liebe wie mein Lied ist:
denn sie sind wie ein kleiner Atemzug,
der schnell kommt und schnell geht.
Das Kind versteht es durch mich
und wendet sich von der Torheit zu der Vernunft,
und sieht durch meinen Gesang deutlich,
daß die Torheit nicht lange währt.
Doch ich will, daß dies vollkommen klar ist:
Ich lehne es ab, daß verheiratete Frauen fremdgehen
und eine verheiratete Frau kann bemerken,

*daß ich nicht singe, wenn ich brüte.*
*Eine Frau sollte die Anträge eines Narren nicht achten,*
*selbst wenn ihr Ehe-Band sie beengt.*
*Es ist für mich ein sehr unfaßbares und erschreckendes Ding,*
*daß irgendein Mann so weit gehen kann, daß er beschließt,*
*mit der Frau eines anderen Liebe zu machen*
*denn nur eine der beiden Möglichkeiten ist denkbar*
*und man kann sich keine dritte ersinnen:*
*Entweder ist ihr Herr ein guter Mann*
*oder er ist unpassend und wertlos.*
*Wenn er ein ehrbarer und mutiger Mann ist,*
*wird kein Mann ihn durch seine Frau entehren wollen,*
*denn er muß selber Verletzungen fürchten*
*und wird sein Gehänge verlieren,*
*sodaß er nichts mehr hat;*
*und selbst wenn er das nicht fürchtet,*
*ist es übel und sehr dumm,*
*einem guten Mann Unrecht zu tun*
*und seine Frau zu verführen.*

Gehänge = Schwert (= Ehre), aber auch Hoden und Penis

*Und wenn ihr Herr unzureichend ist*
*und sowohl im Bett als auch am Tisch wenig zu bieten hat,*
*wie kann es da irgendeine Freude geben,*
*wenn der Rumpf eines solchen Flegels auf ihr gelegen hat?*
*Wenn kann es irgendeine Liebe geben,*
*wenn ein solcher Mann ihre Schenkel betascht?*
*Daran kannst Du sehen,*
*daß die erste Möglichkeit gefährlich ist und die zweite unehrenhaft,*
*wenn man sich in das Bett eines anderen Mannes stiehlt,*
*denn wenn ihr Gatte ein tapferer Mann ist,*
*mußt Du davon ausgehen, daß Du zu Schaden kommen wirst,*
*wenn Du neben ihr liegst;*
*und wenn ihr Herr ein Nichtsnutz ist*
*– welches Vergnügen kannst Du dann von ihr erlangen?*
*Wenn Du bedenkst, wer mit ihr schläft,*
*dann wirst Du dieses Vergnügen vielleicht mit Abscheu betrachten.*
*Ich weiß nicht, wie irgendein ehrenhafter Mann*
*sie danach noch begehren kann;*

*wenn er bedenkt, mit wem sie ihr Bett teilt,*
*könnte sich seine Liebe vollkommen auflösen."*

*Die Eule war über diese Rede erfreut,*
*denn sie fand, daß die Nachtigall,*
*obwohl sie anfangs gut gesprochen hatte,*
*am Ende einen Fehler begangen hatte, und sprach:*

*"Nun habe ich Deine Ansichten*
*über Mädchen erkannt:*
*Du nimmst ihre Seite ein, Du verteidigst sie,*
*und Du lobst sie deutlich zu viel.*
*Die Damen wenden sich zu mir*
*und erzählen mir über ihre Gefühle,*
*denn es geschieht häufig,*
*daß eine Frau und ihr Mann aus ihrer Zuneigung*
*zueinander herausfallen und daß deshalb der Mann in die Irre geht*
*und es vorzieht, einer anderen Frau nachzustellen,*
*und alles, was er besitzt, für sie ausgibt,*
*und ihr nachstellt, obwohl er kein Recht dazu hat,*
*und seine rechte Frau daheim*
*in einem leeren Haus mit kahlen Wänden zurückläßt,*
*ärmlich gekleidet und schlecht ernährt,*
*und sie ohne Speise und Kleidung zurückläßt.*
*Wenn er nach Haus zu seiner Frau zurückkehrt,*
*wagt sie kein Wort zu sagen;*
*er beschwert sich und schreit wie ein Verrückter*
*und bringt nichts anderes,*
*was man brauchen kann, mit sich nach Hause.*
*Allem, was sie tut, widerspricht er,*
*alles, was sie sagt, macht ihn wütend,*
*und häufig bekommt sie, obwohl sie nichts Unrechtes tut,*
*einen Schlag auf den Mund.*
*Es gibt keinen Mann, der seine Frau*
*mit solch einem Verhalten nicht in die Irre führen würde;*
*sie kann so oft mißhandelt werden, daß sie beschließt,*
*sich selber um ihre Bedürfnisse zu kümmern.*
*Bei Gott, sie kann nichts dafür,*
*wenn sie ihn zu einem Gehörnten macht.*
*Denn es geschieht wieder und wieder,*

daß, obwohl die Frau sehr fein und sanft,
gutaussehend und gutkleidet ist,
daß er – was sehr ungerecht ist –
seine Liebe einer Frau gibt,
die nicht eines ihrer Haare wert ist.
Und es gibt viele Männer wie diesen,
der eine Frau nicht anständig behandeln kann:
kein Mann darf mit ihr reden
und er glaubt, daß sie sofort Ehebruch begeht,
wenn sie einen Mann anblickt
oder freundlich mit ihm spricht.
Er hält sie hinter Schloß und Riegel;
Ehebruch geschieht oft als Folge davon,
denn wenn sie zu dem Punkt getrieben wird,
wird sie das tun, woran sie zuvor niemals gedacht hat.
Verflucht sei, wer zu viel darüber tratscht,
wenn eine solche Frau sich rächt!
Die Damen beklagen sich mir gegenüber darüber
und bedrücken mich damit sehr;
mein Herz droht zu zerbrechen,
wenn ich ihr Leid sehe.
Ich weine bitterlich mit ihnen
und erbitte Christi Gnade für sie,
damit er die Dame bald befreit
und ihr einen besseren Gatten sendet.
Ich kann Dir noch etwas sagen,
worauf Du keine Antwort finden wirst,
selbst wenn Du damit Deine Haut retten müßtest –
alle Deine Argumente werden verblassen.
Viele Händler und viele Ritter
lieben ihre Frauen und behandeln sie anständig,
und ebenso viele Bauern.
Die gute Frau verhält sich entsprechend
und dient ihrem Ehemann im Bett und am Tisch
mit gefügigem Verhalten
und angenehmen Gesprächen
und strebt emsig danach,
ihm nützlich zu sein.
Ihr Herr reist in ferne Länder
zu ihrer beider Nutzen

*und die gute Frau ist bekümmert,*
*wenn ihr Gatte fortzieht*
*und sitzt und seufzt*
*und vermißt ihn sehr*
*und weil sie wegen ihrem Gebieter trauert,*
*ist sie Tags traurig und Nachts schlaflos*
*und die Zeit scheint ihr sehr langsam zu vergehen*
*und jeder Schritt scheint eine Meile weit zu sein.*
*Nur ich höre ihr draußen zu*
*und weiß von ihrem Unglücklichsein*
*und singe für sie*
*und für sie verändere ich mein vorzügliches Lied*
*zu einem gewissen Grade zu einer Klage.*
*Ich übernehme einen Teil ihres Elends*
*und bin ihr deshalb willkommen;*
*ich helfe ihr, soweit ich das vermag,*
*denn sie will dem rechten Pfad folgen.*
*Doch Du hast mich wahrlich wütend gemacht,*
*so daß sich mir alles zusammenschnürt*
*und ich kaum sprechen kann,*
*doch trotzdem will ich weiterreden.*
*Du sagst, daß die Leute mich hassen*
*und daß sie mir alle feindlich gesonnen sind*
*und mit mir Steinen und Stöcken drohen*
*und mich bewerfen und schlagen*
*und daß sie, wenn sie mich getötet haben,*
*mich an ihre Hecke hängen,*
*damit ich die Elstern und Krähen*
*von dem, was sie ausgesät haben, vertreibe.*
*Auch wenn dies wahr ist, bin ich ihnen doch nützlich*
*und vergieße ihnen zuliebe mein Blut.*
*Ich bin ihnen mit meinem Tod nützlich,*
*was Dir schwerfallen wird,*
*denn wenn Du tot daliegst und verschrumpelst,*
*ist Dein Tod zu nichts nütze.*
*Ich weiß wirklich nicht, was Du tun könntest,*
*denn Du bist nur eine elende Kreatur;*
*doch selbst wenn ich mein Leben verloren habe,*
*kann ich noch gute Dienste leisten.*
*Die Leute können mich*

*auf einem kleinen Stock*
*im Wald aufrichten*
*und so kleine Vögel täuschen und fangen;*
*auf diese Weise können sie durch mich*
*gutes geröstetes Fleisch zur Speise erhalten.*

Das hier beschriebene Jagd-Verfahren ist ein wenig unklar, da die Eule doch eigentlich kleinere Vögel verscheucht. Ist die Eule in diesem Fall zu einer Art Leimrute geworden?

*Doch Du bist den Menschen niemals zu guten Diensten gewesen –*
*weder lebendig noch tot!*
*Ich weiß nicht, warum Du Deine Brut aufziehst –*
*sie tut nichts Gutes – weder lebend noch tot."*

*Die Nachtigall hörte dies*
*und hüpfte auf einen blühenden Zweig*
*weiter oben als dort, wo sie bisher gesessen hatte.*

*„Eule," sprach sie, „gib' nun gut acht!*
*Ich werde nicht länger mit Dir streiten,*
*denn das gute Maß der Argumente ist Dir hier entglitten.*
*Du rühmst Dich, daß die Leute Dich hassen*
*und daß Dir jedes Wesen feindlich gesonnen ist*
*und Du beklagst Dich, daß Du elend*
*in Deinem Schreinen und Heulen bist.*
*Du sagst, daß die Jungen Dich fangen*
*und auf einen Stab spießen*
*und Dich in Stücke reißen*
*und Dich in kleine Teile zerfleddern*
*und eine Vogelscheuche aus Dir machen.*
*Mir scheint, daß Du das Spiel vollkommen verloren hast –*
*Du rühmst Dich Deiner eigenen Demütigung!*
*Mir scheint, daß Du Dich mir unterworfen hast –*
*Du rühmst Dich Deiner eigenen Schande!"*

*Als sie dies sagte,*
*setzte sie sich an einen wunderschönen Platz*
*und stimmte ihre Stimme*
*und sang so durchdringend und so klar,*

*daß man es fern und weit hören konnte.*
*Da kamen die Drosseln und die Singdrosseln und die Spechte*
*und sowohl kleine als auch große Vögel*
*flogen zu ihr hin;*
*und weil ihnen schien, daß sie die Eule besiegt hatte,*
*riefen sie laut und sangen in jeglicher Weise*
*und es gab ein Geschrei in den Zweigen*
*grad so, wie über einen Mann,*
*der gewürfelt und verloren hat.*

Drosseln: Im Original stehen zwei verschiedene Worte für „Drossel" und nicht „Drosseln und Singdrosseln" („thrushes and throstles").

Ein ähnliches Geschrei wie über die vermeintlich besiegte Eule könnte es auch über denjenigen gegeben haben, der einen Beleidigungs-Wettstreit verloren hat.

*Als die Eule dies hörte, sprach sie:*

*„Hast Du ein Heer herbeigerufen?*
*Willst Du mit mir kämpfen, Du elende Kreatur?*
*Nein, nein, dafür fehlt es Dir an Stärke!*
*Was schreien diese Neuankömmlinge?*
*Mir scheint, daß Du ein Heer gegen mich anführst;*
*Du wirst sehen, bevor Du die Flucht ergreifst,*
*welche Kraft meine Familie hat,*
*denn die Vögel, die einen gekrümmten Schnabel*
*und scharfe und gebogene Krallen haben,*
*sind alle mit mir verwandt*
*und werden kommen, wenn ich sie darum bitte.*
*Selbst der Hahn, der gut im Kämpfen ist,*
*kann sich rechterweise auf meine Seite stellen,*
*denn wir haben beide klare Stimmen*
*und sitzen des Nachts unter den Sternen.*
*Wenn ich die Stimme und ein Geschrei gegen Dich erhebe,*
*werde ich ein derart starkes Heer gegen Dich führen,*
*daß Dein Stolz zusammenbrechen wird!*
*Ich scheiße auf euren ganzen Haufen!*
*Und bevor die Dunkelheit hereinbricht,*
*wird nicht mehr eine einzige verdammte Feder auf euch sein!*
*Doch wir waren übereingekommen,*
*daß wir, als wir hierhergekommen sind,*

*uns an die Bedingungen halten würden,*
*die uns ein gerechtes Urteil ermöglichen würden.*
*Willst Du dieses Abkommen nun brechen?*
*Mir deucht, daß Dir ein Urteil*
*zu anstrengend erscheint,*
*denn Du wagst es nicht,*
*Dich dem Urteil zu unterwerfen,*
*Du elende Kreatur,*
*denn Du willst nun streiten und kämpfen.*
*Doch ich rate euch allen,*
*bevor ich meine Stimme*
*und ein lautes Geschrei gegen euch erhebe,*
*daß ihr euren Streit sein laßt*
*und schleunigst davonfliegt,*
*denn – bei meinen Krallen! –*
*wenn ihr hier herumlungert*
*bis mein Heer kommt, dann werdet ihr*
*ein anderes Lied singen*
*und jeglichen Kampf verfluchen,*
*denn kein einziger von euch ist so tapfer,*
*daß ihr mir entgegenzutreten wagen würdet!"*

*Die Eule sprach sehr wütend,*
*denn obwohl sie nicht sofort*
*ihr eigenes Heer herbeigerufen hatte,*
*wollte sie dennoch der Nachtigall etwas auf das,*
*was sie gesagt hatte, erwidern,*
*denn auch wenn viele Männer nicht besonders geschickt*
*mit dem scharfen Speer und dem Schild sind,*
*treiben sie dennoch ihre Feinde*
*auf dem Schlachtfeld durch kühne Reden*
*und durch ein kühnes Verhalten in den Angstschweiß.*

*Der Zaunkönig, war, weil er singen konnte,*
*am Morgen angekommen,*
*um die Nachtigall zu unterstützen,*
*denn obwohl er nur eine leise Stimme hatte,*
*kann seine Kehle ein gutes, klares Lied erschaffen,*
*daß vielen Menschen Vergnügen bereitet.*
*Der Zaunkönig wurde für sehr weise gehalten,*

*denn obwohl er in den Wäldern ausgebrütet worden war,*
*war er bei den Menschen aufgewachsen*
*und hatte von ihnen seine Weisheit erhalten.*
*Er konnte sagen, was er wollte,*
*selbst wenn er vor einen König trat.*

*„Hört!" sagte er, „Laßt mich sprechen!*
*Was ist? Wollt ihr diesen Frieden brechen*
*und dadurch dem König Unehre bereiten?*
*Ja, er ist weder tot noch verkrüppelt.*
*Ihr werdet verderben und entehrt werden,*
*wenn ihr den Frieden in diesem Lande brecht!*
*Laßt das sein und kommt zu einer Einigung*
*und geht jetzt sofort zu eurem Urteil*
*und laßt den Richterspruch*
*diesem Streitgespräch ein Ende bereiten,*
*so wie es vereinbart worden ist. "*

*„Damit bin ich einverstanden, " sagte die Nachtigall,*
*„aber, Zaunkönig, ich tue das nicht wegen Deiner Rede,*
*sondern aus meiner Achtung gegenüber dem Gesetz.*
*Ich will nicht, daß ich am Ende*
*durch eine unrechte Tat besiegt werde.*
*Ich fürchte den Urteilsspruch nicht.*
*Ich habe versprochen, das ist wahr,*
*daß der weise Meister Nicholas*
*über uns richten soll,*
*und daran halte ich mich auch noch immer.*
*Doch wo können wir ihn finden? "*

*Der Zaunkönig saß in einer Linde.*

*„Was!" sprach er, „Kennst Du nicht sein Haus?*
*Er lebt in Portesham,*
*in einem Dorf in Dorset*
*in der Nähe des Meeres an einer Bucht.*
*Dort fällt er eine Menge gerechter Urteile*
*und verfaßt und schreibt viele geistreiche Werke*
*und durch seine Worte und durch seine Schriften*
*stehen viele Dinge besser als im fernen Schottland.*

*Es ist leicht, ihn zu finden;*
*– er hat nur einen einzigen Wohnsitz –*
*das ist eine große Beschämung für all die Bischöfe*
*und all die, die über seinen Ruf*
*und seine Werke gehört haben.*
*Warum beschließen sie nicht*
*ihn oft als Berater zu rufen*
*und ihnen aus seiner Weisheit heraus zu raten*
*und ihm ein Einkommen*
*aus ihren vielfältigen Einnahmen zu geben,*
*sodaß er oft bei ihnen sein kann?"*

*„Das ist gewiß wahr," sprach die Eule, „ohne Zweifel;*
*diese mächtigen Männer handeln sehr falsch,*
*wenn sie nicht den guten Mann achten,*
*der so viele Dinge weiß,*
*und sie verteilen ihre Einnahmen sehr ungerecht*
*und nehmen ihn nicht ernst.*
*Sie sind großzügiger zu ihren Familien*
*und geben kleinen Kindern große Summen;*
*ihr Verstand sagt ihnen, daß sie in die Irre gehen,*
*da Meister Nicholas noch immer wartet.*
*Aber wie dem auch sei, laßt uns gehen und ihn besuchen,*
*denn er ist zum Urteilen bereit und wartet."*

An dieser Stelle wird es deutlich, daß dieser Meister Nicholas selber der Verfasser dieser Schrift ist und daß er auf das ihm zustehende Einkommen wartet. Möglicherweise hat er diese Schrift dem betreffenden Bischof zugesand und auf diese elegante Weise seinem Ärger Luft gemacht.

*„Laßt uns das tun," sprach die Nachtigall,*
*„doch wer wird unser Anliegen vortragen*
*und vor unserem Richter sprechen?"*

*„Das will ich für euch tun,"*
*sprach die Eule, „denn ich kann alles wiederholen,*
*vom Anfang bis zum Ende, Wort für Wort.*
*Und wenn ihr glaubt, daß ich mich irre,*
*dann könnt ihr mir widersprechen und mich unterbrechen."*

Die Eule hat hier die Gabe der germanischen Skalden, innerlich, also ohne aufzuschreiben, zu dichten und lange Texte auswendig zu lernen.

*Mit diesen Worten flogen sie*
*ohne jegliche Art von Heer los,*
*bis sie nach Portesham kamen;*
*aber ich kann euch nichts weiter darüber erzählen,*
*wie es ihnen mit ihrem Urteil erging.*

*Das ist alles, Leute!*

### 3. b)   Die Versammlung der Vögel

Das von Geoffrey Chaucer (1343-1400) verfaßte „Parlament of Foules" („Versammlung der Vögel") ist sehr wahrscheinlich eine Weiterentwicklung des Disputes zwischen der Eule und der Nachtigall. Auch auf dieser Versammlung beschimpfen sich die Teilnehmer hin und wieder.

### 3. c)   Flyting am Hofe der englischen Könige

Unter den beiden englischen Königen James IV (1473-1513) und James V (1512-1642) war das „court flyting" („Beleidigungs-Wettstreit am Hof") sehr beliebt und die Dichter am englischen Königshof wurden von diesen beiden Königen des öfteren dazu aufgefordert, untereinander oder mit dem König selber derartige Wettstreite durchzuführen.

### 3. d)   Shakespeare

Auch in den Dramen und Komödien Shakespeares (1564-1616) findet sich ein gutes Dutzend an Flytings. Die Beleidigungs-Wettstreite der Germanen sind offensichtlich eine lange ungebrochene Tradition geblieben.

# 4.  Beleidigungs-Wettstreite bei anderen Völkern

Bei den Indogermanen findet sich der Beleidigungs-Wettstreit vor allem bei den Griechen, aber es ist nicht ausgeschlossen, daß es ihn auch noch bei anderen indogermanischen Völkern gegeben hat und nur keine Beispiele dafür überliefert worden sind.

Derartige Wettstreite finden sich weltweit – u.a. bei den Eskimos, bei den Arabern, bei den Japanern und in Afrika.

Auch im heutigen Rap ist die „hohe Kunst der Beleidigung" zu finden.

Da das Beleidigen ein naheliegendes Verhalten ist, das weltweit verbreitet ist, kann man aus den einzelnen Beleidigungs-Wettstreiten nicht auf eine alte Tradition schließen, denn solch ein Wettstreit hat einen schlichten Charakter und kann an vielen Orten unabhängig voneinander entstanden sein.

# 5.  Zusammenfassung

Der Beleidigungs-Wettstreit wird auch von den Göttern ausgeführt, aber er hat keine erkennbare mythologische, kultische oder magische Funktion. Diese Art des Wettstreits ist jedoch in mythologischer Hinsicht sehr interessant, da sie viele Anspielungen auf Mythen enthält.

Es ist gut denkbar, daß das Urbild dieses „Beleidigungs-Zweikampfes" ein entsprechender Streit vor dem Kampf zwischen dem Sommergott Tyr und dem Wintergott Loki gewesen ist. Nach der Absetzung des Tyr als nordgermanischer Göttervater um 500 n.Chr. ist dieser verbale Kampf dann hauptsächlich noch mit Loki assoziiert worden („Lokasenna"). Allerdings taucht er auch noch in zweien der Lieder über Helgi auf, der eine Saga-Variante des Tyr ist.

Derartige Beleidigungen gingen manchmal auch einer Schlacht voraus. Später dienten sie manchmal dazu, den Feind aus seiner sicheren Stellung heraus auf das Schlachtfeld hinauszulocken, wo er ungeschützt war.

# III  Zweikampf

Das Ziel dieses Kapitels ist es, eventuelle mythologische Hintergründe für die Zweikämpfe und die Zweikampfregeln aufzuspüren. Daher werden im Folgenden nicht alle einzelnen Szenen aller Zweikämpfe angeführt, sondern nur die Teile der Berichte, in denen etwas über den Ablauf eines Zweikampfes oder die Zusammenhänge mit anderen Bereichen der germanischen Kultur wie z.B. der Thing-Versammlung gesagt wird.

## 1.  Wortschatz

Der nordgermanische Wortschatz zum Zweikampf gibt eine erste Übersicht über die mit ihm verbundenen Vorstellungen:

| | |
|---|---|
| *holmgöngu-bot* | - Herausforderung zum Zweikampf |
| *holmgögnu-madr* | - Teilnehmer an einem Zweikampf |
| *holmgöngu-stadr* | - Zweikampf-Platz |
| *holm-stadr* | - Zweikampf-Platz |
| *fang-hella* | - „Flach-Stein zum Festmachen" = Stein, der die Grenze des Zweikampfplatzes markiert |
| *holmgöngu-lög* | - Zweikampf-Regeln |
| *holm-ganga* | - „Insel-Gehen" = Zweikampf auf einer Insel |
| *holm-stefna* | - „Insel-Treffen" = Zweikampf |
| *einn skal vid einn eiga* | - „einer gegen einen" = Zweikampf |
| *eins-vigi* | - „Einzel-Kampf" = Zweikampf |
| *holmgöngu-sverd* | - Zweikampf-Schwert |
| *falls i holmr* | - im Zweikampf fallen (sterben) |
| *tjosnu-blot* | - „Kampf-Opfer" = Opfer beim Zweikampf |
| *holm-lausn* | - „Insel-Lösung" = Geld, mit dem sich der Verlierer eines Zweikampfes freikauft |

*leysa sik af holmi*      - sich nach einem verlorenen Zweikampf freikaufen

---

Der Zweikampf fand auf einer Insel statt oder auf einem Platz, der in symbolischer Hinsicht als eine „Insel" angesehen wurde.

Man wurde zum Zweikampf herausgefordert.

Der Rand des Kampfplatzes wurde mit flachen Steinen markiert.

Es wurde mit dem Schwert gekämpft.

Der Verlierer konnte sich, wenn er nicht getötet worden war, freikaufen.

# 2. Die Zweikampf-Insel

## 2. a)  Die Saga über Half und seine Recken

*Draußen im Hafen liegen*
*sechs Schiffe,*
*die Hjorleif eingeladen hat –*
*zu einem Insel-Kampf.*

„Insel-Kampf" ist eine allgemeine Bezeichnung für „Zweikampf" gewesen – sie wurde sogar auch dann verwendet, wenn es sich um die Schlacht zwischen Drachenschiffen gehandelt hat.

## 2. b)  Die Geschichte über Gunnlaug Schlangenzunge

Zweikämpfe wurden allgemein als „Holmgang", also als „Gang auf die Insel" bezeichnet, auch wenn sie nicht auf einer Insel stattfanden. Der „Kampf auf der Insel" muß also das mythologische Urbild für alle Zweikämpfe gewesen sein.

*Und ehe Gunnlaug hinaus auf den Holm („Insel") ging, sprach er folgende Weise:* „Nun bin ich bereit, hinaus zu gehen auf die Allthings-Insel."

Die Zweikampf-Insel wurde in einem Fall auch als „Allthings-Insel" bezeichnet. Der Thing-Platz und der Zweikampf-Platz wurden also als gleichartig oder als identisch angesehen.

## 2. c)  Ortsnamen

Im Landnahmebuch findet sich der Ortsname „Berserkseyri", der „Berserker-Insel" bedeutet und sich vermutlich auf Zweikämpfe bezieht, zu denen Berserker herausgefordert hatten.

„Berserker-Insel" ist vermutlich eine Zweikampf-Insel.

## 2. d)  Personennamen

Der Frauenname „Eihild", der „Insel-Kampf" bedeutet, bezieht sich wahrscheinlich auf einen Holmgang, also auf einen Zweikampf auf einer Insel.

Der Frauenname „Eihild" („Insel-Kampf") bezieht sich vermutlich auf einen Zweikampf auf einer Insel.

# 3. Die Haselstab-Umgrenzung

## 3. a)  Egil-Saga

In dieser Saga findet sich die Redewendung *„jemandem ein Feld haseln"* für die Herausforderung zum Kampf – der Kampfplatz wurde durch Haselstäbe markiert.

> Die Redewendung *„jemandem ein Feld haseln"* bedeutet, jemanden zum Kampf herauszufordern.

## 3. b)  Die Saga über Hervor und König Heidrek den Weisen

Dieselbe „Hasel-Regel" galt zumindestens im Idealfall in älterer Zeit auch beim Kampf zwischen zwei Heeren.

*Es war König Heidreks Gesetz, daß dann, wenn ein Heer in das Land eingefallen war, der König ein Gebiet mit Haselzweigen markierte und auf diese Weise das Schlachtfeld festlegte. Danach sollten das Eroberer-Heer nicht rauben und plündern, bis die Schlacht entschieden war.*

> Auch das Schlachtfeld wurde mit Haselzweigen markiert.

## 3. c)  Bruchstücke über einige frühe Könige in Dänemark und Schweden

Dieser Hasel-Brauch war offenbar weit verbreitet:

*Da sandte er einen Mann, der Herleif genannt wurde, zusammen mit einem Trupp von Sachsen zu König Hring. Sie sollten das Schlachtfeld mit Haselzweigen markieren und König Hring herausfordern, sie dort zu treffen und jeden Frieden und jede Abmachung als null und nichtig erklären.*

> Auch das Schlachtfeld wurde mit Haselzweigen markiert.

### 3. d)   Gesta danorum

*Da zogen sie vereinbart zu dem Schlachtfeld.*

Schlachten wurden einst wie Zweikämpfe auf miteinander vereinbarten Plätzen ausgetragen.

### 3. e)   Saga über Thorstein Viking-Sohn

*Die Ziehbrüder – König Bele und Thorstein – versammelten ein Heer und zogen in die Hochlande und sandten eine Botschaft zu Jokul und bereiteten das Schlachtfeld für ihn vor.*

Auch Heere kämpften auf markierten Schlachtfeldern.

### 3. f)   Der Rosengarten

In diesem in epischer Länge beschriebenen althochdeutschen Turnier-Lied sind an die Stelle der Haselzweige ein Seidenfaden und Rosen getreten:

*Mit Rosen einen Anger   /   hege die schöne Maid,*
*Von einer Meilen Länge,   /   eine halbe wär er breit.*
*Um den geh statt der Mauer   /   ein Seidenfaden fein:*
*Sie trotze allen Fürsten,   /   es komm ihr keiner hinein.*

In einem mittelalterlichen Vers-Epos ist an die Stelle der Haselzweige ein Seidenfaden und Rosen getreten.

### 3. g)   Cormac-Saga

Beim Holmgang, d.h. beim Zweikampf wurde der Kampfplatz durch ein Fell gekennzeichnet.

*Dann nahmen sie ein Fell und breiteten es aus, damit sie sich darauf stellten.*

---

Der Zweikampf-Platz konnte durch ein Fell markiert werden – er war also selbst dann, wenn man ein Stierfell benutzt hat, nicht besonders groß.

---

### 3. h)   Die Saga über Thorstein Wiking-Sohn

*Grim war verheiratet und hatte eine einzige Tochter, die den Namen Thora trug – ein hochgewachsenes und schönes Mädchen. Thorer verliebte sich in sie und sagte seinem Bruder Thorstein, daß er sie heiraten wolle.*

*Thorstein sprach mit dem Freibauern Grim über diese Angelegenheit, aber er verweigerte geradeheraus sein Zustimmung.*

*Da antwortete Thorstein: „Dann fordere ich Dich zu einem Holmgang heraus – und der, der Gewinnt, soll der Herr Deiner Tochter sein."*

*Grim sagte, daß er für den Holmgang bereit sei.*

*Am nächsten Tag nahmen sie ein großes Tuch, daß sie unter ihre Füße legten, und kämpften dann den ganzen Tag über sehr tapfer, aber am Abend trennten sie sich und keiner von beiden hatte eine Wunde erhalten.*

---

Statt eines Felles konnte auch ein Tuch zur Markierung des Zweikampf-Platzes benutzt werden.

---

### 3. i)   Die Saga über Sturlaug den Mühen-Beladenen

*Sie gingen zu der Insel und warfen einen Umhang unter ihre Füße.*

### 3. j)   Faröer-Lied:   Högni-Lied

*„Hör' das Gudrun, Süße mein, das will ich nicht glauben,*
*Daß Du willst gegen Deine Brüder irgend Verrat anspinnen.*
*Als sie erschlugen Jung-Sjurd, schufen sie das im Streit mit Dir:*
*Gislar war da ein kleiner Knabe daheim bei der Mutter sein."*

*Antwort gab Gudrun Jukis Tochter: „Des will ich nun walten,*
*Gislar und jung Hjarnar sollen es beide entgelten."*
*„Hör' das, meine gewaltige Süße, schmiede mir dazu den Plan:*
*Wie sollen wir den starken Högni aus seinem Leben fah'n.*

*Das ist nicht kleines Heldenwerk, Högni entgegen zu gehn:*
*Wo er sich im Kampfe befindet, da hat er ein Haupt am Spieß."*
*„Nehmen sollst Du drei Elchhäute und röten im Männerblute:*
*Hierüber soll Högni laufen, von großem Zorn abgemattet.*

*Hör' das, tapfrer König Artala, das sollst Du nicht vergessen:*
*„Schlagen sollst Du sie vor die Hallentür und fest mit Eisen heften."*
*Das war König Artala, er vergaß das nun nicht:*
*Er schlug sie vor die Hallentür und heftete sie mit Eisen fest.*

Das Laufen über die Elchhäute scheint eine Art Gottesurteil zu sein – ähnlich der Feuerprobe, die Gudrun bestehen mußte. Der Beschreibung nach wurden drei Häute mit Eisen, d.h. vermutlich mit langen Nägeln oder mit Dolchen auf den Boden gespannt, über die dann der, der getestet wurde, laufen mußte. Gelang ihm dies, war er unschuldig, gelang ihm dies nicht, scheint sich das Fell von Männerblut gerötet zu haben. Daraus könnte man schließen, daß auf die „Eisen" Speerspitzen und ähnliches waren, in die der stürzte, der zu kurz sprang. Vielleicht liegt hier einer der Ursprünge des Schwerttanzes.

Vielleicht handelt es sich bei dieser Szene auch um die schon damals nicht mehr ganz verstandene Vorbereitung für einen Zweikampf, der auch in einem abgesteckten Bereich, der manchmal durch ein Tuch o.ä. markiert wurde, stattfand. Das „Laufen" wäre dann der Zweikampf und das Blut wäre dann das Blut des Unterlegenen.

*Gudrun steht vor dem breiten Tisch und spricht nun von ihrem Schmerze:*
*„Nun soll Gislar, der Bruder mein, zuerst auf die Häute gehen."*
*Högni stieg vom Tische auf, nicht wollt' er Worte sparen:*
*Allein von allen Jukis Helden gibt er die Antwort.*

*Högni so zu den Worten greift, er spricht aus schwerem Kummer:*
*„Heim sollen Gislar und Hjarnar fahren, ihre Mutter zu erfreuen.*
*Gislar und Hjarnar waren beide daheim bei ihrer Mutter,*
*Als ich und Gunnar nahmen das Leben dem Sjurdur."*

*Gudrun so zu den Worten greift: „Dennoch sollen wir des walten:*
*Gislar und Hjarnar und die Brüder all sollens gleich entgelten."*
*Gislar und Hjarnar mußten auf die Häute gehen:*
*Alle sahen sie niederfallen, keinen wieder aufstehen.*

*Gudrun steht vor dem breiten Tisch, und spricht nun von ihrem Schmerze:*
*„Nun soll Gunnar, der Bruder mein, danach auf die Häute gehen.*
*Das war Gudrun Jukis Tochter, sie schuf ihnen Sorge und Harm:*
*Rückwärts schlug sich König Gunnar heraus aus der glänzenden Burg.*

*Das war der tapfre König Gunnar, der befand sich in großer Drangsal:*
*Spaltete Türen aus zähem Eisen, er konnte nicht zorniger sein.*
*König Gunnar sprang auf die Häute, es entstund nun noch größerer Schmerz:*
*Alle sahen ihn niederfallen, keinen wieder aufstehn.*

Das „Springen" könnte das Betreten des Zweikampfplatzes sein.

In dieser Version der Sage stirbt Gunnar vor Högni, der der eigentliche Held der Faröer-Lieder ist.

*Gudrun steht vor dem breiten Tisch, sie spricht von ihrem Schmerze:*
*„Nun soll Högni, der Bruder mein, zuletzt auf die Häute gehen."*
*Högni so zu den Worten greift, er faßt an sein geschmücktes Schwert:*
*„Besser war's in Jukis Höfen zu trinken gemischten Met!"*

*Das war Högni Jukis Sohn, der befand sich in großer Drangsal:*
*Zwölfhundert fällt' er nieder und räumt' vor sich den Durchgang.*
*Högni nimmt dann das Schwert – das will ich euch erzählen –*
*Geht so vorwärts in den Saal und denkt an seine Mutter.*

*Da sprach Högni Jukis Sohn, er stützt' sich auf das gezogene Schwert:*
*„Dennoch will ich gehn auf die Elendshäute und sehn wie's ergeht."*
*Högni sprang über die Elendshäute, er ließ es also geschehen:*
*Sein Fuß stieß ihm nicht daran: das schien ihm nichts zu vollbringen.*

*Högni sprang über die Häute, er fand hier nicht den Tod:*
*Er kam nieder auf dem grünen Feld und stützte sich auf Schild und Schwert.*
*Högni sprang über die Elendshäute, doch hoffte er nicht auf Friede:*
*Da stund vor ihm gerüstet König Artalas ganzes Heer.*

Hier ist der „Sprung" als ein Weitsprung über das Fell aufgefaßt worden.

*Högni steht im Grasgarten, bindet auf seinen Helm:*
*„Bevor der Tag dem Abend naht, trinken wir Wein und Blut!"*
*Högni dringt in das Heer vor, mit dem scharfen Schwert in der Hand:*
*Ich schwöre den Eid auf meine Treu, er ließ strömen manches Blut.*

*Högni dringt in das Heer vor, die Kraft in ihm wächst:*
*Er schont nicht sein scharfes Schwert, er erschlägt fünf und sechs.*
*Högni ritt in das Heer vor, er hoffte nicht auf Friede:*
*Er streckte nieder im Hunenland König Artalas ganzes Heer.*

*Er streckte nieder sein ganzes Heer mit Schwert und scharfen Ecken:*
*Das war Högni Jukis Sohn, er zog sich zurück zu der Burgwand.*
*Erschlagen könnt' er da alle, davon wird man weithin vernehmen:*
*Spät wars am Abend, da ließen sie ab zu streiten.*

*Gudrun kommt frühmorgens heraus, grimm wars ihr zu Mute:*
*Heil sah sie Högni stehn, nicht hatten Ratschläge geholfen.*
*Früh wars am Morgen, es rötet' vor der Sonne:*
*Da hatte der tapfre König Artala ausgerüstet hundert und zwölfe.*

*Früh wars am Morgen, die Sonne rötet' auf den Bergen:*
*Da legten sie ihre Kämpfe nicht weit von des Königs Hallen.*
*Högni reitet aus der Halle heraus, er hoffte nicht auf Friede:*
*Nochmals stund gerüstet vor ihm König Artalas ganzes Heer.*

### 3. k)   Haselzweige beim Thing

Im ersten Teil dieses Buches ist dargestellt worden, daß die Haselzweige, mit denen der heilige Bezirk, an dem die Richter saßen, durch diese Haselzweige mit den Göttern verbunden war.

Diese Haselzweige symbolisierten den „Haselstrauch der Erde", also den Weltenbaum, der die Verbindung zwischen den Asen und den Menschen, zwischen Asgard und Midgard und somit die Nabelschnur zwischen Diesseits und Jenseits war.

Durch die Haselzweige gelangt der Wille der Asen und somit die göttliche Ordnung und die Richtigkeit von den Göttern zu den Menschen in das Thing und in den Zweikampf.

# 4.  Überlieferte Zweikämpfe

## 4. a)  Die Saga über Sturlaug den Mühen-Beladenen

*Eines Morgens, als sie im Bett lagen, sagte Asa zu Sturlaug: „Hast Du einen Zweikampf vor Dir, Sturlaug?"*

*„Das habe ich gewiß," sagte er.*

*„Mit wem?" sagte sie.*

*„Mit Kol dem Geschickten," sagte er, „irgendwelche Vorschläge?"*

*Sie antwortete: „Geh zu meiner Ziehmutter Vefreya. Hole Dir ihren Rat und es wird Dir wohlergehen. Hier ist ein Goldring, den Du ihr Du ihr als Zeichen geben mußt, und sage ihr, daß es mir sehr wichtig ist, daß Du sie gut behandelst."*

*Da zog Sturlaug mit seinen elf Schwurbrüdern los. Sie ritten bis sie zu dem Hof der alten Frau kamen. Sturlaug sprang von seinem Roß, rannte ins Innere zu der alten Dame, legte seine Arme um ihren Nacken, küßte sie und sprach: „Heil! Wie geht es Dir, Großmutter?"*

*Sie drehte sich heftig fort und blickte zu ihm auf: „Wer ist dieser Hundesohn, der mich mit solch einem Spott behandelt? Das hat noch nie zuvor jemand gewagt und das wir hart bestraft werden!"*

*Sturlaug sagte: „Sei nicht so zornig, Großmutter. Asa hat mich hier zu Dir gesandt."*

*„Was hat Asa mit Dir zu schaffen?" sagte die alte Frau.*

*„Sie ist meine Frau," sagte er.*

*„Sie sagte: „Ist das Hochzeitsfest vorüber?"*

*„Das ist es," sagte er.*

*„Nun, da ist irgendeine List in dieser Sache," sagte die alte Frau, „da ich nicht eingeladen worden bin. Trotzdem werde ich tun, worum Asa mich bittet. Ziehe Deine Kleider aus. Ich will die Form Deines Leibes sehen."*

*Das tat er. Sie rieb ihn überall und er fühlte, wie er davon viel stärker wurde.*

*Dann gab sie ihm einen Kelch zu trinken. Dann gingen sie zu dem Wohnraum. Die alte Frau behandelte ihn an diesem Abend königlich.*

*Die alte Frau frug Sturlaug, ob er diese Nacht alleine liegen wolle oder mit ihr, „aber ich werde meine Asa nicht betrügen."*

*Sturlaug sagte: „Ich glaube, es wäre besser, Großmutter, wenn ich nah bei Dir wäre."*

*Da legte die alte Frau ein Stück Holz zwischen sie, aber sie lagen auf demselben Kissen und sprachen in der Nacht miteinander.*

Dieser Brauch hat sich lange gehalten. In der Ritter-Literatur legte der Mann sein Schwert zwischen sich und die Frau auf das Bett.

*Sturlaug sagte: „Was kannst Du mir als Rat geben für den Zweikampf, den ich mit Kol dem Listigen austragen muß?"*

*„Das sieht nicht gut aus," sagte die alte Frau, „denn kein Eisen wird ihn stechen und ich weiß kaum, was ich vorschlagen soll."*

*Am Morgen machten sich die Schwurbrüder zum Fortreiten bereit und als sie bereit waren, sprach die alte Frau zu Sturlaug: „Hier, nimm' diesen Pelzmantel, der meinen Vorvätern gehört hat, und dieses Kurzschwert, daß stets Glück gebracht hat, und schau, ob irgendwelches Mark in Dir steckt."*

*Sturlaug nahm es und schlug es auf einen Felsen, der neben der Scheune stand, und es schnitt eine Ecke des Felsens glatt ab. Von dem Schwert fiel der Rost ab und es wurde glänzend wie Silber.*

*Da sagte die alte Frau: „Du mußt dieses Schwert in dem Zweikampf mit Kol bei Dir tragen, aber Du darfst es ihm nicht zeigen, wenn er fragt, was Du zum Schlagen nimmst."*

*Dann sagte sie: „Dann lebe wohl, Sturlaug, und möge Dir alles zu Ruhm und gutem Schicksal gereichen, solange Du lebst – und ich gebe Dir, soweit ich das vermag, all das gute Geschick, das unsere Vorfahren besaßen. Ich fürchte dennoch darum, wie es Dir mit Kol dem Listigen ergehen wird. Ich habe zwei Söhne und ich möchte, daß Du mit ihnen Brüderschaft schwörst."*

*„So soll es sein," sagte Sturlaug.*

*Da schworen sie Brüderschaft. Dann zogen sie fort. Doch sie waren noch nicht weit gekommen, als die alte Frau ihnen nachrief: „Sturlaug, möchtest Du, daß mein Ziehsohn Svipud mit Dir geht? Er ist schnell zu Fuß."*

*„Das würde mir gefallen," sagte Sturlaug.*

*Die alte Frau reichte Svipud eine kleine Tasche. Er barg sie gleich auf seiner Haut und rannte dann den Pferden voraus. Da ritten sie ihres Weges und hielten nicht an bevor sie östlich des Flusses Göta angelangt waren. Kol war noch noch nicht dort. Sturlaug errichtete ein Lager in der Hütte, in der sonst Kol lagerte.*

Der Zweikampf scheint an einem Thingplatz stattzufinden, um den rings herum die Hütten stehen, in denen die Thing-Teilnehmer während des Things wohnen.

*Es dauerte nicht lange, bis Kol kam. Sturlaug erhob sich und grüßte ihn.*

*Kol sagte: „Wer ist dieser verfluchte Sohn einer Hündin, der so dreist ist, an dem Platz zu lagern, an dem normalerweise ich lagere?"*

*Sturlaug sagte: „Du solltest genau wissen, wer der Sohn einer Hündin ist, da keiner hier war bis Du gekommen bist. Wenn Du jedoch meinen Namen wissen willst, dann sage ich Dir, daß ich Sturlaug genannt werde."*

*Kol sagte: „Was tust Du hier?"*

*Sturlaug sagte: „Ich werde mit Dir kämpfen."*

*Kol sagte: „Hier werden irgendwelche Listen geplant; Du bist viel zu kühn und kommst mit solchen falschen Vorstellungen hierher, wo ich doch so viele feine Kerle getötet habe, die mit mir gekämpft haben. Was bringt Dich dazu?"*

*Sturlaug sagte: „Vor allem die Tatsache, daß Asa die Schöne meine Frau ist. Du wirst sie nicht bekommen, selbst dann nicht, wenn ich im Kampf mit Dir falle!"*

*Kol sagte: „Hör' mir zu! Was hat von Dir Besitz ergriffen, Du Sohn des Bösen? Schon darum werde ich Dich nicht schonen. Schon bald wirst Du Dein Leben verlieren – auch wenn das besser noch schneller geschehen sollte. Aber das ist trotzdem ein Verlust – solch ein Mann wie Du bist ..."*

Kol sagt hier, daß er Sturlaug für einen Sohn des Teufels hält, d.h. für einen vom Teufel besessen Menschen, und daß er ihn schon deshalb töten wird.

*Sturlaug sagte: „Ich werde nicht vor Dir fortlaufen."*

*Da bereitete sich Kol in einer anderen Hütte sein Lager. Als er jedoch zu essen begann, betrat Svipud seine Hütte und nahm die Tasche der alten Frau aus seinem Gewand und schüttelte sie in der Hütte aus und erfüllte den Raum mit Rauch.*

*Kol blickte auf und sagte: „Fort mit Dir, Du verfluchter Hund! Und komm' nie wieder, denn Du hast ziemlich sicher schon Schaden angerichtet!"*

*Svipud ging fort und niemand wußte, was aus ihm geworden war. Dann schliefen sie die Nacht über.*

*Am Morgen stand Sturlaug früh zusammen mit seinen Schwurbrüdern auf, ging zu der Insel und wartete auf Kol.*

*Hrolf Neb stand auf und ging in den Wald und schlug für sich eine große, mächtige Keule, nahm sie in seine Hand und ging zu seinen Gefährten zurück.*

*Als Kol erwachte, schien die Sonne bereits auf die ganze Ebene.*

*Da sagte er: „Ich glaube, daß der verfluchte Knecht, der gestern Abend hierhergekommen ist, eine Zauberei bei sich hatte, und dafür brauchen wir ihm wenig zu danken, und es kann wirklich der Schlaf der Toten genannt werden, den wir geschlafen haben. Laßt uns zu der Insel gehen."*

*Sie gingen zu der Insel und warfen einen Umhang unter ihre Füße.*

Dieser Umhang ist der Bereich, den die beiden Zweikämpfer nicht verlassen dürfen. Er stellt die Zweikampf-Insel dar.

*Kol zählte die Regeln des Zweikampfes zwischen ihnen auf und beide legten zwanzig Mark in Silber zur Seite. Diese sollten demjenigen, der siegte, gehören.*

*Als sie bereit waren, sagte Kol: „Sturlaug, mein Junge, zeig' mir Dein Schwert, das Du da hast."*

*Das tat er. Kol sah sich die Schneide an, blickte an ihr entlang und sagte: „Du wirst mich mit diesem Schwert nicht besiegen. Geh' lieber nach Hause, sage, daß Du besiegt worden bist und sende mit Asa die Schöne und sag' ihr, daß Du es nicht gewagt hast, gegen mich zu kämpfen und sie mir vorzuenthalten."*

*Sturlaug sagte: „Du wirst mich nicht mit Worten allein besiegen. Die Furcht hat Dich gepackt und Du wirst schon bald einen üblen Tod sterben."*

*Bei diesen Worten wurde Kol von der Wut gepackt und sagte: „Du wirst sehen, daß ich Dich nicht schonen werde, Du verfluchter Hund!"*

*Da warf Sturlaug das Schwert, das er Kol gezeigt hatte, beiseite und zog Vefreyas Geschenk unter seinem Umhang hervor und zog es.*

Vefreya ist die alte Frau, die Ziehmutter von Sturlaugs Frau Asa. Ihr Name „Vefreya" bedeutet „Priesterin der Freya" und kennzeichnet sie als Zauberin. Ihr Geschenk ist das Felsen-schneidende Schwert.

*Kol sagte: „Wie bist Du an Vefreyas Geschenk gelangt? Ich hätte mit Dir niemals einen Zweikampf begonnen, wenn ich davon gewußt hätte!"*

*Sturlaug antwortete: „Das geht Dich nichts an. Und Du hältst Dich nicht besonders gut – Du wirst schon ängstlich, bevor Du es sein mußt!"*

*Da schlug Sturlaug auf Kol ein und spaltete seinen Schild entzwei. Kol schlug zurück und spaltete ebenfalls seinen Schild.*

Bei dieser Art von Zweikampf schlagen die beiden Kämpfer abwechselnd auf den anderen ein. Der Beleidigte bzw. der herausgeforderte hat den ersten Schlag.

*Dann schlug Sturlaug Kol ein zweites mal und traf mit seinem Schlag seinen Helm. Das Schwert spaltete ihn von der Wange bis zur Schulter und blieb in seinem Schulterblatt stecken. Kol blieb jedoch aufrecht wie ein Stock stehen, so als ob nichts geschehen wäre.*

*Da sprang Hrolf Neb mit seiner Keule herbei und schlug es auf die Klinge sodaß das Schwert bis in seinen Leib hinabdrang und Kol niederfiel und Sturlaug siegte und für diese Tat weithin berühmt wurde.*

Das Eingreifen des Hrolf Neb scheint nicht als Regelverletzung empfunden worden zu sein – möglicherweise, weil Kol sicher sterben mußte und man den Schlag des Hrolf Neb als „Gnadenstoß" ansah.

*Sturlaug ritt zu Vefreya. Die alte Frau war vor dem Haus und empfing ihn herzlich.*

*Svipud war auch dort.*

*Sie bleiben die Nacht über dort und die alte Frau pries seine Tat, „und eines ist sicher," sagte sie, „es gut für meine Asa, daß sie einen Mann wie Dich als Gatten hat. Und dies ist der Anfang eines sehr weisen Rates, den Du von nun an erhalten sollst – wenn Du ihn zu befolgen weißt; und auch wenn ich darum bange, wie es Dir ergehen wird, hoffe ich doch, daß es für Dich gut werden wird und daß der Rat dieser alten Frau nicht ganz nutzlos für Dich sein wird."*

*Da ritt Sturlaug auf seinem Weg weiter zu Jarl Hring, der ihn herzlich empfing. Und Asa war glücklich, ihren Gatten wiederzusehen.*

Zweikämpfe fanden manchmal auch auf einem Thing-Platz statt, während kein Thing tagte – der Thingplatz muß also symbolisch mit der Zweikampf-Insel übereinstimmen, wie ja auch schon die „Haselung" beider Plätze zeigt.

## 4. b)   Nibelungenlied

Über den Holmgang von Brünhild gegen Gunnar wird das Folgende berichtet:

*Es war ein Kreis gezogen, wo das Spiel geschehen*
*Vor kühnen Recken sollte, die es wollten sehn.*
*Wohl siebenhundert sah man Waffen tragen:*
*Wer das Spiel gewänne, das sollten sie nach Wahrheit sagen.*

Auch mittelalterliche Turniere fanden innerhalb eines markierten Kreises statt.

## 4. c)   Gesta danorum

*König Frode bestimmte, daß jeglicher Streit mit dem Schwert entschieden werden sollte, da er einen Kampf mit Waffen für ehrenhafter hielt als einen Kampf mit Worten.*

*Wenn einer der beiden Kämpfer zurücktrat und mit seinem Fuß außerhalb des Ringes geriet, der zuvor markiert worden war, solle dieser als besiegt und sein Fall als verloren angesehen werden.*

> Wer mit seinem Fuß außerhalb des Zweikampf-Ringes trat, hatte den Kampf verloren.

## 4. d)   Die Geschichte über Gunnlaug Schlangenzunge

*Da sagte Gunnlaug Schlangenzunge: „Das weißt Du wohl, daß Du Dir meine Braut genommen hast und dadurch in Feindschaft zu mir getreten bist; dafür will ich Dich zum Zweikampf fordern hier auf dem Thing auf dem Axtfluß-Holm; doch soll Dir eine Frist von drei Nächten gewahrt sein!"*

*„Die Forderung gefällt mir, und so hatte ich es auch von Dir erwartet, entgegnete Hrafn; auch bin ich ganz bereit, sobald Du willst!"*

*Ihren Verwandten mißfiel die Sache sehr, aber es war einmal damals Gesetz, daß man den zum Zweikampfe forderte, von dem man sich in seinem Rechte gekränkt glaubte. Als nun die drei Nächte vorüber waren, rüsteten sich beide zum Zweikampf.*

> Man forderte einen Mann, der die eigenen Rechte verletzt hatte, zum Zweikampf heraus.
> Der Zweikampf-Platz wurde „Holm", d.h. „Insel" genannt.
> Manchmal wurde zwischen die Herausforderung und den Kampf eine Frist von drei Nächten gesetzt.

## 4. e)   Die Saga über Thorstein Viking-Sohn

Der Name „Sam" ist entweder die Kurzform eines der christlichen Namen „Samuel" oder „Samson" oder ist altnordisch und bedeutet „zusammen" im Sinne von „zweit-geborener Bruder". Die zweite dieser beiden Deutungen ist jedoch nicht sehr wahrscheinlich, da man ein solches Verwandtschaftsverhältnis eher mit „Annar" („anderer, zweiter") umschreiben würde. Eine Herleitung aus den christlichen Namen ist jedoch auch nicht besonders plausibel.

„Sam" tritt nur in der Saga über Thorstein Viking-Sohn auf. Es ist zwar nicht ganz sicher, daß die beiden Räuber Sam und Fullafle Riesen sind, aber doch einigermaßen wahrscheinlich.

*„Auf dem Weg gibt es viele Hindernisse, insbesondere zwei Hütten-Bewohner, von denen der eine noch schlimmer ist als der andere; der Name des einen ist Sam, der*

*des anderen Fullafle. Der andere hat einen Hund, der Gram genannt wird und der fast so schlimm wie die beiden Räuber selber ist."*

*... ... ...*

*Dann kehrte der alte Mann heim, aber seine Söhne stiegen in die Berge hinauf bis sie am Abend die Hütte erreichten. Die Tür war halbverschlossen. Thorer ging zu ihr brauchte all seine Kraft, um sie ganz zu öffnen; und als sie die Hütte betraten, erblickten sie viele Waren und viele Arten von Nahrung. Dort gab es auch ein großes Bett.*

*Als die Nacht anbrach, kam der Hütten-Bewohner, ein grimmig aussehender Mann, heim.*

*Er sprach: „Seid ihr hier, ihr Unglück-bringende Männer, ihr Viking-Söhne, Thorstein und Thorer, die ihr die sieben Söhne der Njorfe getötet habt? Aber nun wird all eurer Unglück ein Ende haben, denn es wird für mich ein Leichtes sein, euch niederzuschlagen."*

*„Wer ist das," sprach Thorer, „ der uns da so prahlerisch beleidigt?"*

*Da antwortete der Räuber: „Mein Name ist Sam; ich bin der Sohn des Svart; mein Bruder ist Fullafle; er ist der Herr der Hütte."*

*Thorstein sprach: „Ich sehe, daß das Todes-Schicksal uns zwei Brüder gerufen haben muß, wenn Du allein uns beide töten könntest. Daher zögere ich nicht, unsere Kraft zu erproben, aber Thorer soll danebenstehen und nicht an dem Zweikampf teilnehmen.*

*Da rannte Sam plötzlich mir solch großer Wucht gegen Thorstein, daß dieser seinen Halt verlor, aber er stürzte nicht. Da rannte Thorer auf Sam zu und stach ihn mit seinem Kesia in die Seite, sodaß sie an der anderen Seite wieder herauskam, sodaß Sam tot niederfiel.*

*Sie bleiben dort die Nacht über und hatten ein gutes Lager, denn es gab reichlich Nahrung.*

„Svart" ist einer der vielen Tyr-Riesen (siehe „Svartr" in Band 6). Seine beiden Söhne Sam und Fullafle werden daher die beiden Alcis-Söhne des Tyr sein.

---

> Manchmal wurde der Zweikampf gewählt, auch wenn ein Mann mit zwei Männern im Streit lag – die Überzahl wurde nicht genutzt.

## 4. f) Saga über Thorstein Viking-Sohn

*Da sprach Viking: „Wir werden nicht so gemein sein, euch mit mehr Schiffen anzugreifen als ihr habt. Deshalb werden fünf unserer Schiffe während des Kampfes untätig bleiben. "*

*Njorfe antwortete: „Das ist edel gesprochen. "*

---

Bei Wikingerkämpfen wurden die Schiffe, die eine Partei mehr als die andere besaß, zumindestens in einigen Fällen aus dem Kampf ausgeschlossen.

---

## 4. g)   Die Saga über Pfeile-Odd

*Nun machen sie es so, und sobald es hell genug war, legen Odd und seine Männer die Rüstungen an und gehen an Land zum Kampf mit Haálmar. Und sobald Hjalmar und seine Leute Wikinger in voller Rüstung an Land sehen, wappnen sie sich, und die ganze Mannschaft ging auch an Land, Odd und seinen Männern entgegen, und sobald er einen Zuruf erhält, fragt Hjálmar, wer das Kommando über die Männer führe.*

*Odd sagt, er sei es.*

*Hjalmar spricht: „Bist Du der, der vor einigen Wintern nach Bjarmaland fuhr? Was ist das Ziel deiner Fahrt hier? "*

*Odd sagt: „Ich will herausfinden, wer von uns beiden der Bessere ist. "*

*Hjalmar sagt: „Wie viele Schiffe hast Du? "*

*Odd sprach: „Wir haben fünf Schiffe und hundert Männer auf jedem, und wieviel habt ihr? "*

*„Wir haben fünfzehn Schiffe, " sagt Hjalmar, „und hundert Mann auf jedem, aber das wird für Dich nichts zu bedeuten haben. Hier werden zehn Schiffe im Hafen bleiben, und ein Mann soll jeweils einem Mann entgegentreten. "*

*Odd sagt: „Anständig ist das gesprochen. "*

---

Auch Schlachten unter Wikingern wurden bisweilen als Zweikampf angesehen, was bedeutete, daß dieselbe Anzahl von Schiffen und Männern gegeneinander kämpften und der „Überschuß" der größeren Partei untätig zusah.

---

## 4. h)   Die Saga über Thorstein Wiking-Sohn

*Eines Tages standen die Ziehbrüder auf einem bergigen Landzunge und sahen auf der anderen Seite zwölf Schiffe vor Anker liegen, die alle sehr groß waren. Sie ruderten rasch zu den Schiffen hin und frugen, wer der Anführer der Krieger sei.*

*Ein Mann, der an den Mast gelehnt stand, antwortete: „Mein Name ist Angantyr. Ich bin der Sohn des Hermund von Gautland."*

*Thorstein sagte: „Du bist ein hoffnungsvoller Jüngling – aber wie alt bist Du?"*

*Da gab er zur Antwort: „Ich bin nun neunzehn Jahre alt."*

*Da frug Bele: „Was würdest Du vorziehen: Deine Schiffe und Deine Beute abgeben oder mit uns kämpfen?"*

*Angantyr sagte: „Je ungleicher Deine Wahlmöglichkeiten sind, desto leichter fällt mir die Entscheidung. Ich ziehe es vor, meine Beute zu verteidigen und mit dem Schwert in der Hand zu fallen, falls dies mein Schicksal sein sollte."*

*Bele sprach: „Dann bereitet euch vor – aber wir werden angreifen."*

*Da bereiteten sie sich beide für die Schlacht vor und ergriffen ihre Waffen.*

*Thorstein sprach zu Bele: „Es ist wirklich sehr wenig edles darin, sie mit fünfzehn Schiffen anzugreifen, da sie nur zwölf haben."*

*Da sagte Bele: „Warum sollen wird nicht drei Schiffe hier liegen lassen?"*

*Das taten sie.*

---

Wikinger ließen in Schlachten untereinander manchmal die Zahl Schiffe, die sie mehr als ihr Gegner hatten, vor Anker liegen, sodaß die gleiche Zahl von Schiffen gegeneinander kämpfte.

---

## 4. i)  Die Saga über Pfeile-Odd

*Und danach rüsten sich beide Seiten, ordnen ihre Mannschaft zum Kampf, und dann kämpfen sie, solange es Tag ist.*

*Da wird der Friedensschild emporgehoben, und Hjalmar fragt Odd, wie er denke, daß es den Tag über gegangen sei.*

*Odd äußerte sich zufrieden.*

*„Willst du das Spielchen öfter?" sagt Hjalmar.*

*„Ich habe nichts anderes vor," sagt Odd, „weil ich noch nie zuvor einen so streitbaren Kerl getroffen habe."*

*Nun verbinden die Männer ihre Wunden am Abend, und beide Seiten begeben sich zu den Feldzelten.*

*Aber am Morgen ordnen beide Seiten ihre Leute zur Schlacht, sie rüsten zum Kampf und schlagen sich den zweiten Tag.*

*Am Abend wurde der Friedensschild emporgehoben, und da fragt Odd, wie er denke, daß es gegangen sei.*

Hjalmar äußert sich zufrieden: „Und willst Du dieses Spiel noch einen dritten Tag?"

„Ja," sagt Odd, „jetzt gilt es, zwischen uns die Entscheidung zu suchen."

Da sprach Hjalmar: „Gibt es große Aussicht auf Beute auf Deinen Schiffen?"

„Das ist nicht der Fall," sagt Odd, „da wir den Sommer über keinen Besitz angesammelt haben."

„Ich habe noch nie von törichteren Männern gehört," sagt Hjalmar, „als hier, weil wir uns nur aus Übereifer und Ehrgeiz schlagen."

„Was willst Du tun deswegen?" sagt Odd.

„Ich will," spricht er, „daß wir eine gemeinsame Streitmacht gründen."

„Das gefällt mir sehr," sagt Odd, „aber ich weiß nicht, was Hjalmar darüber denkt."

Hjalmar sprach: „Ich bestehe nur auf die Wikingergesetze, die wir schon immer hatten."

Odd sagt: „Ich möchte sie hören, bevor ich zustimme."

Hjalmar sprach: „Weder ich noch meine Mannschaft wollen je rohes Fleisch essen noch Blut trinken. Es ist die Sitte vieler Männer, Muskelfleisch in einem Tuch auszuwringen und es dann gekocht zu nennen, aber mir kommt es so vor, als ob dieser Fraß für die Wölfe sei. Ich will weder Kaufleute überfallen noch von Bauern mehr rauben, als ich an Schlachtvieh am Strand für die Schiffe als Verpflegung brauche, und danach jedoch den Preis dafür rechtmäßig festsetzen. Ich will außerdem nie Frauen ausrauben lassen, auch nicht, wenn sie mit großem Vermögen ausgestattet sind. Weiterhin wird keiner meiner Männer eine Frau nötigen oder gegen ihren Willen zum Schiff bringen. Solch ein Mann soll nichts weniger als sein Leben einbüßen, sei er reich oder arm."

Odd sprach: „Deine Gesetze scheinen mir gut, und ich will mich ihnen allen beugen."

---

Schlachten zwischen Wikingern beginnen am Morgen und enden am Abend, wenn der Friedensschild erhoben wird. Danach konnten die beiden Parteien ohne Kampf miteinander sprechen.

## 4. j)  Nials-Saga

Rut erwiderte ihm: „Mehr aus Geiz und Zanksucht bringst Du diese Klage ein, als aus ehrlicher und männlicher Gesinnung. Dem will ich aber auch entgegentreten, denn Du hast noch nicht das Gut, welches sich in meinen Händen befindet, in Deiner

*Gewalt. So sage ich denn, so daß alle, die sich auf dem Gesetzeshügel befinden, des Zeugen sind, daß ich Dich zum Holmgang fordere. Der Einsatz sei das Gut Deiner Tochter und dem setze ich ebensoviel entgegen. Dem Sieger möge das Gut zufallen; willst Du aber nicht mit mir kämpfen, so erlischt jede Forderung Deinerseits auf das Gut."*

*Mörd schwieg eine Weile und beriet sich mit seinen Freunden über den Holmgang.*

*Jörund Gode sagte: „Du bedarfst nicht unseres Rats in dieser Sache. Kämpfst Du mit Rut, so weißt Du selbst voraus, daß Du Leben und Gut verlierst. Er hat sich wie ein braver Mann benommen und seine Sache steht günstig. Dazu ist er selbst groß und stark und tapfer wie kein zweiter."*

*Darauf verkündete Mörd laut, daß er nicht mit Rut kämpfen wolle.*

*Da erhob sich ein großes Geschrei und gewaltiger Lärm auf dem Gesetzeshügel, und Mörd hatte wenig Ehre davon.*

---

Manchmal setzten die beiden Kämpfer den gleichen Wert an Besitz o.ä. als Einsatz des Zweikampfes.

Wer sich einem Zweikampf entzieht oder ihn verweigert, gilt als Verlierer.

---

### 4. k)  Nials-Saga

*Helge Nialsohn's Schwiegervater Asgrim Ellidagrimsohn auf Tunge war unter den Bauern gewesen, die auf Otkel's Seite standen in seinem Rechtsstreit mit Gunnar. Im Sommer nach dem Pferdekampf, von dem eben erzählt ist, hatte er eine Thingsache mit einem Bauer namens Ulf Uggesohn. Asgrim war sonst gesetzeskundig, aber diesmal machte er einen Fehler in der Führung der Sache, so daß Ulf einen Einwand machen konnte, wodurch er die Sache gewann.*

*Da forderte Gunnar Ulf zum Holmgang, falls er sich des erlangten Vorteils bedienen wolle und so endete die Sache damit, daß Ulf an Asgrim das Geld auszahlte, welches dieser forderte. Dafür gelobte Asgrim, er wolle hinfort in allen Rechtssachen Gunnar beistehen und lud ihn während desselben Sommers zu sich ein.*

---

Die Herausforderung zum Zweikampf war bei einer Thingversammlung das letzte Argument in einem Rechtsstreit.

---

## 4. l)   Die jüngere Version der Huldar-Saga

*Norr zog sofort dorthin und es kam zwischen ihm und Hrolf zu einem Zweikampf, der aber unentschieden blieb.*

Ein Zweikampf konnte auch unentschieden enden.

## 4. m)   Die Geschichte über Gunnlaug Schlangenzunge

*Hermund hielt den Schild vor Gunnlaug, seinen Bruder, und Sverting, der Sohn Hafr-Björns, vor Hrafn.*

*Man hatte ausgemacht, daß der, welcher verwundet würde, sein Leben mit drei Mark erkaufen sollte.*

*Hrafn hatte den ersten Schlag, weil er gefordert worden war; er hieb von oben in Gunnlaugs Schild, sodaß das Schwert sofort unterhalb des Griffes entzwei sprang, da der Schlag mit aller Wucht gefallen war. Die Spitze des Schwertes jedoch prallte von dem Schilde ab und traf Gunnlaug an die eine Backe, so daß er eine ganz leichte Verwundung davon trug.*

*Da eilten die Väter beider sogleich hinzu und viele andere Männer.*

*Gunnlaug sprach: „Ich erkläre hiermit Hrafn für besiegt, da er keine Waffe mehr hat"*

*„Aber ich erkläre, daß Du besiegt bist," entgegnete Hrafn, „da Du verwundet bist!"*

*Da wurde Gunnlaug sehr wild und zornig und sagte, die Sache sei noch nicht abgemacht.*

*Sein Vater Illugi aber erklärte, für diesmal solle in dieser Sache nichts mehr geschehen.*

*„Das wäre mein Wunsch, versetzte Gunnlaug, daß ich mich mit Hrafn ein anderes Mal träfe, wo Du, Vater, nicht so nahe bei der Hand wärest, um uns zu trennen!"*

*Damit gingen sie auseinander, und die Männer zerstreuten sich in ihre Zelte.*

*Am anderen Tage in der gesetzgebenden Versammlung wurde das zum Gesetz erhoben, daß von da an aller Zweikampf abgeschafft sein sollte, und zwar geschah das nach dem Vorschlage aller verständigen Männer, die dabei anwesend waren; und in der Tat waren die weisesten Männer des ganzen Landes da versammelt.*

*Das ist der letzte Zweikampf, der auf Island stattgefunden hat, als Hrafn und Gunnlaug zusammen kämpften.*

Der Zweikämpfer hält sein Schwert, aber bei zumindestens einer Form des Zwei-kampfs wird sein Schild von einem Begleiter vor ihn gehalten.

Der Herausgeforderte führt den ersten Schwerthieb.

Bei einer Variante des Zweikampfs hatte der verloren, der als erster eine Verwun-dung erlitt.

Der Verlierer konnte sich mit drei Mark in Silber freikaufen.

Auf Island wurde der Zweikampf schließlich auf dem Allthing verboten.

## 4. n)   Saga über Egil Skallagrimsson

*Daraufhin zog Egil mit seinen Gefährten fort. Er ging nach Norden nach Sogn, dann nach Aurland zu Thord, dem Verwandten seiner Frau, und dort blieb er bis zum Gula-Thing.*

*Als die Männer zum Thing gingen, ging auch Egil dorthin. Atli der Kurze war ebenfalls dort. Sie begannen, ihren Fall zu erläutern und trugen ihn denen, die über ihn richten sollten, vor. Egil begründete seinen Anspruch auf die Zahlung von Geld, aber Atli setzte dem als rechtmäßige Verteidigung den Eid von zwölf Männern entge-gen, daß er, Atli, kein Geld in Verwahrung habe, daß Egil gehört.*

*Und als Atli mit den zwölf Männern, die schwören sollten, zu der Gerichtsversamm-lung kam, ging Egil ihnen entgegen und sagte, daß er Atlis Eid gegen sein Eigentum nicht annehmen würde, „ich biete Dir ein anderes Gesetz an, nämlich daß wir hier auf dem Thing gegeneinander kämpfen und daß der das Eigentum haben soll, der dabei den Sieg erringt."*

*Dies, was Egil vorschlug, war ebenfalls ein Gesetz und ein uralter Brauch: Jeder Mann hatte das Recht, einen anderen zum Zweikampf herauszufordern, gleich ob er der Angeklagte oder der Ankläger in einem Fall war.*

*Atli sagte, daß er es nicht ablehnen werde, mit Egil zu kämpfen, „denn," sagte er, „Du schlägst vor, was ich hätte vorschlagen sollen, wenn ich bedenke, wieviele Ver-luste ich bereits an Dir zu rächen habe. Du hast meinen beiden Brüdern den Tod ge-geben, und ich würde weit vom Recht abweichen, wenn ich Dir ungerechtfertiger-weise meinen eigenen Besitz geben würde statt mit Dir zu kämpfen, wenn Du mir diese Möglichkeit bietest."*

*Da reichten sich Atli und Egil die Hände und schworen sich einen Zweikampf, dessen Sieger die Ländereien gehören sollten, um die sie sich stritten.*

*Danach bereiteten sie sich für den Kampf vor. Egil kam mit einem Helm auf dem Haupt und einem Schild vor sich und einer Hellebarde in seiner Hand, während er sein Schwert Dragvandill an seinem rechten Arm trug.*

*Es war bei denen, die einen Zweikampf durchführten, üblich, das Schwert so zu befestigen, daß es nicht erst während des Kampfes gezogen werden mußte. Sondern am Arm befestigt war, daß es sofort zur Hand war, wenn der Kämpfer es brauchte.*

Vermutlich hinge das Schwert an einer Schnur am Handgelenk.

*Atli war auf dieselbe Weise bewaffnet wie Egil. Er war in Zweikämpfen geübt, ein starker Mann und sehr mutig.*
*Zu dem Kampfplatz wurde ein großer, alter Stier geführt, der 'Opfertier' genannt wurde und von dem getötet werden sollte, der den Zweikampf gewann. Manchmal gab es einen nur einen solchen Stier, manchmal ließ jeder der beiden Zweikämpfer seinen eigenen Stier herbeiführen.*

Da Stiere das typische Opfertier des ehemaligen Göttervaters Tyr waren, scheint dieses Stier-Opfer ursprünglich ein Dank des Siegers an den Schwert- und Kriegsgott Tyr gewesen zu sein.

*Als sie für den Zweikampf bereit waren, stürmten sie aufeinander los und warfen mit den Hellebarden aufeinander, doch keine der beiden blieb im Schild des Feindes stecken, sondern stecken im Boden.*
*Da ergriffen sie beide ihr Schwert und hieben heftig aufeinander ein – Schlag um Schlag. Atli wich nicht zurück. Sie schlugen schnell und hart zu und schon bald waren ihre Schilde nutzlos geworden.*

Die Schilde wurden nutzlos, weil sie unter den Schwerthieben zerborsten waren.

*Und als Atlis Schild nutzlos geworden war, warf er es von sich, griff sein Schwert mit beiden Händen und schlug so schnell wie möglich zu.*
*Egil traf ihn mit einem Schlag auf seiner Schulter, aber das Schwert biß nicht. Er traf noch einmal und ein drittes mal. Es war nun leicht, Gliedmaßen des Atli zu finden, die er treffen konnte, da er keinen Schutz mehr hatte, und Egil holte mit seinem Schwert aus und schlug mit all seiner Kraft zu, doch es biß nicht – wie sehr er auch zuschlug.*
*Da erkannte Egil, daß auf diese Weise nichts zu erreichen war, denn auch sein Schild war nun nutzlos geworden. Daher ließ Egil Schwert und Schild fallen und sprang auf Atli zu und ergriff ihn mit beiden Händen. Da konnte man den Kraft-Unterschied sehen, denn Atli fiel hintenüber und Egil stürzte sich platt auf ihn und durchbiß seine Kehle. Da starb Atli.*
*Egil sprang sofort auf und rannte dorthin, wo das Opfertier stand. Mit einer Hand ergriff er seine Lippen, mit der anderen sein Horn und drehte seinen Hals so heftig,*

*daß sein Genick zerbrach.*

*Dann ging Egil dorthin, wo seine Gefährten standen und sang:*

*„Ich habe den blauen Dragvandill (Egils Schwert) entblößt,*
*Der den Schild nicht biß,*
*Atli der Kurze hatte seine Schneiden*
*mit seinen Zaubersprüchen stumpf gemacht.*
*Mit all meiner Kraft ergriff*
*ich meinen wortreichen Feind und warf ihn nieder;*
*Meinen Zähne gebot ich, ihn zu beißen –*
*das beste Schwert in der Not!"*

---

Jeder Mann hatte das Recht, zu verlangen, daß ein Rechtsstreit durch einen Zweikampf geklärt wird.

Der Gewinner eines Zweikampfes opferte das 'Opfertier', das ein starker, alter Stier war. Manchmal stand nur ein Stier bereit, manchmal stellten beide Kämpfer einen Stier. Vermutlich wurde der Stier einst dem Tyr geopfert.

Manchmal wurde beim Zweikampf zusätzlich zu dem Schild und dem Schwert auch eine „Wurf-Hellebarde" benutzt.

---

### 4. o)  Die Saga über Ketil Forelle

Ketil ist eine Saga-Variante des ehemaligen Göttervaters Tyr, in dessen Geschichte sehr viele Elemente der früheren Tyr-Mythen vorkommen. Seinen Beinamen „Forelle" hat er erhalten, nachdem er einen Drachen getötet hat, den er „Forelle" nannte.

*Dann kam der Wikinger-König Framar nach Rabennest. Er war ein überzeugter Heide und ihn biß kein Eisen. Er herrschte über ein Königreich, das von Hunaveld bis nach Gestrekaland reichte. Er führte seine Opferungen in Arhaug durch. Kein Schnee bleib auf seinem Hügelgrab liegen.*

„Arhaug" bedeutet „Adlerhügel" und ist eine Bezeichnung für den Platz, an dem dem Adler-Seelenvogel des Tyr geopfert wurde.

*Sein Sohn war Bodmod, der einen großen Hof bei Arhaug besaß und ein beliebter Mann war, während alle Franmar alles Üble wünschten. Odin hatte es dem Framar bestimmt, daß ihn kein Eisen biß.*

*Framar verlangte Hrafnhild zur Frau, doch Ketil antwortete, daß sie selber ihren Mann wählen würde.*

*Sie sagte „Nein," zu Framar, „wenn ich schon nicht den Ali nehme, dann werde ich sicherlich nicht diesen Troll heiraten!"*

*Ketil sagte Troll ihre Antwort.*

*Er wurde sehr wütend und er forderte Ketil zu einem Zweikampf am ersten Tag des Jul heraus, und Du bist der wertloseste alle Nidlinge, wenn Du nicht kommst!"*

Mit „Nidling" ist ein Mann gemeint, der „nid" ist, d.h. zum „Niederen" gehört, womit sowohl das Jenseits als auch Wertlosigkeit, Ehrlosigkeit und eine homosexuelle Vergewaltigung gemeint ist.

*Ketil sagte, daß er kommen werde.*

*Hjalm und Stafnglam baten darum, mit ihm kommen zu können.*

*Ketil sagte, daß er alleine gehen werde.*

*Kurz vor Jul ging Ketil zum Naumu-Tal. Er trug einen Fell-Umhang und hatte Skier an seinen Füßen, und er ging die Täler hinauf und dann durch die Wälder nach Jamtaland und dann weiter nach Osten über Skalkskog nach Helsingjaland, dann weiter nach Osten über Eyskogamark, daß Gestrekaland von Helsingjaland trennte und das zwanzig Rasten lang und drei Rasten breit war und in dem es beschwerlich zu reisen war.*

Eine Raste sind ca. 9 km.

*Dort lebte ein Mann mit dem Namen Thorir in dem Wald. Er bot Ketil seine Begleitung an und sagte, daß in dem Wald Übeltäter lebten, „und der übelste von ihnen wird Soti genannt. Er ist verräterisch und stark."*

*Ketil sagte zu sich selber, daß er keine Schwierigkeit sein werde.*

*Er ging in den Wald und kam zu Sotis Hütte. Er war nicht daheim. Ketil entfachte ein Feuer. Soti kam heim und grüßte Ketil nicht und setzte sich alleine an der Seite hin.*

*Ketil saß beim Feuer und sprach: „Bist du der größte der Nidlinge, Soti?" frug er.*

*Da war Soti einige Stöcke nach Ketil.*

*Als sie genügend gegessen hatten, legte sich Ketil neben dem Feuer nieder und schnarchte laut.*

*Da sprang Soti auf, doch Ketil erwachte und frug: „Was hast Du vor, Soti?"*

*Er sagte: „Ich will in das Feuer blasen. Es ist beinahe ausgegangen."*

*Ketil schlief weiter.*

*Da stürzte Soti mit einer zweischneidigen Axt herbei.*

*Ketil sprang auf und sagte: „Du willst wohl viel hacken?" sprach er.*

*Danach blieb Ketil die ganze Nacht über wach.*

*Gegen Morgen erhob er sich und Soti ging mit ihm in den Wald. Als die Nacht hereinbrach, legten sie sich unter eine Eiche. Ketil schlief ein, was Soti bemerkte, denn er schnarchte laut.*

*Soti sprang auf und schlug nach Ketil, da er dachte, daß das Schnarchen aus der Kapuze seines Umhanges käme, doch Ketil lag nicht unter seinem Umhang.*

*Ketil erwachte und beschloß Soti auf die Probe zu stellen.*

*Er kam herbei und sprach: „Nun wollen wir unsere Fähigkeiten im Ringen vergleichen!"*

*Ketil warf Soti nieder, schlug seinen Kopf ab und ging dann seines Weges.*

*Am Jul-Abend kam er nach Arhaug, dem Opferplatz des Framar und das Heim der Adler. Er war von Schnee bedeckt. Ketil stieg das Hügelgrab hinauf und saß in dem kalten Wind und wartete auf das Treffen.*

*Da kam ein Mann zu Bodmods Hof und frug: „Wann wird Ketil nach Arhaug kommen?"*

*Die Männer antwortete, daß es nicht zu erwarten sei, daß er käme.*

*Bodmod sagte: „Das glaube ich in diesem Fall nicht. Er ist ein weitgereister Mann und er hält sein Wort."*

*Sie gingen zu dem Hügelgrab, aber sie fanden Ketil nicht und berichteten dies dem Bodmod.*

*Bodmod sagte, daß er auf das Hügelgrab gehen werde. Er ging dort hinauf und stieg auf die Kuppe des Hügelgrabes und sah eine große Erhebung an seiner Nordseite.*

*Bodmod sprach diese Strophe:*

*„Wer ist dieser Hohe,*
*der auf dem Hügel sitzt*
*und sich nicht um das Wetter kümmert?*
*Ein frostfester Mann.*
*Mir scheint, das ist schrecklich*
*und keineswegs warm."*

*Ketil sprach diese Strophe:*
*„Ich werde Ketil genannt,*
*Ich komme von Rabennest.*
*Dort bin ich zäh geworden;*
*Mein Herz ist voller Mut,*
*ich weiß, ich werde überleben*
*und ich werde Unterkunft erhalten."*

*Bodmod sprach:*
*„Erheb Dich nun,*
*verlasse dieses Hügelgrab*
*und komme in meine Halle.*
*Wir werden sprechen*
*und Gastfreundschaft haben,*
*wenn Du dort bleibst."*

*Ketil trug diese Strophe vor:*
*„Ich werde mich nun erheben*
*und dieses Hügelgrab verlassen,*
*so wie mich Bodmod auffordert.*
*Mein Bruder,*
*selbst wenn er näher wohnen würde,*
*könnte mir keine bessere Einladung geben."*

*Bodmod nahm Ketil bei der Hand. Als er sich erhob, glitten Ketils Füße auf dem Hügelgrab aus.*
*Da sprach Bodmod diese Strophe:*

*„Das zeigt, Zieh-Sohn,*
*daß Du den Kampf beginnen*
*und siegen wirst.*
*Doch Du wirst dies niemals erreichen,*
*denn Odin gibt den Sieg*
*und oftmals läßt er den besseren Krieger verlieren."*

*Ketil wurde über den Namen 'Odin' wütend, denn er glaubte nicht an ihn, und er trug diese Strophe vor:*

*„Ich habe niemals*
*dem Odin geopfert,*
*obwohl ich schon lange gelebt habe.*
*Wenn ich in dem kommenden Kampf fallen werde,*
*weiß ich, daß ich zuvor sicherstellen werde,*
*daß mein Feind seinen Kopf verliert."*

*Dann ging Ketil mit Bodmod und bleibe diese Nacht und auch die nächste bei ihm. Und am Morgen bot Bodmod ihm an, mit ihm zu gehen oder ihm einen anderen Beisteher bei dem Zweikampf zu stellen.*

*Doch Ketil lehnte dies ab.*

*„Dann werde ich mit Dir gehen," sagte Bodmod.*

*Dem stimmte Ketil zu und ging nach Arhaug. Framar kam laut bellend zu dem Hügelgrab und fand dort Bodmod und Ketil mit einer Schar Männer.*

Framar bellt wie ein Wolf, weil er ein Ulfhedinn („Wolfskrieger") ist.

*Da trug Framar die Zweikampf-Regeln vor.*

*Bodmod hielt einen Schild vor Ketil, aber nicht vor seinen Kopf.*

*Framar sagte: „Du bist nun mein Feind und nicht mehr länger mein Sohn!"*

*Bodmod sagte, daß er ihre Verwandtschaft durch diese Hexerei gebrochen habe.*

*Bevor sie begannen, kam ein Adler aus dem Wald auf Framar zugeflogen und zerrte an seinen Kleidern.*

*Da sprach Framar diese Verse:*

*„Dieser Adler ist von Übel,*
*ich fürchte Die Wunde, die ich erhalten habe,*
*er stürzte sich wild auf mich*
*und sein Gift ist in meinem Blut.*
*Wie eine Sturmböe schrie er,*
*daß er gierig sei.*
*Oft habe ich Adler erfreut,*
*ich will nun töten!"*

„Adler erfreuen" bedeutet entweder ihnen als den Boten des Tyr zu opfern oder ihnen nach der Schlacht die Leichen der Feinde zu überlassen.

*Da stürzte der Adler so schnell auf ihn zu als wenn er eine Waffe wäre.*

*Da sprach Framar diese Verse:*

*„Schlage nur mit den Flügeln!*
*Ich gebe Dir den Namen 'Waffe'!*
*Du kreist über mir, Weit-Flieger,*
*als ob du wüßtest, daß ich todgeweiht bin!*
*Du irrst Dich, Kampf-Antreiber,*
*ich werde den Sieg erringen.*
*Du mußt festlegen,*
*daß Forelle nun sterben wird!"*

Weit-Flieger = Bezeichnung für einen Adler

Kampf-Antreiber = Name für Odin, hier für den Adler (Odins Seelenvogel)
Forelle = Ketils Beiname („Ketil Forelle" = „Ketil Drachentöter")

*Obwohl das geschehen war, bevor sie begonnen hatten, wurde es mitgerechnet.*
*Da schlug Ketil nach Framars Schulter.*
*Framar stand schweigend da, aber das Schwert biß ihn nicht, obwohl es das eigentlich hätte tun sollen, da der Schlag so heftig war.*
*Framar schlug gegen Ketils Schild.*
*Ketil schlug gegen Framars andere Schulter, doch wieder schnitt sein Schwert nicht.*
*Ketil trug diese Strophe vor:*

*„Du zögerst, Dragvendil,*
*gegen den Fütterer des Adlers.*
*Schädlicher Zauber bewirkt es,*
*daß Du nicht beißen kannst.*
*Ich habe nicht erwartet,*
*daß mein Angriff*
*auf Gift-gehärtete Kanten treffen würde –*
*so als ob Odin taub wäre!"*

„Dragvendil" ist das Schwert des Ketil. Sein Name bedeutet „Ziehen-Schwingen".
Ein „Fütterer des Adlers" ist ein Krieger, der im Kampf die Adler mit den Leichen seiner Feinde füttert.

*Und dann fügte er diese Strophe hinzu:*

*„Was ist los, Dragvendil?*
*Warum bist Du so langsam geworden?*
*Nun mußt Du schlagen,*
*doch Du bist unwillig zu beißen.*
*Du gibst in diesem Schwert-Treffen nach –*
*Ist das jemals zuvor geschehen?*
*Das Knirschen des Metalls besorgt mich –*
*Ich fürchte, Du wirst zerbrechen!"*

Wenn ein besonderes Schwert in der Hand eines Tyr-Helden zu zerbrechen droht, muß der Gegner die Saga-Variante des Loki sein.

243

*Framar entgegnete diese Strophe:*

*„Nun zittert der Bart des Mannes,*
*die alte Waffe schwankt.*
*Sein Schwert läßt ihn im Stich.*
*Der Vater der Maid fürchtet sich.*
*Feuchte Deinen Knochen-Zweig an,*
*damit sie*
*den mutigen Mann beißen,*
*wenn Dir das gut erscheint!"*

Der „Knochen-Zweig" ist das Schwert: Es ist lang wie ein Zweig und es zerbricht Knochen.

*Ketil sprach:*

*„Es ist nötig, Schwerter zu befeuchten.*
*Ich habe selten*
*den Männern ganz vertraut,*
*die ihre Angreifer verspotteten.*
*Beiße nun, Dragvendill,*
*oder zerbreche an hohem Alter!*
*Wie beide sind verdammt,*
*wenn Du diesmal zerbrichst!"*

*Und da sprach Framar:*

*„Der Vater der Maid war ängstlich,*
*während Dragvendill heil war.*
*Ich weiß, daß er nicht Gewisses mehr weiß:*
*Sein wertloses Schwert wird zerbrechen!"*

Da nahm Ketil sein Schwert in seine Hand und wandte die andere Schneide nach vorn.

Framanr stand schweigend da, als das Schwert durch seine Schulter schnitt und nicht innehielt, bevor es nicht seine Hüfte erreicht hatte und dann wieder nach außen gelangte.

Da sprach Framar diese Strophe:

*„Ich glaube, daß Forelle,*
*obwohl es Dragvendill danach verlangte,*
*nichts erreichen könnte –*
*wegen Odins Versprechen.*
*Baldurs Vater hat seine Treue gebrochen;*
*es ist unsicher, ihm zu vertrauen.*
*Meine Hände haben nichts erreicht!*
*Das sehe ich nun.“*

*Dann starb Framar, aber Bodmod schloß sich Ketils Gefolge an.*

---

Der Zweikampf fand in dieser auf die Tyr-Mythen zurückgehenden Saga bei einem Hügelgrab statt – sehr wahrscheinlich ist es das Hügelgrab des Tyr, da es in der Saga „Arhaug“, d.h. „Adlerhügel“ genannt wird und der Adler Tyrs Seelenvogel ist. Dieses Hügelgrab entspricht dem Gesetzes-Hügel auf dem Thingplatz.

Vor dem Kampf wurden die Zweikampf-Regeln vorgetragen.

Der Schild wurde von einem Verbündeten gehalten.

---

## 4. p)  Die Saga über Grim Struppig-Wange

Doch als Brynhild Grim-Tochter zwölf Jahre alt war, wollte ein Mann namens Sorkvir sie zur Frau. Sorkvir war der Sohn des Svadi, der der Sohn des Raudfeld war, der der Sohn des Bard war, der der Sohn des Thorkel Fuß-Fessel war. Sie wollte nicht mit ihm gehen, weshalb Sorkvir Grim zum Zweikampf herausforderte. Grim nahm die Herausforderung an. Sorkvirs Familie stammte von seiner mütterlichen Seite her von Sogn und er besaß dort Bauernhöfe. Der Zweikampf sollte in einem halben Monat stattfinden.

... ... ...

Zu der verabredeten Zeit kam Sorkvir mit elf Mann zu der Zweikampf-Insel. Sie waren alle Berserker. Grim war ebenfalls gekommen und wurde von Ingjald und vielen Halogaland-Bauern begleitet. Sie gingen zu der Insel und Grim hatte den ersten Schlag. Er besaß das Schwert Dragvandil, das seinem Vater gehört hatte. Der Mann, der den Schild vor Sorvir hielt, hieß Throst.

Grim hieb bei seinem ersten Schlag so heftig, daß er den Schild von oben bis unten spaltete und seine Klinge Throst von seiner linken Schulter bis zu seiner rechten

*Hüfte durchschnitt und so in Sorkvirs Oberschenkel fuhr, daß er dessen beide Beine abhieb, eins oberhalb und eins unterhalb des Knies, sodaß er tot niederfiel.*

*Da wandten sich Ingjald und die anderen gegen die übrigen zehn und sie ruhten nicht eher, als bis sie alle getötet hatten.*

*... ... ...*

*Da fuhr Grim von der Zweikampf-Insel heim und Ingjald fuhr nach Brurjodr.*

---

Ein Zweikampf wird „in einem halben Monat" vereinbart.

Der Zweikampf findet auf einer Insel statt.

Der Herausgeforderte hat den ersten Schlag.

Es fällt auf, wie oft die Zweikampf-Gegner der Helden, die eine Saga-Variante des Tyr sind, von oben bis unten durch das Schwert des Tyr-Helden gespalten werden. Anscheinend ist dies ein Motiv aus den früheren Tyr-Mythen.

---

### 4. q)   Cormac-Saga

Beim Holmgang, d.h. beim Zweikampf wurde der Kampfplatz durch drei Quadrate gekennzeichnet und es wurden je drei Schilde benutzt.

*Dann nahmen sie ein Fell und breiteten es aus, damit sie sich darauf stellten.*

*Bersi sprach und sagte: „Du, Cormac, hast mich zu diesem Holmgang herausgefordert. Doch ich biete Dir ein einfaches Schwert-Spiel (Kampf) an. Du bist ein junger Mann und hast wenig Erfahrung; der Holmgang erfordert Kraft und Geschick, doch der Schwertkampf Mann gegen Mann ist eine einfache Sache."*

*Cormac antwortete: „Da würde ich auch nicht besser kämpfen. Ich gehe das Wagnis ein und werde auf gleich zu gleich mit Dir kämpfen."*

*„Wie Du willst," sagte Bersi.*

*Es war das Gesetz des Holmgang, daß das Fell fünf Ellen lang sein muß und Schlingen an seinen Ecken hat. In diese werden gewisse Stäbe mit Köpfen gehämmert, die 'Tjosnur' genannt werden.*

Der Begriff „Tjosnur" leitet sich von „tjoss" ab, das in etwa „Brausen, Sturm" bedeutet und einen Kampf umschreibt und eine Kurzform von Kampf-Kenningarn wie „Sturm der Speere" sein könnte.

Der Zweikampf-Platz hat einen Durchmesser von 5 Ellen, d.h. von ca. 1,5m. Da das Fell 5 Ellen lang sein mußte, ist der Platz evtl. etwas schmaler als lang.

Verwandte Worte sind „Tjosnublot" für „Zweikampf-Opfer" und „Tjosull" für

„Zauberrune, Qual". Im Mittelalter findet sich der Begriff „Tjoss" als „Tjost" für „Turnierkampf mit voller Rüstung" wieder.

*Vor dem Beginn des Zweikampfes gab es einen langen Streit darüber, wer den ersten Schlag haben solle. In den alten Zeiten war es bei den Zweikämpfen die Regel, daß die Männer nicht schnell hintereinander hieben – stattdessen gab es jedesmal eine Pause und zugleich eine festgelegte Reihenfolge der Schläge.*

*... ... ...*

*Agnar wurde der erste Schlag gewährt, der er den höheren Rang hatte.*

*... ... ...*

*Der, der das Fell vorbereitete, muß in einer solchen Weise zu den Stäben geben, daß er durch seine Beine hindurch den Himmel sehen kann und dabei seine Ohrläppchen hält und die Einleitungsworte des Rituals, das „Opfer der Tjosnur" („Tjosnublot") genannt wird, spricht.*

*Rings um das Fell wurden drei Quadrate gekennzeichnet – ein jedes einen Fuß breit. An den äußersten Ecken dieser Quadrate sollen vier Stäbe sein, die „Hasel" genannt werden. Wenn dies getan worden ist, nannte man dies ein „gehaseltes Feld".*

Da das Fell vier Ecken hat, müßten es eigentlich vier statt drei Quadrate sein, wenn sich diese Quadrate an den vier Seiten des Fell befinden würden. Daher werden es wohl eher drei konzentrische Quadrate mit dem Fell in der Mitte sein.

Die „3" weist auf einen endlosen, zyklischen Vorgang hin, der hier vermutlich der Kampf zwischen dem Sommergott Tyr und dem Wintergott Loki sein wird (siehe „3" in Band 47).

*Ein jeder Mann hat drei Schilde und wenn diese zerborsten sind, muß er sich wieder auf das Fell stellen, falls er zuvor von ihm heruntergetreten war, und sich alleine mit seinen Waffen verteidigen.*

*Derjenige, der herausgefordert worden ist, hat den ersten Schlag.*

Diese Regel sollte vermutlich den Herausforderer dazu bringen, seine Herausforderung noch einmal zu überdenken, bevor er sie ausspricht.

*Wenn einer so verwundet war, daß Blut auf das Fell tropfte, darf er nicht weiterkämpfen.*

*Wenn einer mit seinem Fuß außerhalb der Haselstäbe tritt, „hat er auf seiner Ferse kehrt gemacht", doch er ist „gerannt", wenn beide Füße außerhalb gewesen sind.*

*Einer der eigenen Männer mußte den Schild halten.*

*Derjenige, der verwundet worden war, muß drei Mark in Silber zahlen, um freizukommen.*

*So wurde also nun das Fell geholt und unter ihren Füßen ausgebreitet.*

*Thorgils hielt den Schild seines Bruders und Thord Arndisarson den des Bersi.*

*Bersi hieb den ersten Schlag und spaltete Cormacs Schild; Cormac schlug mit demselben Erfolg nach Bersi.*

*Jeder von ihnen zerschlug und zerbarst die drei Schilde des anderen.*

*Dann war Cormac an der Reihe. Er schlug nach Bersi, der den Schlag mit Whitting abwehrte. Skofnung hieb die Spitze des Whitting vorne an der Schneide ab. Die Schwertspitze flog gegen Cormacs Hand und verwundete seinen Daumen. Der Knöchel war verletzt und Blut tropfte auf das Fell.*

*Da traten die Männer zwischen sie und beendeten den Kampf.*

*Da sagte Cormac: „Das ist ein gemeiner Sieg, den Bersi errungen hat – dies geschah nur durch übles Geschick. Und doch müssen wir uns jetzt trennen.“*

*... ... ...*

*Bersi frug nach dem Befreiungs-Geld und Cormac sagte, daß es bezahlt werden würde. Da trennten sie sich.*

---

Der Kämpfer mit dem höheren Rang erhielt den ersten Schlag.

Es wurde abwechselnd mit dem Schwert geschlagen.

Der, der das Fell vorbereitete, muß in einer solchen Weise zu den Stäben geben, daß er durch seine Beine hindurch den Himmel sehen kann und dabei seine Ohrläppchen hält und die Einleitungsworte des Rituals, das „Opfer der Tjosnur“ („Tjosnublot“) genannt wird, spricht.

Rings um das Fell wurden drei Quadrate gekennzeichnet – ein jedes einen Fuß breit. an den äußersten Ecken dieser Quadrate sollen vier Stäbe sein, die „Hasel“ genannt werden. Wenn dies getan worden ist, nannte man dies ein „gehaseltes Feld“.

Jeder Kämpfer hat drei Schilde.

Der Herausgeforderte hat den ersten Schlag.

Der Kämpfer, dessen Blut auf das Fell tropft, hat verloren.

Der Schild wird von einem Verbündeten gehalten.

Der Verlierer muß eine Gebühr zahlen, um sich freizukaufen.

---

## 4. r)  Egil-Saga

*Da ging Gyda zu Egil und sprach: „Ich will Dir, Egil, berichten, wie die Dinge hier bei uns stehen. Hier gibt es einen Mann namens Ljot der Bleiche. Er ist ein Berserker und Zweikämpfer – er ist von allen verhaßt. Er kam hierher und verlangte meine Tochter zur Frau, doch wir lehnten das sofort ab. Da forderte er meinen Sohn*

*Fridgeir zum Kampf heraus und nun muß er morgen zu diesem Zweikampf auf die Insel, die Vors genannt wird, hinaus. Ich wünsche mir, Egil, daß Du zusammen mit Fridgeir zu diesem Zweikampf gehst."*

*... ... ...*

*Sie kamen bald zu der Insel. Dort gab es eine gute Ebene in der Nähe des Meeres. Der Kampfplatz war mit Steinen gekennzeichnet worden, die rund in einem Kreis lagen.*

*Bald kamen auch Ljot und seine Gefährten dorthin. Dann machte er sich für den Zweikampf bereit. Er hatte einen Schild und ein Schwert.*

*... ... ...*

*Danach machte sich Egil zum Zweikampf mit Ljot bereit. (Egil kämpft anstelle des Fridgeir.) Egil hatte den Schild, den er immer benutzte, war mit dem Schwert Natter gegürtet, doch in seiner Hand hielt er Dragvandill. Er stieg über die Markierung, die die Grenze des Kampfplatzes kennzeichnete, aber Ljot war noch nicht soweit.*

*... ... ...*

*Dann trat Ljot vor auf den Kampfplatz und trug die Zweikampfregeln vor und sagte, daß derjenige für immer ein Feigling genannt werden solle, der über die Grenze aus Steinen, die in einem Ring um den Kampfplatz gelegt worden waren, nach außen hin flieht.*

*... ... ...*

*Llot trat weit über die Grenzsteine hinaus in das umliegende Feld. So endete der erste Schlagabtausch. Da bat Ljot um eine Pause. Egil gewährte sie ihm.*

*... ... ...*

*Es war das Gesetz des Einsatzes des Kampfes in den damaligen Zeiten, daß dann, wenn ein Mann einen anderen aus irgendeinem Grund herausforderte und der Herausforderer den Sieg errang, er als Belohnung seines Sieges das erhielt, was er bei seiner Herausforderung erlangt hatte. Doch wenn er besiegt wurde, dann konnte er sich zu dem Preis freikaufen, der dann festgelegt wurde.*

*Doch wenn er auf dem Kampfplatz getötet worden war, hatte er all seinen Besitz verloren, und derjenige, der ihn im Zweikampf getötet hatte, erhielt all seinen Besitz als Erbe.*

---

Man konnte einen Vertreter für sich zum Zweikampf senden.
Der Kampf findet auf einer Insel statt.
Der Platz ist mit einem Kreis aus flachen Steinen gekennzeichnet.
Vor dem Kampf werden die Zweikampfregeln vorgetragen.
Wer den markierten Kampfplatz verläßt, hat verloren.
Der Besitz eines getöteten Kämpfers wurde Eigentum des Siegers.

### 4. s)   Saga über Thorstein Viking-Sohn

*Dann sprach Angantyr. „Es ist mein Wunsch,“ sagte Angantyr,“ daß dann, wenn einer von uns wieder von hier fortgehen wird, er die Waffen des anderen hier läßt. Ich will Tyrfing bei mir in meinem Grab haben, falls ich sterbe. Und ebenso soll Odd sein Kettenhemd und Hjalmar seine Brünne behalten.“*

*Sie verabredeten weiterhin, daß derjenige, der überlebte, für die anderen einen Grabhügel errichten würde.*

---

Vor dem Kampf wurde manchmal die Art der Bestattung des Verlierers vereinbart.

---

### 4. t)   Die Geschichte über Gunnlaug Schlangenzunge

*Gunnlaug hatte das Schwert 'Ethelreds Kleinod', und das war eine vorzügliche Waffe. Da führte Gunnlaug schließlich einen wuchtigen Hieb mit dem Schwerte auf Hrafn und hieb ihm einen Fuß ab. Dennoch aber fiel Hrafn nicht hin, sondern neigte sich nach einem Baumstumpf zurück und lehnte sich daran.*

*Da sprach Gunnlaug: „Nun bist Du kampfunfähig und will ich nicht länger gegen einen Krüppel, wie Du nun bist, kämpfen!“*

*„Das ist wahr, versetzte Hrafn, dass mir arg mitgespielt worden ist; aber doch würde es mir gut tun, wenn ich etwas zu trinken bekäme.“*

*„Betrüge mich aber nicht, entgegnete Gunnlaug, wenn ich Dir Wasser in meinem Helm bringe!“*

*„Ich werde Dich nicht betrügen!“ sagte Hrafn.*

*Da ging Gunnlaug zu einem Bache und schöpfte im Helme und brachte es Hrafn; dieser aber streckte seine linke Hand danach aus, während er Gunnlaug mit der rechten Hand mit dem Schwerte in's Haupt schlug, und das wurde eine sehr schwere Wunde.*

*Da sprach Gunnlaug: „In niederträchtiger Weise hast Du mich da betrogen und Deine gemeine Gesinnung gezeigt, da ich Dir so viel Vertrauen schenkte!“*

*„Darin hast Du Recht, versetzte Hrafn, aber den Grund hatte ich dazu, daß ich Dir die Umarmung der schönen Helga nicht gönne!“*

*Da kämpften sie noch einmal mit äußerster Wut, bis endlich Gunnlaug Hrafn überwand und dieser sein Leben lassen mußte.*

---

Auch beim Zweikampf wurde manchmal versucht, mit Listen und Lügen zu betrügen.

---

# 5. Der Zweikampf zwischen Tyr und Loki

## 5. a) Die Saga über Hervor und König Heidrek den Weisen

*Ogn Alfen-Bruch war Starkads Verlobte, aber Hergrim nahm sie ihm fort, als Starkad nicht daheim war und in den Norden jenseits des Elia-Flusses gegangen war. Als er jedoch zurückkehrte, forderte er Hergrim zum Zweikampf um die Frau heraus.*

*Sie kämpften bei Esta Foss in der Nähe von Eid. Starkad hatte acht Arme und schlug mit vier Schwertern gleichzeitig zu. Er siegte und Hergrim fiel. Ogn beobachtete ihren Zweikampf und als Hergrim gefallen war, erstach sich Ogn selber mit einem Schwert. Sie wollte Starkad nicht heiraten. Starkad nahm nun allen Besitz, der Hergrim gehört hatte und er nahm auch dessen Sohn Grim mit sich. Er wuchs bei Starkad auf. Grim wurde sowohl groß als auch stark, als er älter wurde.*

---

Zum Zweikampf wurde man herausgefordert.

Der Verlierer wurde in vielen Fällen getötet.

Auch Tyr, der in der Saga u.a. als achtarmiger Starkad erscheint, führte einen Zweikampf durch. Der Grund für diesen Kampf war der Streit um eine Frau – vermutlich ursprünglich die Jenseitsgöttin Freya, um die sich in den alten Mythen der Sommergott Tyr und der Wintergott Loki gestritten haben, da sie nur durch sie wiedergeboren werden und daraufhin aus dem Jenseits zurückkehren konnten.

---

## 5. b) Gesta danorum

*Mittlerweile versuchten die Sachsen einen Aufstand zu beginnen und überlegten insbesondere, wie sie Frode, der im Krieg unbesiegt war, auf eine andere Weise als durch einen offenen Kampf zu vernichten.*

Das genaue Verhältnis zwischen Starkad und seinem König Frode, als sie noch in der alten germanischen Religion vor 500 n.Chr. die beiden Götter Tyr und Freyr gewesen sind, ist nicht bekannt, doch im Groben werden sie wohl Göttervater und Fruchtbarkeits- und Wiederzeugungsgott gewesen sein.

*Da sie dachten, daß sie dies am einfachsten durch einen Zweikampf erreichen könnten, sandten sie Männer aus, die den König mit einer Herausforderung reizen sollten, da sie wußten, daß er niemals einem Streit aus dem Weg ging und daß sein*

*hochgemuter Geist auf keine Warnung hören würde. Sie fanden, daß jetzt die beste
Zeit für ihren Angriff sei, da sie wußten, daß Starkad, dessen Kraft die Menschen
fürchteten, wegen anderer Dinge fort war.*

*Doch während Frode zögerte und sagte, daß er sich mit seinen Freunden über die
Antwort, die er ihnen geben sollte, beraten wollte, erschien Starkad, der gerade von
seinen Seeräuberei zurückgekehrt war, und tadelte diese Herausforderung und sagte,
daß es generell für einen König nur angemessen sei, mit seinesgleichen zu kämpfen,
aber nicht mit Männern aus dem gemeinen Volk, weshalb es ihm selber, Starkad,
angemessener sei, diesen Kampf anzunehmen, da er niedergeborener sei.*

*Die Sachsen gingen mit vielen Angeboten zu Hame, der als ihr bester Krieger galt,
und versprachen ihm, daß sie ihm, wenn er ihnen für diesen Zweikampf bereitstehen
würde, sein eigenen Gewicht in Gold zahlen würden.*

Diese Form der Entlohnung erinnert an den toten Ort, der von den Asen Odin,
Hönig und Loki als Wergeld vollständig mit Gold bedeckt werden mußte.

*Der Krieger ließ sich durch das Geld verlocken, woraufhin sie ihn mit einer
Heeres-Prozession zu dem Ort brachten, der für den Zweikampf vereinbart worden
war.*

*Da führten die Dänen, die für den Krieg gerüstet waren, Starkad, der den König
vertrat, zu dem Zweikampf-Ort.*

*Hame verspottete ihn in seinem jugendlichen Leichtsinn als vom Alter verwelkt und
wählte lieber den Ringkampf als mit einem alten, schwachen Mann mit Waffen zu
kämpfen. Er griff Starkad an und würde ihn torkelnd zu Boden geworfen haben, wenn
nicht das Schicksal es verhindert hätte, daß der alte Mann besiegt wurde und ihn vor
Schaden bewahrt hätte. Es wird gesagt, daß er von der Faust des Hame derart heftig
geschlagen worden war, daß er die Erde mit seinem Kinn berührte und sich selber mit
seinen Knien aufrecht hielt. Doch er glich dieses Straucheln auf edle Weise aus, denn
sobald er er ein Knie erheben konnte und seine Hand frei hatte, zog er sein Schwert
und hieb Hame in der Mitte seines Körpers entzwei.*

*Viele Ländereien mit jeweils sechzig Lehnsmänner erhielt er als Lohn für seinen
Sieg.*

Zweikämpfe sind damals weit verbreitet gewesen, sodaß es unsicher ist, ob dieser
Zweikampf auf die zyklischen Kämpfe zwischen Tyr und Loki zurückgeht. Die
Übertragung dieses mythischen Kampfes insbesondere auf Schlachten zwischen
Dänen und Sachsen bzw. zwischen Schweden bzw. Franken und Hunnen ist jedoch
recht weit verbreitet gewesen.

---

Auch Starkad, der eine Saga-Variante des Tyr ist, führt einen Zweikampf durch.

---

## 5. c)  Gesta danorum

*Ingjald hatte zwei Schwestern: Helga und Asa. Helga hatte schon das heiratsfähige Alter erreicht, während Asa jünger und noch unreif für die Ehe war. Da wurde Helge der Norweger von Verlangen erfaßt, um Helga als seine Frau zu bitten und schiffte sich ein. Er hatte sein Schiff so prachtvoll ausgestattet, daß es edle Segel hatte, die mit Gold geschmückt waren und die von vergoldeten Masten gehalten wurden und mit karmesinroten Tauen getakelt worden waren.*

*Als er bei Ingjald ankam, wurde ihm sein Wunsch unter der Bedingung gewährt, daß sein Ruf öffentlich erprobt würde und er es wagen würde, zunächst gegen die Krieger anzutreten, die gegen ihn aufgeboten würden. Helge schreckte vor diesen Bedingungen nicht zurück und antwortete, daß er sich voller Freude an diese Abmachung halten wolle. Da wurde dieses Abkommen für die zukünftige Heirat in aller Form bestätigt.*

*Man erinnert sich noch an eine Geschichte, die zur selben Zeit auf der Insel Seeland entstanden war und die über die neun Söhne eines gewissen Fürsten berichtet, die alle aufs höchste mit Stärke und Mut bedacht worden waren und deren ältester Angantyr gewesen ist.*

In der Saga über Hervor und König Heidrek den Weisen ist Angantyr, dessen Name „Schreckens-Tyr" bedeutet,  eine Sagen-Variante des ehemaligen Göttervaters Tyr (siehe „Angantyr" in Band 39). Auch Helgi ist eine solche Saga-Variante des Tyr (siehe „Helgi" in Band 39).

In den älteren Versionen der Angantyr-Saga hat Angantyr nicht acht, sondern elf Brüder.

*Dieser letztgenannte war ebenfalls ein Werber für dieselbe Maid und als als er sah, daß die Braut, die ihm versagt worden war, dem Helge versprochen wurde, forderte er ihn zum Kampf heraus um seinen Verdruß loszuwerden. Helge erklärte sich mit dem vorgeschlagenen Zweikampf einverstanden. Die Stunde des Kampfes wurden nach dem übereinstimmenden Wunsch der beiden auf den Hochzeitstag festgelegt, denn jedermann, der sich auf die Herausforderung zu einem Zweikampf zu kämpfen weigerte, wurde aus der Sicht aller Menschen mit Schande belegt. Daher wurde Helge auf der einen Seite durch die drohende Schande bei einer Ablehnung des Zweikampfes und auf der anderen Seite durch die Angst, ihn zu wagen, gequält.*

*Er fand, daß er auf unredliche und den allgemeinen Zweikampfregeln widersprechende Weise angegriffen wurde, da er offensichtlich alleine gegen neun Männer kämpfen mußte.*

*Während er so nachsann, kam seine Verlobte zu ihm und sagte, daß er Hilfe brauchen werde und riet ihm, daß er den Kampf ablehnen solle, in dem er nur Tod und*

*Schande erlangen könne, vor allem da er keine feste Grenze für die Zahl seiner Gegner festgelegt hatte. Daher solle er die Gefahr vermeiden und Starkad, der derzeit bei den Schweden auf Reise war, um Rat für seine Sicherheit fragen, da es dessen Art war, den Bedrängten zu helfen und er schon oft eingegriffen hatte um eine übles Unglück zu verhindern.*

Mit Starkad, Helge und Angantyr treffen hier nun drei Sagen-Varianten des ehemaligen Göttervaters Tyr aufeinander.

Es wäre interessant zu wissen, ob Starkads Hilfe für die bedrängten ein christliches oder ein ursprüngliches, germanisches Motiv gewesen ist, d.h. ob Tyr einst als „Helfer der Bedrängten" angesehen worden ist.

*Da zog Helge, dem dieser Rat, der ihm gegeben wurde, sehr gut gefiel, mit einer kleinen Schar von Begleitern nach Schweden. Als die berühmte schwedische Stadt Uppsala erreichte sah er davon ab, die Stadt zu betreten, sondern sandte einen Boten hinein, der Starkad zu der Hochzeit von Frodes Tochter einladen sollte, nachdem er ihn zunächst ehrerbietig gegrüßt hatte.*

*Diese Höflichkeit verletzte Starkad wie eine Beleidigung. Er blickte den Jüngling streng an und sprach: „Das hätte mein geliebter Frode in seinen Anweisungen niemals verlangt und der Auftraggeber hätte für seine sinnlose Botschaft teuer bezahlen müssen! Er scheint zu denken, daß Starkad wie ein Possenreißer oder wie ein Esser sei, der die Gewohnheit hat, zu den Gerüchen einer fernen Küche zu rennen, um eine reichhaltigere Speise zu erlangen."*

*Nachdem Helge dies von seinem Diener gehört hatte, grüßte er den alten Mann im Namen von Frodes Tochter und bat ihn, an einem Kampf teilzunehmen, den er nach einer Herausforderung angenommen hatte, und er sagte, daß er dem Kampf alleine nicht gewachsen sei, da die Kampfbedingungen solcherart seien, daß sie die Zahl seiner Gegner offenließen.*

*Als Starkad die Zeit und den Ort des Zweikampfes hörte, lauschte er nicht nur wohlwollend die Bitte, sondern ermutigte ihn auch mit dem Angebot seiner Hilfe und befahl ihm, nach Dänemark zurückzukehren und daß er selber auf einem kurzen und geheimen Pfad seinen Weg zu ihm finden würde.*

*Helge zog davon und wenn wir den Erzählungen trauen dürfen, reiste Starkad durch die Kraft seiner Füße in einem Tag eine so große Entfernung wie die anderen in zwölf Tagen zurückgelegt hatten, sodaß beide Gruppen zusammentrafen und zugleich das Ziel ihrer Reise, den Palast des Ingjald, erreichten.*

*Dort ging Starkad wie die Diener an den mit Gästen gefüllten Tafeln entlang. Die bereits genannten neun heulten schrecklich mit abstoßenden Gesten und rannten umher als ob sie auf der Bühne wären und ermutigten einander zum Kampf. Einige sagen, daß sie den Krieger wie wütende Hunde anbellten, als er sich ihnen näherte.*

*Starkad tadelte sie dafür, daß sie sich selber lächerlich machten indem sie derart unnatürliche Grimassen schnitten und sich selber mit weit grinsenden Wangen zu Narren machten, „denn daraus," erklärte er, „entstehen gierige Maßlosigkeit der weichen und weibischen Verschwender."*

*Als Starkad von den Neun herausfordernd gefragt wurde, ob er genug Kraft zum Kämpfen habe, antwortete er, daß er zweifellos stark genug war um nicht nur einem von ihnen, sondern jeder Anzahl von ihnen entgegenzutreten, die sich gegen ihn wandten.*

*Als die neun dies hörten, erkannten sie, daß dies der Mann war, von dem sie gehört hatten, daß er Helge von Ferne zu Hilfe kommen würde.*

*Um die Braut-Kammer mit einem wachsameren Wächter zu beschützten, übernahm Starkad freiwillig die Wache. Er öffnete die Türe des Schlafraumes und versperrte sie mit einem Schwert statt mit einem Riegel und stellte sich so, daß er dem Brautbett ungestörte Ruhe sichern konnte.*

Helge ist offenbar bereits mit Helga verheiratet, was nicht ganz mit der bisherigen Geschichte übereinstimmt, der zufolge er zunächst einen Zweikampf mit jemand anderem als mit Angantyr und seinen Brüdern auszufechten gehabt hätte.

*Als Helge erwachte und die Unbeweglichkeit seines Schlafes abgeschüttelt hatte, erinnerte er sich seines Eides und gedachte sich in seine Rüstung zu kleiden. Doch da er sah, daß noch ein wenig der Dunkelheit der Nacht verweilte und da er auf die Stunde der Dämmerung warten wollte, begann er über die gefährliche Angelegenheit, die ihm bevorstand, nachzusinnen, doch der Schlaf überkam ihn wieder und umhüllte ihn auf verlockende Weise, sodaß er von Schlummer ergriffen wieder in sein Bett zurückkehrte.*

*Starkad, der zu Tagesanbruch zu ihm kam, sah ihn in den Armen seiner Frau schlafen und wollte ihn nicht mit plötzlichem Schrecken verärgern oder aus seinem stillen Schlummer holen – und er wollte vermeiden, die Pflicht des Weckens aus der Süße einer so frischen Vereinigung zu übernehmen, daß es nicht so aussehen würde, als ob er dies aus Feigheit tun würde. Es erschien ihm daher passender, der Gefahr alleine entgegenzutreten als dadurch einen Gefährten zu erhalten, daß er das Vergnügen eines anderen störte.*

*Daher kehrte er still wieder zurück, verhöhnte seine Feinde und betrat den Ort, der in unserer Sprache Roling genannt wird, und suchte sich einen Sitzplatz unter einem bestimmten Hügel und setzte sich dem Wind und dem Schnee aus. Dann zog er seinen Umhang aus, als ob die sanften Winde des Frühlings auf ihn atmen würden, und begann damit, ihn nach die Flöhen abzusuchen.*

*Er warf auch den purpurroten Mantel, den Helga ihm vor kurzem gegeben hatte, auf einen Dornenstrauch, sodaß keinerlei Kleidung ihm Schutz gegen die tobenden*

*Hagel-Speere bot.*

*Da kamen die Krieger und erstiegen den Hügel von der anderen Seite her und suchten sich einen vor dem Wind geschützten Ort, an dem sie sitzen und ein Feuer entfachen konnten, daß die Kälte vertrieb.*

*Da sie Starkad nicht sahen, sandten sie schließlich einen Mann auf die Hügelkuppe, um sein Nahen wie von einem Wachturm aus frühzeitig zu sehen. Dieser Mann kletterte auf den Gipfel des hohen Berges und sah auf der anderen Seite einen alten Mann, der schulterhoch von Schnee bedeckt war, der herabfiel. Er frug ihn, ob er der Mann sei, der entsprechend der Abmachung kämpfen solle. Starkad erwiderte, daß er dieser Mann sei. Da kamen auch die Übrigen herbei und frugen ihn, ob er sich entschlossen hätte, ob er gegen sie alle auf einmal oder nacheinander gegen jeden Einzelnen kämpfen wolle.*

*Doch er antwortete: „Wann auch immer ein mürrisches Pack von Kötern mich anbellt, schlage ich sie für gewöhnlich alle zusammen in die Flucht und nicht einen nach dem anderen.“ So ließ er sie wissen, daß er lieber gegen sie alle auf einmal als mit einem nach dem anderen kämpfen wollte, da er fand, daß seine Feinde zunächst mit Worten und danach mit Taten beschämt werden sollten.*

*Der Kampf begann fast sofort mit großer Heftigkeit und er fällte sechs von ihnen ohne selber eine einzige Wunde zu erhalten und obwohl die übrigen drei ihn mit siebzehn Wunden so arg verletzten, daß seine Eingeweide beinahe aus seinem Bauch fielen, erschlug er sie dennoch wie ihre Brüder.*

---

Auch Starkad, der eine Saga-Variante des Tyr ist, führt einen Zweikampf durch.

Hier findet sich noch ein zweites mal neben der bereits geschilderten Szene in der Ketil-Saga die Szene, daß der Tyr-Held auf eiem schneebedeckten Hügel sitzt – vermutlich das Hügelgrab des Sommergottes Tyr, in dem er während des Winters liegt.

Die Bezeichnung „Roling“ für den Zweikampf-Platz bedeutet wörtlich „Rolle“ – vermutlich im Sinne von „runder Platz“.

---

## 5. d)  Das Lied über Helgi Hiörward-Sohn

Helgi:
*„Mich hat ein Held zum Holmgang entboten:*
*Da find ich den Feind in Frist dreier Nächte.*
*Ich werde wohl nicht wiederkehren:*
*So geschieht es in Güte, wenn das Schicksal will.“*

Der Held Helgi, der einen Zweikampf führen muß, geht auf den ehemaligen Göttervater Tyr zurück.

## 5. e)   Die Saga über Thorstein Wiking-Sohn

*Im Herbst gingen sie auf einer Insel an Land, die von einem Freibauern beherrscht wurde, dessen Name Grim war. Er lud sie ein, den Winter über bei ihm zu bleiben, und sie nahmen sein Angebot an.*

*Grim war verheiratet und hatte eine einzige Tochter, die den Namen Thora trug – ein hochgewachsenes und schönes Mädchen. Thorer verliebte sich in sie und sagte seinem Bruder Thorstein, daß er sie heiraten wolle.*

*Thorstein sprach mit dem Freibauern Grim über diese Angelegenheit, aber er verweigerte geradeheraus sein Zustimmung.*

*Da antwortete Thorstein: „Dann fordere ich Dich zu einem Holmgang heraus – und der, der gewinnt, soll der Herr Deiner Tochter sein."*

*Grim sagte, daß er für den Holmgang bereit sei.*

*Am nächsten Tag nahmen sie ein großes Tuch, daß sie unter ihre Füße legten, und kämpften dann den ganzen Tag über sehr tapfer, aber am Abend trennten sie sich und keiner von beiden hatte eine Wunde erhalten.*

*Sie kämpften einen zweiten und einen dritten Tag, aber die Ergebnisse waren dieselben wie am ersten Tag.*

*Eines Tages frug Thorer die Tochter des Freibauern, wie es käme, daß Grim nicht besiegt werden konnte. Sie sagte, daß in dem vorderen Teil seines Helmes ein Stein ist, der ihn unbesiegbar machte, solange er ihm nicht fortgenommen wurde.*

*Dies erzählte Thorer dem Thorstein und am vierten Tag warf Thorstein sein Schwert fort, ergriff den Helm seines Gegners mit beiden Händen mit so großer Kraft, daß die Kinnschnüre des Helmes rissen. Kurz danach griff Grim an und nun zeigte sich Thorsteins größere Kraft. Er warf Grim nieder, aber gab ihm Pardon.*

*Da frug Grim, wer ihm geraten hatte, ihm den Helm zu nehmen. Thorstein sagte, daß Thora es dem Thorer erzählt hatte.*

*„Dann will sie ihn heiraten," antwortete Grim, „und so soll es sein."*

*So wurde beschlossen, daß Thorer Thora heiraten sollte.*

In dieser Geschichte gibt es einige interessante Details:

     1. Der Name „Grim" („Maskenhelm") ist nicht selten, aber er könnte trotzdem ein Hinweis auf den den Beinamen „Grim" des ehemaligen Göttervater Tyr sein.

2. Tyr im Jenseits erscheint in den Sagas oft als weiser Riese auf einer Insel – das würde den Anfangsverdacht, daß Grim eine Sagen-Variante des ehemaligen Göttervaters Tyr ist, bestätigen.

3. Der Streit zwischen dem Göttervater Tyr-Heimdall und Loki findet manchmal auf einer Insel statt. Vermutlich stammt sogar die Bezeichnung „Holmgang" („Insel-Gang") selber von diesem Zweikampf zwischen Tyr-Heimdall und Loki auf einer Insel, die die Jenseitsinsel sein wird.

4. Bei diesem Zweikampf zwischen Tyr und Loki, der die Jahreszeiten bewirkt, wird nicht nur um die Herrschaft, sondern auch um Freyas goldenen Halsreif Brisingamen und vermutlich auch um Freya selber gestritten. Der Wiedergeburt des Tyr im Frühjahr und der Wiedergeburt des Loki im Herbst ging die Wiederzeugung des betreffenden Gottes mit der Jenseitsgöttin, d.h. mit Freya-Skadi-Hel voraus.

5. Tyr ist als Göttervater fast unbesiegbar – es ist ein „Trick" notwendig, um ihn zu besiegen. Dazu zählen in den Sagas der Raub des Siegsteines, das Erschlagen mit einer Keule (wenn der Gegner nicht durch ein Schwert verletzt werden kann) oder, als drastischste aller Maßnahme, der Biß in die Kehle des Gegners.

Es handelt sich bei Grim offenbar um den ehemaligen Göttervater Tyr. Sein Helm macht ihn unbesiegbar, da er einen „Siegstein" enthält (siehe „Siegstein" in Band 67).

---

Der Zweikampf wurde auf einem Tuch ausgefochten.

Der alter Kämpfer auf einer Insel mit dem Namen „Grim" könnte auf Tyr auf der Jenseitsinsel zurückgehen.

Es wird um eine Frau gekämpft – ursprünglich um Freya.

---

## 5. f)  Die Saga über Thorstein Viking-Sohn

In dieser Saga erhält der Held von einem Insel-Einsiedler eine Keule, mit der er den ihn bedrohenden Riesen erschlagen kann.

Die vollständige Saga findet sich in Band 79.

*Es muß nun erzählt werden, daß Otunfaxe, als er von dem Tod seines Bruders Ufe hörte, dies als großen Verlust empfand. Und über ihn muß berichtet werden, daß er drei Sommer lang nach den Ziehbrüdern suchte.*

*Nun muß weiterhin gesagt werden, daß Bele und seine Männer ihre Schiffe eines Tages nahe zu einer felsigen Insel, die 'Brenners Insel' fahren ließen. Dort gingen sie vor Anker und vertäuten die Schiffe gut.*

*Dann gingen die drei Ziehbrüder an Land und liefen bis sie zu einer kleinen Hütte kamen. Dort stand vor ihr ein Mann und spaltete Holz. Er trug einen grünen Umhang und war erstaunlich dick.*

*Er grüßte Thorstein mit seinem Namen.*

*Thorstein sagte: „Wir unterscheiden uns sehr in unserer Fähigkeit einander zu erkennen – Du grüßt mich mit Namen und ich kann mich nicht entsinnen, Dich jemals gesehen zu haben. Was ist Dein Name?"*

*Er sagte: „Mein Name ist ein ungewöhnlicher Name. Ich heiße Brenner. Ich bin der Sohn des Vifil und ein Bruder Deines Vaters Viking. Ich wurde zu einer Zeit geboren, als mein Vater Krieg führte und seinen Wohnort in Haloge hatte. Ich wurde auf dieser Insel aufgezogen und lebe seitdem hier. Aber hast Du, mein Neffe Thorstein, irgendetwas über den Wikinger Otunfaxe gehört?"*

Der Einsiedler auf der Insel, der den dort gestrandeten Wikinger mit Namen kennt, aber diesem unbekannt ist, ist ein beliebtes Saga-Motiv, das auf den Sonnengott-Göttervater Tyr auf der Jenseitsinsel Walaskialf zurückgeht. Der Name „Brenner" bedeutet „Brenner, Verbrenner" und wird sich wie der Name des Tyr-Riesen Surt auf das Sonnenfeuer beziehen.

*Thorstein antwortete: „Nein – aber was kannst Du mir über ihn erzählen?"*

*Da gab Brenner die Antwort: „Ich kann Dir erzählen, daß er seit drei Jahren nach Dir sucht und nun auf der anderen Seite dieser Insel. Er will Rache für seinen Bruder Ufe den Unglücklichen. Er hat vierzig Schiffe und sie sind alle sehr groß und er selber ist so groß wie ein Troll und keine Waffe kann ihn beißen."*

*Thorstein sprach: „Was kann da getan werden?"*

*Da antwortete Brenner: „Ich kann Dir keinen Rat geben außer dem, daß es gut wäre, wenn Du den Zwerg Sindre treffen würdest. Er kann Dir noch am ehesten einen Rat geben, was zu tun ist."*

*Thorstein frug: „Wo kann ich ihn finden?"*

*Da antwortete Brenner: „Seine Heimat ist die Insel, die nahe bei dieser Küste liegt – sie wird die 'Kleinere Brenner-Insel' genannt. Er lebt in einem Felsen. Ich mag kaum hoffen, daß Du ihn finden wirst, aber Du bist hier für die Nacht willkommen."*

Mit Felsen („fiall") ist im Zusammenhang mit Zwergen meistens ein Hügelgrab gemeint.

*Thorstein sagte: „Es muß etwas anderes getan werden als sich nur auszuruhen."*

*Sie gingen zu ihren Schiffen und Thorstein löste ein Boot und ruderte zu der Insel. Er ging an Land und als er zu einem kleinen Fluß kam, sah er zwei Kinder, einen Jungen und ein Mädchen, die an seinem Ufer spielten.*

Die beiden Kinder könnten Sol und Mani sein, die die beiden Streitwagen der Sonne und des Mond lenken.

*Thorstein frug nach ihren Namen. Der Junge hieß Herraud und das Mädchen Herrid.*

*Sie sagte: „Ich habe meinen Goldring verloren und ich weiß, daß das meinen Vater Sindre wütend machen wird und ich fürchte, mich erwartet eine Bestrafung."*

*Da sprach Thorstein: „Hier ist ein Goldring – den gebe ich Dir."*

*Sie nahm den Goldring an und freute sich sehr darüber.*

*Sie sagte: „Ich werde ihn meinem Vater geben; aber gibt es denn etwas, das ich tun könnte, das Dir hilft?"*

*Da antwortete Thorstein: „Nein, nichts; aber hole Deinen Vater her, damit ich mit ihm reden kann und die Dinge so lenken kann, daß er mich in den Dingen berät, die wichtig für mich sind."*

*Da antwortete Herrid: „Das kann ich nur tun, wenn mein Bruder Herraud das tut, was ich will, denn Sindre verweigert ihm nie einen Wunsch."*

*Da sprach Herraud: „Du weißt, daß ich immer zu Dir halte."*

*Thorstein löste einen silbernen Gürtel, den er trug und gab ihn ihm. An dem Gürtel war ein schön verziertes Messer befestigt.*

Die Tyr-Symbolik ist auch hier noch sichtbar, auch wenn sich die einzelnen Motive aus ihrem Gesamtzusammenhang herausgelöst haben: Der verlorene und geschenkte, d.h. sozusagen „wiedergefundenen" Goldring ist der Ring Draupnir des Odin, der vorher als Sonnensymbol zu Tyr gehört haben wird. Entsprechend wird das geschenkte Messer ursprünglich das Schwert des Tyr gewesen sein.

*Der Junge sprach: „Das ist ein schönes Geschenk. Ich werde alles tun, was ich kann, damit Du Deinen Wunsch erfüllt bekommst. Warte hier, bis ich mit meiner Schwester zurückkomme."*

*Thorstein wartete und nach einer Weile kam von dem Jungen und seiner Schwester begleitet der Zwerg Sindre.*

*Sindre grüßte Thorstein herzlich und sprach: „Was wünschst Du von mir, Thorstein?"*

*Da antwortete Thorstein: „Ich hätte von Dir gerne einen Rat, wie ich den Wikinger Otunfaxe besiegen kann."*

*Da antwortete Sindre: „Es scheint mir für alle menschlichen Wesen völlig unmöglich zu sein Faxe zu besiegen, denn mit ihm ist übler zu kämpfen als mit jedem anderen, und ich rate Dir, nicht mit ihm in einer Schlacht zu kämpfen, denn Du wirst nur Deine Männer verlieren und daher ist es das Beste, wenn ihr die Buge eurer Schiffe noch heute Nacht von dieser Insel fortwendet."*

*Da antwortete Thorstein: „Das wird niemals geschehen. Auch wenn ich vorher-wüßte, daß ich mein Leben verlieren würde, würde ich das lieber wählen als vor einer Gefahr zu fliehen, bevor ich sie erprobt habe."*

*Sindre sprach: „Ich sehe, daß du ein großer Krieger bist, und ich schlage Dir vor, daß ihr heute Nacht all eure Schiffe entladet und alle wertvollen Dinge an das Ufer bringt und daß ihr danach eure Schiffe mit Steinen und Holz beladet. Dann macht euch früh am Morgen bereit und überfallt sie, bevor sie erwacht sind. Auf diese Weise könnt ihr sie in ihren eigenen Zelten überraschen. Dies alles braucht ihr, wenn ihr hofft, in irgendeiner Weise den Sieg über Faxe zu erlangen.*

*Ich sage euch weiterhin, daß er so fern davon ist, von normalem Eisen gebissen zu werden, daß er selbst mit dem Schwert Angervadil nicht einmal geritzt werden kann.*

*Dies ist ein Gürteldolch, den wird meine Tochter Herrid Dir geben und Dich so für den Goldring belohnen, und ich glaube, daß es Otunfaxe beißen wird, wenn Du ihn geschickt benutzt.*

*Mein Sohn hat als Belohnung für Deinen Gürtel ausgewählt, daß Du, wenn Du in großer Bedrängnis bist, meinen Namen nennen sollst.*

*Nun müssen wir für eine Zeitlang voneinander scheiden Ich wünsche Dir viel Glück.*

*Bei der Macht meiner Zaubergesänge verspreche ich Dir, daß meine Disen Dir immer folgen und Dich unterstützen werden!"*

Sindre ist wie Tyr zauberkundig. Seine „Disen" sind Göttinnen, die den Menschen wohlgesonnen sind – vermutlich Tyrs beide Frauen Frigg und Freya.

*Daraufhin ging Thorstein zu seinem Boot und ruderte zu seinen Männern. Sofort in der nächsten Nacht machte sich Thorstein auf und lud die Beute aus dem Schiff und legte an ihre Stelle Steine in das Schiff. Als dies geschehen war, kam der alte Mann Brenner von seiner Hütte zu ihnen herab und hielt in seiner Hand eine große Keule, die ganz mit Eisen und großen eisernen Stacheln besetzt und die so schwer war, daß sie ein normaler Mann kaum von Erde hochheben konnte.*

Diese gewaltige Keule erinnert an die Keule, die Thor manchmal anstelle seines Hammers benutzt.

*Brenner sagte: „Diese Handwaffe will ich Dir geben, mein Neffe Thorstein. Du alleine kannst sie trotz ihres Gewichtes handhaben. Und sie wird Dir trotz ihres Gewichtes im Kampf mit Otunfaxe eher leicht erscheinen.*

*Nun scheint es mir weise zu sein, wenn Angantyr das Schwert Angervandil nehmen würde und Du mit dieser Keule kämpfen würdest, denn sie wird, obwohl sie keine handliche Waffe ist, für viele Männer tödlich sein.*

*Ich würde Dir, mein Neffe, gerne noch mehr helfen, aber es ist mir leider nicht möglich."*

In der Herverar-Saga wird über einen König mit dem Namen Angantyr berichtet, der von den beiden Zwergen Dwalin und Dulin das magische Schwert Tyrfing erhielt. Vermutlich sind diese Angantyr-Wikinger und ihre Schwerter 'Tyr-Finger' und 'Angst-Wedel' der ehemalige Göttervater mit seinem magischen Schwert.

*Dann ging Brenner wieder fort von der Küster.*

*Nachdem sie alles vorbereitet hatte, ruderten sie rasch um die Landzunge und sahen dann den Platz, an dem Otunfaxe und seine ganze Seestreitmacht lagen. Ohne zu warten sandten sie einen Schauer von Steinen so hart und heftig, daß hundert Männer in ihrem Schlaf starben, da sie überrascht worden waren, aber ab dem Augenblick, als die Männer erwacht waren, leisteten sie machtvollen Widerstand.*

*Da wurde eine blutige Schlacht geschlagen. Eine große Anzahl der Männer der Ziehbrüder fiel, denn man konnte fast sagen, daß Otunfaxe aus jedem Finger schoß. So ging es weiter bis die Nacht hereinbrach, da waren zehn der Schiffe der Ziehbrüder verloren.*

*Am zweiten Tag begann die Schlacht aufs Neue und der Toten waren nicht weniger als am Tag zuvor. Sie versuchten mehrfach Otunfaxes Schiff zu entern und jedesmal richteten sie ein großes Gemetzel an, aber es gelang ihnen nie, an Bord der Ellide zu gelangen – sowohl weil Faxe sie verteidigte als auch, weil ihre Bordwand so hoch war. Am Abend waren jedoch alle Schiffe der Ziehbrüder verloren außer dem Drachenschiff, der Ufenaut („Ufes Geschenk") genannt wurde.*

*An beiden Tagen sahen sie zwei Männer von der Insel kommen und daß der eine an der einen Klippe Stellung bezog und der andere an der anderen Klippe – auf diese Weise verloren sehr viele der Männer des Otunfaxe ihr Leben. Der an der anderen Klippe war Brenner und schoß wie ein Bogenschütze auf die Schiffe. Es geschah auch ab und zu, daß Steine auf die Schiffe geflogen kamen, und jeder Stein, der von Brenner geworfen worden war, schlug bis auf den Grund, wodurch viele von Faxes Schiffe sanken. Dies geschah mit allen Schiffen außer mit Ellide.*

Das Motiv des Versenkens der Schiffe durch die von Tyr-Brenner geworfenen Steine könnte seinen Ursprung in dem Töten des Tyr durch auf ihn geworfene Steine haben. Solche Umdeutungen von mythologischen Motiven bei ihrer Verwendung als Sagen-Szenen kommen häufig vor.

*Diese Schlacht fand zu der Zeit des Jahres statt, in der die Nächte hell sind; daher kämpften sie die ganze Nacht über.*

Diese Schlacht fand offenbar im Hochsommer nördlich des Polarkreises statt – dort geht zu dieser Zeit die Sonne nie ganz unter.

*Thorstein versuchte zusammen mit Angantyr und Bele das Drachenschiff zu entern, aber auf Ellide waren noch viele Männer. Faxe rann den Ziehbrüdern Angantyr und Bele entgegen und es wurden eine große Menge von Hieben ausgeteilt und empfangen, aber keine Waffe biß Faxe und nachdem sie noch nicht lange gekämpft hatten, erhielten Angantyr und Bele die ersten Wunden.*

*In diesem Augenblick nahte Thorstein und schlug die Wange des Faxe auf die Weise, wie es ihm gerade möglich war, aber Faxe zuckte nicht im Geringsten wegen dem Schlag. Thorstein schlug noch einmal genauso hart wie zuvor und nun gefielen Faxe die Schläge nicht mehr, aber er sprang über Bord in das Meer, sodaß nur noch die Sohlen seiner Füße zu sehen waren.*

*Sowohl für Angantyr als auch für Bele schien es übel, ihm zu folgen, aber Thorstein sprang über Bord und schwamm dem fliehenden Faxe hinterher, der wie ein Wal aussah. So verging eine lange Zeit bis Faxe an Land gekommen war, einen Stein ergriff und ihn nach Thorstein warf, als dieser an Land gehen wollte. Er wich dem Stein aus, indem er forttauchte und dem Stein aus dem Weg schwamm, der eine große Fontaine verursachte, als ins Wasser stürzte.*

*Faxe ergriff einen weiteren Stein und noch einen dritten, mit denen er wie mit dem ersten nach Thorstein warf.*

*Doch mittlerweile nahten die Ziehbrüder Angantyr und Bele. Als Thorstein über Bord gesprungen war, hatte er seine Keule nach hinten geworfen und Bele hatte sie aufgefangen, und schlug Otunfaxe nun, als er den Ort erreicht hatte, an dieser stand, mit der Keule auf den Hinterkopf. Dies tat er immer wieder während Angantyr ihn zugleich mit großen Steinen bewarf. Da begann Faxes Schädel erheblich zu schmerzen und da er nicht noch mehr Schläge erhalten wollte, stürzte er sich von der Klippe in das Meer und schwamm zur Küste, wohin er von Thorstein verfolgt wurde.*

*Als Faxe dies sah, wandte er sich gegen Thorstein und es begann ein Ringen zwischen den beiden schwimmenden Feinden, der ein heftiger, schrecklicher Kampf wurde. Sie wurden abwechselnd von dem anderen in die Tiefe gezogen und Thorstein erkannte, daß Faxes Stärke seiner eigenen in nichts nachstand. Da geschah es, daß Faxe Thorstein auf den Grund hinunterstieß und er nicht mehr schwimmen konnte.*

*Da war sich Thorstein fast völlig sicher, daß Faxe ihm seine Kehle in Stücke beißen wollte und sagte bei sich: „Wie könnte ich Dich jemals nötiger brauchen, Zwerg Sindre?"*

*Da sah er, daß plötzlich Faxes Schulter von einem so machtvollen Griff gepackt wurde, daß er mit Thorstein auf sich auf den Grund sank. Thorstein, der mittlerweile von dem Kampf sehr erschöpft war, zog sein Gürtelmesser, daß ihm Sindre gegeben hatte, und stach es Faxe in die Brust, wobei das Messer bis zu seinem Griff in dessen*

*Körper versank, und schlitzte ihn dann bis zu seinem Bauch hinab auf.*

*Aber Faxe war noch immer nicht tot, denn nun sprach dieser: „Eine große Tat hast Du vollbracht, Thorstein, indem Du mich getötet hast, denn ich habe neunzig Schlachten geschlagen und bin in allen außer in dieser siegreich gewesen und ich habe in achtzig Holmgängen den Sieg errungen, sodaß ich wirklich sagen kann, daß ich auf einem Holmgang gewesen bin – aber nun bin ich neunzig Jahre alt."*

*Thorstein schien es sinnlos zu sein, ihn noch weiter schwätzen zu lassen, wenn er es irgendwie verhindern konnte und so zerrte er alles aus ihm heraus, was in ihm lose war.*

*Nun berichtet die Saga über Angantyr und Bele, daß sie ein Boot genommen und auf das Meer hinausgerudert waren und nach Faxe und Thorstein suchten, aber sie lange Zeit nirgendwo finden konnten. Schließlich kamen sie an eine Stelle, an der die See mit Blut gemischt und ganz rot war. Da dachten sie, daß Faxe auf dem Grund des Wassers sein und Thorstein getötet haben müsse und nach einer Weile sahen sie ein ekliges Ding zur Meeresoberfläche hinaufsteigen. Sie ruderten näher und sahen einige große, schrecklich aussehnde Eingeweide dahintreiben.*

*Kurz danach kam Thorstein aus dem Wasser herauf, aber er war so erschöpft, daß er sich nicht mehr selber über Wasser halten konnte. Sie ruderten zu ihm und zogen ihn in das Boot. Zu dieser Zeit gab es wenig Hoffnung für sein Leben, obwohl er kaum verwundet war, aber das Fleisch an seinen Knochen war wie zu Knoten verwunden.*

*Sie ruderten fort und halfen ihm, woraufhin er wieder zu Sinnen kam. Sie ruderten zu den Inseln und suchten auf dem Schlachtfeld, aber sie fanden nur dreißig Mann, die geheilt werden konnten.*

*Dann gingen sie zu dem alten Mann Brenner und dankten ihm für seine Hilfe.*

*Thorstein fuhr zu der kleineren Brenner-Insel und rief den Zwerg Sindre, dem er große Geschenke machte und sich in großer Freundschaft von ihm verabschiedete.*

*Thorstein erhielt das Drachenschiff Ellide als einen Anteil an der Beute, während Bele Ufenaut erhielt und Angantyr soviel Gold und Silber, wie er wollte. Thorstein gab seinem Onkel Brenner die Schiffe, die sie nicht mitnehmen konnten.*

*Mit drei Schiffen verließen sie die Inseln und kehrten nach Sogn zurück, wo sie den Winter verbrachten.*

Das Keulen-Motiv ist in dieser Saga zum einen sehr stark ausgeschmückt worden und zum anderen zu einem untergeordneten Motiv geworden, daß bei dem Sieg über Otunfaxe nur noch eine Nebenrolle spielt.

Das Finale des Kampfes zwischen Thorstein und Otunfaxe ist vermutlich eine Variante des Unterwasserkampfes zwischen Beowulf und der Mutter des Riesen Grendel. Der Kampf auf der Insel geht auf den Kampf zwischen Tyr und Loki auf der Jenseitsinsel zurück.

Der Kampf des Thorstein gegen Brenner auf einer Insel scheint eine Saga-Variante des Kampfes des Thor gegen Tyr zu sein, die wiederum auf den Kampf des Tyr gegen Loki zurückgeht.

## 5. g)   Die Saga über Hedin und Högni

*Östlich von Vanakvisl in Asien gab es ein Land, das Asien-Land oder Asien-Heim genannt wurde. Die Leute dort wurden Asen genannt und ihre Hauptstadt Asgard. Odin war der König, der dort herrschte. Dort gab es einen großen Tempel. Odin bestimmte Njörd und Freyr als Hohepriester. Njörds Tochter wurde Freya genannt. Sie begleitete Odin und war seine Geliebte.*

*In Asien („Asen-Land") lebten einige Männer, von denen einer Alfrigg, der nächste Dvalin, und die anderen Berling und Grer genannt wurden. Ihre Höfe lagen fern von der Halle des Königs. Sie waren so geschickte Handwerker, daß sie jedes Ding in die Hand nehmen und daraus etwas Beachtliches erschaffen konnten. Menschen wie diese wurden 'Zwerge' genannt. Sie lebten in einem gewissen Stein. Sie hatten in jenen Tagen mehr mit Menschen zu tun als heute.*

Die Namen der vier Zwerge haben folgende Bedeutungen:

- Alfrigg:   „All-König" – dies ist offenbar ein Titel des Göttervaters selber; er weilt, da er ein Zwerg („Totengeist") ist, gerade in der Unterwelt

- Dvalin:   „Schläfer" – dies ist vermutlich ein Umschreibung für „Toter"

- Berling:   „Bären-Mann" – der Bär könnte sich auf die Stärke des Göttervaters beziehen; der neue Göttervater Odin und die Berserker („Bärenfell-Männer"), deren „Schutzpatron" Odin gewesen ist, waren „Bären-Männer"

- Grer:   „Speer" – dies ist vermutlich der Speer Gungnir des neuen Göttervaters Odin

Diese vier Zwerge scheinen der Göttervater in der Unterwelt zu sein: Der „schlafende" „All-König", der die Kraft eines „Bären" hat und den „Speer" besitzt. Diese Szene scheint somit auf die Wiederzeugung des Göttervaters mit der Göttin Freya im Jenseits zurückzugehen.

*Odin liebte Freya sehr und sie war wirklich die schönste aller Frauen, die damals lebten. Sie hatte ein Frauenhaus, das sowohl schön als auch sehr fest war – so fest, daß gesagt wurde, daß niemand, wenn die Tür verschlossen war, hineingelangen konnte, außer wenn es Freya ihnen erlaubte.*

Die Beschreibung ihres Frauenhauses legt die Vermutung nahe, daß es sich um ein Hügelgrab handeln könnte, denn welche Schwelle ist schwieriger zu überschreiten als die zwischen dem Diesseits und dem Jenseits? Freyas „Frauenhaus" entspräche dann dem „verschlossenen Berg" der Gunnlöd und der „Höhle" der Hel – alle drei sind Gestalten der Jenseitsgöttin.

*Eines Tages wanderte Freya umher und gelangte zu dem Felsen. Er stand offen. Die Zwerge erschufen eine goldene Halskette. Sie war fast fertig. Freya gefiel das Aussehen dieser Kette. Freya gefiel auch den Zwergen. Sie wollte die Halskette kaufen und bot Gold und Silber für sie an und dazu viele Schätze.*

„Zwerg in einem Felsen" ist eine häufige Umschreibung für „Totengeist in seinem Hügelgrab. Ein Hügelgrab war in sofern ein „Felsen" als daß die Grabkammer in seinem Inneren aus Felsplatten errichtet wurde.

Das Herstellen der magischen Gegenstände der Götter und auch der Helden durch die Zwerge ist ein weitverbreitetes Motiv. Sein Ursprung ist wahrscheinlich das Neuschmieden seines Schwertes durch Tyr in der Unterwelt, das sich noch in der Wieland-Sage erhalten hat. Später übernahmen dann die beiden Pferde-Söhne des Göttervaters Tyr, die in der Unterwelt zu zwei Zwergen wurden, das Neuschmieden dieses Schwertes. Diese Tätigkeit wurde dann zu der Herstellung aller magischen Gegenstände der Götter durch ein Zwergenpaar erweitert.

Möglicherweise sind die vier Zwerge in der Hedin-Sage nur eine Verdoppelung dieses Zwergenpaares.

*Doch sie antworteten, daß es ihnen nicht an Geld fehlte, aber das jeder von ihnen seinen Teil an der Kette für eine bestimmte Sache geben würde und daß sie nichts anderes haben wollten, als daß sie mit jedem von ihnen eine Nacht verbringen würde. Und, ob dies nun eine glückliche Vereinbarung war oder nicht, dies ist der Handel, den sie abschlossen.*

Diese Szene ist eine Umdeutung der Wiederzeugung des Göttervaters mit der Jenseitsgöttin Freya.

In dieser Sage geht Freya zu den Zwergen in deren Höhle, d.h. in deren Hügelgrab. Diese Reise erinnert die Suche der Freya nach ihrem Mann, dem Göttervater Odr-Odin, der in ferne Lande gezogen war. Anscheinend hat es einst das Motiv der Suche der Freya nach dem toten Göttervater gegeben. Das Eintreten in die Höhle der Zwerge wird daher ursprünglich das Wiederfinden des Göttervaters durch Freya gewesen sein.

Aus dieser Szenerie kann man schließen, daß die Toten einst nicht im Jenseits nach der Muttergöttin suchen mußten, sondern daß die Muttergöttin nach den Toten gesucht hat. Anscheinend hat aber das Vertrauen in das Jenseits und die Jenseitsgötter mit der Zeit nachgelassen, denn Odin gelangt z.B. in der „Gesta danorum" erst nach vielen Mühen und Verwandlungen zu der Wiederzeugung mit Rindr.

Diese vier Zwerge sind vermutlich mit den vier Zwergen, die den Himmel tragen, identisch (siehe „Sudri", „Westri", „Nordri" und „Austri" in Band 32).

*Und vier Nächte später, als dieser Handel ausgeführt worden war, gaben sie die Halskette der Freya. Sie ging heim in ihr Frauenhaus und verhielt sich ruhig, als wenn nichts geschehen wäre.*

Die Halskette bzw. der Halsreif der Freya ist somit eng mit der Wiederzeugung des Sonnengott-Göttervaters verknüpft.

*Damals lebte ein Mann, der Farbauti genannt wurde. Er war ein einfacher Bauer und hatte eine Frau, die Laufey genannt wurde. Sie war so rank und schlank, daß sie „Nadel" genannt wurde.*

*Sie hatten zusammen einen Sohn, der Loki genannt wurde. Er war nicht groß von Wuchs. Er bekam schon bald eine scharfe Zunge. Er war flink und konnte sich sehr schnell bewegen. Er übertraf andere Männer in der Weisheit, die Arglist genannt wird. Er war schon in jungen Jahren sehr geschickt und sie nannten ihn 'Loki Laeviss', d.h. 'Loki listig wie Gift'. Er brach nach Asgard auf und wurde einer von Odins Männern.*

*Odin sprach stets dem Rat des Loki gemäß, was immer er auch tat. Natürlich übergab Odin dem Loki alle schwierigen Aufgaben, aber Loki bewältige alle besser als erwartet. Er wußte über fast alles Bescheid, was vor sich ging, und erzählte Odin alles, was er wußte.*

*Es wird erzählt, daß Loki herausfand, was es mit Freya und ihrer Halskette auf sich hatte: wie sie an sie gelangt war und was sie dafür gezahlt hatte. Er erzählte es Odin. Und als Odin dies erfuhr, befahl er, daß Loki diese Kette erlangen und ihm bringen sollte. Loki sagte, daß dies wohl kaum möglich sein wird, da kein Mensch das Frauenhaus betreten könne, wenn Freya dies nicht wollte. Odin sagte, daß er gehen und nicht zurückkehren solle, bevor er die Kette erlangt habe. Loki schlich heulend davon. Die meisten Leuten grinsten, als Loki nicht weiterwußte.*

Durch diese Szene wird die Deutung von Freyas Frauenhaus als Hügelgrab-Jenseits bestätigt, da Loki auch in der Thiazi-Mythe und in der Thrym-Mythe in das Jenseits reisen muß.

*Loki ging zu Freyas Frauenzimmer und fand es verschlossen. Er versuchte hinein zu gelangen, aber es glückte ihm nicht. Es war eisig draußen und ihm begann sehr kalt zu werden. Da verwandelte er sich in eine Fliege. Er flog an allen Schlössern und Kanten entlang, aber konnte keine Lücke finden um hineinzugelangen außer einer kurz unter dem Giebel, und selbst die war nicht größer als das man eine Nadel hineinstecken konnte – aber er schaffte es sich hineinzubohren.*

Die Verwandlung des Loki in eine Fliege in dieser Szene ist eine Variante der Verwandlung des Loki in einen Falken auf seinen anderen Jenseitsreisen.

*Als er hineingelangt war, öffnete er seine Augen weit und frug sich, ob wohl jemand wach sei, aber er sah, daß alle in dem Frauenzimmer schliefen. Daher ging er weiter zu Freyas Bett und sieht, daß sie ihre Kette um ihren Hals trägt, aber auf dem Schloß der Kette liegt. Da verwandelte er sich in einen Floh. Er setzte sich auf Freyas Wange und biß sie so, daß sie erwachte und sich umdrehte und dann weiterschlief. Dann legte Loki seine Floh-Gestalt ab, nahm ihr die Kette ab, entriegelte das Frauenzimmer und kehrte zu Odin zurück.*
*Als Freya am nächsten Morgen erwachte und sah, daß die Tür offenstand, aber nicht aufgebrochen worden war, und daß ihre Halskette fort war. Sie glaubte, daß sie wußte, welche List dahinterstand und ging in die Halle sobald sie angekleidet war, um König Odin zu sehen und ihm zu sagen, daß es Unrecht von ihm sei, ihr ihre kostbare Halskette zu stehlen und ihn aufzufordern, ihr ihre Halskette zurückzugeben.*
*Odin sagte, daß sie ihre Kette angesichts der Weise, in der sie sie erlangt habe, niemals zurückerhalten solle, „es sei denn, daß es Dir gelingt, daß zwei Könige, denen jeweils zwanzig Könige dienen, in Streit miteinander geraten und miteinander kämpfen und dabei unter solchen Zauberbannen und Flüchen stehen, daß sie jedesmal, wenn sie fallen, wieder zum Leben erwachen und weiterkämpfen, bis ein christlicher Mann so kühn und mit solch großem Glück seines Gottes gesegnet sein sollte, daß er es wagt, in diese Schlacht zu treten und diese Männer mit Waffen niederzuschlagen. Nur dann soll ihr Schicksal beendet sein – dank welches Fürsten auch immer, dem es zufallen wird, sie auf diese Weise von ihrem Bann und ihrem elenden Ringen zu befreien. "*
*Dem stimmte Freya zu und erhielt ihre Kette zurück.*

Diese Bedingungen passen zwar zu einem Kriegsgott wie Odin, aber sie sind dennoch recht merkwürdig. Wenn man jedoch bedenkt, daß es die Mythe über den zyklischen Streit zwischen dem ehemaligen Sonnengott-Göttervater Tyr und dem Wintergott Loki gegeben hat, dann wird die unmöglich scheinende Aufgabe, die Odin der Freya stellt, als eine Umformung dieser Jahreszeiten-Mythen in eine Sage deutlich.
Freyas Brisingamen könnte daher auch mit der Entstehung der Jahreszeiten assoziiert worden sein.

Odin erscheint in dieser Saga, die schon durch König Olaf Tryggvasons bestreben, das Christentum einzuführen, mitgeprägt worden ist, nicht mehr als Kriegsgott, sondern als ein ausgesprochen grausamer Gott.

*Zu jener Zeit, vierundzwanzig Jahre nach dem Fall des Friedens-Frodi, herrschte in den Hochlanden von Norwegen ein König mit dem Namen Erling.*

Friedens-Frodi ist eine Sagen-Variante des Gottes Freyr, der somit auch in diese Saga miteinbezogen wird. Der Grund dafür könnte sein, daß der mythologische Kern, um den herum sich diese Saga gebildet hat, die Jenseitsreise des Göttervaters gewesen ist.

*Er hatte eine Königin und zwei Söhne. Sörli der Starke war der ältere und Erlend der jüngere. Sie waren vielversprechende Jünglinge. Sörli war der Stärkere von den beiden. Sobald sie alt genug dazu waren, brachen zu Raubzügen auf. Sie kämpften gegen Sindri den Wikinger, den Sohn von Haki dem Seekönig, und Sindri fiel dort zusammen mit allen seinen Männern. In dieser Schlacht fiel auch Erlend Erlingsohn.*
*Danach segelte Sörli in das Ost-Baltikum und raubte dort und vollbrachte so viele große Taten, daß es lange dauern würde, sie alle zu erzählen.*
*Halfdan war ein anderer König. Er herrschte über Dänemark. Sein Königssitz war in Röskilde. Er heiratete Hvedna die Ältere. Seine Söhne waren Högni und Hakon. Sie waren hervorragende Männer an Stärke und Wuchs und jeglichen Fähigkeiten. Sie brachen zu Raubzügen auf, sobald sie erwachsen waren.*
*Nun berichtet die Geschichte, daß Sörli sich eines Herbstes nach Dänemark wandte. König Halfdan hatte zu jener Zeit vor, zu der Königs-Versammlung zu gehen. Er war schon sehr fortgeschritten an Jahren, als er von diesen Dingen hörte. Er besaß ein Drachenschiff, das so gut war, daß es aufgrund seiner Stärke und seines guten Baues in den ganzen Nordlanden kein vergleichbares gab. Es lag im Hafen vor Anker, aber König Halfdan war an Land und hatte Gäste zu seinem Abschiedsfest eingeladen.*
*Als Sörli das Drachenschiff sah, flutete ein großer Neid in sein Herz, sodaß er dieses Schiff um jeden Preis haben und ganz für sich selber besitzen wollte – und es gab wirklich im ganzen Norden, wie die meisten zugeben, kein besseres Schiff mit Ausnahme der Drachenschiffe Ellidi und Gnod und der Langen Schlange.*
*Er sprach mit seinen Männern und befahl ihnen, sich für einen Kampf vorzubereiten, „denn wir müssen König Halfdan töten und sein Schiff rauben!"*
*Ein Mann namens Svear, der Sörlis Bug-Mann und Marschall war, antwortete auf diese Rede, „Das ist keine gute Idee, Herr," sagte er, „Halfdan ist ein großer Anführer und ein berühmter Mann. Er hat zudem zwei Söhne, die zur Rache verpflichtet sind, da sie nun beide Männer von großem Ruhm sind."*

„Selbst wenn sie kühner als die Götter wären," sagte Sörli, „werde ich trotzdem mit ihnen kämpfen!"

Da bereiteten sie sich auf den Kampf vor.

Da bekam König Halfdan Wind von diesem Vorhaben. Er sprang auf und lief mit allen seinen Männern zu seinen Schiffen, während sie ich auf einen Kampf vorbereiteten.

Einige Männer sagten Halfdan, daß es nicht weise sei, zu kämpfen und daß er wegen des Unterschieds an der Männerzahl fliehen solle.

Der König sagte, daß sie zuerst in Haufen daliegen würden und ihre Toten sich einer auf den anderen türmen würden, bevor er fliehen würde.

Beide Seiten bereiteten sich auf die Schlacht vor, die damit endete, daß König Halfdan und alle seine Männer starben.

Da nahm Sörli das Drachenschiff und alles an Bord, was von Wert war.

Dann hörte Sörli, daß Högni von seinen Raubzügen heimgekehrt sei und vor der Insel, die Odinsey genannt wird, vor Anker lag. Sörli fuhr mit seinen Schiffen dorthin und sobald sie sich trafen, berichtete er ihm über den Tod seines Vaters und bot ihm ein Wergeld an, das er selber bestimmen konnte, und bot ihm zudem an, sein Eid-Bruder zu werden, aber Högni lehnte dies alles ab.

Dann kämpften sie, wie es im Sörli-Lied berichtet wird. Hakon stürmte vor und tötete Svear, der Sörlis Standarten-Träger und Bug-Mann war. Danach tötete Sörli Hakon, und Högni tötete König Erling, Sörlis Vater. Dann kämpften Högni und Sörli zu zweit miteinander und Sörli fiel vor Högni an seinen Wunden und an Erschöpfung. Danach ließ ihn Högni heilen und sie schworen die Brüderschafts-Eide und hielten sich an sie, solange sie beide lebten.

Sörli starb von den beiden als erster – er fiel im Osten im Kampf gegen Wikinger, wie es im Sörli-Lied heiß, in dem es wie folgt lautet:

Zuerst fiel im Osten,
der kühne, der tapfere Kampf-Sucher
auf den Fußboden der Hel nieder,
als er das Baltikum angriff;
der Taten-Berühmte
starb eines Sommers,
in der zu den Schlangen sanften Jahreszeit,
als er mit Waffen Wikinger-Brünnen schlitze.

Als Högni Sörlis Tod erfuhr, zog er noch in demselben Sommer in den Osten auf Raubzug und errang überall den Sieg und wurde dort zum König und zwanzig Königs, so wird erzählt, wurden dem Högni untertan und zahlten ihm Tribut. Högni wurde durch seine Raub- und Beutezüge so berühmt, daß sein Name überall von

270

*Finnabu bis Paris gleichermaßen bekannt war.*
   *Einst lebte ein König, der Hjarrandi genannt wurde. Er herrschte über Serkland.*

„Serkland" ist das islamische Abbassiden-Reich rings um das Mittelmeer. Ab hier wird ein Gegensatz-Paar aufgebaut: König Högni aus dem kalten Norden und König Hedin aus dem heißen Süden. Dieser Gegensatz entspricht dem Urgegensatz des Eises von Niflheim im Norden und des Feuers von Muspelheim im Süden, aus dem heraus die Welt in den Mythen der Germanen entstanden ist. Dieser Gegensatz entspricht auch dem Gegensatz-Paar des Sommergottes Tyr und des Wintergottes Loki.

*Er hatte eine Königin und einen Sohn, der Hedin genannt wurde. Hedin wuchs heran und wurde ein herausragender Mann an stärke, an Wuchs und an Fähigkeiten. Er begann schon in seiner Jugend mit Raubzügen und wurde ein Seekönig und raubte weit und breit in Spanien und Griechenland und auch in allen nahegelegenen Ländern, wobei er sich zwanzig Könige unterwarf, die ihm Tribut zahlen und ihre Länder ihm unterstellen mußten.*
   *Hedin verbrachte den Winter zuhause in Serkland. Es wird erzählt, daß Hedin einmal mit seinem Gefolge zur Jagd ausritt. Er fand sich alleine auf einer Lichtung wieder. Er sah eine Frau auf einem Sitz in der Lichtung, die hoch und schön anzusehen war.*
   *Er frug nach ihrem Namen und sie nannte sich Gondul.*

Freya nennt sich „*Gondul*", was im Darradar-Lied der Name einer Walküre ist und „Zauberstab" („Gandr-wal") bedeutet. Freya erscheint hier auch in der Funktion einer Walküre, die einen Kampf anfacht.
   Die National-Epen der Indogermanen kreisen allesamt um den Streit zwischen zwei Königen um eine Frau. Diese Funktion hat hier Freya inne – die beiden Parteien sind allerdings nicht mehr deutlich erhalten geblieben, da dies eigentlich Tyr und Loki sind, die die Jenseitsgöttin für ihre Wiedergeburt brauchen. Aus diesem Motiv ist zum einen Odins Eifersucht auf die vier Zwerge geworden, mit denen Freya jeweils eine Nacht verbracht hat, und zum anderen der von Odin geforderte Kampf zwischen den beiden Königen.

*Danach sprachen sie zusammen. Sie frug nach seinen Heldentaten und er war glücklich, ihr alles zu erzählen. Er frug sie, ob er von irgendeinem König wüßte, der so kühn und tüchtig wie er wäre oder so berühmt und erfolgreich. Sie sagte, daß sie einen kennen würde, in jedem Teil ihm ebenbürtig und daß ihm zwanzig König dienen würden. „Keiner weniger als Dir." Und sie sagte, daß er Högni heiße und daß er in Dänemark im Norden leben würde.*
   *„So viel weiß ich," sprach Hedin, „daß wir versuchen müssen, wer von uns der*

*Bessere ist. "*

*„Es ist wahrscheinlich Zeit für Dich aufzubrechen und nach Deinen Männern zu schauen," sprach Gondul, „Sie werden schon nach Dir suchen."*

*Danach trennten sie sich. Er ging zu seinen Männern, sie aber blieb dort sitzen.*

*Sobald es Frühling war, machte sich Hedin bereit aufzubrechen. Er hatte ein Drachenschiff und auf ihm dreihundert Mann. Er segelte nach Norden durch die Welt. Er segelte Sommer und Winter. Im Frühling kam er nach Dänemark.*

*König Högni war zu dieser Zeit daheim. Als er hörte, daß ein berühmter König in sein Land gekommen war, lud er ihn zu einem großen Fest ein. Hedin nahm die Einladung an. Und als sie beim Trinken beisammen saßen, frug Högni, aus welchem Grund Hedin gekommen war oder was ihn dazu veranlaßt hatte, so weit in den Norden zu fahren. Hedin erzählte ihm, daß es sein Wunsch war, das sie beide ihren Mut und ihre Stärke und ihr Geschick und ihre Fähigkeiten gegeneinander maßen.*

*Högni sagte, daß er dazu bereit sei.*

*Früh am nächsten Tag gingen sie schwimmen und schossen auf Ziele. Sie maßen sich im Turnier und im Schwertkampf und in allen Wettkampfarten und waren in allen Geschicklichkeiten derart ebenbürtig, daß niemand einen Unterschied zwischen ihnen finden oder sagen konnte wer von ihnen der Bessere sei.*

Diese genau gleiche Stärke ist auch ein Merkmal von Tyr und Loki gewesen, da sonst der endlose Zyklus der Jahreszeiten, der auf dem abwechselnden Sieg der beiden beruhte, unterbrochen worden wäre.

Hier dient der Zweikampf dem Erkennen der Rangordnung.

*Danach schworen sie Bruderschaft und vereinbarten, daß sie alles miteinander zu gleichen Teilen teilen würden.*

Auch die Blutsbrüderschaft ist ein Merkmal des Tyr und des Loki (die wahrscheinlich leibliche Brüder waren) bzw. des Odin und des Loki (die Blutsbrüder waren).

*Hedin war jung und unverheiratet, während Högni etwas älter war. Er war mit Hervor, der Tochter des Hjörvard, dem Sohn von Heidrek Wolfshaut verheiratet.*

König Heidrek ist eine Saga-Variante des ehemaligen Göttervaters Tyr und seine Enkelin Hervor ist die Jenseitsgöttin und eine Kriegerin, die sich von ihren Vorfahren, d.h. letztlich von Tyr selber dessen Schwert „Tyr-Finger" geholt hat. Ihr Auftreten in dieser Saga bestärkt die Annahme, daß die Saga über Hedin und Högni auf den endlosen, zyklischen Kampf zwischen Tyr und Loki zurückgeht.

*Högni hatte eine Tochter, die Hild genannt wurde. Sie war die schönste und weiseste aller Frauen. Er liebte seine Tochter sehr. Er hatte keine anderen Kinder.*

„Hild", d.h. „Kampf" ist der älteste der Walküren-Namen. Diese erste Walküre ist eine Erscheinungsform der Freya gewesen – „Hild" ist daher ursprünglich ein Bei-name der Freya gewesen.

*Es wird gesagt, daß Högni nach eine Weile zu Raubüberfällen aufbrach, aber Hedin zurückblieb und über das Königreich wachte. Eines Tages ritt Hedin zu seinem Vergnügen in den Wald. Es war schönes Wetter. Wieder wurde er von seinen Männern getrennt.*

*Er kam zu einer Lichtung. Dort sah er dieselbe Frau wie vorher in Serkland auf einem Sitz und sie erschien ihm noch schöner als zuvor. Wieder ergriff sie als erste das Wort und sprach freundlich zu ihm. Sie hielt ihm ein Horn mit einem Deckel entgegen. Das Herz des Königs wurde von Sehnsucht nach ihr erfüllt. Sie lud ihn zu einem Trunk ein und der König war durstig, da ihm heiß geworden war und so nahm er das Horn und trank.*

*Aber nachdem er getrunken hatte, veränderte er sich auf seltsame Weise, denn er konnte sich an nichts mehr erinnern, was zuvor gewesen war. Er setzte sich nieder und sie sprachen zusammen. Sie frug ihn, ob er die Stärke und das Geschick bei Högni gefunden hatte, von der sie ihm berichtet hatte.*

Der Vergessens-Trank ist ein Symbol für den Tod und ist in den Mythen der Indo-germanen stets im Besitz einer Unterwelts-Gottheit. Dies bestätigt die Auffassung der Freya als Göttin der Toten.

*Hedin sagte, daß dies wahr sei, „denn es gab keine einzige Fähigkeit, in der wir uns geprüft haben, in der er mir nachstand und so haben wir uns für gleichrangig erklärt."*

*„Aber ihr seid nicht gleich," sprach sie.*

*„Wie kommst Du darauf?" sagte er.*

*„Ich komme darauf," sagte sie, „weil Högni eine Königin von großer Herkunft hat und Du gar keine Frau hast."*

*Er antwortete: „Högni würde mir seine Tochter geben, wenn ich ihn darum bitten würde und dann stände ich ihm von meine Ehe her in nichts nach."*

*„Dein Ruhm wäre kleiner als seiner," sprach sie, „wenn Du Högni bitten würdest, Dich in seine Familie aufzunehmen. Es wäre besser – wenn es Dir, wie Du sagst, nicht an Mut und Stärke fehlt – Hild stattdessen fortzuschleppen und die Königin in der folgenden Weise zu töten: indem Du sie ergreifst und vor den Bug Deines Drachenschiffes legst und sie in zwei Teile zerschneiden läßt, während Dein Schiff ins Meer geschoben wird."*

Hild-Freya ist hier zugleich die Anstifterin zu dem Streit und das, worum gestritten wird – die Jenseitsgöttin, die sowohl Tyr als auch Loki dessen Wiedergeburt gibt.

*Hedin war so in dem Bösem und in dem Vergessen aus dem Ale, den er getrunken hatte, gefangen, daß er keine andere Möglichkeit sah, und es kam ihm kein einziges mal in den Sinn, daß er und Högni Blutsbruderschaft geschworen hatte. Dann trennten sie sich und Hedin ging zu seinen Männern.*

*Es war spät im Sommer. Hedin hatte seine Männer das Drachenschiff ausrüsten lassen, da er sagte, daß er heim nach Serkland fahren wolle. Als dies beendet war, ging er in sein Frauenhaus und nahm Hild und die Königin je in einen Arm und ging mit ihnen hinaus. Seine Männer trugen die Kleider und die Schätze der Hild. Es gab niemanden in dem Reich, der Hedin und seine Männer herauszufordern gewagt hätte – so finster blickte er drein.*

*Hild frug ihn, was er vorhabe und er erzählte es ihr. Sie bat ihn, dies nicht zu tun, „denn mein Vater wird mich Dir gegeben, wenn Du ihn nur darum bittest.“*

*„Das ist nicht das, was ich will,“ sagte Hedin, „– um Dich bitten.“*

*„Aber auch dann,“ sagte sie, „wenn ich Dich nicht davon abbringen kann, mich mit fortzunehmen, wird mein Vater Dir noch immer vergeben, solange Du nicht solch eine böse und unmännliche Tat wie die Ermordung meiner Mutter vollbringst, dann das wird mein Vater Dir niemals vergeben. Und das ist, was meine Träume gesagte haben: daß ihr beide miteinander kämpfen und euch gegenseitig töten werdet. Doch noch schlimmere Dinge werden geschehen und es fügt mir großes Leid zu, meinen Vater Leid und mächtigen Zaubersprüchen unterworfen zu sehen, und macht mich traurig, selbst Dich unter solch einem Bann handeln zu sehen.“*

*Hedin sagte, daß es ihn nicht kümmere, was folgen werde, und daß er genau das tun werde, was er gesagt habe.*

*„Daran kannst Du nichts ändern,“ sagte Hild, „Da Du nicht mehr Dein eigener Herr bist.“*

*Dann ging Hedin zum Strand. Dann wurde das Schiff ins Wasser geschoben. Er stieß die Königin vor dem Bug nieder. Dort ließ sie ihr Leben und Hedin ging an Bord des Schiffes.*

Diese seltsame Art der Tötung der Königin erinnert an die Tötung des Zwerges Lit durch Thor bei der Schiffs-Bestattung des Baldur. Diese beiden Szenen könnte mit dem einst weitverbreiteten Brauch eines Menschenopfers bei der Schiffstaufe in Zusammenhang stehen.

*Als alles ausgerüstet und vorbereitet war, drängte es ihn danach, an der Stelle an Land zu gehen, an der er zuvor gewesen war und dort alleine den Strand hinan und in denselben Wald zu gehen. Und als er auf die Lichtung trat, sah er dort Gondul auf ihrem Stuhl sitzen. Sie tauschten freundliche Grüße aus. Hedin erzählte ihr seine Taten.*

*Sie hatte das Horn, das sie auch das vorige Mal benutzt hatte, und lud ihn ein, aus ihm zu trinken. Er nahm es und trank. Und als er getrunken hatte, überkam ihn der Schlaf und er sank auf ihren Schoß. Und als er schlief, glitt sie unter seinem Kopf heraus und sprach: „Nun banne ich Dich mit meiner Macht unter alle die Bedingungen und Regeln, die Odin bestimmt hat und verzaubere Dich und Högni, euch beide und eure Männer mit diesen Zaubersprüchen!"*

*Da erwachte Hedin und sah ein Schemen von Gondul und nun schien sie ihm schwarz und groß.*

Hedin scheint jetzt nicht mehr Freya, sondern Hel zu sehen – beide waren zwei Aspekte der Jenseitsgöttin.

*Hedin erinnerte sich nun an alles und sein Unglück schien ihm groß und er dachte daran, irgendwohin fortzugehen, damit er nicht jeden Tag die Anklagen wegen seiner üblen Taten hören mußte. Er ging zu seinem Schiff, löste schnell alle Taue und fuhr schnell, da ein der Wind seewärts blies, mit Hild davon.*

*Da kam Högni heim und erfuhr alles – daß Hedin mit Hild und dem Drachenschiff, das Halfdans Geschenk gewesen war, fortgesegelt war und die Königin tot in seinem Kielwasser zurückgelassen hatte. Högni wurde darüber sehr wütend und befahl seinen Männern, sich zu beeilen und Hedin hinterherzusegeln. Dies taten sie und hatten einen vollkommenen Wind und kamen ihm tagein, tagaus näher und erreichten an dem Abend denselben Hafen, den Hedin am Morgen verlassen hatte.*

*Aber als Högni in den Hafen einfuhr, konnte er Hedins Segel auf dem Meer sehen. Hedin und seine Mannschaft fuhr ihm geradewegs hinterher. Und so seltsam es auch klingen mag, wehte Hedin der Wind entgegen, aber Högni hatte den besten Fahrtwind.*

Dies wird ein Windzauber der Freya-Göndul sein, die erreichen will, daß beide aufeinandertreffen und gegeneinander kämpfen.

*Hedin fuhr zu der Insel Hoy und ging in dem Hafen dort vor Anker*

Der Name „Hoy" bedeutet „hoch, d.h. „hohe Insel". Sie ist die zweitgrößte der Orkney-Inseln. Sie ist in diesem Zusammenhang sicherlich die Jenseitsinsel.

*Högni erreichte ihn schon bald und als sie aufeinander trafen, sagte Hedin achtungsvoll: „Ich muß Dir sagen, mein Eid-Bruder," sagte er, „daß mich solch ein großes Unglück überkommen hat, daß niemand außer Dir es mehr ändern kann. Ich* habe Deine Tochter und dein Schiff fortgenommen und ich habe den Tod Deiner Königin verursacht, aber nicht aus eigener Grausamkeit, sondern durch üble Vorhersagen und Zaubersprüche. Nun möchte ich, daß Du Deine eigenen Bedingungen nennst und auf welche Weise Du Frieden zwischen uns haben willst. Und ich biete Dir sowohl Hild als auch das Schiff und alle meine Männer und all mein Eigentum an und weiterhin, daß ich so weit in die Welt fortgehe, daß ich, solange ich lebe, nie wieder in den Norden oder in Deine Sichtweite zurückkehre."

Högni antwortete: „Ich hätte Dir Hild gegeben, wenn Du mich um sie gebeten hättest. Und selbst nun, da Du mit fortgenommen hast, könnten wir noch Frieden schließen. Aber da Du nun solch eine üble Tat begangen hast und so schändlich gegen meine Königin gewesen bist, gibt es für mich keine Möglichkeit mehr, ein Wergeld anzunehmen. Wir müssen nun herausfinden, wer von uns beiden am stärksten zuschlagen kann."

Hedin antwortete: „Wenn Du mit nichts weniger als einem Kampf zufrieden bist, dann schlage ich vor, daß wir das zwischen uns ausfechten, da Du mit niemandem hier außer mit mir einen Streit hast. Es ist nicht rechtens, daß unschuldige Männer für meine Verbrechen und Untaten zahlen müssen."

Aber ihre Gefolgsleute schworen alle mit einer Stimme, daß sie lieber vor den Füßen der Gegner fallen würden, als sie alleine kämpfen zu lassen.

Diese Szene klingt nicht nach einem sehr alten Motiv, sondern eher nach einem relativ neuen Einschub, der notwendig war, um den ursprünglichen Zweikampf zwischen Tyr und Loki oder Heimdall und Loki zu einer Schlacht auszuweiten – schließlich war die Entscheidung von Schlachten durch einen Zweikampf der beiden Anführer eine alte germanische und west-indogermanische, d.h. germanisch-römisch-keltische Tradition.

Als Hedin sah, daß Högni nichts geringeres als einen Kampf annehmen würde, befahl er seine Männer ans Ufer. „Ich werde Högni nicht mehr länger ausweichen oder nach einer Vermeidung dieses Kampfes suchen. Und nun muß jeder nach seinem Mut schauen."

Da gingen sie an Land und kämpften. Högni war verrückt vor Wut und Hedin war geschickt und teile harte Schläge aus. Es ist seltsam aber wahr, daß solch große Zaubersprüche und solches Übel mit dem Fluch auf ihnen verbunden war, daß sie selbst dann, wenn sie geradewegs durch die Schultern des anderen hieben, sie doch wieder heil wie zuvor wurden und weiterkämpften.

Hild saß in einem Hain und und schaute diesem grimmigen Spiel zu.

Hild ist die Jenseitsgöttin Freya, um die sich Tyr/Heimdall und Loki gestritten haben.

*Dieser Leid-bringende Zauber wirkte ohne Unterbrechung von dem Augenblick an fort, an dem sie zu kämpfen begannen, bis Olaf Tryygvason König von Norwegen wurde. Sie sagen, daß es 143 Jahre gedauert hat, bevor es König Olaf, diesem guten Mann, bestimmt war, daß einer seiner Gefolgsleute sie von ihrem verfluchten Bann und ihrem bitteren Schicksal befreite.*

König Olaf Tryggvason brachte das Christentum nach Norwegen, das demnach als Ursache für das Ende dieses „ewigen Kampfes" angesehen wurde. Dies ist natürlich eine weitere Umdeutung dieses Kampf-Motivs durch einen christlichen Schreiber.

In den Sagas, in denen König Olaf Tryggvason erscheint, wird jedesmal auch das Verhältnis zwischen der germanischen und der christlichen Religion in Form von Erzählungen diskutiert. Diese Betrachtungen finden sich in außer in der Saga über Hedin und Högni auch in der Saga über König Olaf den Ruhmreichen Tryggvason, in der Saga über Thorstein Haus-Macht, in der Saga über Helgi Thorisson und in der Heimskringla. Die Sagas sprechen sich stets mehr oder weniger deutlich für das Christentum aus, aber sind manchmal der germanischen Religion gegenüber durchaus noch tolerant.

Es ist gut denkbar, daß diese vier Sagas sowie die Überlieferung, auf der Snorri Sturlusons Berichte über König Olaf in der Heimskringla beruhen, in König Olafs Auftrag verfaßt worden sind.

*Es wird erzählt, daß König Olaf im ersten Jahr der Herrschaft zu der Insel Hoy kam und dort vor eines Abends vor Anker ging. Es geschah auf der besagten Insel immer wieder, daß jede Nacht Wächter verschwanden und niemand wußte, was aus ihnen geworden war.*

*In dieser Nacht war es Ivar Glums Aufgabe, Wache zu halten. Als jedoch alle an Bord schlafen gegangen waren, nahm Ivar sein Schwert, das zuvor Jarnskold besessen hatte und das dessen Sohn Thorstein Ivar gegeben hatte, zog seine ganze Rüstung an und ging hinauf auf die Insel.*

*Doch als er auf die Insel gegangen war, sah er einen Mann auf sich zukommen. Der Mann war groß von Wuchs und ganz mit Blut bedeckt und hatte ein sehr ernstes Gesicht. Ivar frug ihn nach seinem Namen. Er sagte, daß er Hedin genannt würde und daß er der Sohn des Hjarrandi und ein Serkländer von Geburt sei, „Ich sage Dir Dir die Wahrheit: Wenn hier Wächter verschwunden sind, dann kannst Du mich und Högni Halfdan-Sohn deswegen anklagen, denn wir und unsere Männer sind durch diese Zaubersprüche und Flüche dazu gezwungen, Tag und Nacht zu kämpfen – und so ist es seit Generationen und Högnis Tochter Hild sitzt dabei und schaut zu. Aber es ist Odin gewesen, der uns dieses Schicksal bestimmt hat und es wird keine Erlösung geben, außer wenn ein christlicher Mann mit uns kämpft, denn dann wird der Mann, den er tötet, nicht wieder ins Leben zurückkehren, und dann werden wir alle von dem*

*Fluch befreit sein. Daher möchte ich Dich bitten, mit uns in den Kampf zu ziehen, denn ich weiß, daß Du ein guter Christ bist und auch, daß der König, dem Du dienst, ein starkes Glück hat. Daher sagt mir mein Inneres, daß wir vom ihm und seinen Männern etwas Gutes erhalten werden."*

*Ivar stimmte zu, gegen Högni zu kämpfen.*

Die Königstochter Hild, die nur dabeisitzt und zuschaut, wird die Jenseitsgöttin Freya sein, die hier schon recht passiv geschildert wird und jeweils dem aktuellen Sieger aus diesem ewigen (und einst zyklischen) Zweikampf „gehört". Freya erscheint in dieser Saga als Freya, als die Walküre Göndul und als die Königstochter Hild, was dem Bild der Freya in den Mythen (Göttin), in dem Übergang zur Saga (Walküre) und in der Saga (Königstochter) entspricht.

*Da wurde Hedin froh und sagte: „Du mußt darauf achten, daß Du nicht von Angesicht zu Angesicht mit Högni kämpfst und daß Du auch nicht mich tötest, bevor er gefallen ist, denn es gibt keinen Menschen, der Högni gegenübertreten und ihn töten kann, wenn ich schon tot bin, denn er hat einen Schreckenshelm in seinen Augen, vor dem sich niemand schützen kann. Daher ist es der einzige Weg, daß ich ihm gegenübertrete und mit ihm kämpfe und daß Du hinter ihn trittst und ihm den Todesstoß gibst, denn Du wirst wenig Mühe haben, mich zu töten, selbst wenn ich der einzige sein sollte, der noch von uns allen übrig ist."*

Diese speziellen Tötungs-Anweisungen erinnern an den Tod des Tyr-Helden Sigurd/Siegfried, der nur von hinten (Hagen) bzw. im Schlaf (Gutthorm) getötet werden konnte.

Es scheint die Vorstellung gegeben zu haben, daß Tyr als Göttervater und als Kriegsgott so gut wie unverletzbar und unbesiegbar gewesen ist und nur auf eine besondere Weise getötet werden konnte – mit einer Keule, mit Steinen, von hinten u.ä. Dieser spezieller Tod ist in dieser Saga jedoch auf Högni-Hagen (Loki) übertragen worden.

Der Schreckenshelm ist ursprünglich ein Symbol der Jenseitsreise gewesen, das dann allmählich zu einer Art Todesdrohung wurde und schließlich auch eine Art von „bösem Blick" beschreiben konnte (siehe „Helm" in Band 66).

*So zogen sie in die Schlacht und Ivar sah, daß alles wahr war, was Hedin ihm erzählt hatte. Er trat hinter Högni und schlug ihm auf seinen Kopf und hinab bis zu seinen Schultern. Högni fiel tot nieder und erhob sich nie wieder. Dann tötete er alle Männer, die dort in der Schlacht waren und schließlich als letzten Hedin, der einfach zu töten war.*

*Danach ging er zu den Schiffen – und es dämmerte soeben der Tag. Er ging zu dem*

*König und erzählte ihm alles. Der König war erfreut über seine Arbeit in dieser Nacht und sagte, daß er dort ein gutes Glück gehabt habe.*

*Am folgenden Tag gingen sie an Land und dann dorthin, wo die Schlacht gewesen war, aber sie fanden keine Spur – aber an Ivars Schwert war Blut als Beweis und ab da verschwanden keine Wächter mehr.*

*Der König fuhr in sein Königreich zurück.*

In dieser Saga ist der endlose, zyklische Kampf zwischen Tyr und Loki, der die Jahreszeiten verursacht, zu einer endlosen, aber nicht mehr zyklischen Schlacht zwischen Hedin (Tyr) und Högni (Loki) geworden, die erst durch die Ankunft des Christentums, d.h. durch Kölnig Olaf Tryggvason, beendet wird.

In ihr erscheint der Göttervater als der Kriegstreiber Odin und als der Wikinger-König Hedin.

Freya tritt in drei Gestalten auf:

> 1. mythologische Phase: als schamlose Göttin, die mit vier Zwergen schläft, damit ihr diese den goldenen Halsreif (Jenseitsreise-Symbol) geben, den sie von da an trägt (dies ist eine Umdeutung der Wiederzeugung);
>
> 2. halbmythologische Phase: als die Walküre Göndul; und
>
> 2. Saga-Phase: als die Königstochter-Walküre Hild.

Loki nimmt zum einen die Gestalt eines Gottes und zum anderen die des Königs Högni an.

| Die drei Gottheiten in der Saga über Hedin und Högni | | | | |
|---|---|---|---|---|
| *Phase* | | *Gottheit* | | |
| | | *Göttervater* | *sein Gegenspieler* | *Jenseitsgöttin* |
| Mythe | vor 500 n.Chr. | Tyr | Loki | Freya |
| | nach 500 n.Chr. | Odin | Loki | Freya |
| Mythe/Saga | | | | Göndul |
| Saga | | Hedin | Högni | Hild |

Der von Freya verursachte Kampf des Hedin und des Högni auf einer Insel geht auf den Kampf zwischen Tyr (Hedin) und Högni (Hagen, Loki) zurück. Freya ist ursprünglich die Jenseitsgöttin gewesen, um die sich Tyr und Loki gestritten haben (sieh dazu den Band 22 über „Freya").

## 5. h)  Skaldskaparmal:  Über den Kampf der Hjadninger

*Ein König, der Högni genannt wurde, hatte eine Tochter mit dem Namen Hilde. Diese wurde durch einen König namens Hedin, Hiarrandis Sohn, zur Kriegsgefangenen gemacht, während König Högni zur Königsversammlung geritten war.*

Högni ist der Hagen des Nibelungenliedes. Er ist eine Sagen-Variante des Loki.
Hedin ist eine Sagen-Variante des Tyr.
Hild ist die Jenseitsgöttin Freya als Walküre.

*Als er nun hörte, daß in seinem Reich geheert worden war und seine Tochter fortgeführt sei, ritt er mit seinem Gefolge los, um nach Hedin zu suchen, und hörte, daß er entlang der Küste gesegelt nordwärts sei. Als er jedoch nach Norwegen kam, erfuhr er, daß sich Hedin nach Westen gewendet hatte. Da segelte ihm Högni bis zu den Orkney-Inseln nach und als er nach Hamey kam, lag Hedin mit seinem Heer vor dieser Insel.*

*Da ging Hilde und suchte ihren Vater auf, und bot ihm in Hedins Namen ein Halsband zum Vergleich; wenn er aber das nicht wolle, so sei Hedin zur Schlacht bereit und Högni hätte von ihm keine Schonung zu hoffen.*

*Högni antwortete seiner Tochter abweisend. Als sie zurück zu Hedin kam, sagte sie ihm, daß Högni keinen Vergleich wolle, und bat ihn, sich zum Streit zu rüsten. Und so taten sie beide, gingen auf das Eiland und ordneten ihr Heer.*

*Da rief Hedin seinen Schwager Högni und bot ihm einen Vergleich an und viel Gold zur Buße.*

*Doch Högni antwortete: „Das hast Du mir zu spät zum Ausgleich angeboten, denn nun habe ich mein Schwert Dainsleif gezogen, das von den Zwergen geschmiedet worden ist und eines Mannes Tod werden muß, so oft es entblößt worden ist und dessen Hieb immer trifft und Wunden schlägt, die niemals heilen."*

Diese Schilderung entspricht den Eigenschaften des Schwertes Tyrfing („Tyr-Finger") des Königs Sigrlami, der eine Saga-Variante des Tyr ist. In der Sage über Hedin und Högni befindet sich dieses Tyr-Schwert jedoch in den Händen des Loki-Högni.

*Da sprach Hedin: „Du rühmst Dich des Schwertes, aber noch nicht des Sieges. Ich nenne jedes Schwert gut, das seinem Herrn getreu ist."*

*Da begannen sie die Schlacht, die 'Kampf der Hjadninge' genannt wird, und stritten den ganzen Tag und am Abend fuhren die Könige wieder zu den Schiffen.*

*In der Nacht aber ging Hilde zum Walplatz und weckte durch Zauberkunst die Toten alle, und den anderen Tag gingen die Könige zum Schlachtfelde und kämpften, und so auch alle, die tags zuvor gefallen waren.*

*Daher währte der Streit einen Tag nach dem anderen fort, und alle die in diesem Kampf fielen und alle Schwerter, die auf dem Walplatz lagen, und alle Schilde wurden zu Steinen.*

*Aber sobald es tagte, standen alle Toten wieder auf und kämpften und alle Waffen wurden wieder brauchbar.*

*Und in den Liedern heißt es, die Hiadninge würden so fortfahren bis zur Götter-dämmerung.*

Dieser endlose Kampf ist offenbar die Sagen-Variante des endlosen Kampfes zwischen Tyr und Loki, durch den die Jahreszeiten verursacht werden.

> Hedin (Tyr) und Högni (Hagen, Loki) führen einen endlosen Kampf auf einer Insel, der durch den Streit um die Königstochter Hild (Freya) ausgelöst worden ist.

## 5. i)   Gesta danorum

*Er erklärte, daß der Streit durch das Schwert entschieden werden sollte, denn dies schien der einzige Weg zu sein, den Streit zu enden.*

*Der Kampf begann und Hedin wurde schwer verwundet, doch als er Blut und Körperkraft zu verlieren begann, erhielt er unerwartete Gnade von seinem Feind. Obwohl Högni ihn leicht hätte töten können, bemitleidete er doch dessen Jugend und Schönheit. ... ... ... Denn von Alters her wurde es als eine Schande angesehen, einen Jugendlichen oder einen Schwachen zu töten.*

> Der Kampf zwischen Hedin und Högni geht auf dem Kampf zwischen Tyr und Loki zurück.

## 5. j)   Gesta danorum

*Sieben Jahre später begannen dieselben Männer* (Hedin und Högni) *auf Hedins Insel zu kämpfen und verwundeten einander so, daß sie starben.*

> Der Kampf zwischen Hedin und Högni auf einer Insel geht auf dem Kampf zwischen Tyr und Loki zurück.

## 5. k)  Die Saga über Thorstein Viking-Sohn

*Hinter der Halle des Königs standen Berge, die waren so hoch, daß es keine Menschen-Wege über sie hinüber gab. Eines Tages kam ein Mann – wenn man ihn denn so nennen kann – von diesen Bergen herab. Er war größer und sah grimmiger aus als alle Menschen, die je zuvor gesehen waren worden und er sah eher wie ein Riese und nicht wie ein Mensch aus. In seiner Hand hielt er einen Spieß mit zwei langen Spitzen.*

Diese Berge könnten die Grenze zum Jenseits symbolisieren. Dasselbe Motiv findet sich auch bei den beiden Grimen in der Geschichte über Helgi Thorisson, die über ein Gebirge, das noch niemand überquert hat, zu dem König kommen. Die beiden Grime sind eine Sagen-Variante der beiden Alcis-Pferdesöhne des Tyr, was vermuten läßt, daß auch der Mann, der hier über das Gebirge kommt, über das eine Menschen-Wege gibt, etwas mit diesen beiden Alcis zu tun haben könnte.

Da Riesen Jenseits-Wesen sind und der wichtigste aller Riese der ehemalige Göttervater Tyr, also der Vater der beiden Alcis ist, bestätigt die Schilderung dieses „Berg-Mannes" den Anfangsverdacht, daß er einer der beiden Alcis sein könnte.

*Dies geschah, während der König an seiner Tafel saß.*

*Dieser riesige, grobe Kerl kam zu der Tür der Halle und verlangte Einlaß, aber die Wächter wollten ihn nicht einlassen. Da tötete er die beiden Wächter mit seinem Spieß und spießte den einen auf die eine Spitze seines Spießes auf und den anderen auf die andere. Dann hob er beide über seinen Kopf und warf sie auf die Erde hinter sich.*

*Dann trat er ein und nahte dem Thron des Königs und sprach ihn mit den folgenden Worten an: „Da ich Dich, König Hring, dadurch geehrt habe, daß ich Dich besuchen komme, denke ich, daß es Deine Pflicht ist, mir meinen Wunsch zu erfüllen."*

*Der König frug, was dieser Wunsch sei und was sein Name wäre.*

*Er antwortete: „Mein Name ist Harek Eisenkopf und ich bin der Sohn von König Kol dem Buckligen von Indien, aber der Grund meiner Reise ist, daß ich will, daß Du Deine Tochter, Dein Land und Dein Volk in meine Hände gibst."*

„Indien" ist wie das Weiße Meer östlich von Finnland („Gandvik" = Magie-Bucht") in den Sagas meist ein fernes Land, aus dem die Wesen kommen, die in den Mythen in der Unterwelt gelebt haben.

Der König des Jenseits („Indien" hinter den „weglosen Bergen") ist der ehemalige Göttervater Tyr. Dieser ist im Jenseits verwundet, da er in den alten Mythen im Herbst von Loki besiegt und in die Unterwelt verbannt wurde. Dort fehlt ihm entweder die rechte Hand (von Fenrir abgebissen) oder er kann nicht laufen (Loki-Nidud durchschneidet die Kniesehnen des Tyr-Wieland). In der Thorstein-Saga ist der „König des Jenseits" stattdessen bucklig.

Später in dieser Saga tritt noch ein Schwager des Harek Eisenkopf auf, der den Namen Jokul Eisenrücken trägt. Es ist somit recht wahrscheinlich daß Harek und sein Schwager Jokul, die beides Riesen sind und über das Eisen mit dem Jenseits assoziiert worden sind, auf die beiden Alcis-Söhne des Tyr zurückgehen. In den Mythen nach 500 n.Chr. wird der Tyr-Riese von Thor getötet – in dieser Sage sind Tyr-Kol und seine beiden Alcis-Riesensöhne (Jokul ist zu seinem Schwiegersohn geworden) die Gegner der Helden dieser Geschichte. Eine ganz ähnliche Umdeutung des Tyr und seiner beiden Söhne findet sich auch in der Saga über Thorstein Hausmacht.

*„Und ich denke, daß die meisten Leute sagen werden, daß es besser ist, wenn ich Dein Königreich beherrsche als Du, da es Dir an Kraft und Männlichkeit fehlt und Du schon altersschwach bist. Aber da es Dir vielleicht demütigend erscheinen mag, Dein Königreich fortzugeben, bin ich für meinen Teil damit zufrieden, Deine Tochter Hunvor zu heiraten. Wenn Dir dies jedoch nicht recht ist, werde ich Dich töten, mir Dein Königreich nehmen und Hunvor zu meiner Nebenfrau machen."*

*Da war der König völlig ratlos und alle Leute waren wegen diesem Gespräch ganz bedrückt.*

*Da sagte der König: „Mir scheint, daß wir hören sollten, was sie selber antwortet."*
*Dem stimmte Harek zu.*

*Da sandte sie nach Hunvor und ihr wurde die Lage erklärt.*

*Sie sagte: „Mir gefällt das Aussehen dieses Mannes sehr wohl, auch wenn mir scheint, daß er mich hart behandeln wird. Aber ich denke, daß er meiner durchaus wert ist und eine Ehe möglich ist. Trotzdem wünsche ich zu fragen, ob nicht ein Lösegeld gezahlt und ich frei bleiben kann."*

*„Ja, das ist möglich," antwortete Harek, „Wenn der König willens ist, innerhalb von vier Nächten einen Holm-Gang mit mir zu führen oder einen anderen Mann an seiner Stelle zu senden – dann soll alle Macht an den fallen, der den anderen in dem Zweikampf tötet."*

*„Gewiß," antwortete Hunvor, „kann niemand gefunden werden, der Dich in einem Zweikampf besiegen könnte. Trotzdem willige ich in Deine Bedingungen ein."*

*Danach ging Harek hinaus und Hunvor zog sich in ihr Frauenhaus zurück und weinte bitterlich.*

*Da frug der König seine Männer, ob niemand unter ihnen sei, dem seine Tochter Hunvor ein ausreichender Preis erscheine, um einen Holmgang mit Harek zu wagen. Doch obwohl sie sie alle heiraten wollten, wollte doch niemand den Zweikampf wagen, der ihnen als der sichere Tod erschien.*

*Viele sagten auch, daß sie dieses Schicksal verdient habe, da sie schon so viele zurückgewiesen habe, und daß die Ehe mit Harek ihren stolz mindern würde.*

Der Kampf um die Königstochter ist die Sagen-Variante des Kampfes des des Tyr und des Loki um die Jenseitsgöttin, denn ohne diese war es demjenigen dieser beiden Götter, die sich gerade im Jenseits befanden, nicht möglich, sich mit ihr wiederzuzeugen und dann anschließend wiedergeboren zu werden. Zu diesem Thema gehört nicht nur Lokis Raub der Idun, Thryms Verlangen nach Freya sowie Freya und Sif als Lohn für den Riesenbaumeister (Tyr als Riese), sondern auch die zentralen Themen in fast allen indogermanischen Nationalepen, in denen es um den Streit zweier Könige um die „schönste Frau" geht.

*Sie hatte einen Diener mit dem Namen Eymund, der ein ihr treuer Mann war und dem sie in allen Dingen vertrauen konnte.*

*Diesen Mann rief sie an demselben Tag sofort zu sich und sprach zu ihm: „Es ist nicht ratsam zu schweigen. Ich will, daß Du ein Boot nimmst und zu der Insel ruderst, die jenseits der fruchtbaren Felder liegt und 'Vifils Insel' genannt wird. Auf dieser Insel steht ein Bauernhaus. Dorthin mußt Du gehen und dort mußt Du morgen bei Nachtanbruch ankommen. Du mußt den Bauernhof durch die westliche Tür betreten und wenn Du eingetreten bist,wirst Du einen sehr aufmerksamen alten Mann und eine ältere Frau sehen – sonst wirst Du dort niemanden sehen.*

*Sie haben einen Sohn mit dem Namen Viking, der nun fünfzehn Jahre alt und ein Mann von sehr großen Fähigkeiten ist, aber er wird nicht da sein. Ich hoffe, daß er uns in unseren Sorgen helfen kann – wenn nicht, glaube ich kaum, daß es irgendeine Hilfe für uns geben wird.*

*Du mußt Dich verborgen halten, aber wenn Du eine dritte Person siehst, dann wirf diese Botschaft in ihren Schoß und eile wieder heim."*

Der Ort, von dem die Rettung kommen könnte, ist eine Insel, die „jenseits der fruchtbaren Felder" liegt – dies wird wahrscheinlich ursprünglich die Jenseitsinsel gewesen sein, die jenseits des fruchtbaren Midgard im Wasser-Jenseits liegt.

Der altnordische Männername „Vifil" leitet sich vermutlich von dem germanischen „Wiwaz" her und bedeutet „Priester, Geweihter". Möglicherweise ist „Vifil" aber auch eine Umdeutung und die Insel ist früher einmal nicht „Insel des Geweihten", sondern „geweihte Insel" genannt worden, was eine passender Bezeichnung für die Jenseitsinsel wäre.

Ein Mann auf einer Insel, der große Fähigkeiten hat und „Priester, Geweihter, Heiliger" heißt, ist mit recht sicher eine Sagen-Variante des ehemaligen Göttervaters Tyr auf der Jenseitsinsel. Dasselbe Motiv findet sich später in dieser Saga noch einmal als der Einsiedler mit dem Namen 'Brenner'.

Der Alte muß dieser Symbolik gemäß ursprünglich der alte Tyr als Riese gewesen sein und seine Frau die Jenseitsgöttin.

Sowohl der Feind als auch der Retter kommen in dieser Saga aus einem symbolischen Jenseits: Harek von „hinter den Bergen" (wo bekanntlich auch die Zwerge, d.h. die Totengeister wohnen) und Vifil von der Insel jenseits des fruchtbaren Landes (= Diesseits).

Eymund hat in dieser Saga eine ähnliche Aufgabe wie Hermod im Baldur-Mythos, Skirnirs in den Freyr-Mythen und Thialfi in den Thor-Mythen – er ist eine Sagen-Variante des Schamanen-Priesters, der am Morgen bzw. im Frühjahr den Sonnengott-Göttervater mit Hymnen in das Diesseits zurückruft.

Der Westen ist die Richtung des Sonnenuntergangs und somit des Jenseitstores – was die Auffassung des Eymund als Sagen-Variante des in das Jenseits reisenden Schamanen bestätigt.

*Eymund bestieg ohne zu zögern mit elf Männern ein Schiff und segelte zu Vifils Insel. Er ging an Land und lief zu dem Bauernhof, wo er die Wohnhalle fand und sich hinter die Tür stellte. Der Bauer saß mit seiner Frau beim Feuer und er schien Eymund ein Mann mit einem Mut-erfüllten Angesicht zu sein. Das Feuer war fast ganz herabgebrannt und der Raum wurde nur schwach von der Glut erleuchtet.*

*Die Frau sagte: „Mein lieber Vifil, ich denke, daß es gut für uns wäre, wenn unser Sohn zu uns kommen würde, denn niemand ist für einen Zweikampf bereit und der Kampf mit Harek steht kurz bevor."*

*„Ich glaube, das ist nicht ratsam, Eimyrja," antwortete er, „denn unser Sohn ist noch jung und übereilig, ehrgeizig und unvorsichtig. Es wird sein schneller Tod sein, wenn er zu einem Kampf mit Harek gesandt wird. Aber es ist an Dir, diese Angelegenheit so zu regeln, wie es Dir am besten scheint."*

Der Name „Eimyrja" bedeutet „Glut" und ist auch als der Name einer Riesin bekannt. Sie ist wie Hunvor die Jenseitsgöttin – Eimyrja ist jedoch die Göttin als die (alte) Wiedergeburts-Mutter und Hunvor die Göttin als die (junge) Wiederzeugungs-Geliebte. Es ist beachtenswert, daß Vifil die Entscheidung über den evtl. Zweikampf des Viking mit Harek Eimyrja überläßt – da diese Entscheidungsgewalt eigentlich beim Hausherrn/Vater lag, könnte dies Detail eine Erinnerung an die Macht der Jenseitsgöttin sein.

In den Sagas wird in der Regel nur die Mythen-Motive übernommen, aber nicht die ursprünglichen Zusammenhänge, in denen diese Motive gestanden haben – daher treten diese „Mythen-Bausteine" oft mehrfach in einer Saga auf und stehen in ihrem neuen Arrangement bisweilen auch im Widerspruch zu ihrer Funktion in den Mythen. So finden sich die Motive aus den Tyr-Mythen in dieser Saga sowohl bei Harek als auch bei seinem Gegner Viking.

*Da öffnete sich eine Tür an der Rückseite des Bauernhauses und ein Mann von stattlichem Körperbau trat ein und nahm auf dem Sitz neben seiner Mutter Platz.*

*Eymund warf die Botschaft auf den Schoß des Viking, rannte zum Schiff, kam zurück zu Hunvor und berichtete ihr, daß er seinen Auftrag vollbracht habe.*

*„Nun muß das Schicksal die Sache in die Hand nehmen, " sagt Hunvor.*

*Viking nahm die Botschaft, in der er Grüße von der Königstochter fand und zudem das Versprechen, daß sie seine Frau werden würde, wenn er mit Harek Eisenkopf kämpfen würde.*

*Da erblaßte Viking und als Vifil dies sah, frug er, welch eine Botschaft dies sei.*

*Viking zeigte ihm die Botschaft.*

*„Das habe ich gewußt, " sagte Vifil, „und es wäre besser gewesen, Eimyrja, wenn ich die Sache selber entschieden hätte, als wir vor kurzem darüber gesprochen haben. Aber was rätst Du? "*

*Viking sagte: „Wäre es nicht gut, die Königstochter zu retten? "*

*Vifil antwortete: „Es wird Dein plötzlicher Tod sein, wenn Du mit Harek kämpfst. "*

*„Ich werde es wagen, " antwortete Viking.*

*„Dann kann man dem nicht mehr abhelfen, " sagte Vifil, „aber ich werde Dir eine Beschreibung von ihm und von seiner Familie geben.*

*Tirius der Große war König von Indien. Er war in jeder Hinsicht ein vorzüglicher Herrscher und seine Frau war eine sehr edle Frau, mit der er nur eine einzige Tochter hatte, die Trona hieß. Sie war die Schönste unter den Schönen und, im Gegensatz zu den meisten ihres Geschlechts, übertraf sie alle anderen Königstöchter an Weisheit. "*

Indien ist, wie bereits gesagt, sehr wahrscheinlich eine Saga-Variante des Jenseits. Der Name „Tirius" ist eine Lateinisierung des Namens des ehemaligen Göttervaters Tyr. Die Vermutung, daß die Erzählung über Harek Eisenkopf aus den Tyr-Mythen heraus entwickelt worden ist, ist somit ausgesprochen wahrscheinlich.

Seine Frau wird daher ursprünglich die Jenseitsgöttin Frigg oder Freya gewesen sein. Da die Jenseitsgöttin, die zunächst die Wiederzeugungs-Geliebte und dann die Wiedergeburts-Mutter des Tyr und der Toten allgemein gewesen ist, oft zur Tochter des Göttervaters umgedeutet worden ist, wird auch Trona Tirius-Tochter die Jenseitsgöttin sein. Möglicherweise ist ihr Name eine Latinisierung des Namens der Göttin Thrudr.

*Die Saga muß auch über einen Mann mit dem Namen Kol berichten, über den viele gute Dinge erzählt werden: zunächst, daß er groß wie ein Riese war, übel aussah wie der Teufel und so bewandert in den Schwarzen Künsten, daß er genausogut durch die Erde wie auf ihr gehen konnte, Sterne und Rosse zusammenkleben konnte, und aß er außerdem ein so großer Gestaltwandler war, daß er die Gestalt verschiedener Tiere annehmen konnte. Manchmal ritt er auf dem Wind oder ging durch das Meer und er hatte einen so großen Buckel auf seinem Rücken, daß selbst dann, wenn er aufrecht stand, sein Buckel über seinen Kopf hinaufragte.*

*Dieser Kol zog mit einem großen Heer nach Indien, tötete Tirius, nahm Trona zur Frau und unterwarf Land und Leute. Er hatte mit Trona viele Kinder, die alle mehr nach ihrem Vater als nach ihrer Mutter gerieten.*

*Kol wurde 'Buckelrücken' genannt.*

Wenn Tirius auf Tyr zurückgeht, dann muß Kol eine Sagen-Variante seines Feindes Loki sein. Dazu paßt, daß Kol Tirius tötet, daß er wie Loki mit seinen Flugschuhen durch die Lüfte gehen kann, daß er wie dieser die Gestalt verschiedener Tiere annehmen kann und ein großer Zauberer ist. Auch der Raub der Trona wird ein Motiv aus den Mythen des Tyr und des Loki sein, da sich diese beiden gegenseitig die Frau, d.h. die Jenseitsgöttin raubten, um sich mit ihr zu vereinen und durch die wiedergeboren zu werden und dann das Jenseits verlassen zu können. Der Name „Kol" leitet sich von „Kolr" für „Kohle" ab und entspricht Loki als dem Gott der finsteren Unterwelt, aber auch dem Tyr-Beinamen „Surt", d.h. „Schwarzer", den er als Gott im Jenseits trug, in dem er als „schwarze Sonne" aufgefaßt worden ist.

Interessant ist in diesem Zusammenhang der Buckel des Kol, da dieser in den Loki-Mythen nicht vorkommt.

*Er besaß drei rare Schätze. Diese waren: ein Schwert, das so mächtig war, daß zu dieser Zeit niemand ein besseres schwang, und der Name dieses Schwertes war Angervadil; ein weiterer dieser Schätze war ein goldener Ring, der Gleser genannt wurde; der dritte war ein Horn, das mit einem Trank von solch einer Beschaffenheit gefüllt war, daß jeder, der von seinem unteren Teil trank, sofort von der Krankheit, die man Lepra nennt, befallen und so vergeßlich wird, daß er sich an nichts aus der Vergangenheit erinnern kann; aber wenn man von dem oberen Teil dieses Hornes trinkt, wird die Gesundheit und die Erinnerung sofort wiederhergestellt.*

Schwert, Ring und Horn sind die drei Schätze des Tyr, die u.a. auf dem Runenstein von Drävle dargestellt werden.

Das Schwert ist das magische Sonnen-Schwert des Schwertgottes, daß er auch als Tyr-Riese unter dem Namen Surtur in seiner Hand hält. Oben in der Mitte des Runensteines ist ein Mann mit Schwert zu sehen, der die Schlange ersticht, auf der die Runen geschrieben stehen – die Wurzel dieses Motivs geht über Ragnar, Sigurd und Beowulf letztlich auf den Kampf des Himmelsgottes mit dem Drachen, der den Regen geraubt hat, zurück. Der Schwertname „Angervadil" bedeutet wahrscheinlich „Sorgen-Schwinger", d.h. „das, was geschwungen wird und dadurch Sorgen bereitet". Siehe dazu auch den Band 41 über die Drachen sowie das Kapitel „Schwert" in Band 66.

Der Ring ist ursprünglich ein Symbol der Sonne und somit der Wiedergeburt

*Runenstein von Drävle*

gewesen – deshalb ist er auch immer der wichtigste Teil in allen von den Drachen bewachten Schätzen. Die Drachen sind „große Schlange" und die Schlangen sind wiederum ein Symbol für die Totengeister, das bis in die späte Altsteinzeit zurückreicht. Auf dem Runenstein ist oben links der Tyr-Zwerg Andvari mit dem Ring Draupnir zu sehen. Siehe dazu auch das Kapitel „Ring" in Band 57.

Das Trinkhorn war ein wichtiger Ritualgegenstand, der in der Form der beiden Goldhörner von Gallehus am bekanntesten ist. Aus ihm wurde der Ritualmet getrunken, der symbolisch dem griechischen Ambrosia, dem indischen Soma und dem persischen Haoma entspricht – er ist der Trank der Wiedergeburt. Da er mit dem Tod verbunden war, war er auch der Trank des Vergessens, der als Zaubertrank z.B. von Grimhild dem Sigurd gereicht wird, damit dieser Brünhild vergißt. Dieser Ritualtrank wird auf dem Runenstein oben rechts von einem Priester in einem langen Gewand getragen. Siehe dazu auch das Kapitel „Horn" in Band 57.

Unten auf dem Runenstein findet sich noch eine der vielen Varianten des Hrungnir-Herzens und in der Mitte das sehr beliebte germanische Sonnensymbol, das aus einem Kreis und einem Kreuz bestand und das allmählich zu einem Variante des christlichen Kreuzes umgedeutet worden ist.

In der Saga ist Kol, d.h. Loki im Besitz dieser drei magischen Gegenstände, die sich Tyr und Loki immer wieder gegenseitig rauben.

*Das älteste Kind des Kol und der Trona war Björn Blauzahn. Sein Zahn war von blauer Farbe und ragte eineinhalb Ellen lang aus seinem Mund heraus und mit diesem Zahn tötete er oft, wenn in einer Schlacht war oder wenn ihn die Wut überkam, andere Leute.*

Die Farbe Blau wurde so eng mit dem Jenseits assoziiert, daß auch Hel halb blau und halb Haut-Farben war und man die toten „Blau-Menschen" nennen konnte.

*Dis war eine Tochter des Kol.*

„Dis" ist ein altes Wort für „Göttin", das die Femininform von „Diar" ist. beides sind Ableitungen von dem Namen Tyr – ähnlich wie das lateinische Dea und Deus. Diese beiden Namen kamen nach der Zeit, in der Tyr der Göttervater gewesen ist, also nach 500 n.Chr. allmählich außer Gebrauch.

Dis ist wie Hunvor eine Sagen-Variante der Jenseitsgöttin, die hier als Sagen-Motiv mehrfach auftritt.

*Das dritte Kind des Kol und der Trona hieß Harek, dessen Kopf schon im Alter von sieben Jahren vollkommen kahl war und dessen Schädel hart wie Stahl war, weshalb er Harek Eisenkopf genannt wurde.*
*Das vierte Kind hieß Ingjald. Seine Oberlippe maß eine Elle von der Nase aus gemessen, weshalb er Ingjald Schnauze hieß.*

Kol hat wie Tyr drei Söhne, die ehemals die Repräsentanten der drei Stände gewesen sind, und eine Tochter, die die umgedeutete Jenseitsgöttin ist.
Diese Fülle an Details macht die Auffassung, daß diese Erzählung ihre Wurzeln in den Mythen über Tyr und Loki hat, sehr sicher.

*Es war ein Zeitvertreib der Brüder wenn sie daheim waren, daß Björn Blauzahn seinen Zahn in den Schädel seines Bruders Harek stieß.*
*Keine Waffe konnte die Lippe des Ingjald Schnauze durchstechen.*
*Durch Zaubersprüche hatte Kol der Bucklige es erreicht, daß keiner seiner Nachkommen anders als durch das Schwert Angervadil getötet werden konnte – kein anderes Eisen konnte sie verletzen.*

Auch diese Beinahe-Unverwundbarkeit ist ein Motiv aus den Tyr-Mythen. Als Kriegsgott und Göttervater ist es kaum möglich Tyr zu töten – außer eben mit seinem eigenen Schwert oder mit einer andere spezielle Waffe (meistens eine Keule).

*Doch als Kol alt genug geworden war, starb er einen schrecklichen Tod. Zu dieser Zeit ist Trona schwanger gewesen und gebar einen Sohn, der nach seinem Vater ebenfalls Kol genannt wurde – und er sah nicht nur so aus wie sein Vater, sondern glich ihm auch von seinem Wesen. Als er ein Jahr alt war, war Kol zu den anderen Kindern so gemein, daß er Kol der Verschlagene genannt wurde.*

Kol der Jüngere ist offensichtlich sein eigener wiedergeborene Vater – ein weiteres Motiv aus den Mythen des Tyr und des Loki: Der Wintergott Loki wird im Herbst wiedergeboren und kehrt dann aus dem Jenseits zurück und tötet Tyr – und der

Sommergott Tyr wird im Frühjahr wiedergeboren und kehrt aus dem Jenseits zurück und tötet Loki.

Der Beiname des Kol paßt gut zu Loki, der der listige Gott und der Verursacher fast allen Leides gewesen ist.

*Dis heiratete Jokul Eisenrücken, einen blauen Berserker.*

Wahrscheinlich sind Harek Eisenkopf und sein Schwager Jokul Eisenrücken Sagen-Varianten der beiden 'Alcis' genannten Pferdezwillinge des ehemaligen Göttervaters Tyr, die in den späteren Odin-Mythen zu dem achtbeinigen Doppelpferd Sleipnir wurden. Auch einer der Eisriesen trägt den Namen 'Jokul'. Das Eisen ist zum einen ein Symbol der Beinahe-Unverwundbarkeit der beiden und zum anderen auch ein Symbol des Jenseits – das Eisen und das Jenseits wurde in den meisten frühen Kulturen miteinander assoziiert, weil Eisen zunächst nur als Meteor-Eisen bekannt war, das als heruntergefallene Stücke des Himmels und somit des Jenseits aufgefaßt worden ist.

Vermutlich wird hier nicht mehr genau zwischen „Riese" und „Berserker" unterscheiden. Die Farbe Blau ist wieder ein Hinweis darauf, daß Jokul Eisenrücken ein Wesen des Jenseits ist.

*Sie und ihre Brüder teilten das Erbe ihres Vaters in der Weise unter sich auf, daß Dis das Horn erhielt, Björn Blauzahn das Schwert, Harek den Ring, Ingjald das Königreich und Kol den persönlichen Besitz.*

*Drei Winter nach dem Tod des Königs Kol heiratete Trona Jarl Herfinn, den Sohn des Königs Rodmar von Marseraland. Im ersten Winter nachdem sie geheiratet hatten, gebar sie ihm einen Sohn, der Framar genannt wurde und ein Mann von großen Fähigkeiten war und sehr verscheiden von seinen Brüdern war.*

In dem „Lied über Helgi Hiörvard-Sohn" sind die Namen der Priester-Urbilder des Tyr und des Loki erhalten geblieben, die dem Hermod des Odin, dem Thialfi des Thor, dem Skirnir des Freyr und der Röskwa der Sif entsprechen: Der in die Mythen übertragene Priester des Tyr heißt dort Atli und der entsprechende Priester des Loki Franmar. Der Framar aus der Saga über Thorstein Viking-Sohn und der Franmar aus dem Helgi-Lied werden sicherlich identisch miteinander sein.

Der Verfasser der Thorstein-Saga hat offensichtlich die alten Mythen über Tyr und Loki noch sehr gut gekannt und die ihm bekannten Details allesamt in diese Saga eingebaut und einen sehr großen Teil von ihnen in diesen Bericht des Vifil über die Sippe des Harek eingebaut.

*„Nun scheint mir," fuhr Vifil fort, „daß Du Dein Leben nicht in einem Zweikampf mit diesem Hel-starken Mann, den kein Eisen verletzen kann, wagen solltest."*

„Da widerspreche ich Dir," antwortete Viking, „ich werde es wagen – was auch immer das Ergebnis sein wird."

Als er sah, daß es Viking völlig ernst damit war, mit Harek zu kämpfen, sagte Vifil: „Ich werde Dir noch mehr über die Söhne des Kol erzählen.

Vesete und ich waren einst Wächter des Landes des Königs Haloge. Während der Sommermonate strebten wir an, Krieg zu führen. Da trafen wir einst im Grenings-Sund auf Björn Blauzahn und wir kämpften in solcher Weise mit ihm, daß Vesete Björns Hand mit seiner Keule zerschmetterte, sodaß sein Schwert aus seiner Hand fiel. Ich ergriff das Schwert und stieß es durch ihn – so verlor er sein Leben. Seit jener Zeit habe ich dies Schwert getragen und nun gebe ich es Dir, mein Sohn."

Dann holte Vifil das Schwert und gab es Viking, dem es sehr gefiel.


Björn Blauzahn ist der Sohn des Kol, der das Schwert Angervadil geerbt hatte, das die einzige Waffe ist, mit der die Kinder des Kol getötet werden können. Vifil hat es Björn Blauzahn abgenommen und gibt es nun seinem Sohn Viking, der dadurch überhaupt erst eine Chance erhält, Harek zu besiegen.

Der Sieg über den Schwertträger durch die Keule stammt aus den Tyr-Mythen: Loki hat sehr wahrscheinlich den Schwertgott Tyr mithilfe einer Keule besiegt. Auch der Streit um das magische Schwert wird aus den Tyr-Mythen stammen.


Viking bereitete sich für die Reise vor, bestieg ein Boot und kam an dem für den Zweikampf festgelegten Tag zu der Halle des Königs. Dort waren alle traurig und niedergeschlagen.

Viking ging zu dem König und grüßte ihn.

Der König frug ihn nach seinem Namen.

Viking antwortete ihm der Wahrheit gemäß.

Hunvor saß auf einer Seite des Königs.

Da frug Viking, ob sie ihn zu kommen gebeten habe.

Das bestätigte sie.

Viking frug ihn, welche Bedingungen er ihm dafür bieten würde, wenn er den Holmgang mit Harek wagen würde.

Da antwortete der König: „Ich werde Dir meine Tochter zur Frau geben und dazu eine passende Mitgift."

Viking willigte darin ein und wurde Hunvor versprochen – aber man war allgemein der Meinung, daß es sein sicherer Tod sein würde, wenn er mit Harek kämpfen würde.

Da ging Viking von dem König und seinen Leuten begleitet zu dem Holm.

Auch Harek kam dorthin und frug, wer mit ihm zu kämpfen bestimmt worden sei.

Viking trat vor und sagte: „Dieser Mann bin ich."

Darauf entgegnete Harek: „Mir scheint, daß ein Einfaches sein wird, Dich zu Boden zu schlagen, denn ich weiß, daß es Dein Ende sein wird, wenn ich Dich mit *meiner Faust schlage."*

*„Mir scheint jedoch," erwiderte Harek, „daß es Dir doch nicht als eine so leichte Sache vorkommt, mit mir zu kämpfen, denn Du zitterst ja schon beim meinem bloßen Anblick!"*

*Harek entgegnete:„So ist es nicht und mir scheint, daß ich Dein Leben schonen muß, da Du so willig in den offenen Rachen des Todes gehst. Du schlägst den Holmgang-Regeln zufolge als erster, denn ich bin der Herausforderer in diesem Zweikampf – und währenddessen werde ich vollkommen still stehen, denn ich fürchte keinerlei Gefahr."*

*Da zog Viking sein Schwert Angervadil, von dem ein Blitz zu zucken schien.*

Das „blitzende Schwert" könnte zwar einfach nur ein Schilderung des glänzenden Metalls sein, aber da auch Surturs Schwert als leuchtendes Sonnenschwert beschrieben wird, wird auch dieses grelle Licht eine Erinnerung an die Vorstellungen über das Schwert des Tyr sein.

*Als Harek dies sah, sagte er: „Ich hätte niemals mit Dir gekämpft, wenn ich gewußt hätte, daß Du Angervadil besitzt! Und es wird wohl so kommen, wie es mein Vater gesagt hat: daß ich und meine Brüder und meine Schwester alle nur ein kurzes Leben haben werden – alle außer dem, der seinen Namen trägt. Es war ein großes Unglück, daß Angervadil aus der Hand der Familie verlorengegangen ist!"*

*In dem Augenblick schlug Viking auf Hareks Schädel und spaltete seinen Leib von einem Ende zum anderen – und das Schwert steckte von der Wucht bis zum Griff in der Erde.*

*Da brachen die Männer des Königs in lautes Siegesgeschrei aus und der König ging voller Freude zu seiner Halle zurück.*

*Da bereiteten sie das Hochzeitsfest vor, aber Viking sagte, daß er noch nicht zur Hochzeit bereit sei, „sie soll mir versprochen bleiben," sagte er, und daß sie für drei Jahre niemand anderem verheiratet werden solle, und daß er in der Zeit auf Raubfahrt gehen werde.*

---

In den Sagas wurde der Kampf zwischen Tyr und Loki bzw. die späteren Variante diesen Kampfes, also der zwischen Tyr und Thor, zu dem Kampf eines Helden gegen einen Krieger, der dem Tyr-Riesen im Jenseits ähnelt, umgedeutet.

---

## 5. l)   Gylfis Vision

*Auch heißt es so:*

*Wigrid heißt das Feld, wo sich zum Kampf einfinden*
*Surtur und die seligen Götter.*
*Hundert Rasten mißt es in beide Richtungen:*
*Dieses Feld ist für sie bemessen worden."*

> Auch der Ragnarök-Kampf zwischen den Göttern und den Riesen findet auf einem abgesteckten Schlachtfeld statt.

## 5. m)   Die Saga über Sturlaug den Mühen-Beladenen

*Da machte sich Heming bereit und brach zusammen mit elf Männern auf und sie kamen am Jul-Abend zu der Halle des Königs und traten vor ihn und grüßten ihn ehrerbietig.*

*Der König nahm ihre Grüße wohlwollend entgegen und ließ den Ehrenplatz räumen und setzte Heming neben sich und sie tranken die Jul-Tage über in guter Eintracht.*

*Aber als die zwölfte Nacht kam, wollte der König mit Heming sprechen. Der König sagte: „Mir steht ein Zweikampf bevor und ich hoffe, daß Du mich von ihm befreist und meinen Platz gegen Kol den Zauberkundigen einnimmst."*

*Heming sagte: „Ich wüßte nicht, daß Du mir so viel geboten hast, daß ich mein Leben für Dich wagen würde. Es scheint mir sehr wahrscheinlich, daß wir es hier nicht mit einem mutigen Mann, sondern eher mit einem Troll zu tun haben.*

*Der König sagte: „Ich habe Dich gefragt, weil der größte Krieger in diesem Land bist. Wenn es Dir nicht gelingt, dann bezweifle ich, daß es irgendein anderer tun kann. Doch wenn Du von dieser Fahrt zurückkehrst, dann werde ich Dich reich mit Gold und Silber belohnen."*

*Heming sagte: „Es ist wahr, was man sagt, daß für einen alten Mann nichts ein Wagnis ist – und so ist es auch hier. Der alte Baum ist der, der am wahrscheinlichsten umstürzen wird. Ich übernehme diese Fahrt.*

*Der König sagte: „Mutigster der Mutigen zu Land und zur See – es war zu erwarten, daß Du das Richtige tun würdest!"*

> Der Zweikampf eines Königs gegen einen zauberkundigen Mann wird auf den Kampf des Tyr mit Loki zurückgehen.

## 5. n)   Die Saga über Thorstein Haus-Macht

*Als es Morgen wurde, standen sie zeitig auf. Godmud wurde zu der Halle des Königs geleitet. Der König grüßte ihn freundlich.*

*„Nun würden wir gerne wissen,“ sprach der König, „Ob Du mir dieselbe Ehrerbietung zeigen willst wie Dein Vater – dann werde ich Deine Titel noch vermehren. Du wirst Reisen-Land behalten, wenn Du mir einen Eid schwörst.“*

*Godmund antwortete: „Es ist nicht rechtens, von einem so jungen Mann wie mir einen Eid zu verlangen.“*

*„So sei es,“ sagte der König.*

*Da nahm der König einen samtenen Kittel und streifte ihn Godmund über und gab ihm den Titel eines Königs. Dann nahm er ein großes Horn und trank für Godmund. Anschließend nahm dieser das Horn und dankte dem König. Dann erhob sich Godmund und stieg auf das Fußbrett vor dem Sitz des Königs und schwur feierlich, daß er niemals einem anderen König dienen oder ihm Gehorsam zollen würde, solange Geirröd lebte.*

Dieser Eid scheint dem Wortwechsel zwischen Godmund und Geirröd direkt zuvor zu widersprechen. Dieser Eid scheint sich jedoch formal von dem üblichen Eid zu unterscheiden, wie die Antwort des Geirröd zeigt:

*Der König dankte ihm und sagte, daß ihm dies mehr wert scheine als wenn er einen Eid geschworen hätte. Da trank Godmund aus dem Horn und setzte sich auf den Hochstuhl.*

*Die Männer waren glücklich und fröhlich.*

*Neben Jarls Agdi waren zwei Männer, die Jokull und Frosti genannt wurden.*

„Jokull“ bedeutet „Eiszapfen, Gletscher“ und „Frosti“" bedeutet „Frostiger, Eisiger“. Sie sind beide auch aus anderen Sagas als Riesen bekannt.

*Sie waren neidisch auf Godmund. Jokull griff einen Stierknochen und warf ihn auf Godmunds Männer. Thorstein sah dies und ergriff ihn im Flug und warf ihn zurück und er traf Gustar mitten im Gesicht, sodaß seine Nase brach und ihm alle Zähne ausgeschlagen wurden und er ohnmächtig niederfiel.*

Thorsteinn ist unsichtbar mit zu dem Fest gekommen.

Der Name „Gustar“ bedeutet „kalter Windstoß“ (englisch „gust“). Er gehört offenbar zu derselben Riesen-Sippe wie Jokul und Frosti.

Der Streit zwischen Godmunds Männern und Agdis Männern könnte eine Variante des Streites zwischen Thor und Geirröd sein.

Der ehemalige Göttervater Tyr mit seinen beiden Pferde-Söhnen (Alcis) wurde in der Thorsteinn-Saga zu Godmund und seinen beiden Begleitern. In der Geirröd-Mythe hat Thor diese Helden-Rolle übernommen und die beiden Söhne des Tyr durch Loki und Thialfi ersetzt.

Der ehemalige Göttervater Tyr mit seinen beiden Freuen Freya und Frigg, die die zweifache Göttin des Diesseits und des Jenseits waren, wurde in der Geirröd-Mythe zu Geirröd und seinen beiden Töchtern Grip und Gjalp. In der Thorsteinn-Saga behielt Geirröd den Charakter des „guten Gottes" und wurde zum „guten König". Die Rolle des Gegners übernahmen der Riesen-Jarl mit seinen beiden Riesen-Begleitern Jokul und Frosti.

*König Geirröd wurde wütend und frug, wer dort Knochen über die Tafel warf. Er sagte, daß sie, bevor alles vorüber sei, herausfinden würden, wer der Stärkste im Steinewerfen sei.*

*Der König rief zwei Männer, Drott und Hosvi, herbei und sagte zu ihnen: „Geht und nehmt meine Goldkugel und bringt sie herbei."*

Der Name „Drott" bedeutet „Kriegerschar, Gefolge" und der Name „Hosvi" bedeutet vermutlich „Haus-Priester" oder „Ergrauter". Offensichtlich sind die Namen in dieser Saga alle sehr bewußt gewählt worden.

*Sie gingen fort und kehrten mit dem Kopf eines Seehundes zurück, der zehn Fjortunge wog. Er glühte und sprühte Funken wie eine Schmiede-Esse und aus ihm troff Fett wie glühendes Pech heraus.*

Leider ist nicht bekannt, wieviel Gramm einem Fjortung („Vierzehner") entsprechen.

Dieser „Seehund-Kopf" erinnert sehr an das glühende Stück Eisen, daß Geirröd in der Geirröd-Mythe nach Thor warf. Und das dieser auffing und nach ihm zurückwarf und dadurch den Riesen tötete. In der Geirröd-Mythe scheint dieses Eisenstück Thors Hammer Mjöllnir zu sein – hier wird dieses Wurfobjekt auch „Seehundkopf" und „Goldkugel" genannt, was zum einem an Heimdalls Seehund-Gestalt bei seinem Kampf mit Loki erinnert und zum anderen daran, daß Tyr eng mit der Sonne assoziiert gewesen ist.

*Der König sagte: „Nehmt nun diese Kugel und werft sie einander zu. Wer sie fallenläßt, soll ein Ausgestoßener werden und all seine Besitztümer verlieren, und jeder, der nicht teilzunehmen wagt, soll ein Feigling heißen."*

*Da warf Dottur die Kugel zu Fullsterk. Er schnappte ihn mit einer Hand. Thorsteinn sah, das ihm seine Kraft nicht reichte und griff nach dem Ball. Sie warfen ihn zu Frosti, der am weitesten von der Bank der Krieger entfernt saß.*

Die „Krieger" sind Godmund und sein Gefolge.
Thorsteinn hilft nun unsichtbar den Männern des Godmund.


*Frosti fing die Kugel mit mächtiger Kraft auf, aber sie kam seinem Gesicht so nahe,
daß sein Wangenknochen brach. Er warf die Kugel nach Allsterk.*

*Dieser fing sie mit beiden Händen, aber er hätte sich nach hinten übergebeugt,
wenn Thorsteinn ihm nicht geholfen hätte.*

*Allsterk warf die Kugel schnell nach Jarl Agdi, der sie mit beiden Händen aufing.
Fett tropfte in seinen Bart und setzte ihn in Brand, weshalb er ihn schnell loswerden
wollte und ihn nach König Godmund warf.*

*Godmund wiederum warf ihn nach König Geirröd. Er wich ihm aus und die Kugel
traf Drottur und Hosvir und tötete beide. Die Kugel flog durch ein Glasfenster und
hinaus in den Graben, der rings um die Stadt gezogen worden war. Dort loderten nun
Flammen empor.*

*Das Spiel war vorbei.*


Das Hin- und herwerfen des glühenden Eisens zwischen Thor und Geirröd ist hier
zu einer längeren Szene ausgebaut worden.

Thors Wurf des Eisenstückes durch eine Säule in der Halle des Geirröd erscheint in
der Thorsteinn-Saga als Wurf der Kugel durch ein Fenster der Halle.

Der Tod der beiden Diener des Geirröd durch den Wurf des Godmund entspricht in
der Geirröd-Mythe dem Tod der beiden Riesinnen durch Thor, der in der Thorsteinn-
Saga dem Godmund entspricht.


*Die Männer begannen nun zu trinken. Jarl Agdi sagte, daß sein Gemüt stets erbebe,
wenn er in die Nähe der Männer des Godmund kam.*

*Am Abend gingen Godmund un seine Männer schlafen. Sie dankten Thorsteinn für
seine Hilfe, die sie vor Unglück bewahrt hatte.*

*Thorsteinn sagte, daß dies nicht der Rede wert sei, „aber welche Art der Unter-
haltung werden wir wohl morgen haben?"*

*„Der König wird uns ringen lassen," sagte Godmund, „und sie werden sich zu
rächen versuchen, da sie viel stärker als wir sind."*

*„Das Glück des Königs wird uns stärken," sagte Thorsteinn, „und vergeßt nicht,
daß ihr euch in meine Richtung stellt."*

*Dann gingen sie für diese Nacht schlafen.*

*Am Morgen folgte jeder seinen eigenen Vergnügungen, während die Diener die
Tafel deckten.*

*König Geirröd frug, welche Männer ringen wollten und sie antworteten, daß er* wählen solle. Sie entkleideten sich und begannen zu miteinander zu ringen. Thorsteinn fand, daß er noch nie einen derartiges Aufeinanderprallen gesehen habe. Jeder zitterte vor Furcht, wenn er niederfiel – und Jarl Agdis Männer begannen zu verlieren.

Frosti fiel zu Boden und frug: „Wer will gegen mich antreten?"

„Es wird schon jemand wollen," sagte Fullsterk.

Sie griffen einander an und es entstand ein großer Kampf und Frosti war deutlich der Stärkere. Die Kämpfenden kamen näher zu Godmund. Frosti hob Fullsterk bis zu seiner Brust empor, aber mußte sich dafür nach hinten beugen. Da trat Thorsteinn in mit seinem Fuß von hinten in die Knie, sodaß Frosti nach hinten überfiel und Fullsterk auf ihm lag. Frostis Genick war gebrochen und ebenso seine Ellenbogen.

Er stand langsam auf und sagte: „Du bist nicht allein in diesem Kampf – und warum stinkt es eigentlich so übel rings um Dich?"

„Deine Nase ist zu nah an Deinem Mund," sagte Fullsterk.

Da erhob sich Jokul und Allsterk trat gegen ihn an und das Aufeinanderprallen war noch härter als beim vorigen Kampf. Jokul war der stärkere und trug Allsterk zu der Bank, bei der Thorsteinn stand. Dann wollte Jokul Allsterk wieder von der Bank zerren und hielt ihn fest. Jokul zog so heftig, daß er bis zu den Knöcheln in den Hallenboden einsank, doch Thorsteinn zog Allsterk plötzlich von ihm fort, sodaß er nach hinten überstürzte und sich das Fußgelenk auskugelte.

Allsterk ging zu der Bank, aber Jokuk erhob sich und sagte: „Wir können nicht alle Männer auf dieser Bank sehen."

Geirröd frug Godmund, ob er ringen wolle.

„Ich habe," antwortete er, „bisher noch nie gerungen, aber ich werde das Angebot nicht ausschlagen."

Der König gebot Jarl Agdi, seine Männer zu rächen.

Dieser antwortete, daß es eine lange Zeit her sei, daß er gerungen habe, aber daß er sich dem Gebot des Königs nicht widersetzen werde.

Da entkleideten sie sich. Thorsteinn fand, daß er noch nie einen solchen Trollartigen Körper wie bei Agdi gesehen hatte. Er war Tod-blau. Godmund trat gegen ihn an. Seine Haut war weiß.

Die Hautfarben der beiden Kämpfer kennzeichnen Agdi als ein Geschöpf des Jenseits und Godmund als ein Wesen aus dem Diesseits.

Jarl Agdi rannte voller Wut auf ihn zu und er umfaßte Godmunds Seite so heftig, daß er sie bis auf die Knochen eindrückte und sie schwankten durch die ganze Halle. Als sie dorthin kamen, wo Thorsteinn war, begann Godmund zu ringen und brachte Agdi geschickt ins Wanken. Thorstein warf sich vor die Füße des Jarls, sodaß er über ihn stürzte und auf seine Nase krachte und sich sie sowie vier Zähne brach.

*Der Jarl erhob sich und sagte: „Schwer ist der Fall eines alten Mannes und am schwersten ist er, wenn drei gegen einen stehen."*

*Dann kleideten sich die Männer wieder an.*

*Am nächsten Tag kam der König wieder an seine Tafel. Jarl Agdi und die anderen sagten, daß es irgendeinen Trick gegeben haben müsse, „denn mir immer heiß, wenn ich in der Nähe von ihnen bin!"*

*„Laßt die Sache ruhen," sprach der König, „es wird schon einer kommen, der uns weiser werden läßt."*

*Dann begannen sie zu trinken. Zwei Hörner wurden in die Halle gebracht, die Jarl Agdi gehörten und sehr wertvoll waren und 'Hvitungr' hießen. Sie waren zwei Yard lang und mit Gold eingelegt.*

Der Name der beiden Hörner bedeutet „Weiße" oder „das den Weißen gehört". Diese „Weißen" sind die beiden „Alcis" genannten beiden Pferde-Söhne des Tyr, die in der Gestalt von zwei Schimmeln den Sonnenwagen des Göttervaters zogen. Auch der ehemalige Göttervater Tyr selber wurde „weißer Schwertgott" genannt – auch als Heimdall wurde er als „weißer Gott" bezeichnet.

Ein Yard ist 91cm lang. Das Horn war demnach ca. 1,82m lang. Bei dieser Länge sollte man mit einem Umfang an der Öffnung von mindestens 20cm rechnen dürfen. Das Horn hätte demnach mindestens 19 Liter Bier gefaßt (10cm·10cm·3,14·1,82m:3) – eher noch mehr, weil bei dieser Berechnung ein eher niedriger Horndurchmesser zugrundegelegt wurde. Zusammen faßten die beiden Hörner also mindestens 38 Liter Bier.

*Der König stellte seine Hörner auf die beiden Seiten der Bank, „und jeder muß das Horn in einem Zug leeren und jeder, der dies nicht vermag, muß dem Kelch-Träger eine Unze Silber geben."*

*Niemand konnte das Horn leeren, aber Thorsteinn achtete darauf, daß die Männer des Godmund keine Strafe bekamen.*

Diese Stelle ist nicht besonders deutlich ausformuliert worden. Anscheinend trank Thorsteinn jeweils zusammen mit Godmunds Männern, sodaß sie gemeinsam jeweils den Rest aus dem Horn tranken, bis es leer war.

Aus dem einen Kampf zwischen Thor und Geirröd in der Geirröd-Mythe wurden zunächst die drei Kämpfe zwischen Thor, Loki und Thilafi in der Utgardloki-Mythe (Thor hat dort schon 3 Kämpfe) und dann die 3·3=9 Kämpfe in der Thorsteinn-Saga – wobei das Wetttrinken nicht mehr expliziet als drei einzelne Kämpfe geschildert wird. Auch die Kämpfe selber sind sich ähnlich:

| Die Entwicklung des Kampf-Motivs | | |
|---|---|---|
| *Geirröd-Mythe* | *Utgardloki-Mythe* | *Thorsteinn-Saga* |
| Thor und Geirröd bewerfen sich mit glühendem Eisen | Wettlauf zwischen Thialfi und Hugi (Gedanke) | Ballwerfen zwischen Fullsterk und Frosti |
| | | Ballwerfen zwischen Allsterk und Agdi |
| | | Ballwerfen zwischen Godmund und Geirröd |
| | Wettessen zwischen Loki und Logi (Feuer) | Fullsterk ringt mit Frosti |
| | | Allsterk ringt mit Jokul |
| | | Godmund ringt mit Agdi |
| | Thor soll eine Katze (Midgardschlange) emporheben | Wettrinken zwischen Godmunds Männern und Jokuls Männern |
| | Thor ringt mit der Riesin Elli (das Alter) | |
| | Thor trinkt Met (das Meer) aus einem Horn | |

Der Kampf zwischen Thor und Geirröd (Tyr) bzw. in der Saga-Variante zwischen Thorsteinn und Geirröd geht letztlich auf den Kampf zwischen Tyr und Loki zurück.

## 5 o)   Die Saga über Ketil Forelle

*In jenem Winter legte Ketil den Eid ab, daß er seine Tochter niemals jemandem unter Gewaltandrohung zur Frau geben würde.*

*... ... ...*

*Eines Tages kam Ali der Hochtal-Krieger dorthin. Er gehörte zu einer Hochland-Familie und hielt um Hrafnhilds Hand an.*

*Ketil sagte, daß er sie nicht unter Gewaltandrohung fortgeben werde, „aber Du kannst mit ihr sprechen."*

*Hrafnhild sagte, daß sie Ali weder lieben würde noch eine Eheabmachung mit ihm treffen würde.*

*Ketil sagte Ali, daß dies die Antwort sei, und Ali fordewrte Ketil zu einem Zwei-*

299

*kampf heraus.*

*Die Brüder Hjalm und Stafnglam sagten, daß sie für Ketil kämpfen würden, doch er sagte ihnen, daß sie seinen Schild für ihn halten sollten.*

*Als sie jedoch zum Zweikampfplatz kamen, schlug Ali Ketil, bevor dieser seinen Schild ergriffen hatte und die Spitze des Schwertes des Ali drang in Ketil Stirn und schnitt über seine Nase, die heftig blutete.*

*... ... ...*

*Da schwang Ketil sein Schwert über seinen Kopf, doch Ali erhob seinen Schild. Da zielte Ketil nach seinen Füßen und hieb sie beide ab und Ali stürzte nieder.*

---

In vielen Zweikämpfen in Sagas, die auf die Tyr-Mythen zurückgehen, wird um eine Frau gekämpft, die auf die Jenseitsgöttin Freya zurückgeht, um die sich Tyr und Loki gestritten haben.
Der Schild wird von Verbündeten des Kämpfers gehalten.

---

## 5. p)   Saga über Pfeile-Odd

*Da sprach Odd:*
*„Wütende Krieger*
*sind hierher gekommen,*
*zwölf an der Zahl –*
*sie werden keinen Ruhm erringen.*
*Ein Zweikampf*
*schiene mir ehrenvoller*
*für die kampfbegierige Schar –*
*oder verläßt euch dann der Mut?"*

---

Es gab zu mindestens in stark mythologisch beeinflußten Sagas auch Reihen von Zweikämpfe von einem Kämpfer gegen zwölf andere Kämpfer.

---

## 5. q)   Heimdalls Zaubergesang

In den Lied „Heimdalls Zaubergesang" wird über den Kampf zwischen Tyr-Heimdall und Loki in der Gestalt von zwei Robben auf der Jenseitsinsel berichtet. Leider ist dieses Lied nur in einem sehr kurzen Zitat und in einigen Andeutungen erhalten geblieben (siehe den Band 8 über „Heimdall" und den Band 16 über „Loki").

# 6.  Das Stieropfer nach dem Zweikampf

## 6. a)  Kormak-Saga

*Da begannen sie. Kormaks Schwert biß überhaupt nicht und sie schugen lange Zeit aufeiander ein, aber keines der beiden Schwerter biß. Schließlich hieb Kormak so heftig auf Thorvalds Seite, daß seine Rippen nachgaben und brachen. Da konnte er nicht mehr kämpfen und sie trennten sich.*
*Kormak sah sich um und schaute, wo ein Stier stand. Diesen tötete er als Opfer.*
*... ... ...*
*Nach seinem Sieg tötete er einen Stier als Opfer, so wie es Brauch und Sitte war.*

> Nach dem Kampf tötet der Sieger einen Stier, der das traditionelle Opfertier des Tyr gewesen ist.

## 6. b)  Egil-Saga

*Da erkannte Egil, daß auf diese Weise nichts zu erreichen war, denn auch sein Schild war nun nutzlos geworden. Daher ließ Egil Schwert und Schild fallen und sprang auf Atli zu und ergriff ihn mit beiden Händen. Da konnUnd als Atlis Schild nutzlos geworden war, warf er es von sich, griff sein Schwert mit beiden Händen und schlug so schnell wie möglich zu.*
*Da konnte man den Kraft-Unterschied sehen, denn Atli fiel hintenüber und Egil stürzte sich platt auf ihn und durchbiß seine Kehle. Da starb Atli.*
*Egil sprang sofort auf und rannte dorthin, wo das Opfertier stand. Mit einer Hand ergriff er seine Lippen, mit der anderen sein Horn und drehte seinen Hals so heftig, daß sein Genick zerbrach.*

> Nach dem Kampf tötet der Sieger einen Stier, der das traditionelle Opfertier des Tyr gewesen ist.

# 7. Zweikampf-Orakel

## 7. a)  Hamburgische Kirchengeschichte

*Auch gab es noch eine andere Beobachtung von Vorzeichen, wodurch sie den Ausgang großer Kriege zu erforschen bemüht waren. Sie suchten nämlich von dem Volke, dem der Krieg galt, auf irgend eine Weise einen Gefangenen zu erlangen, und ließen denselben dann mit einem aus ihrem Volke Erwählten, jeden mit seinen heimischen Waffen, im Zweikampfe sich messen; den Sieg des Einen oder des Anderen aber hielten sie fur einen Urteilspruch.*

---

Mithilfe eines Zweikampfes zwischen einem Mann des eigenen Stammes und einem Gefangenen eines feindlichen Stammes versuchte man den Ausgang einer geplanten Schlacht vorherzusagen.

Vermutlich kann man dieses Zweikampf-Orakel als die „Live-Variante" des Tafl-Orakels auffassen (siehe auch „Tafl" in Band 57).

---

# 8.   Der Mißbrauch von Zweikämpfen

## 8. a)   Die Saga über Hovard von den Eisfjord-Leuten

*Auf Raudasand wohnte dazumal ein großer und starker Mann, welcher Ljotr hieß, mit dem Beinamen Holmgangs-Ljotr, denn er war gar ein großer Holmgänger. Thorbjörn Thjodreksson war früher einmal mit einer Schwester von ihm verheiratet gewesen. Es wird erzählt, dass Ljotr ein ungemein Übermütiger und gewalttätiger Mann war. Jedem, der ihm nicht gab, was er von ihm begehrte, schlug er mit der Axt den Schädel ein, so dass auf Raudasand und weit und breit umher kein Mensch war, der vor ihm sicher gewesen wäre und der sich ihm nicht fügen mußte.*

Manche Männer forderten jeden zum Zweikampf heraus, von denen sie deren Besitz oder Frau haben wollten.

## 8. b)   Saga über Grettir den Starken

*Die Männer fanden, daß es eine sehr üble Sache war, daß überall im Land Räuber und Berserker hochgeborene Männer wegen einer Gebühr oder wegen ihrer Frauen in der Weise zum Holmgang herausforderten, daß für denjenige, der fiel, kein Wergeld bezahlt wurde.*
*Dadurch erlitten viele Männer sowohl Schande als auch Verluste an Gütern und manche verloren sogar ihr Leben. Deshalb verbot Erik jegliche Holmgänge und verbannte die Berserker, die von Raub und Drohungen lebten.*

Manche Krieger lebten davon, daß sie andere zu Zweikämpfen herausforderten und dadurch deren Besitz und deren Frau erhielten.

## 8. c)   Egil-Saga

*Sie kamen bald zu der Insel. Dort gab es eine gute Ebene in der Nähe des Meeres. Der Kampfplatz war mit Steinen gekennzeichnet worden, die rund in einem Kreis lagen.*

*Bald kamen auch Ljot und seine Gefährten dorthin. Dann machte er sich für den Zweikampf bereit. Er hatte einen Schild und ein Schwert.*

*... ... ...*

*Danach machte sich Egil zum Zweikampf mit Ljot bereit.* (Egil kämpft anstelle des Fridgeir.) *Egil hatte den Schild, den er immer benutzte, war mit dem Schwert Natter gegürtet, doch in seiner Hand hielt er Dragvandill. Er stieg über die Markierung, die die Grenze des Kampfplatzes kennzeichnete, aber Ljot war noch nicht soweit.*

---

Manche Männer forderten jeden zum Zweikampf heraus, von denen sie deren Besitz oder Frau haben wollten.

# 9.  Zweikampf-Stellvertreter

## 9. a)  Die Saga über Björn den Krieger der Leute vom Hitar-Tal

*Da drängte der König seine Männer, an seiner Stelle den Zweikampf durchzu-führen, aber niemand war begierig dies zu tun, da ihnen dies der sichere Tod zu sein schien.*

> Man konnte jemanden suchen, der statt einem selber den Zweikampf durchführte.

## 9. b)  Egil-Saga

*Sie kamen bald zu der Insel. Dort gab es eine gute Ebene in der Nähe des Meeres. Der Kampfplatz war mit Steinen gekennzeichnet worden, die rund in einem Kreis lagen.*
*Bald kamen auch Ljot und seine Gefährten dorthin. Dann machte er sich für den Zweikampf bereit. Er hatte einen Schild und ein Schwert.*
*... ... ...*
*Danach machte sich Egil zum Zweikampf mit Ljot bereit. (Egil kämpft anstelle des Fridgeir.) Egil hatte den Schild, den er immer benutzte, war mit dem Schwert Natter gegürtet, doch in seiner Hand hielt er Dragvandill. Er stieg über die Markierung, die die Grenze des Kampfplatzes kennzeichnete, aber Ljot war noch nicht soweit.*

> Man konnte jemanden suchen, der statt einem selber den Zweikampf durchführte.

## 9. c)  Saga über Thorstein Viking-Sohn

*Da sandte sie nach Hunvor und ihr wurde die Lage erklärt.*
*Sie sagte: „Mir gefällt das Aussehen dieses Mannes sehr wohl, auch wenn mir scheint, daß er mich hart behandeln wird. Aber ich denke, daß er meiner durchaus wert ist und eine Ehe möglich ist. Trotzdem wünsche ich zu fragen, ob nicht ein Lösegeld gezahlt und ich frei bleiben kann.“*
*„Ja, das ist möglich,“ antwortete Harek, „Wenn der König willens ist, innerhalb*

*von vier Nächten einen Holm-Gang mit mir zu führen oder einen anderen Mann an seiner Stelle zu senden – dann soll alle Macht an den fallen, der den anderen in dem Zweikampf tötet. "*

*„Gewiß, " antwortete Hunvor, „kann niemand gefunden werden, der Dich in einem Zweikampf besiegen könnte. Trotzdem willige ich in Deine Bedingungen ein. "*

Man konnte jemanden suchen, der statt einem selber den Zweikampf durchführte.

### 9. d)   Berserker

Die Berserker waren in der Spätzeit dafür berüchtigt, ständig Männer zum Zweikampf herauszufordern, um deren Besitz und Frauen zu erlangen (siehe „Berserker" in Band 62).

# 10.  Mehrfach-Zweikämpfe

## 10. a)  Hrolf Kraki und seine Berserker

*Svipdag kam zu am Abend zu König Adils Festung. Er sah, daß vor der Halle Spiel im Gange waren und daß dort König Adils auf einem großen Goldthron saß und seine Berserker neben ihm waren.*

*Als Svipdag zu der Palisade kam, sah er, daß as Tor verschlossen war, da es üblich war, daß die Leute um Erlaubnis baten, eintreten zu dürfen. Doch darum kümmerte sich Svipdag nicht. Er brach das Tor nieder und ritt einfach in den Hof.*

*Der König sprach: „Dieser Mann ist ein rücksichtsloser Reiter. Das hat vor ihm noch niemand versucht. Vielleicht ist er so hart, daß er das nicht als eine Herausforderung ansieht."*

*Da begannen die Berserker sofort wütend zu heulen, denn sie fanden, daß er sich sehr anmaßend verhielt.*

*Svipdag ritt zu dem König und grüßte ihn höflich – er kannte das Benehmen am Hofe.*

*König Adils frug ihn, wer er sei.*

*Er stellte sich selber vor.*

*Der König erinnerte sich an seinen Vater und alle vermuten, daß er ein großer Krieger sein muß, ein herausragender Mann.*

*Die Berserker blicken ihn übelgesonnen an und sagen zu dem König, daß sie ihn jetzt erproben werden.*

*Der König sprach: „Ich glaube nicht, daß er jemand ist, den man umherstoßen kann, aber es ist mir trotzdem recht, wenn ihr in auf die Probe stellen und sehen wollt, ob er so gut ist, wie er von sich selber denkt."*

*Da gingen sie alle in die Halle.*

*Die Berserker traten zu Svipdag und frugen ihn, ob er sich für einen Helden halte, da er derart groß tue.*

*Er antwortete, daß er so gut wie ein jeder von ihnen sei.*

*Daraufhin wuchs ihr Ärger und ihre Kampfeswut nur noch weiter an, doch der König sagte, daß sie sich für diesen Abend wieder beruhigen sollten.*

*Die Berserker blickten finster drein und heulten und sprachen zu Svipdag: „Wagst Du es, gegen uns zu kämpfen? Denn dann wirst Du mehr als nur großes Gerede und Frechheit brauchen. Und wir wollen Dich auf die Probe stellen udn sehen, aus welchem Stoff Du wirklich gemacht worden bist!"*

*Er antwortete: „Ich kämpfe gegen euch – einer gegen einer. Auf diese Weise werde ich herausfinden, ob es unter euch noch einen gibt, der es versuchen will."*

*Der König stimmte zu, daß sie sich gegenseitig auf die Probe stellen wollten.*

*Köngin Yrsa sagte: „Dieser Mann ist hier willkommen."*

*Die Berserker antworteten ihr: „Wir wissen bereits, daß Du uns alle tot sehen willst, doch wir sind ein wenig zu stark dafür, daß wir nur durch üble Worte oder bösen Willen getötet werden können!"*

*Die Königin sprach: „Und wenn nun der König einfach euch auf die Probe stellen will, um zu sehen, welche Art Krieger er an euch hat, da er so sehr auf euch vertraut?"*

*Der Berserker, der ihr Anführer war, sprach: „Ich werde Euer Benehmen verbessern und euch eine solche Lehre erteilen, daß wir uns um diesen Mann keine Sorgen mehr machen müssen!"*

*Am nächsten Morgen fand ein harter Insel-Zweikampf statt und es gab dort keienen Mangel an harten Schlägen.*

*Sie konnten alle sehen, daß dieser Neuankömmling ein Schwert mit großer Kraft zu führen verstand und daß er wußte, wie er es beißen lassen konnte. Der Berserker wich vor ihm zurück und er tötete ihn.*

*Sofort trat der nächste vor, um dessen Tod zu rächen, aber ihm erging es genauso und Sivdag hörte nicht auf, bevor er vier getötet hatte.*

*Da sprach König Adils: „Du hast mir einen schweren Verlust zugefügt und nun wirst Du dafür bezhalen!" Und er befahl seinen Männern, sich zu erheben und ihn zu töten.*

*Doch die Königin rief ihr eigenes Gefolge herbei, um ihm zu helfen und sagte zu dem König, daß er doch sicherlich sehen könne, daß dieser eine Mann mehr wert sei als all die Berserker zusammengenommen.*

*So führte die Königin einen Waffenstillstand zwischen ihnen herbei und jedermann hielt Svipdag für einen Mann von überragenden Fähigkeiten.*

---

Wenn viele gegen einen standen, kämpfte bei einem Zweikampf in der Regel immer nur einer der vielen gegen den einen, der somit mehrere Kämpfe nacheinander durchführen mußte.

---

## 10. b)   Gesta danorum

*Ingjald hatte zwei Schwestern: Helga und Asa. Helga hatte schon das heiratsfähige Alter erreicht, während Asa jünger und noch unreif für die Ehe war. Da wurde Helge der Norweger von Verlangen erfaßt, um Helga als seine Frau zu bitten und schiffte sich ein. Er hatte sein Schiff so prachtvoll ausgestattet, daß es edle Segel hatte, die mit Gold geschmückt waren und die von vergoldeten Masten gehalten wurden und mit karmesinroten Tauen getakelt worden waren.*

*Als er bei Ingjald ankam, wurde ihm sein Wunsch unter der Bedingung gewährt, daß sein Ruf öffentlich erprobt würde und er es wagen würde, zunächst gegen die Krieger anzutreten, die gegen ihn aufgeboten würden. Helge schreckte vor diesen Bedingungen nicht zurück und antwortete, daß er sich voller Freude an diese Abmachung halten wolle. Da wurde dieses Abkommen für die zukünftige Heirat in aller Form bestätigt.*

*Man erinnert sich noch an eine Geschichte, die zur selben Zeit auf der Insel Seeland entstanden war und die über die neun Söhne eines gewissen Fürsten berichtet, die alle aufs höchste mit Stärke und Mut bedacht worden waren und deren ältester Angantyr gewesen ist.*

In der Saga über Hevor und König Heidrek den Weisen ist Angantyr, dessen Name „Schreckens-Tyr" bedeutet, eine Sagen-Variante des ehemaligen Göttervaters Tyr (siehe „Angantyr" in Band 39). Auch Helgi ist eine solche Sagan-Variante des Tyr (siehe „Helgi" in Band 39).

In den älteren Versionen der Angantyr-Saga hat Angantyr nicht acht, sondern elf Brüder.

*Dieser letzgenannte war ebenfalls ein Werber für dieselbe Maid und als er sah, daß die Braut, die ihm versagt worden war, dem Helge versprochen wurde, forderte er ihn zum Kampf heraus um seinen Verdruß loszuwerden. Helge erklärte sich mit dem vorgeschlagenen Zweikampf einverstanden. Die Stunde des Kampfes wurden nach dem übereinstimmenden Wunsch der beiden auf den Hochzeitstag festgelegt, denn jederman, der sich auf die Herausforderung zu einem Zweikampf zu kämpfen weigerte, wurde aus der Sicht aller Menschen mit Schande belegt. Daher wurde Helge auf der einen Seite durch die drohende Schande bei einer Ablehnung des Zweikampfes und auf der anderen Seite durch die Angst, ihn zu wagen, gequält.*

*Er fand, daß er auf unredliche und den allgemeinen Zweikampfregeln widersprechende Weise angegriffen wurde, da er offensichtlich alleine gegen neun Männer kämpfen mußte.*

# 11.  Zweikampf-Profis

## 11. a)  Saga über Viglund den Blonden

*Ketil war ein großer Kämpfer: Er hattte vierundzwanzig Holmgänge gefochten und er hatte in allen den Sieg errungen.*

Manche Männer führten sehr viele Zweikämpfe.

# 12.  Pferde-Zweikämpfe

## 12. a)  Grettir-Saga

*Im Kampfring,*
*in dem Streitroß auf Streitroß trifft ...*

Auch die Kämpfe zwischen Pferden, die sozusagen die nordische Variante des Hahnenkampfes in den südeuropäischen Ländern ist, fand in einem Kampfring statt. Möglicherweise ist dieser Ring jedoch keine Entsprechugn zu dem Zweikampf-Kreis, sondern eine rein praktische Einrichtung.

# 13.  Tauziehen-Zweikampf

## 13. a)  Gesta danorum

*Ein Zweikampf wurde in der folgenden Weise durchgeführt.*

*Ein Ring, der aus Weidenzweigen oder aus Stricken geflochten wurde, wurde den beiden Streitparteien gereicht, damit sie mit der ganzen Kraft ihrer Hände und Füße an ihm ziehen. Die Stärkeren errangen den Sieg, der diejeinge der beiden Streit-parteien, die ihn der anderen entreißen konnte, erhielt den Sieg.*

> Es scheint auch eine Art Tauziehen als Zweikampf gegeben zu haben. Allerdings ist diese Art Kampf nur aus später Zeit überliefert.

# 14.  Der Zweikampf bei den Indogermanen

Der Zweikampf als Gottesurteil oder als Entscheidung anstelle einer Schlacht zwischen zwei Heeren ist außer von den Germanen auch von den Kelten und den Römern bekannt. Möglicherweise haben auch noch andere indogermanische Völker diesen Brauch gekannt – es ist jedoch auch denkbar, daß erst die gemeinsamen Vor-fahren dieser drei westlichsten Völker der Indogermanen (Kelten, Römer, Germanen) diesen Brauch entwickelt haben.

Zweikämpfe ohne diesen Hintergrund werden des öfteren berichtet wie z.B. vei den Griechen von Homer:

Illias 3, 69:
*Laßt dann mich vor dem Volk und den streitbaren Held Menelaos*
*Kämpfen um Helena selbst und die sämtlichen Schätze den Zweikampf.*

311

# 15. Zusammenfassung

Diese Vielfalt an Informationen in den Texten über die Zweikämpfe wird übersichtlicher, wenn man sie thematisch sortiert.

### Der Zweikampf findet auf einer Insel statt:
- Der Kampf findet auf einer Insel statt.
- Der Zweikampf fand auf einer Insel statt oder auf einem Platz, der als „Insel" angesehen wurde.
- „Insel-Kampf" ist eine allgemeine Bezeichnung für „Zweikampf" gewesen – sie wurde auch verwendet, wenn es sich um Schlacht zwischen Drachenschiffen gehandelt hat.
- Eine „Berserker-Insel" ist vermutlich eine Zweikampf-Insel.
- Der Frauenname „Eihild" („Insel-Kampf") bezieht sich vermutlich auf einen Zweikampf auf einer Insel.
- Die Bezeichnung „Roling" für den Zweikampf-Platz bedeutet wörtlich „Rolle" – vermutlich im Sinne von „runder (Platz)".

### Es gab vor jedem Kampf eine Herausforderung:
- Man wurde zum Zweikampf herausgefordert.
- Man forderte einen Mann, der die eigenen Rechte verletzt hatte, zum Zweikampf heraus.
- Manchmal wurde zwischen die Herausforderung und den Kampf eine Frist von drei Nächten gesetzt.
- Ein Zweikampf wird „in einem halben Monat" vereinbart.
- Man konnte einen Vertreter für sich zum Zweikampf senden.

### Auch Schlachten wurden zum Teil als „erweiterte Zweikämpfe" aufgefaßt:
- Manchmal wurde der Zweikampf gewählt, auch wenn ein Mann mit zwei Männern im Streit lag – die Überzahl wurde nicht genutzt.
- Bei Wikingerkämpfen wurde die Schiffe, die eine Partei mehr als die andere besaß, aus dem Kampf ausgeschlossen.

### Der Kampfplatz wurde mit Haselstäben oder Steinen sowie mit einem Fell markiert:
- Der, der das Fell vorbereitete, muß in einer solchen Weise zu den Stäben geben, daß er durch seine Beine hindurch den Himmel sehen kann und dabei seine Ohrläppchen hält und die Einleitungsworte des Rituals, das „Opfer der Tjosnur"

312

(„Tjosnublot") genannt wird, spricht.

- Rings um das Fell werden drei Quadrate gekennzeichnet – ein jedes einen Fuß breit. An den äußersten Ecken dieser Quadrate sollen vier Stäbe sein, die „Hasel" genannt werden. Wenn dies getan worden ist, nannt man dies ein „gehaseltes Feld".
- Der Zweikampf wurde auf einem Tuch ausgefochten. Das Tuch wird ein Fell-Ersatz sein.
- Der Rand des Kampfplatzes wurde mit flachen Steinen markiert.
- Der Kampfplatz wurde mit Haselzweigen markiert.
- Auch das Schlachtfeld wurde mit Haselzweigen markiert.
- Schlachten wurden einst wie Zweikämpfe auf miteinander vereinbarten und markierten Plätzen ausgetragen.
- In einem mittelalterlichen Vers-Epos ist an die Stelle der Haselzweige ein Seidenfaden und Rosen getreten.
- Auch mittelalterliche Turniere fanden innerhalb eines markierten Kreises statt.


### Der Zweikampfplatz entspricht symbolisch dem Richterplatz beim Thing:
- Auch der Versammlungsplatz beim Thing wurde mit Haselzweigen markiert, die mit einem Seil verbunden waren. In diesem Kreis saßen die zwölf Richter.
- Die Zweikampf-Insel wurde in einem Fall auch als „Allthings-Insel" bezeichnet. Der Thing-Platz und der Zweikampf-Platz wurden also als gleichartig oder als identisch angesehen.
- Zweikämpfe fanden manchmal auch auf einem Thing-Platz statt, während kein Thing tagte – der Thingplatz muß also symbolisch mit der Zweikampf-Insel übereinstimmen.
- Hier findet sich noch ein zweites mal neben der bereits geschilderten Szene in der Ketil-Saga die Szene, daß der Tyr-Held auf eiem schneebedeckten Hügel sitzt – vermutlich das Hügelgrab des Sommergottes Tyr, in dem er während des Winters liegt.


### Der Zweikampf ist ein juristisches Mittel:
- Jeder Mann hatte das Recht, zu verlangen, daß ein Rechtsstreit durch einen Zweikampf geklärt wird.


### Die Kampfregeln:
- Vor dem Kampf wurden die Zweikampf-Regeln vorgetragen.
- Es wurde mit dem Schwert gekämpft.
- Der Herausgeforderte führt den ersten Schwerthieb.
- Oder: Der Kämpfer mit dem höheren Rang erhielt den ersten Schlag.
- Es wurde abwechselnd mit dem Schwert geschlagen.

- Manchmal wurde beim Zweikampf zusätzlich zu dem Schild und dem Schwert auch eine „Wurf-Hellebarde" benutzt.
- Der Schild wurde von einem Verbündeten gehalten.
- Jeder Kämpfer hat drei Schilde.
- Vor dem Kampf wurde manchmal miteinander die Art der Bestattung des Verlierers vereinbart.

### Sieg und Niederlage:
- Wer den markierten Kampfplatz verläßt, hat verloren.
- Der Kämpfer, dessen Blut auf das Fell tropft, hat verloren.
- Wer sich einem Zweikampf entzieht oder ihn verweigert, gilt als Verlierer.
- Der Verlierer wurde in vielen Fällen getötet.
- Ein Zweikampf konnte auch unentschieden enden.

### Der Opferstier:
- Der Gewinner eines Zweikampfes opferte das „Opfertier", das ein starker, alter Stier war. Manchmal stand nur ein Stier bereit, manchmal stellten beide Kämpfer einen Stier. Der Stier ist das traditionelle Opfertier des Tyr gewesen.

### Die Beute des Siegers:
- Manchmal setzten die beiden Kämpfer den gleichen Wert an Besitz o.ä. als Einsatz des Zweikampfes.
- Der Besitz eines getöteten Kämpfers wurde Eigentum des Siegers.

### Es gab für den Verlierer (zumindestens manchmal) die Möglichkeit, sich freizukaufen:
- Der Verlierer konnte sich, wenn er nicht getötet worden war, freikaufen.

### Der Zweikampf zwischen Tyr und Loki:
- Starkad, der eine Saga-Variante des Tyr ist, führt einen Zweikampf durch.
- Der Held Helgi, der einen Zweikampf führen muß, geht auf den ehemaligen Göttervater Tyr zurück.
- Ein alter Kämpfer auf einer Insel mit dem Namen „Grim" könnte auf Tyr auf der Jenseitsinsel zurückgehen.
- Hedin (Tyr) und Högni (Hagen, Loki) führen einen endlosen Kampf auf einer Insel, der durch den Streit um eine Frau ausgelöst worden ist.
- Der Kampf des Thorstein gegen Brenner auf einer Insel scheint eine Saga-Variante des Kampfes des Thor gegen Tyr zu sein, die wiederum auf den Kampf des Tyr gegen

Loki zurückgeht.

- In vielen Zweikämpfen in Sagas, die auf die Tyr-Mythen zurückgehen, wird um eine Frau gekämpft, die auf die Jenseitsgöttin Freya zurückgeht, um die sich Tyr und Loki gestritten haben.

- In den Sagas wurde der Kampf zwischen Tyr und Loki bzw. die späteren Variante diesen Kampfes, also der zwischen Tyr und Thor, zu dem Kampf eines Helden gegen einen Krieger, der dem Tyr-Riesen im Jenseits ähnelt, umgedeutet.

- Der Zweikampf fand in dieser auf die Tyr-Mythen zurückgehenden Saga bei einem Hügelgrab statt.

- Der Zweikampf eines Königs gegen einen zauberkundigen Mann wird auf den Kampf des Tyr mit Loki zurückgehen.

- Ein Zweikampf am ersten Jul-Tag an einem Adler-Hügel klingt sehr nach einer Saga-Variante des mythologischen Kampfes des Tyr, da der Adler der Seelenvogel des Göttervaters ist und an Jul die Wiedergeburt des ehemaligen Sonnengott-Göttervaters gefeiert worden ist.

- Auch der Ragnarök-Kampf zwischen den Göttern und den Riesen findet auf einem abgesteckten Schlachtfeld statt.

- Es gab zu mindestens in stark mythologisch beeinflußten Sagas auch Reihen von Zweikämpfe von einem Kämpfer gegen zwölf andere Kämpfer.

- Auch der Kampf zwischen Thor und Geirröd (Tyr) bzw. in der Saga-Variante zwischen Thorstein und Geirröd geht letztlich auf den Kampf zwischen Tyr und Loki zurück.

- Es fällt auf, wie oft die Zweikampf-Gegner der Helden, die eine Saga-Variante des Tyr sind, von oben bis unten durch das Schwert des Tyr-Helden gespalten werden. Anscheinend ist dies ein Motiv aus den früheren Tyr-Mythen.

Der Kampf zwischen Tyr und Loki bzw. zwischen Heimdall und Loki enthält viele Motive, die zum Teil auch in den Zweikämpfen wieder auftauchen (siehe dazu den Band 3 über „Tyr" und den Band 16 über „Loki").


### Zweikampf-Räuber:
- Manche Männer forderten jeden zum Zweikampf heraus, von denen sie deren Besitz oder Frau haben wollten.
- Manche Männer führten sehr viele Zweikämpfe.


### Zweikampf-Orakel:
- Mithilfe eines Zweikampfes zwischen einem Mann des eigenen Stammes und einem Gefangenen eines feindlichen Stammes versuchte man den Ausgang einer geplanten Schlacht vorherzusagen.

<u>Verbot des Zweikampfes:</u>
- Auf Island wurde der Zweikampf schließlich auf dem Allthing verboten.


<u>Sonstiges:</u>
- Auch beim Zweikampf wurde manchmal versucht, mit Listen und Lügen zu betrügen.
- Auch die Kämpfe zwischen Pferden, die sozusagen die nordische Variante des Hahnenkampfes in den südeuropäischen Ländern ist, fand in einem Kampfring statt. Möglicherweise ist dieser Ring jedoch keine Entsprechung zu dem Zweikampf-Kreis, sondern eine rein praktische Einrichtung.
- Es scheint auch eine Art Tauziehen als Zweikampf gegeben zu haben. Allerdings ist diese Art Kampf nur aus später Zeit überliefert.
- Schlachten zwischen Wikingern beginnen Morgen und enden am Abend, wenn der Friedensschild erhoben wird. Danach konnten die beiden Parteien ohne Kampf miteinander sprechen.


Das Urbild, auf das sich die Zweikämpfe beziehen, ist der Kampf zwischen Tyr/Heimdall und Loki auf der Jenseitsinsel, weshalb die Zweikämpfe als „Insel-Gang" bezeichnet wurden. Der Kampf zwischen den Sommergott Tyr und dem Wintergott Loki entschied über die Jahreszeiten.

Dieser Bezug der Zweikämpfe zu diesem grundlegenden Götterkampf zeigt, daß die Holmgänge eine Gottesurteil gewesen sind. Das wird dadurch bestätigt, daß der Ort, an dem die zwölf Richter beim Thing gesessen haben, als mit dem Zwei-kampfplatz identisch angesehen worden ist – auch diese Richter sollten offenbar von den Asen inspiriert ihr Urteil fällen. Selbst Schlachtfelder wurden als ein großer Zweikampfplatz angesehen und die Heere oft gleichgroß gehalten, was zeigt, daß auch eine Schlacht ein großer Zweikampf gewesen ist.

Offenbar wurden alle Arten von Kämpfe als unter der Lenkung der Götter stehend angesehen. Daher war es auch möglich, den Ausgang einer bevorstehenden Schlacht durch den Ausgang des Zweikampfes zwischen einem Mann des eigenen Stammes und einem Mann des feindlichen Stammes festzustellen.

Das Tafl-Spiel, bei dem zwei Spielfiguren-Heere gegeneinander kämpfen, ist ur-sprünglich ein Tempel-Orakel gewesen. Es wird recht wahrscheinlich auf das Zwei-kampf-Orakel zurückgehen und stellt den endlosen, zyklischen Streit zwischen Tyr und Loki dar.

Der Zweikampf ist somit ein religiös-juristisches Mittel.

Der Zweikampfplatz bestand aus einem Fell, das mit vier Pflöcken am Boden befestigt war und das im Abstand von je einem Fuß von drei (wahrscheinlich konzentrischen) Quadraten umgeben war, dessen äußerstes von vier Haselpflöcken markiert wurde. Auch der Platz auf dem Thing für die Richter und Schlachtfelder wurden mit einem Kreis aus Haselpflöcken markiert.

Auf diese Weise wurden der Zweikampfplatz und der Thing-Platz als „heiliger Ort" markiert, der der Jenseitsinsel entsprach und die Ereignisse in diesem Kreis unter den Einfluß und den Schutz der Ahnen und Götter und insbesondere des ehemaligen Göttervaters Tyr gestellt hat.

Die Haselzweige verbinden den Thing-Platz mit dem Weltenbaum, der auch „Haselstrauch der Erde" genannt worden ist.

Die Bezeichnung „Roling" für den Zweikampf-Platz bedeutet wörtlich „Rolle" – vermutlich im Sinne von „runder (Platz)".

Da der Sieger in einem Zweikampf einen Stier opferte und der Stier das Opfertier des Tyr ist, wird auch das Fell, auf dem gekämpft wurde, ursprünglich das Fell des für Tyr bei dessen Jenseitsreise geopferten Stieres sein. Der Tote, hier also Tyr, wurde bei seiner Bestattung in dieses Fell gehüllt, um ihn mit dem Stier zu identifizieren, damit ihm auf magische Weise die Zeugungskraft des Stieres übertragen wird, die er für seine Wiederzeugung im Jenseits (die seiner Wiedergeburt vorausgeht) benötigt. Das Fell, auf dem gekämpft wird, wird somit ursprünglich für die Bestattung des getöteten Verlierers bereitgelegen haben …

Die drei Quadrate könnten die Jenseitsinsel dargestellt haben. Die Pflöcke am Rand wären dann der Strand dieser Insel gewesen. Der Hasel ist möglicherweise (wie bei den Kelten) eine Variante des Weltenbaumes als Jenseitsweg – immerhin wurde auch die Haselnuß als Symbol der Wiedergeburt angesehen (siehe „Hasel" in Band 45).

Die Dreizahl der Quadrate weist möglicherweise ebenfalls auf den zyklischen Kampf zwischen Tyr und Loki hin, da die „3" das Symbol für einen endlosen, zyklischen Vorgang war.

Statt des Felles findet sich manchmal ersatzweise auch ein Tuch und statt der Haselzweige flache Steine.

Die merkwürdige Anweisung „Der, der das Fell vorbereitete, muß in einer solchen Weise zu den Stäben geben, daß er durch seine Beine hindurch den Himmel sehen kann und dabei seine Ohrläppchen hält und die Einleitungsworte des Rituals, das „Opfer der Tjosnur" genannt wird, spricht." zeigt deutlich, daß der Zweikampf einen mythologisch-rituellen Hintergrund hat, auch wenn dieser Bezug nicht mehr klar erfaßbar ist.

Man wurde zum Zweikampf herausgefordert. Es gab die Möglichkeit, einen Vertreter für sich zum Zweikampf senden. Vor dem Kampf wurden die Zweikampf-Regeln vorgetragen. Es wurde abwechselnd mit dem Schwert geschlagen. Der Schild wurde von einem Verbündeten gehalten. Vor dem Kampf wurde manchmal miteinander die Art der Bestattung des Verlierers vereinbart.

Die Schild-Regel ist zunächst einmal nicht gleich einsichtig. Vielleicht sollte damit dafür gesorgt werden, daß keiner der beiden Kämpfer voll bewaffnet auf den anderen losstürmen kann – aber es wäre auch ein mythologischer Hintergrund denkbar.

Wer den markierten Kampfplatz verläßt, hat verloren. Der Kämpfer, dessen Blut auf das Fell tropft, hat verloren. Wer sich einem Zweikampf entzieht oder ihn verweigert, gilt als Verlierer. Der Verlierer wurde in vielen Fällen getötet. Der Besitz eines getöteten Kämpfers wurde Eigentum des Siegers. Der Verlierer konnte sich, wenn er nicht getötet worden war, freikaufen.

Der endlose, zyklische Zweikampf zwischen Tyr und Loki, der das Urbild für alle Zweikämpfe ist, erscheint in den halbmythologischen Sagas als die Zweikämpfe der auf Tyr zurückgehenden Helden Helgi, Starkad, Hedin, Grim, Brenner, Geirröd usw. In diesem Kampf wird sehr häufig um eine Frau gestritten, die auf die Jenseitsgöttin Freya zurückgeht, um die sich Tyr und Loki gestritten haben, da sie ohne Freya nicht wiedergeboren werden konnten.

Dieser mythologische Zweikampf fand auf einer Insel (siehe Band 8 über „Heimdall"), an einem Hügelgrab (das des Tyr) oder am „Adlerhügel" (Adler = Seelenvogel des Tyr) statt. Auch der erste Jul-Tag als Zweikampf-Termin klingt nach Tyr, da an Jul die Wiedergeburt dieses ehemaligen Sonnengott-Göttervaters gefeiert worden ist.

Es fällt auf, wie oft die Zweikampf-Gegner der Helden, die eine Saga-Variante des Tyr sind, von oben bis unten durch das Schwert des Tyr-Helden gespalten werden. Anscheinend ist dies ein Motiv aus den früheren Tyr-Mythen.

Hier findet sich noch ein zweites mal neben der bereits geschilderten Szene in der Ketil-Saga die Szene, daß der Tyr-Held auf eiem schneebedeckten Hügel sitzt – vermutlich das Hügelgrab des Sommergottes Tyr, in dem er während des Winters liegt.

Schließlich wurde der ursprüngliche Zweikampf zu der Schilderung des Ragnarök, des Endkampfes zwischen Asen und Riesen, ausgeweitet, der jedoch noch immer zyklisch ist, da er die Jahreszeiten bestimmt.

Der Zweikampf wurde in später Zeit auch benutzt, um anderen Männer den Besitz und die Frau zu rauben. Die Zweikämpfe wurden schließlich verboten.

Der Pferdekampf ist möglicherweise eine Variante des Zweikampfes, bei dem die beiden Pferde für die Jenseitsreise-Gestalten des Tyr und des Loki stehen – das ist jedoch ungewiß.

# Verzeichnis der Themen

*(die Zahl ist die Nummer des Bandes, in dem sich das Thema findet)*

Eugel 7
Eule 40
Eyrgjafa 35
**Faden** 55
Fafnir (Zwerg) 32
Fährmann 49
Fala 35
Falkenkleid:
- der Freya 40
- der Frigg 40
Falke 40
Fallar 32
Farbauti 6
Farn 45
Farseti 6
Faulheit =>
Feuersitzen 55
Feima 35
Fenchel 45
Fenja 28
Fenrir 6
Fenrir 43
Fernhypnose 64
Ferse 63
Fessel 66
Fessel-Zauber 64
Feuer 55
Feuersitzen 55
Feuerzauber 64
Fialar 32
Fid 32
Fieberkraut 45
Fili 32
Fimafeng 39
Fimbulwinter 55
Finger 63
Finnalf 5
Finnar 32
Finnmark-Riese 34
Fiölkald 34
Fiölmor 39
Fiölnir 20

Fiölvör 35
Fiörgyn 20
Fiörgyn 23
Fisch 44
Fjölverkr 34
Fjötra 29
Flachs 45
Flegda 35
Fleur-de-lys 55
Fleggr 34
Fliege 40
Fluch 68
Flügel des Wieland 40
Flügelschuhe 67
Flugschuhe des Loki 40
Fluß 49
Freya 22
frühe Skaldenlieder 78
Freyr 15
Fried 29
Friedenszauber 6
Fridr 29
Frigg 21
Folde 20
Fonn 34
Forat 35
Forelle 44
Fornjotr 6
Forseti 19
Frägr 32
Franmar 37
Frar 32
Freki 43
Frosti 32
Frosti 34
Fruchtbarkeit 64
Fuchs 43
Frauenhaarfarn 45
Frühling 54

Frühlingstagund-
nachtgleiche 54
Fulla 29
Fullas Haarreif 60
Fullafle 34
Fundin 32
Fuß 63
Fylgia 50
Fynir 6
Fynir 34
**Galar** 32
Galarr 34
Galdr 64
Gallapfel 45
Gandalf 32
Ganglati 34
Ganglot 6
Gangr 34
Gangr 33
Gans 40
Gänsefuß 45
Garm 43
Gautan 39
Gautrek-Saga =>
Snotra
Geban 20
Geburts-Orakel 64
Gefäße 57
Gefion 20
Gefion-Geliebter 6
Gefiun 20
Gefjon 20
Geist 50
Geier 40
Geirahöd 31
Geiravör 31
Geirdriful 31
Geirönul 31
Geirröd 5
Geirrota 31
Geirskögul 31
Geitir 6

Geitla 35
Geitir 35
gelb 46
Geliebter der Gefion 6
Gerber-Schaber 67
Gerdr 28
Geri 43
Gespenst 50
Gestaltwandel =>
Verwandlung
Gesang 68
Gestilja 35
Getreide 45
Gewöhnlicher
Flachbärlapp 45
Geysa 35
Gialar 32
Gift 70
Gifur 43
Gigas 6
Gilling 6
Gillings Frau 28
Ginnar 32
Ginnungagap 49
Gjalp 35
Glamr 34
Glatundshundr 43
Glaumar 34
Glaumarr 34
Glaumr 6
Glenr 48
Glitni 5
Glöd 35
Gloi 32
Glück 64
Glückstrank 70
Glumra 35
Glymra 35
Gna 29
Gneip 35
Gnepja 35

Goi 34
Gold 55
Goldalter 55
Goldemar 7
golden 46
Goldhelm 66
Goldhörner von
Gallehus 57
Göll 31
Golnir 5
Göndul 31
Gorr 34
Görsemi 29
Götter 36
Götterdämmerung 55
Götterkampf 55
Göttermet 69
Götter-Tiere 44
Gottesurteil 64
Gurgelbiß 55
Grab 49
Grani 6
grau 46
Grendel 5
Grendels Mutter 35
Greppur 34
Grer 32
Grid 28
Grid 35
Grim 5
Grim 39
Grima 35
Grimhild 31
Grimling 5
Grimnir 5
Grim Struppig-Wange 79
Grip 35
Gripir 34
Grissa 35
Groa 28
Grottintanna 35

Grotunagard 52
grün 46
Gryla 35
Gudr 31
Gudrun 31
Gudmund 5
Gullnir 5
Gullveig 29
Guma 35
Gundelrebe 45
Gunn 31
Gunnlöd 28
Gunnthinga 31
Gürtel 60
Gusir 6
Gygr 35
Gylfaginning 77
Gyllir 5
Gyllir 34
Gyma 20
Gymir 5
**Haarband** 60
Haare 63
Habicht 40
Hafle 34
Hafli 5
Hafthi 39
Hagen 16
Hahn 40
Hala 35
Halfdan 39
Halfdan Brana-
Ziehsohn 79
Halfdan Eisteinson 79
Hamdir 39
Hamingja 50
Hammer 66
Hand 63
Handschuhe 60
Hanf 45
Hannar 32
Hantel-Symbol 55

Har 32
Hära 35
Hardbeen 6
Hardgreip 35
Hardgreipir 34
Hardverkr 34
Harek Eisenkopf 6
Harfe 57
Harz 45
Hase 44
Hasel 45
Hastingi 34
Hati 5
Hati 43
Hattatal 77
Haudr 20
Haugspori 32
Haym 34
Hecht 44
Hedin 39
Hedin und Högni 79
Hefring 35
Heid 35
Heiddraupnir 5
Heide 49
Heidrek 39
Heidungi 6
Heilige Hochzeit =>
Wiederzeugung 55
Heiliger Hain =
Weltenbaum 52
Heilung 64
Heilziest 45
Heimdall 8
Heimir 39
Heinir 34
Heith 35
Heithdraupnir 5
Hel 26
Helblindi 20
Helgi 39
Helgi Thorisson 79

Hel-Haut 49
Helidi 27
Hellebarde 66
Helreginn 5
Helm 66
Hengikefta 35
Hengiköpt 6
Hengjankapta 35
Hepti 32
Herbst 54
Herbsttagundnacht-
gleiche 54
Herche 20
Herdentiere 42
Herdentierfell 42
Herfjötur 31
Hergrim Halbtroll 5
Hergunnur 35
Heri 32
Herja 31
Herkir 6
Herkja 35
Hermodr 37
Hertha 28
Hervor => Heidrek
Hervor und Heidrek
=> Heidrek
Herz 63
Hexe 58
Hianka 31
Hidde 34
Hild 31
Hildolf 5
Hildolf 20
Himingläva 35
Himmel 52
Himmelsrichtungs-
Mandala 54
Himmelsträger-
Zwerge 32
Hirsch 42
Hjaltrimul 31

Keiler 42
Kenningar 75
Kerbel 45
Kessel 57
Keule 66
Kiebitz 40
Kili 32
Kisi 34
Kiste 57
Kjallandi 6
Kjallandi 35
Klaufi 34
Klee 45
Kleima 35
Knochen 67
Knoten 64
Kobolde 36
Kol der Bucklige 39
Kolfrosta 28
Kolga 35
Kopf 63
Kormoran 40
Korn 45
Körperteile 65
Köttr 34
Kraftgütel => Gürtel
Krähe 40
Kraka 31
Kranich 40
Kräuter 45
Kreppvör 35
Kriegerin 62
Kreuzblume 45
Kreuzkraut 45
Krönung 64
Kröte 44
Kuckuck 40
Kuril 6
Kult 55
Kundalini 64
Kwasir 20
Kyrmir 6

**Lachanfall** 64
Lachen 55
Lachs 44
Landgeister 36
Lauch 45
Laufey 26
Laurin 7
Laus 40
Leber 63
Leib 63
Leidi 34
Leifi 6
Leifnir 6
Leikn 35
Leimrute 66
Leiter 49
Leirvör 35
Leopard 43
Lerche 40
Lidskialf 20
Liebestrank 70
Liebeszauber 64
Lif 39
Lifthrasir 39
Litr 6
Litr 32
Ljod 29
Ljota 35
Lodin 6
Lodinfingra 35
Lodur 16
Lofar 7
Lofn 29
Lofnheid 35
Logi 34
Loki 16
Loni 32
Lopthoena 28
Lori 35
Loricus 6
Löwe 43
Löwenmäulchen 45

Luchs 43
Lutr 34
Lyngheid 35
**Magni** 19
Malseron 34
Mana 35
Managarm 43
Mannus 20
Mardalla 27
Marder 43
Margerdr 35
Margerthur 35
Mangold 45
Mantel 67
Mantel der Nanna 67
Marnar 29
Märzviole 45
Maske => Helm
Maus 44
Meer 49
Meer der Zeit 55
Meer-Menschen 36
Mehlbeere 45
Mehltau 45
Meili 9
Meise 40
Menglöd 22
Menja 28
Menschenopfer 64
Messer 66
Midgard 52
Midgardschlange 41
Midi 6
Midjungr 34
Midwitnir 6
Mimir 6
Mist 31
Mistel 45
Mistkäfer 40
Mittelpfeiler =>
Yggdrasil
Mittsommer 54

Miötwitnir 32
Mjoll 34
Modgudr 29
Modgudr 31
Modi 19
Modrädnir 32
Modsognir 7
Mögthrasir 6
Moin 32
Mökkurkjalfi 6
Molda 35
Mona 20
Mond 48
Mondul 32
Moosfrau von
Saalfeld 32
Moosleute von
Arntschgereute 32
Mörn 35
Möwe 40
Mühle 66
Mundilfari 6
Munin 40
Munnharpa 35
Münze 67
Muspel 6
Muspelheim =>
Feuer 52
Myrkrida 35
Myrkvid 49
**Nabbi** 32
Nacktheit 60
Nadel 55
Nägel 55
Naglfar 49
Nain 32
Nali 32
Namensgebung 64
Nanna 21
Nauma (Hel) 35
Nar 32
Narfi 6